예수님의 비유 강해

중

이 세대를 보라

곽선희 목사

장로회 신학대학 졸업
프린스턴 신학석사
풀러신학 선교신학박사
인천제일교회 목사
장로회 신학대학 교수 역임
숭의여자전문대학 학장 역임
서울장로회신학교 교장 역임
소망교회 목사

예수님의 비유 강해 ● 중

이 세대를 보라

인쇄	• 2001년 3월 15일
발행	• 2001년 3월 20일
지은이	• 곽선희
펴낸이	• 김종호
펴낸곳	• 계몽문화사
등록일	• 1993년 10월 11일
등록번호	• 제16-765호
전화	• (02)917-0656
정가	• 17,000원
총판	• 비전북/(031)907-3927

ISBN 89-950560-8-8 04230
ISBN 89-950560-6-1 (전3권)

* 잘못 만들어진 책은 바꾸어드립니다.

예수님의 비유 강해

이 세대를 보라

곽선희 지음

계몽문화사

책 머리에

"말씀이 육신이 되어 우리 가운데 거하신다"는 그 말씀되심의 본체로서 예수 그리스도께서 오셨고, 또한 오늘도 그 말씀은 계속 증거되고 있다. 예수님께서 친히 말씀하신 비유들은 가장 확실한 말씀이며 "말씀되심"의 증거요, 효과적인 계시인 것이다. 그 말씀은 곧 비유라는 옷을 입고서 우리에게 증거되고 있다.

그 비유의 소재는 인간 자신들의 생활과 그들의 구체적인 세계관이며 가장 평범한 사건들이었다. 또한 그 내용은 하나님의 나라였고, 예수 그리스도를 통하여 나타내신 계시적 사건 그 자체였으며 곧 하나님의 뜻과 하나님의 마음이었다. 한편, 하나님께서 보시며 심판하고 계시는 세상이기도 하고 예수님께서 보시는 통찰(insight)이기도 하다. 우리는 예수께서 친히 보고 계시는 이 세상과 예수께서 규정하시고 계시는 "이 세대를" 그의 비유 속에서 알아볼 수 있다. 그 소중한 비유들을 통하여 하나님이 누구이시며 하나님의 나라가 어떤 것이며, 어떻게 임하는 것인가를 알 수 있을 뿐만 아니라 이 세대가 하나님 앞에 어떻게 나타나고 있으며 예수님의 시선 앞에 어떤 모습을 하고 있는가를 분명히 알 수가 있다. 우리는 예수님의 비유를 통하여 하나님을 앎과 동시에 "이 세대"와 인간과 나 자신을 알게 되며 그 운명도 밝히 알게 되는 것이다. 그러기에 하나님의 계시는 하나님과 인간을 동시에 밝히 알려주고 계시는 것이다.

"이 세대를 무엇으로 비유할꼬!" 하시는 이 귀한 말씀 속에서 예수 그리스도의 마음의 깊은 뜻을 읽어야 한다. "이 세대"를 보라시며 그 뜻, 그 운명, 또한 그 구원의 길을 보라고 일러주신다. 춤추지 않는 아이의 무표정, 무반응의 석고같은 인간상을 예리하게 비판하신다. "바람에 흔들리는 갈대", 그리고 "목자 없는 양", 이같은 비유들이 "이 세대"를 밝히 고발하고 있다. 자기가 처해 있는 "이 세대"를 모르며 파국으로 치닫는 결정적 운명을 사는 현대인에게 오늘도 예수님의 비유들은 생생하게 우리 세대의 운명을 말해준다. 그리고 구원의 빛을 보여주며, "이 세대"를 사는 자의 기본적인 자세를 너무나도 분명하게 또 구체적으로 지시해주고 있다. 이 비유들을 통하여 세대를 바로 보며 "이 세대"를 직시하는 영적인 새로운 통찰력을 갖게 될 것이다. 이는 오늘도 말씀은 살아서 성령 안에서 역사하고 계시기 때문이다.

본서는 "하나님의 나라"라는 제목하에 출판된 예수님의 비유강해 속편이며 이 책에 이어서 하권이 계속 출판될 예정이다. 이 강해를 위하여 기도해주신 여러 성도님들과 원고를 정리하기에 심혈을 기울이신 분께, 그리고 이 책을 출판해주신 계몽문화사에 깊은 감사를 드리는 바이다.

2001. 2
소망교회 곽선희

차례

책 머리에 ──────── 4
사람 낚는 어부 ──────── 9
너희는 소금이다 ──────── 23
너희는 빛이다 ──────── 38
좀과 도둑 ──────── 52
성한 눈 나쁜 눈 ──────── 65
새와 백합화 ──────── 79
티와 들보 ──────── 95
개와 돼지 ──────── 108
돌과 뱀 ──────── 121
두 문, 두 길 ──────── 134
이리와 양의 옷 ──────── 146
가시나무와 엉겅퀴 ──────── 159
두 가지 집 ──────── 172
여우와 새 ──────── 184
의원과 신랑 ──────── 197
낡은 옷, 낡은 부대 ──────── 209

목자 없는 양 —————— 221
양과 이리 —————— 235
참새와 머리털 —————— 247
검과 원수 —————— 261
바람에 흔들리는 갈대 —————— 276
춤추지 않는 아이 —————— 288
구덩이에 빠진 양 —————— 299
좋은 나무 좋은 열매 —————— 314
요나의 비유 —————— 327
빈 집의 비유 —————— 341
소경을 인도하는 소경 —————— 354
부스러기와 개 —————— 368
일기 예보의 비유 —————— 383
누룩 비유 —————— 395
천국 열쇠 —————— 408
한 겨자씨만한 믿음 —————— 424
연자맷돌 비유 —————— 438

사람 낚는 어부

갈릴리 해변에 다니시다가 두 형제 곧 베드로라 하는 시몬과 그 형제 안드레가 바다에 그물 던지는 것을 보시니 저희는 어부라 말씀하시되 나를 따라 오너라 내가 너희로 사람을 낚는 어부가 되게 하리라 하시니 저희가 곧 그물을 버려 두고 예수를 좇으니라 거기서 더 가시다가 다른 두 형제 곧 세베대의 아들 야고보와 그 형제 요한이 그 부친 세베대와 한가지로 배에서 그물 깁는 것을 보시고 부르시니 저희가 곧 배와 부친을 버려 두고 예수를 좇으니라.
(마태복음 4 : 18~22)

사람 낚는 어부

앞서 예수님의 비유 강해 상권은 하나의 사건을 하나의 이야기와 같이 비유로 들어 말씀하신 것들입니다. 대개는 예수님의 비유를 그 정도로 생각하는 것이 보통입니다. 그러나 그렇게 긴 이야기로 설명되는 것은 아니라 할지라도 극히 짧은 문장, 아니면 한 단어로 된 것도 비유는 비유라는 사실입니다. 그래서 조금 더 짧게, 혹은 간단하게, 함축성있게 설명된 비유들을 찾아 가면서 계속 예수님의 비유를 강해할까 합니다.

이제 오늘 이 시간에는 "사람을 낚는 어부"라는 그 한 마디에 나타난 뜻을 생각해 보고자 합니다. 특별히 예수님께서는 제자들을 택하실 때에 랍비의 학원에서 택하지 아니하시고 갈릴리 바닷가에서 택하셨다고 하는 사실을 동시에 생각해 보아야 하겠습니다. 즉, 왜 공부를 많이 한 사람을 택하시지 않았을까? 학자들도 많았는데 왜 학자를 택하시지 않았는가? 하는 것입니다.

그들은 본문의 당시에는 제자입니다. 그러나 이 제자가 예수님께서 부활 승천하신 다음에는 사도가 되고 교회의 지도자가 됩니다. 그러고 보면 누구보다도 중요한 인물들인데, 왜 이들 제자들을 학식이 풍부한 높은 학자들 가운데서 택하시지 않았을까? 하는 그 점을 생각하게 됩니다. 그러나 거기에는 그럴 만한 의도가 분명히 있을 것입니다. 참으로 우스운 이야기이기도 하고 실제적인 이야기라서 미안합니다마는 「교회 성장학」(맥가부란 박사 저)이라는 책을 보면, 공부를 많이 한 목사는 교회를 성장시키지 못할 가능성이 많은 것으로 나와 있습니다. 이는 통계학적인 것으로 공부를 많이 한 목사로서 교회를 부흥시킨 목사가 세계적으로 보아

손가락을 꼽을 정도로 몇이 안된다는 것입니다. 그렇다면 그 이유가 무엇이며 오히려 공부를 많이 하면 왜 안된다는 것이겠습니까? 여러분께서 잘 아시다시피 공부를 많이 하면 사람이 실천력이 없어집니다. 이는 머리에 든 것이 많다 보니 생각이 복잡해서 이럴 것도 같고, 저럴 것도 같고, 이렇게 저울질만 하다가 세월이 다 가고 마는 것입니다. 그 때문에 돈을 많이 버는 사람이나 사업가는 공부를 많이 한 사람이 아닙니다. 대체로 보아 공부를 많이 한 사람은 사업가 밑의 비서실장이나 연구실장 정도이지 직접 사장은 못하며, 더더구나 회장은 더 못하게 되어 있습니다. 그것은 생각이 복잡하기 때문에 용기가 없는 까닭입니다. 그래서 공부를 많이 한다는 것은 사람의 의지를 약하게 한다는 결점도 갖게 합니다. 가능하면 공부도 많이 하고, 실천력도 있고, 의지도 강했으면 좋겠지만 그렇게 여러 가지를 다 갖춘 사람이 쉽지를 않습니다. 그런 사람은 어쩌다가 한두 사람이 있을까 말까 할 정도이지 이 점이 좋으면 저 점이 나쁘고 하는, 그저 그런 것이 대부분의 사람입니다. 그 때문에 가만히 보면 머리가 좋으면 의지가 약하고 지구력이 없습니다. 그래서 자기 재주만 믿고 만사를 재간으로만 하려다 보니 진실이 부족할 경우가 없지를 않습니다. 그러니까 이것을 다 갖춘다면야 오죽이나 좋겠습니까마는 하나님은 공평하게 하기 위하여 각각 한 가지씩 주셨습니다. 만약 그렇지 않았다면 우리 보통 사람이야 어디 쳐다보기라도 하겠습니까? 이와 같이 사람이란 원하는 대로 그렇게 다 갖추지 못했음을 보게 됩니다.

　아무튼 예수님께서는 제자들을 택하실 때에 당시의 명문인 가말리엘의 문하에서도, 랍비의 학원에서도 택하지 않으시고 갈릴리 해변으로 가셔서 택했다고 하는 이야기입니다. 그리고 그 생활의 현장에서 택했다고 하는 사실입니다. 아마도 예수님께서는 당신의 제자로 삼기에는 이러한 사람들이 더 마음에 들었던 것 같습니다. 그 이유를 두고 우리는 몇 가지로 생각해 볼 수가 있습니다.

그 하나가 어부라고 하는 것은 자연 속에서 일하며 사는 사람이라는 점입니다. 자연 속에서 일하는 사람은 겸손합니다. 따라서 농사꾼이나 어부는 다들 겸손합니다. 왜냐하면 이 어부는 바다에 풍랑이라도 이는 날에는 꼼짝 못하게 됩니다. 자연의 노도 앞에서는 자기의 능력이나 경험도 불가항력인 것입니다. 그렇기 때문에 어부들은 미신을 많이 섬기는 것입니다. 그저 신에 의지하고 싶고, 신의 도움을 받고 싶은 것입니다. 그러기에 가장 과감한 것 같고, 가장 용기 있는 것 같으면서도 동시에 가장 겸손할 수밖에 없는 사람들이 이 어부들입니다. 이들은 풍랑 앞에서 자연의 위엄 앞에서 겸손합니다. 이러한 겸손! 바로 그것이 어부의 자세였다는 말입니다.

그리고 또 하나는 앞서 말씀드린 대로 이들 어부들은 실천의 사람들이라는 것입니다. 달리 이론에 묶일 필요가 없습니다. 이론도 있기야 하겠지만 모두가 실천하는 사람들입니다. 이렇게 실천하는 바로 그것이 주님의 마음에 드는 부분이었다고 생각합니다. 구약성경 사무엘상 9~10장을 보면, 하나님께서 이스라엘의 초대왕으로 사울을 택하시는 장면이 있습니다. 사울은 물론 겸손한 사람이었다고 합니다. 그런데 하나님께서 사울을 택하시는 근거는 그의 겸손도 겸손이겠지만 그의 충성, 그의 진실함, 그의 실천력을 보시고 왕으로 택하시는 것을 볼 수 있습니다. 당시의 사울은 아버지인 기스가 잃어버린 암나귀를 찾아오라고 하자 암나귀를 찾아 사흘 길을 헤매고 다니는 중이었습니다. 어쨌든 찾고야 말겠다는 생각으로 사흘 동안이나 헤매고 다니는 것을 보면 사울은 상당히 충성스러운 사람입니다. 그야 마음먹기에 따라서는 몇 시간 찾아보다가 "없습니다" 하든지 아니면 하루 해를 채우고는 "아무래도 못 찾겠습니다" 하면 그만일 수도 있습니다. 그런데 사울은 사흘 길을 찾아 헤매고 있는 것입니다. 우리는 하나님께서 이러한 사울을 보시고, 그를 왕으로 택해 세우시는 것을 보게 됩니다. 이와 같이 실천력이 있는 사람, 행동이 뒤따르는 사람이 필요합니다.

　이제 또 하나 중요한 것은 어부들의 협동심입니다. 이들 어부들은 결코 혼자만의 독립된 어부가 되지는 못합니다. 아무리 재주가 많고 힘이 장사라 하더라도 혼자서는 못하는 일이 이 어부의 일이기 때문입니다. 여기에는 노를 젓는 사람, 그물을 깁는 사람, 그물을 던지는 사람 등 필요에 따라 일을 하되 모두가 다 협력해야 합니다. 일단 한 배를 탔으면 이제는 공동 운명에 놓여 있는 것입니다. 그런고로 서로서로 협력함으로 목적을 달성할 뿐만 아니라 살아 남을 수 있게 됩니다. 이러한 협동 정신이 어부들에게는 강하다는 것이 중요한 점입니다.

　다음 또 하나 빼놓을 수 없는 것은 어부들의 인내입니다. 저들의 일이란 때에 따라서는 언제까지라도 기다려야 합니다. 그러한 인내와 지구력이 또한 어부들의 특징이라고 볼 수 있습니다. 하나님께서 사람을 택해 쓰실 때에는 바로 이런 사람을 찾아 쓰신다는 점입니다. 그래서 예수님께서도 이제 어부를 택하셨습니다.

　오늘 본문 말씀을 보면, "사람을 낚는 어부"라고 기록하고 있는데 이것은 상당히 의역된 기록입니다. 그러나 우리말로 표현하자면 도리가 없는 것이기도 합니다. 이를 헬라 원문대로 하면 '알리에이스 안드로폰' 이라고 하는데 여기에서 안드로폰이라는 말은 "사람에 대하여"란 말입니다. 그러니까 본래는 "낚는다"는 뜻이 없는 말입니다. 그러나 그렇다고 사람을 잡는 어부로 번역을 하기도 이상한 까닭에 번역하는 이들이 이것을 "낚는다"고 하였는데 이는 비단 "낚는다"는 것만이 아닙니다. 보세요, 우선 당장 여기 본문을 보아도 모순이 나타나고 있습니다. 이제 "사람을 낚는 어부"라고 하였는데 진작 저들은 그물을 던지고 있고 그물을 깁고 있는 것입니다. 그러니까 저들은 낚는 사람들이 아니라 그물을 치는 사람들이란 말입니다. 그리고 보면 여기에는 앞뒤가 맞지 않는 모순이 있습니다만 어쨌든 예수님께서는 사람을 잡는, 사람을 낚아내는 그런 어부, 직역

대로 하면 "사람에 대한 어부", 즉 물고기 잡는 어부가 아니라 사람에 대한 어부가 되게 하겠다고 말씀하십니다.

　이 어부라고 하는 직업은 당시 사회에 있어서 장인(匠人)과 함께 그렇게 높은 신분은 아닙니다. 그러나 결코 가난한 것도 아니요, 또한 무식한 사람도 아닙니다. 아주 무식하면 어부도 할 수가 없는 것입니다. 그렇기 때문에 당시에 있어서 이 어부들이 그렇게 무식했다고는 생각지를 않습니다. 사도행전(4 : 13)에 보면 갈릴리의 어부인 이들에 대하여 불학무식한 보잘것없는 사람들이라 하여 "학문없는 범인(凡人)"으로 말하고 있는데 여기에서 학문이 없다는 것으로 씌어진 헬라 원어인 '아그람마타'의 본래 뜻은 글을 읽거나 쓸 줄 모르는 무식한 상태를 일컫는 말입니다. 그러나 사도 요한이 요한복음을 쓴 것이나 사도 베드로가 베드로서를 쓴 것을 보아서도 분명히 이들 어부들이 글을 모를 정도로 무식한 사람들은 아닙니다. 하지만 예루살렘에 있는 종교 지도자들의 교만한 눈으로 내려다볼 때에는 무식하다는 그 말입니다. 그러니까 일반적으로 볼 때에는 가난하다든가 무식하다는 것이 아닙니다. 다만 사회적인 신분상으로 볼 때에는 낮은 신분으로 보는 것이 옳을 것 같습니다.

　그런데 당시 갈릴리에 있어서 물고기를 잡는 방법은 여러 방법 중에서도 그물을 높이 둥그렇게 던지는 것이 가장 많았습니다. 물론 그물을 치기도 하겠지만 대체로 이러한 방법으로 물고기를 잡았다는 이야기입니다. 아무튼 예수님께서는 이와 같이 물고기를 잡으면서 평생을 살아 온 이 사람들을 불러서 쓰시겠다는 것입니다. 여기에서 가만히 생각해 보면 "사람을 낚는 어부가 되게 하리라" 하셨으면 이제는 목적과 대상만 바꾸는 것이지 그 방법은 꼭 같은 것입니다. 그러기에 어부라는 것입니다. 방법은 꼭 같습니다. 물고기를 잡는 것이나 사람을 잡는 것이나, 물고기를 낚는 것이나 사람을 낚는 것이나 꼭 같다는 말입니다. 그래서 예수님께서는 "사람을 낚는 어부가 되게 하리라"고 말씀하시는 것입니다. 그러니까 세속적인 낚시질을 하던 사람을 영적인 낚시꾼으로, 한 마리의 물고기를 낚던 사람을 하나의 사람을 낚는 사람으로 바꾸어 놓았으며, 순간적으로 세상적인 것을 잡던 사람들을 영원한 가치의 것을 잡아들이는 그러한 어부들로 만들었다는 말씀입니다.

전해지는 말에 의하면 당시의 어부들에게는 세 가지의 주어지는 교훈이 있었다고 합니다. 즉 어부는 이래야 된다는 것인데 그 첫째는 물을 잘 보라는 것입니다. 사실이 그렇지요, 어부는 물을 보아야 합니다. 그것도 잘 보아야 하고 열심히 들여다보아야 합니다. 그리하여 물이 어떻게, 어느 방향으로 움직이는가를 알아야지 만약에 그것을 모른다면 물고기는 다 잡은 것이 되고 맙니다. 물을 보라! 이 물을 보는 눈을 배워야 합니다. 그 눈이 없으면 물고기를 잡을 수가 없습니다. 따라서 물을 보는 이 눈을 갖지 않고는 물고기 또한 볼 수가 없는 것입니다. 그리고 두번째는 물고기를 보라는 것입니다. 저 물 속 깊이 있는 물고기를 잘 볼 수 있어야 한다는 것입니다. 이제 세번째는 멀리 보라는 것입니다. 바로 눈앞에만 볼 것이 아니라, 저 멀리를 보라는 것입니다. 이와 같은 교훈이 어부들에게 주어졌다고 하는 것은 매우 일리가 있는 것 같습니다.

여기에서 나아가 적어도 사람을 낚는 어부가 되려면 무엇보다도 먼저 영적인 안목이 있어야 합니다. 마치 어부가 물을 보면서 그 물 속에 뛰놀고 있는 물고기를 보는 것처럼 말입니다. 우리는 이 세상을 보면서 생명의 움직이는 방향을 보아야 합니다. 이 세대가 어디로 가는지? 인간들이 어떻게 되어 가고 있는지? 요즈음 미국에서는 에이즈(AIDS), 즉 후천성면역결핍증이라는 이름도 긴 이 병 때문에 난리가 났습니다. 참으로 속수무책입니다. 이것은 천재(天災)라는 것입니다. 더러운 세상에 대한 하나님의 심판이라는 것이지요. 심지어는 어떤 말까지 전해지느냐 하면 천벌을 받은 사람이니 치료하지 말라는 것입니다. 지금 이를 주장하는 데모까지 나오고 있는 실정입니다. 이 더러운 사회가 천벌을 받고 있다! 여러분께서도 텔레비전에서 보셨겠지만, 사람의 피부에 곰팡이가 슬고 마구 썩어나가고 있지만 그래도 속수무책입니다. 100% 다 죽는답니다. 지금 60%가 죽었고 나머지 40%도 죽어가고 있는 중이랍니다. 걸렸다 하면 속절없이 죽어만 가는 이것이 천벌이 아니고 무엇이겠습니까? 참으로 끔찍한 이야기가 아닐 수 없습니다. 그러면 이제 물고기를 보아야 합니다. 어디로, 어떻게 가고 있는가? 이 세대가 도대체 어디로 흐르고 있는가? 그것도 볼 줄 알아야 사람을 낚는 어부가 될 수 있을 것입니다.

그리고 또 하나는 물이 움직이는 것을 보아야 합니다. 움직이는 방향! 물고기의 생리가 무엇인지를 알아야 합니다. 인간이 도대체 무엇입니까? 적어도 어부가 되려면 물고기의 생리를 알아야 합니다. 어떤 물고기는 무엇을 좋아하고, 어떤 경우에는 어떤 버릇이 있다는 것을 알아야 하지 않겠습니까? 한번은 동해안에서 오징어잡이하는 배를 구경할 기회가 있었는데 그때 제가 옆에서 지켜보면서 "세상에 미련한 놈이 오징어구나" 하고 말했던 적이 있습니다. 저는 오징어잡이라면 그래도 낚시질 정도는 해서 잡는 것이려니 했으나 그런 것이 아니었습니다. 밤에 바다를 향하여 집어등을 환하게 켜 놓으면 여기에 무엇이 있는 줄 알고는 떼거리로 가득 모여드는 것입니다. 그러면 여기저기서 물레를 감듯이 마구 잡아채면 되는데, 이 오징어들이 그저 아무데서나 마구 걸려나오는 것입니다. 가만히 보면 생긴 것도 미련하게 생겼지만 하는 짓도 미련하기 짝이 없어요. 그래도 무엇이라도 하나 따먹고 잡혀야지 그냥 멍청하게 모였다가 긁어 모으듯 잡히는 것입니다. 이렇게 어부들은 고기의 생리를 연구합니다. 어떤 물고기는 무엇을 좋아하나? 어떤 소리를 좋아하나? 요즈음은 심지어 미끼가 아닌 소리로 잡기도 합니다. 그래서 특정한 전파로 소리를 내게 하여 그 소리를 듣고 물고기가 모여들면 그때에 잡아들이는 것입니다. 아무튼 이와 같이 물고기의 생리를 잘 연구하여야 된다는 것인데, 마찬가지로 전도를 하는 일에 있어서도 그 사람의 성향을 잘 알아야 한다는 말입니다. 가만히 보면 남편을 전도하고자 하면서도 20년을 같이 살면서 아직도 전도하지 못하는 분이 있는데 그것은 조금은 미안한 이야기이지만 아무래도 이상한 사람입니다. 적어도 그 정도로 함께 살았다면 저 사람이 무엇을 좋아하는지, 무엇을 싫어하는지는 알 수 있어야 할 것이 아니겠습니까? 사실 남자란 목소리만 클 뿐 별볼 일 없는 사람들이랍니다. 그래서 남자는 여자 앞에서 4살이라는 말까지 있을 정도로 순진하기 짝이 없는 존재인데 그것을 좀 살살 꾀어서 교회에까지 데리고 나오면 되지 않겠습니까? 그런데 그것을 종내 못하고서 어떤 때는 매까지 맞고 다닐 정도이니 문제가 크지요… 제발 공부 좀 하세요. 공부해야 합니다. 물고기를 공부하여야 물고기를 잡을 수 있습니다. 이것은 남자의 경우도 마찬가지입니다. 여자가 무엇을 좋아하고 무엇을 싫어하며, 무슨 말을 하면 눈물을 흘리고, 어떻게 하면 서비스(Service)가 좋고 하는 것은 다 알고 있지 않습니까? 그러면서도 꼭 싫어하는 일만 하고 다니는 것은 무슨 생리인지 알 수가 없어요. 그렇지 않습니까? 생각해 보세요. 물고기를 잡으려면 물고기를 알아야 합니다. 이제 전도를 하려면 저 사람이 누구이며 어떤 사람이냐 하는 것을 알아야 합니다. 그리고 미끼를 두고 기회를 주어야 합니다. 일단은 저가 좋아하는 일을 하여야 된다는 말씀입니다. 그것이 참으로 중요한 것입니다. 먼저 맛있는 것을 주어 즐겁게 한 다음이라야 물고기를 잡을 것 아니겠습니까?

다음 또 하나의 비결은 결정적인 시기를 포착하여야 된다는 것입니다. 낚시질을 할 때에도 물듯 말듯 한 것을 조바심에 그만 제대로 물지 않은 것을 채면 안됩니다. 그런가 하면 또한 물은 다음에 늦어져서도 되지 않습니다. 물자마자 딱 낚아채야 하는 이 결정적인 시기가 얼마나 중요한 것인지 모릅니다. 저희 교회 여전도회원들이 봉사하는 일 중에 특별히 어린이 대공원에 가서 안내를 하는 일이 있습니다. 대부분 지방에서 오시는 분들이기에 구경하려고 왔지만 무엇이 무엇인지 내용도, 구조도 모를 뿐만 아니라 얼마의 시간이 소요되는지도 알지를 못합니다. 게다가 모처럼의 나들이에 굽 높은 구두까지 신고 왔으니 장시간 걸어다니다 보면 발은 다 부르트고 말 것입니다. 이러한 것들을 위해 우선 편안한 신발을 필요로 하는 사람들에게는 운동화를 빌려주는 것을 비롯해서 몇 시간 동안에 보아야 하는가에 따라 가장 효과적인 구경을 할 수 있도록 적절한 구경거리를 선택해 주며, 전화를 걸어 주고, 화장실을 안내하는 등 할 수 있는 친절은 다하는 것입니다. 그러면서도 이것은 돈 한 푼 안드는 봉사입니다. 이렇게 열심히 친절을 베풀며 안내를 하고 나면 구경을 끝내고 돌아갈 즈음에는 그렇게들 고마워한답니다. 그래서는 고맙다는 인사를 연발하게 되는데 그러면 그때에 가서 한 마디 하면서 "우리 구경 잘했으니 여기 좀 앉으세요" 하고 앉힌 다음에 "우리 다 같이 하나님께 감사의 기도를 드립시다" 하고 몇 마디로 짧은 감사의 기도를 드린다는 것입니다. 그러고 나면 끝에 가서는 "예수쟁이구먼" 한다는 것이지요. 그러나 이제 와서 별 도리가 없지 않습니까? 그것이 전도입니다. 그 동안에는 예수 믿으라는 말을 한 마디도 한 적이 없어요. 그러나 결정적인 시기를 잡은 것입니다. 이와 같이 전도를 하려면 결정적인 시기를 잡아야 하는 것입니다. 아무때나 소리를 지른다고 되는 것이 아닙니다. 저분이 고독해할 때, 병들어 고통스러울 때 위로해 주며, 혹 기쁜 일을 당했을 때 함께 기뻐하며 축하해 주는 거기에 만남이 있습니다. 어부와 마찬가지로 이 결정적인 시기를 바로 포착할 수 있어야 전도할 수가 있습니다.

또 하나의 중요한 것은 인내입니다. 어부가 물고기를 잡기 위해서는 끝까지 참아야 하는 것입니다. 단 한 마리를 못 잡았어도 숨을 죽이고 참고 기다리는 것입니다. 강태공이 따로 있는 것이 아닙니다. 낚시질이라는 것은 인내를 배우는 작업입니다. 저희 할아버지께서는 돌아가시기 전날까지 낚시질을 하실 만큼 낚시질을 좋아하시고 건강하셨습니다. 그런데 어떤 때 보면 빈 바구니로 들어오셔서는 할머님께 구박을 받기도 하시는 겁니다. 그럴 때면 할아버지께서 늘 하시는 말씀이 "이것은 철학이다. 이것은 도를 닦는 것이지 반드시 물고기를 잡아야 하나? 너의 할머니는 그것을 모른다"며 서운해하십니다. 사실입니다. 거기에서 인내를 배우는 것이란 말입니다. 그 때문에 성급한 사람은 낚시질을 좀 배울 필요가 있습니다. 고요히 앉아서 하루종일 기다리는 것입니다. 그 한 마리를 기다리는 것입니다. 이는 대단히 중요한 것이라고 생각합니다. 마찬가지로 전도하려면 인내하여야 합니다. 10년이든, 20년이든 끝까지 인내하여야 합니다. 구원의 낚시에 걸려들 때까지 꾸준히 참고 기다려야 합니다. 한번 예수 믿으라고 권해 보았다가 안된다고 하여 그만두라는 식이 되어서는 아니됩니다. 끝까지 참고 기다릴 것입니다. 한 사람을 구원한다는 것은 참으로 어려운 일이 아닐 수 없습니다. 한 생명! 이는 천하보다 귀한 생명을 구원하는 일이기 때문입니다.

    그리고 또 하나 그 주인에게 순종하여야 합니다. 그물질을 하고 물고기를 잡아들이는 데 있어서도 그 전체를 주관하는 선장이 있습니다. 이 선장의 명에 따라 그물을 이쪽에 던져라 하면 이쪽에, 저쪽으로 던져라 하면 저쪽으로, 잡아당겨라 하면 잡아당겨야 하는 것입니다. 이처럼 그의 명령에 순종하여야 합니다. 저도 그런 것을 몇 번 보았습니다만 한 40여 명이 양쪽으로 나뉘어 그물을 끄는데 맨 가운데 한 사람이 앉아서는 "이쪽에는 좀 빨리 끌어, 저쪽엔 좀 천천히 끌어" 하고 한 마디씩 던지면 여기에 절대 순종하는 것입니다. 만약에 이 사람의 말을 어기면 물고기는 다 놓치고 마는 것입니다. 그런고로 주인의 말에 순종하는 것입니다. 우리의 주되신 그리스도의 명령에 절대 순종할 때에만 물고기를 잡을 수 있습니다. 예수님께서 말씀하시지 않았습니까? "그물을 배 오른편에 던지라." 그러시면 그쪽으로 던지는 것입니다. 그 앞에 여러 말 할 것이 없어요. 이제는 끌어올려라 하면 끌어올리는 것입니다. 절대 순종! 그것이 충실한 어부의 자세입니다.

또한 어부는 협력하여야 합니다. 모두가 기능적으로 협력합니다. 노를 젓는 사람은 노를 젓고, 그물을 던지는 사람은 그물을 던지며, 낚시질을 하는 사람은 낚시질을 하고, 잡은 물고기를 고르는 사람은 물고기를 고르는 등 전부가 할 일이 따로 있습니다. 어부라고 하여 모두가 낚시질만 하는 것은 아닙니다. 사실은 서로가 여러모로 돕고 있는 것입니다. 요즈음의 처지로 말하자면 기관장도 있고 막일꾼도 있어서 보다 더 세부적으로 협력하여야 합니다. 여러분은 모두가 다 본교회를 위해 협력하고 있지 않습니까? 여러분이 모아들이고 말씀은 목사님이 전하시며, 또한 장로님이 할 일이 따로 있고, 권사님이 할 일이 따로 있으며, 집사님이 할 일, 평신도가 할 일이 각각 다르게 있습니다. 이와 같이 기능적으로 우리 각자가 할 일이 따로 있어요. 따라서 그에 맞도록 다같이 도우며 협력해 나갈 때에 이 전도 사업은 완성할 수가 있는 것입니다.

이제 우리는 본문의 결론을 생각합니다. 주님께서 말씀하시기를 "나를 따라 오너라, 내가 너희로 사람을 낚는 어부가 되게 하리라"고 하십니다. 여기에서 "되게 하리라"는 말의 헬라 원어는 '포이헤소'란 말로 만든다는 뜻입니다. 그러니까 지금의 이것을 이것이 아닌 다른 무엇이 되게 만든다는 것입니다. 따라서 물고기를 낚는 어부로 하여금 사람을 낚는 어부로 만들겠다는 말씀입니다. 내가 사람을 낚는 어부가 되는 것이 아니라 주님께서 친히 사람을 낚는 어부를 만드시는 것입니다. 우리는 그것을 잊지 말아야 합니다. 주님께서는 내가 이미 가진 바의 소질, 이미 주신 경험, 이미 주신 달란트, 이미 주신 재산, 건강 등 이 모든 것을 쓰십니다. 저들이 어부이기 때문에 어부가 되리라 하신 것이지 만일에 장사꾼이었더라면 무엇이라고 말씀하셨을 것 같습니까? 제가 생각하기에는 "그 동안은 네가 돈을 버는 장사꾼이었지만 이제부터는 사람을 버는 장사꾼이 되리라"고 하셨을 것만 같습니다. 또한 이 사람이 의사였다면 "너는 이제까지 육체의 병만을 고쳤지만 이제부터는 영혼의 병을 고치는 의사가 되리라"는 그런 말씀입니다. 어부였기 때문에 사람을 낚는 어부라고 말씀하시는 것입니다. 그렇다면 여러분은 무엇입니까? 내가 가진 직업도 있고, 내가 가진 소질도 있고, 내가 받은 달란트도 있어요. 하나님은 그것을 고용하시는 것입니다. 그래서 어부가 되게 하시는 것입니다. 선생이라면 선생으로, 법관이라면 법관으로, 농사꾼은 농사짓는 것으로, 가정부는 가정부로서 있는 처지 그대로를 두고 방법은 여전한 가운데 사람을 낚는 그 일에 종사하게 한다는 말입니다. "나를 따르라! 내가 사람을 낚는 어부로 만들리라!" 주님이 친히 만들어 주십니다. 그런고로 그 걱정은 할 필요가 없어요. 다만 주만 따르면 만드시는 것은 주께서 하시겠다고 하십니다.

그러면 이제 오늘 주님께서 갈릴리 바다에 나타나셔서 제자들을 부르시던 장면을 가만히 한번 생각해 보세요. 명상하고 있는 시간이 아닙니다. 산에 올라가 기도하고 있는 시간도 아닙니다. 열심히 공부하거나 어느 회당에서 예배드리고 있는 그런 사람들도 아닙니다. 어쩌면 하나같이 예수님께서는 생활 현장에서 그 전부를 부르셨습니다. 물고기를 잡는 중에 있었고 그물을 깁는 사람들을 향해 "나를 따르라"고 하셨습니다. 이 얼마나 중요한 말씀입니까? 또한 마태같은 사람은 세관에 앉아 세리의 일을 하고 있는 현장에서 저를 보시고 "나를 좇으라"고 하셨습니다. 우리는 이것을 잊어서는 아니됩니다. 전적으로 주님께서 주도하심으로 역사하시는 것입니다. 달리 선택의 여지를 주지 않습니다. 그러기에 이제 나는 배운 바도 없습니다, 가진 바도 없습니다 하며 이유를 댈 것도 없습니다. 어부를 어부되게 하겠다는데 무슨 할 말이 있습니까? 다만 사람을 낚는 어부가 되게 하리라!

오늘 우리는 어떤 일에 종사하든지 사람을 얻어야 합니다. 사람을 얻어 그리스도에게로 인도해 내어야 합니다. 그러기 위해 오늘 내가 여기에 존재하는 것입니다. 그런고로 어떤 직업을 가졌든지간에 궁극적 목적은 사람을 그리스도에게로 인도하는, 그리스도를 주로 고백케 하는 일에 종사한다는 그런 목적을 두고 우리 각자의 직업에 임하여야 할 것입니다. 나를 따르라! 내가 너희로 사람을 낚는 어부가 되게 하리라!

너희는 소금이다

너희는 세상의 소금이니 소금이 만일 그 맛을 잃으면 무엇으로 짜게 하리요 후에는 아무 쓸데없어 다만 밖에 버리워 사람에게 밟힐 뿐이니라.
(마태복음 5 : 13)

너희는 소금이다

오늘 본문 말씀은 여러분께서 잘 아시는 대로 예수님께서 산상보훈의 말씀을 하실 때에 주신 말씀입니다. 이 말씀의 중심되는 의미는 믿는 사람이 세상을 향해 어떠한 위치에 있는 것인가? 혹은 어떤 책임을 지고 있는가? 어떠한 역할을 해야 하는가 하는 문제입니다. 따라서 바로 그것을 설명하려고 하는 것이 오늘 본문의 주제라고 생각합니다. 그러니까 믿는 사람들이 이 세상을 향해서, 특별히 믿지 않는 사람들의 세계를 향해서 어떤 역할을 하며 살아가야 하는가? 그리고 또한 어떻게 증인되며 살아가야 하는가 하는 것을 말씀하고 있는 것입니다.

이를 위한 말씀 중에 대표적인 비유 둘이 있는데 그 하나가 오늘 본문에서 대하는 소금이라는 말이요, 또 다른 하나는 다음 장에서 소개될 빛이라는 말입니다. 이 소금과 빛의 비유는 너무나도 잘 아는 말씀입니다. 그러면서도 대단히 깊은 의미를 지닌 말씀입니다.

예수님께서는 긴 말씀을 하시지 않으셨습니다. 가장 쉬운 이야기로 가장 짧게 말씀하셨습니다. 너희는 세상의 소금이다! 소금과 같다! 너희는 소금이 되라! 이제 우리는 이 말씀의 의미를 알아들어야 하겠습니다. 이 간단한 말씀 속에 있는 무궁무진한 진리를 바로 이해하여야 하겠습니다. 결코 오늘만이 아닙니다. 두고두고 우리의 생활 속에서, 우리의 이 평범한 생활 속에서 매일처럼 새롭게 깨달아야 하겠습니다. 너희는 소금이다! 소금이 되라! 너희는 이 세상과의 관계에 있어서 소금이다. 그러므로 이 세상 사람을 만날 때에는 너희가 소금이라는 사실을 잊지 말라! 너희는 소금이니, 소금이 되라! 여러분, 이 말씀을 마음 깊이 새기십시다. 주님께서는 이 간단한 비유 속에 참으로 무한한 진리를 담아서 말씀하셨습니다. 이제 우리가 이 진리를 깨닫는 것은 소금을 먹으며, 소금을 만지며, 소금을 사용하며 깨달아야 합니다. 이것이 바로 예수님의 비유의 성격입니다. 어떻게 보면 신비스럽기도 하고 기발하기도 합니다. 왜냐하면 여러 가지 이론과 논리적인 설명으로 선하라, 사랑하라, 희생하라, 봉사하라 했다면 아마도 이렇게 나올 것입니다. 어떻게 하는 것이 선한 것입니까? 어떻게 하는 것이 사랑하는 것입니까? 하고 복잡하게 말입니다. 그런데 참으로 간단하게 너희는 소금이다! 너희는 소금이 되라!는 이 한마디로 그 전부를 말씀하고 계시는 것입니다.

그 때문에 우리는 소금에 대한 이치를 배우면서 그 진리를 계속 깨닫게 되는 것입니다. 이것이 바로 예수님께서 비유를 사용하신 이유입니다. 그러나 아마도 소금을 사용하지 않는 사람들에게는 그 깨달음이 조금은 덜할 것입니다. 그것은 소금을 직접 손으로 만지며 맛을 보지 않으면 소금의 이치를 잘 모른다는 말입니다. 특별히 요즈음처럼 인스턴트 식품을 그냥 데워서 먹는 정도의 생활을 하는 사람은 소금의 진가를 잘 모를 것입니다. 하지만 우리가 직접 음식을 요리해서 먹을 경우에는 그때 그때 필요한 만큼의 소금을 빼놓으면 제대로의 맛을 낼 수가 없습니다. 그 때문에 어느 식탁에나 소금이 있게 마련입니다. 하기야 소금 대신에 간장이 있기도 하지만 그것도 사실은 소금이 들었기에 나는 맛입니다.

이 소금! 온 세계의 어느 식탁에도 소금이 없는 식탁은 없습니다. 그런 의미에서 예수님은 참으로 지혜로우신 것입니다. 매일매일 보아야 하는 것이 소금이요, 그 소금을 볼 때마다 생각나게 만들었으니까 말입니다. 그러므로 이제 여러분은 소금을 손에 쥘 때마다 "너희는 소금이다" 하고 치세요. 저는 즐겨 드는 설렁탕을 먹을 때마다 생각합니다. 어쩌다 소금 치는 일을 깜박 잊어버리고 그냥 맛을 보게 되면 어쩌면 그렇게도 맛이 없는지요. 그것은 아주 구역질이 날 정도입니다. 그럴 때에 소금을 들어 쓱 치면서 "너희는 세상의 소금이다" 하고 생각하면 얼마나 좋습니까? 성경은 특별히 따로 보는 것이 아닙니다. 성경을 안 가지고 다녀도 상관 없어요. "너희는 소금이다" 하는 이 한 마디가 곧 성경인 것입니다. 이것이 예수님께서 너희는 소금이라고 말씀하신 의도입니다.

소금이다! 빛이다! 하는 것은 가장 가깝고 가장 절실한 것입니다. 동시에 이것은 세상과 그리스도인과의 관계를 말씀하는 것이며 그 관계의 방향은 도덕적이고 영적인 기능을 의미합니다. 따라서 도덕적 입장에서의 소금, 그리고 영적인 입장에서의 소금을 말하고 있습니다. 이는 곧 반드시 다해야 할 책임성을 두고 하신 말씀입니다. 따라서 이 역할에 대한 책임은 예수님의 소원임과 동시에 우리를 향하신 분명한 명령인 것입니다. "너희는 세상의 소금이다" 하는 이 말씀은 존재론적인 말씀입니다. 단순히 어떻게 하라는 식의 말씀이 아닙니다. 너희는 소금이니 소금이 되어야 하고 우리가 바로 소금 자체라는 말씀입니다. 그러고 보면 예수님께서는 완전히 존재 자체로서의 문제에서 말씀하고 계시는 것입니다.

이제 여기에서 우리는 오늘 본문 말씀의 이해를 돕기 위해 예수님 당시의 원점으로 돌아가 당시에 있어서의 소금의 역할과 값어치 그리고 그 의미를 생각해 봄이 대단히 중요합니다. 예수님께서 소금을 두고 말씀하셨을 때 그 마음에 뜻하신 바 소금의 의미가 무엇인가를 바로 이해하여야만 오늘 본문 말씀 역시 바르게 해석되어질 것입니다. 따라서 예수님 당시의 소금의 개념, 특별히 히브리 문화권적인 입장에서 유목민 생활을 하는 히브리 사람들의 일상생활 속에서의 소금의 역할은 어떤 것이었는가를 바로 알고 바로 깨닫는 것은 성경적 진리를 바로 이해하는 지름길이라 생각합니다. 이를 위해 당시로 거슬러올라가 생각을 한다손치더라도 우리는 "소금" 하면 쉽게 생각할 수 있는 것이 짠맛을 내는 것이요, 방부제의 역할입니다. 이는 참으로 필요불가결한 것이며 생명을 주는 것입니다. 때로는 이 소금이 제물로 쓰이기도 하고 어떤 경우에는 거름으로 사용되기도 합니다. 그러나 보다 근본적이고 가장 보편적인 점은 소금은 싼 것이요, 흔한 것입니다. 만약 예수님께서 "너희는 세상의 다이아몬드다" 혹은 "너희는 세상의 금이다"라고 말씀하셨다면 우리는 어떻게 되겠습니까? 그랬다면 우리는 시장에서 일할 수도 없을 것입니다. 아마도 어느 깊은 산 속에 숨어 아주 고결하게 자신만을 위하여 은둔되어 있어야 할 것입니다.

그러나 예수님의 말씀은 그렇지를 않습니다. "너희는 소금"이라는 것입니다. 가장 값싸고 천한 소금 말입니다. 저는 소금하면 생각나는 재미있는 경험이 하나 있습니다. 오래 전 이야기입니다마는 제가 인천에서 목회 할 때의 일입니다. 어느 날 장례식이 있어서 염전이 있는 바닷가에 위치한 교회의 묘지에서 장례식을 마치고 돌아오는 길인데 제가 타고 있는 장의차 바로 앞에서 웬 트럭 한 대가 쌀 가마니를 가득 싣고 달려갑니다. 그런데 얼마쯤 가다가 커브길을 돌면서 그만 쌀 가마니 하나를 떨어뜨리고 그대로 가는 것이었습니다. 이제 그 뒤를 따르고 있던 우리의 장의차 기사가 그 쌀 가마니 앞에 가더니 차를 세워 놓고는 부리나케 뛰어내려 가서는 쌀 가마니 딱 붙들고 이것은 내 것이라는 것입니다. 내가 먼저 보았으니 내 것이라는 것이지요. 이미 트럭은 멀리가 버렸고 내가 주웠으니 내 것이라는 이야기입니다. 그런데 이것을 보고 그 마을 사람들이 오더니 이번에는 우리 동네에 떨어진 것이니 우리들 것이라며 싸움이 벌어졌습니다. 쌀 가마니 하나를 놓고 치고 받으며 마구 싸우는 것을 보고 있는 중인데 지혜로운 여집사님 한 분이 "거 뭐 싸울 것이 있나? 저것이 뭔지 알고나 싸우지"라고 하고서는 가서 자세히 살펴보니 쌀이 아니고 소금인 것입니다. 그것 잘됐구나! 하고 소금이니 이제 그만 싸우라고 하니까 아예 돌아 보지도 않고서 "아니야 쌀이야" 하며 계속 싸우는 것입니다. 그러자 이제는 소금을 한줌 퍼다 보이면서 이래도 싸울거냐고 하자 그때서야 다들 "괜히 싸웠구만" 하고서는 계면쩍어하는 것이었습니다. 그 당시 소금 한 가마니의 값이 3백원에 지나지 않았습니다.

이처럼 소금은 제일 값싼 것이요 흔한 것입니다마는 그러면서도 귀한 것입니다. 금은 없어도 살 수가 있습니다. 다이아몬드를 모르고도 살 수가 있습니다. 그러나 소금 없이는 살 수가 없으니 이것이 귀한 것이요 중요한 것이란 말입니다. 그러니까 이 소금은 평범하여 어떻게 말하면 천히 여김을 받습니다. 그러면서도 꼭 필요한 존재인 것입니다. 여러분! 우리는 어떠합니까? 우리 예수 믿는 사람들이 과연 그러합니까? 그렇게 귀한 대접받으며 살라는 것이 아닙니다. 귀족 대접의 특권적인 특정 인간의 대접을 받으라는 것이 아니란 말입니다. 아주 평범하고, 아주 서민적이며, 아주 깊이 대중 속에 들어가 보이는 듯, 보이지 않는 듯 살지만 소중한 존재가 되라는 것입니다. 소금처럼 꼭 있어야 할 존재가 되라는 그러한 이야기입니다.

소금은 언제 어디서나 필요한 것이었습니다. 우리는 고대 사회에 있어서 무역의 역할을 하던 대상들이 있었음을 기억할 수 있습니다. 소위 실크 로드(Silk Road)라는 것도 그런 연유에서 나온 말임을 알고 있습니다. 아무튼 이렇게 떼를 지어 다니며 필요에 따라 이런 저런 물건을 서로 교류하는 것입니다. 그런데 그 여러 가지 상품 중에서 언제나 뺄 수 없는 것이 있었으니 그것이 무엇이냐 하면 옷감과 소금이었습니다. 그래서 산에 있는 사람들은 산에서 나는 것들을 가지고 내려와 바닷가의 소금을 사 가는 것입니다. 소금이 없이는 살 수가 없으니까요. 결코 이 소금이 비싼 것은 아니었지만 저들 장사하는 사람들의 물품 중에는 반드시 포함되는 상품이었습니다. 그리고 보면 참으로 묘하지를 않습니까? 바로 이런 이치를 두고 그렇게 되라는 이야기입니다. 이것이 근본적인 개념이요 예수님의 의도입니다. 언제, 어디서나 꼭 필요한 존재가 되라! 그러나 겉으로 나타나기에는 수수하고 보잘것없는 존재입니다. 하지만 바로 그것이 그리스도인의 진정한 모습인 것입니다. 외모나 그의 생활 자세로 보아서는 나타나는 것이 없습니다. 그렇지만 그가 사는 영적, 도덕적 역할은 소금과 같이 꼭 필요한 존재로 나타나야 된다는 말씀입니다.

히브리 사람들이 생각하는 소금에 대한 개념을 살펴보면 이것은 먼저 생명을 주는 것이었습니다. 요즈음 우리들도 병원에 가서 링거 주사 같은 것을 맞는 것을 보면 불과 몇 퍼센트밖에 되지 않는 포도당입니다. 사실은 맹물에 포도당 조금과 소금 약간을 넣은 것일 뿐인데 이것을 맞고 살며, 그것을 맞으면 살아나게도 됩니다. 이와 같이 사람에게 있어서 이 소금이라는 것이 얼마나 중요한 것인지 모릅니다. 그런데 양을 먹이는 유목민에게 있어서의 소금은 더욱 중요합니다. 왜냐하면 이 양들도 소금을 먹지 못하면 기운을 차리지를 못합니다. 그래서 양에게는 반드시 소금을 먹여야 하는데 특별히 이스라엘 사람들에게는 암염이라고 하여 돌덩이처럼 둥그런 소금이 있어서 그것을 풀밭 여기저기에다 놓아 두면 양들이 풀을 뜯어먹다가 그 소금을 빨아먹고는 하는 것입니다. 풀만 뜯어먹어서가 아니라 사실 이렇게 해서 양들이 기운을 차리고 힘을 내는 것입니다. 그러기에 이 소금은 기운을 차리게 하는 것이요, 생명을 주는 것입니다. 이것이 곧 유목민이 이해하는 소금의 개념입니다. 소금 없이는 살 수가 없다! 소금 없이는 양이 병들어 죽는 것으로 확실하게 믿고 있습니다.

따라서, 너희는 세상의 소금이다! 꼭 필요한 존재가 되라! 생명을 주고, 활력을 주는 그런 존재가 되라!는 의미에서 주시는 말씀입니다.

이제 두번째로 생각할 것은 우리가 쉽게 아는 대로 소금은 맛을 내는 것입니다. 욥기 6장 6절에 보면 "싱거운 것이 소금 없이 먹히겠느냐?"며 맛을 내는 소금의 역할을 반영하고 있습니다. 음식은 역시 소금으로 맛을 내게 됩니다. 소금은 적당히 칠 때에 비로소 제 맛의 음식이 되는 것입니다. 여러 가지 음식이 각각 자기의 맛을 가지고 있습니다마는 소금이 가미되기 전에는 결코 제 맛을 낼 수가 없습니다. 그러니까 이 소금은 소금이라는 자체의 맛보다도 맛의 근본인 것입니다. 그러니까 아름다움에도 소금의 의미가 들어가야 진정한 아름다움이 되고, 돈이 많은 것도 거기에 그리스도인의 인격이 들어가야 돈이 돈으로서의 의미를 갖게 되는 것이며, 학식이 높고 지식이 풍부하다 하지만 거기에 기독교적인 의미가 포함되지 아니하면 그 지식은 무효인 것입니다. 그 지식이 지식다운 역할을 하기 위해서는 거기에 하나님을 아는 지식의 신앙이 또 한번 합쳐져야 한다는 이야기입니다.

좀 우스운 이야기 같습니다만 제가 미국에서 공부할 때 특별히 커피 맛이 좋은 식당이 있어서 거리가 조금 멀더라도 그리로 가자해서 들리고는 하였는데 커피는 같은 것이고 끓이는 원리도 같은 것일 텐데 왜 이집 것이 특별히 맛이 있는가 하고 궁금해하다가 하루는 외국 사람이니 마음 놓고 짓궂더라도 한번 물어보자 하고서는 웨이터에게 "난 외국 사람이라 소문내지 않을 터이니 이렇게 맛있게 끓이는 비결이 무어냐?"고 물어보았습니다. 그랬더니 그 양반도 짓궂게 내 귀에다 대고 "몰래 대줄게"라는 한 마디를 하고서 하는 말이 커피를 끓일 때 소금을 조금 치라는 것입니다. 사실 커피 맛이 참으로 까다로운 것이 아니겠습니까? 거기에도 소금을 조금 쳐야 진짜 훌륭한 맛의 커피가 됩니다. 커피는 사실 우리 문화의 것이 아니기 때문에 그저 적당히 먹고 씁쓸하면 다 좋다고 하는 처지이지만 그것이 그런 것이 아닙니다. 알고 보면 아주 까다로운 것입니다. 그런데 이것에도 소금을 쳐야 제 맛을 냅니다. 이와 같이 모든 음식의 맛이 결국은 여기에 달려 있습니다. 그 요리의 비결이 소금을 어떻게 치느냐에 달려 있다는 말입니다. 그 때문에 일등 요리사는 소금의 신비로움을 잘 활용하는 사람이라는 말이 있습니다. 소금의 맛을 여기저기에 잘 사용하는 것입니다. 그것이 음식을 잘 만드는 비결입니다. 우리말에도 "간이 맞아야 음식이지" 하는 말이 있지 않습니까? 간이 적당히 잘 맞아야 이것이 빗나가면 아무리 좋은 재료를 썼더라도 그 음식은 틀린 음식이 되고 마는 것입니다. 짜도 안되고 싱거워도 안되는 이런 의미에서의 맛입니다.

모든 음식이 각각의 다른 맛이 있지만 그 맛이 진정 맛되게 하는 것, 맛있는 음식으로 하여금 맛있는 음식이 되게 하는 것이 소금입니다. 그러므로 소금은 맛의 근본인 것입니다.

그러니까 지식이나 재능, 건강, 물질 등 우리의 가진 바가 많이 있지만 그것이 전부 필요한 것이 되기 위해서는 거기에 신앙이 있어야 하고 기독교적인 의미가 부여되어야 하며 거기에 바로 크리스천이 있어야 한다는 그런 이야기입니다. 그래서 "너희는 세상의 소금"이라는 것입니다. 크리스천은 맛을 내는 사람! 삶의 의미를 주는 사람! 진선미의 가치를 바로 부여하는 사람! 다시 말하자면 거기에 크리스천이 있어서 가치가 바로 나타나게 되는 그런 사람 말입니다. 예를 들어 가정으로 말하더라도 예수 믿는 한 사람이 있어서 가정다운 가정이 되고 직장으로 말하더라도 그 직장이 직장되는 것은 바로 그 크리스천 하나 때문이라고 할 수 있는 그런 사람이 되라시는 말씀입니다. 맛과 힘과 효과 그리고 매력, 그리고 기독교의 기능입니다. 이 맛없는 세상, 이 맛없는 삶을 맛있게 하라는 말씀입니다. 이 말씀은 무슨 뜻이겠습니까? 곧 내게 유익한 것으로 만들라는 말씀입니다. 만약 여기에 고깃덩어리가 있다고 하면 이것은 이대로 있는 겁니다. 그러나 이것이 내게 있어서 맛있는 음식이 되게 하기 위해서는 소금이 들어가야 되는 것처럼, 가지고 있는 모든 소유, 모든 요소가 기독교인으로 말미암아, 바로 소금된 너희로 인해 유익한 것이 되게 하라는 말씀입니다. 이것이야말로 매력의 진정한 기본이 되는 것입니다. 이와 같은 신령한 매력이 있어야 된다고 하는 말씀입니다.

그리고 세번째로 생각할 것은 조금 더 어려운 말씀이 될 것 같습니다만 이스라엘 사람들에게 있어서 이 소금은 제물이라는 것입니다. 그 당시에는 제사 의식에서 소제와 번제물에 소금을 뿌려 제사를 드렸으며 향을 쓸 때에도 소금과 함께 향을 사용했던 것입니다. 따라서 성전에서 쓰여지는 것이 소금이었는데 여기에는 신학적인 의미가 있습니다. 부정한 것을 정하게 하는데에 있어서 쓰여지는 두 가지가 있었던바 그 하나는 피요, 또 다른 하나가 이 소금입니다. 여기에 대한 이해는 그 당시의 문화와 세계관에 의해서 풀이되어져야 합니다. 이는 왜냐하면 그 당시의 문화는 그 당시 사람들의 하나의 언어이기 때문입니다. 이러한 의미에서 그들의 소금에 대한 언어적인 개념은 부정을 몰아내고 더러움을 씻어내는 것이었습니다. 그래서 이것을 신학적으로 풀이하면 귀신을 몰아내고 잡귀를 쫓아내는 등의 영적인 세계에서의 부정함을 몰아내는 것에 소금을 썼습니다. 그 한 예가 아기가 태어나면 소금물로 목욕을 시키는 일이었는데 이것은 위생적인 면도 있지만 그보다 더욱 중요한 것은 잡귀로부터 손을 못 대게 보호한다는 의미가 큰 것입니다. 또 하나 가장 비근한 예는 전쟁에서 마구 쳐들어갈 때 피비린내가 나면 한쪽에서는 향내를 피워서 그 피비린내를 제거하고 또 한편으로는 길에다 소금을 뿌리는 것이었습니다. 그러고 보면 우리 나라에서도 어떤 가정에서는 정월 초하룻날 집 주위에 소금을 뿌리기도 하고 달갑지 않은 손님이 들리기만 해도 소금을 뿌리는 것을 볼 수가 있는데 이는 아마도 다 비슷한 풍속이라 생각해 봅니다.

　아무튼 이와 같이 정결케 하는 그 예식이 곧 하나님의 성전에 도입이 됩니다. 그리하여 소금은 악마와 잡귀를 막는 표징으로 쓰여지게 됩니다. 그러기에 열왕기하 2장 19~22절 말씀에 보면 물이 좋지 못하여 사람이 죽기도 하고 농산물이 제대로 열매를 맺을 수 없는 여리고의 샘물에 엘리사가 기도하여 새 그릇에 담은 소금을 뿌림으로 그 샘물이 좋아져서 마음 놓고 마실 수 있는 물이 되어 오늘날까지 이르렀다는 기록이 있습니다. 소금 한 그릇을 뿌렸다고 샘물이 다 짜지겠습니까? 이런 것들이 다 무엇인고 하니 신학적 의미 내지 형이상학적 의미가 있는 것입니다. 예수님께서는 이와 같은 당시의 문화적 개념을 여기에 상징적으로 이용한 것입니다. 그러니까 한마디로 말해 소금은 위생적으로, 영적으로 혹은 신학적으로 정결하게 하는 것이라는 말씀입니다. 너희는 세상의 소금이다! 이 세상 어디에 있든지 정결함의 요소가 되라는 말씀입니다.

다음 네번째로 생각할 것은 우리가 너무나도 잘 아는 방부제올습니다. 이 방부제라는 것은 이미 썩은 것을 썩지 않게 하여 소생케 한다는 것이 아닙니다. 더 이상 썩지 않게, 혹은 썩을 수 있는 것을 썩지 않게 한다는 뜻입니다. 우리가 잘 알다시피 이미 썩은 것이 소금을 친다고 살아나는 것은 아니지 않습니까? 이미 썩은 것은 썩은 것입니다. 그저 거기에서 멎게 된다는 것이지요. 그런데 썩을 수 있는 채소, 썩을 수 있는 생선을 소금에 절이게 되면 썩지 않게 된다고 생각했을 때 이것은 무엇을 의미하는 것이겠습니까? 죄지을 수 있는 사람이요, 타락할 수 있는 사람이며, 잘못될 수 있는 인간, 아주 썩어 버릴 수 있는 나약한 인간이지만 거기에 그리스도인이 있어서 썩지를 않습니다. 아차 하면 쓰러질 것만 같은 위험한 순간의 남편이 있습니다. 그러나 그 부인 하나가 온전한 신앙인이 됨으로써 그 남편이 썩지 않을 수가 있는 것입니다. 넘어질 수 있는 처지인데 그리스도인이 거기에 있으므로 그로 인해 넘어지지 않는단 말입니다. 이것이 곧 방부제인 것입니다.

우리는 방부제라는 말에서 자칫 썩었던 것이 소생하는 것으로 생각하기 쉬우나 결코 그런 의미가 아닙니다. 썩을 수 있는 물건인데 그러나 여기에 신앙이 있고 여기에 그리스도가 있음으로써 썩지 않는 것으로 바뀌어진다고 하는 말씀입니다. 우리는 모두가 다 넘어질 수밖에 없고, 모두가 다 썩어질 수밖에 없는 죄인들입니다. 그럼에도 불구하고 예수를 믿는다고 하는 그 신앙에 힘입어 이만큼이라도 썩지 않고 넘어지지 않고 살아가고 있는 것입니다. 이는 개인에게 있어서나 가정, 혹은 사회나 직장, 이 세상 어디에 있어서도 당연히 썩어야 하고 썩을 수밖에 없는 세상이지만 그리스도인으로 인해 썩지 않는 것입니다. 절망할 수밖에 없는 세상인데 절망하지를 않아요. 망할 수밖에 없는 세상인데 그리스도인이 있기 때문에 망하지를 않습니다. 바로 이런 의미를 두고 "너희는 세상의 소금이다"라고 하시는 말씀입니다.

창세기에 보면 롯이라는 인물이 나옵니다. 거기에 보면 롯이 소돔, 고모라로 가는 목적이 아무래도 그렇게 좋은 목적으로 간 것 같지는 않습니다마는 어쨌든 소돔, 고모라에는 죄가 많았습니다. 이렇게 죄악의 도성이 된 그 가운데 롯이 있었다면 롯 때문에 소돔, 고모라가 썩지를 않아야 되겠는데 이 사람 롯이 변변치를 않아서 소금 노릇을 제대로 못한 것입니다. 그 결과 마침내 소돔, 고모라는 완전히 썩었고 롯마저 감염이 되고 말았던 것입니다. 오히려 롯까지도 절반은 썩었고, 맛을 잃었어요. 결국은 소돔, 고모라는 망하고 롯의 아내는 소금기둥이 되고 맙니다. 여러분, 가만히 생각해 보세요. 롯 한 사람만 온전히 서서 소금 노릇을 제대로 했더라면 되지 않았겠습니까? 소금이란 적은 분량을 말합니다. 아주 적은 분량인데도 전체를 짜게 만드는 것이란 말입니다. 그러고 보면 이 롯 한 사람은 소돔, 고모라에 있어서 참으로 중요한 사람입니다. 하나님께서는 소돔, 고모라에 의인 열 명만 있어도 멸망시키지 않겠다고 말씀하셨습니다. 이는 바꾸어 말하면 소금과 같은 하나님의 사람 열 명만 있었더라면 소돔과 고모라는 멸망하지 않을 수 있었다는 이야기입니다. 그렇다면 이 지경에 이를 때까지 도대체 롯은 무엇을 하였다는 말입니까? 우리는 이 점을 깊이 생각해 보아야 하겠습니다.

너희는 세상의 소금이다! 우리는 도덕적으로 영적으로 썩을 수밖에 없는 자를 썩지 않도록 막는 방부제의 역할을 하여야 합니다. 그리스도인의 생애가 그러한 것이며 그와 같은 영향력을 가져야 합니다. 부정한 세상에서 그리스도인이 있어서 그 부정을 막고, 불신과 타락의 세상이라 하더라도 그리스도인이 있어서 믿을 수가 있고 바로 설 수가 있다면 그가 바로 소금이요 방부제인 것입니다. 너희는 세상의 소금이라는 말씀은 다른 말로 표현하면 너는 바로 네 직장의 소금이다. 거기에서 방부제의 사명을 다하라는 말씀입니다.

이제 다섯번째로 생각할 것은 소금은 화목함을 말합니다. 김장철이라면 아주 적절한 이야기가 되겠습니다. 아무리 뻣뻣한 배추라 하더라도 소금을 치고서 조금만 기다리면 부들부들해지고 맙니다. 또한 서로 섞이지 않던 것도 소금을 치면 잘 섞여지는 것을 보게 됩니다. 그러기에 예수님께서는 "너희 속에 소금을 두고 서로 화목하라"(막 9 : 50)고 말씀하십니다. 서로 뻣뻣하게 굴어서 네가 크냐 내가 크냐며 출신, 성분, 조상까지 들추며 자존심 내세우고 그러지 말고 소금을 치듯이 부드럽고 온유하게 되어 서로 화목하라는 말씀입니다. 이것은 물리적인 변화만이 아닌 화학적인 변화입니다. 적어도 기독교인이 화학적인 변화를 일으켜야 한다는 말입니다. 전혀 질이 달라지는 현상입니다. 이에 아무리 교만한 사람이라도 그 앞에서는 녹아지고, 아무리 허영된 사람도 그 앞에서는 진실해집니다. 그 사람 때문에, 그 기독교인 하나 때문에 말입니다. 이 얼마나 귀중한 말씀입니까? 화목을 이루는 세상의 소금! 서로 으르렁거리다가도 기독교인 때문에 화해가 되는 그런 사람이 되라는 말씀입니다. 사도 바울은 골로새서 4장 6절에서 "너희 말을 항상 은혜 가운데서 소금으로 고르게 함같이 하라"고 말하고 있습니다. 여기에서도 소금이 이스라엘 사람들에게 있어서 무엇을 의미하는가를 잘 말해 주고 있습니다. 말이란 진정 "소금으로 고르게 함같이" 해야 합니다. 저는 그렇게 생각합니다. 슬픈 마음으로 누구와 만나 이야기를 하면 그와 만나는 동안에 그 슬픈 마음이 반으로 줄어들고, 기쁜 마음으로 만나면 내 기쁜 마음이 더 커져야겠는데 오히려 슬퍼지고, 슬픈 마음으로 만나면 더 슬퍼진다면 이건 참으로 곤란한 사람입니다. 여러분! 예수 믿는 사람이란 어떠해야 하는 것이겠습니까? 그저 얼굴만 척 보아도 어느 사이에 마음이 달라지는 그런 영적 권위가 있어야 하지 않겠습니까? 그야말로 화목케 하는 피스 메이커(peace maker)인 이것이 소금인 것입니다. 잠언 15장 1절에 보면 유순한 대답은 분노를 쉽게 한다는 말씀이 있습니다. 어떤 경우에 화를 벌컥 내려고 했다가도 그 사람만 대하게 되면 그만 그 분노가 다 수그러진단 말입니다. 그런 인격이 되어야겠는데 가만히 있던 조용한 사람까지 화나게 만든다면 그것은 무엇인가 크게 잘못된 것이지 결코 소금이 아니란 말씀입니다.

그런데 화목케 하는 소금! 피스 메이커가 되기 위해서는 또 하나의 진리가 있습니다. 그것은 녹아지는 것입니다. 만약 소금이 녹지 않는다면 어떻게 되겠습니까? 녹아 자기는 없어지고 그리고 침투되고 마는 것입니다. 그렇게 될 때에 비로소 소금이 소금의 구실을 하게 되는 것입니다. 녹지 않는 소금은 절대로 자기의 구실을 할 수가 없습니다. 그러므로 녹아 자기는 없어지라는 말씀입니다.

이제 마지막으로 오늘 본문을 통하여 주신 말씀을 다시 한번 생각해 봅니다. "소금이 만일 그 맛을 잃으면 무엇으로 짜게 하리요?" 진정 그렇다면 큰일이 아닐 수 없습니다. 우리는 소금을 두고 덜 짜고 더 짜다는 말은 합니다마는 소금이 맛을 잃었다는 말은 이해가 잘 안되는 이야기입니다. 그 때문에 이런 경우에는 히브리 문화로 돌아가야 합니다. 앞에서 말씀 드린 대로 이스라엘에는 암염이 있습니다. 저는 이 암염을 말로만 듣다가 6·25피난 때에 미군이 주는 배급에서 받아 주머니에 넣고 다니면서 반찬으로 사용했던 경험이 있습니다. 그런데 이것이 암염이기 때문에 잘못 걸리면 한쪽에는 소금이지만 다른 한쪽에는 바윗덩어리인 것을 받게 되는데 바로 그런 것을 말하는 것입니다. 양들이 소금을 빨아먹게 하기 위해 군데군데 이 암염 덩어리를 갖다 놓았는데 어쩌다 그만 시원찮은 것이어서 조금 빨아먹고 나니 남는 것은 소금이 아닌 바윗덩어리만 남았단 말입니다. 거기에서 무슨 맛이 나겠습니까? 바로 그것을 두고 하시는 말씀입니다. 소금이 맛을 잃으면 이제 무엇을 하겠습니까? 본문 말씀에 의하면 "사람에게 밟힐 뿐이니라"고 하셨습니다. 우리 문화가 아니기 때문에 잘 이해는 못하지만 그러나 이것은 문자 그대로 사실입니다. 이제는 양과 사람이 다니는데 거치적거리는 존재, 길거리에나 굴러다니는 거추

장스런 바윗덩어리에 지나지 않습니다. 그리스도인이 그리스도인다운 면을 잃어버리면 그것처럼 거추장스럽고 골치아픈 존재가 없습니다. 우리는 이 점을 깊이 알아야 합니다.

너희는 세상의 소금이다! 우리는 오늘도 내일도 소금을 만지고 먹으면서 이 말씀의 의미를 음미하며 사십시다.

너희는 빛이다

너희는 세상의 빛이라 산위에 있는 동네가 숨기우지 못할 것이요 사람이 등불을 켜서 말 아래 두지 아니하고 등경 위에 두나니 이러므로 집안 모든 사람에게 비취느니라 이같이 너희 빛을 사람 앞에 비취게 하여 저희로 너희 착한 행실을 보고 하늘에 계신 너희 아버지께 영광을 돌리게 하라.
(마태복음 5 : 14~16)

너희는 빛이다

"너희는 소금이다!" "너희는 빛이다!" 하는 이 두 비유는 앞서 비유에 대한 공부를 시작하면서부터 수차에 걸쳐 말씀드린 바와 같이 하나의 쌍둥이 비유입니다. 그렇기 때문에 이 둘은 동시에 생각게 되고, 비교해서 생각할 수 있는 비유라고 볼 수 있겠습니다. 따라서 이 두 비유는 우리에게 공통적인 입장에서 주시는 교훈이 있는데 그것은 다름아닌 세상과 믿는 사람과의 관계입니다. 우리는 세상을 떠나 사는 것이 아니라 세상 안에서, 믿지 않는 사람들 속에서 살아갑니다. 그러고 보면 어떤 의미에서 기독교인은 이 세상에서는 언제나 이방인인 것입니다. 뿐만 아니라 소수인, 마이너리티(minority)입니다. 이러한 소수적인 입장을 가지고 믿지 않는 사람들 속에서 이 세상을 살아가는 동안 우리는 세상과 어떤 관계를 가지느냐 하는 것입니다. 이는 관계성의 문제, 그리고 책임성의 문제입니다. 우리가 이 세상을 향해서 어떠한 책임을 지고 있느냐 하는 것입니다. 그 때문에 "소금이다" "빛이다" 하고 말씀하셨습니다. 앞장에서 우리는 극히 짧은 "소금이다" 하는 이 간단한 말씀 속에서 이 세상에 대한 우리의 책임이 어떤 것인가 하는 중요한 교훈이 있음을 공부했습니다. 이제 오늘 본문에서는 "너희는 세상의 빛이라" 하심으로 우리에게는 또한 이 세상을 향한 빛의 책임이 있음을 말씀해 주고 계십니다.

빛이라 하게 되면 우리는 먼저 상식적으로 생각하고 넘어갈 것이 있습니다. 그 이해를 돕기 위해 몇 가지로 생각을 전개해 보면 빛에는 햇빛, 달빛, 별빛 등의 본래 주어진 자연적인 빛이 있습니다. 인간은 그 빛을 눈으로 보며 그 빛 안에서 생명을 유지하며 살아갑니다. 그러면서 어두움을 밤이라 하고, 빛을 낮이라 하며, 그 빛 뒤에 있는 그늘을 보기도 합니다. 그리고 또 하나는 인공적인 빛입니다. 그것은 바로 촛불이나 등잔불은 물론 전등빛이며, 요즈음에 와서는 놀라우리만큼 발전된 여러 가지의 빛을 가지고 있습니다. 이러한 인공적인 빛으로 밤을 낮처럼 밝히며 불편없이 활동할 수 있는 것을 우리는 알고 있습니다. 이제 세번째로 오늘 우리가 생각할 빛 곧 영적인 빛이 있습니다. 눈에 보이는 빛만이 빛이 아닙니다. 눈에 보이지 않는 그 신령한 빛을 생각합니다. 그러므로 여기에서 말하는 눈에 보이는 빛은 보이지 않는 빛에 대한 비유요 상징입니다. 따라서 보이지 않는 그 영적인 빛을 생각할 때마다 이 보이는 빛을 보면서 거기로부터 그 보이지 않는 신령한 빛의 뜻을 배울 수 있어야 할 것입니다. 우리는 어쩌다 깜깜한 데를 갔다가 불빛 하나를 만나게 되면 그것이 그렇게도 반갑고, 이 빛이 얼마나 중요한가를 알게 됩니다. 어두움이 짙으면 짙을수록 작은 빛 한 줄기도 참으로 중요한 것입니다. 누구라도 이 빛이 없으면 아무 일도 할 수가 없습니다. 출애굽기 10장에 보면 캄캄한 흑암의 재앙이 임하는 장면이 있습니다. 그때에 보면 흑암이 임하는 사흘 동안 애굽인의 영내에는 빛이 전혀 없이 낮이 밤처럼 캄캄하게 되었으며 사람이 서로 볼 수도 없는 가운데 자기 처소에서 일어나지를 않았다고 합니다. 그도 그럴 것이 일어나 보았자 아무것도 보이지 않고, 보이지 않으니 아무것도 할 수 없는 처지인데 일어나서는 무엇하겠습니까? 그냥 그렇게 누워서 뭉개는 수밖에요. 이처럼 인간들의 모든 활동은 알고 보면 빛에 근거하고 있습니다. 그러므로 빛이 없으면 아무것도 할 수가 없고 될 수도 없습니다. 그러기에 우리는 이 영적인 빛을 생각할 줄 아는 그런 지혜를 가져야 하겠습니다. 이에 예수님께서는 눈에 보이는 빛을 보면서, 이것을 상징으로 하여 영적인 빛을 생각하라는 것으로 주신 말씀인 줄 압니다. 따라서 이 말씀을 바로 받은 사람은 크고 작은 어떤 빛을 보든지간에 "너희는 빛이라"는 예수님의 말씀을 생각할 수 있어야 하고 나아가 영적인 빛을 생각할 줄 알아야 할 것입니다. 바로 거기에 예수님의 말씀을 바로 듣는 자세가 있는 것입니다.

이제 우리는 이 빛에 대하여 다시 한번 생각해 보십시다. 우리가 말하는 영적인 빛이라는 것은 양심의 빛이요, 진리의 빛이며, 선의의 빛이요, 혹은 말씀을 두고 하는 말입니다. 말씀! 바로 이것이 빛입니다. 우리는 이것이 없이는 살아갈 수가 없습니다. 그렇다면 빛의 반대가 어두움일진대 이 어두움은 무엇을 말함이겠습니까? 이 어두움은 곧 무지와 무능을 말하는 것입니다. 아무리 가진 것이 많다손치더라도 지식과 지혜가 없으면 되지를 않습니다. 뿐만 아니라 아무리 힘이 있고 용맹스럽다 하더라도 어두우면 힘을 쓸 수가 없는 것입니다. 예를 들어 힘센 장수가 칼을 뽑았다 하더라도 볼 수 있는 눈이 없다면 무슨 소용이 있겠습니까? 우리는 삼손의 이야기를 잘 알고 있습니다. 성경은 삼손이 그만 머리털이 밀리우고 힘이 빠진 후 블레셋 사람에 의해 눈이 뽑혔음을 기록하고 있습니다(삿 16 : 21). 그러다가 나중에는 머리털이 자라나면서 다시 힘이 생겨지는 모습이 최후의 순간에 나타나고 있습니다마는 힘이야 있든지 없든지 간에 삼손이 아무리 장사라 하더라도 그에게 눈이 없다면 그 힘이 무슨 소용이 있으며 더는 무엇을 할 수 있겠습니까? 이와 같이 어두움은 무능이요, 모든 능력은 빛에 근거합니다. 또한 이 어두움은 혼돈을 말합니다. 어두우면 무질서해져서 마치 어두움 가운데서 헤매는 것처럼 무엇이 옳고 그른지를 분별할 수가 없게 됩니다. 그래서 옛날 헬라의 철학자 디오게네스(Diogenes)는 세상이 너무 어둡다며 대낮에도 등불을 켜고 다녔다고 하지를 않습니까?

종교적인 암흑은 우상이요, 미신입니다. 미신을 섬기는 사람들을 보면 그 마음이 어둡기 때문입니다. 정초때 보는 토정비결에서부터 사주, 궁합, 신수 등 한심하고 어리석은 일에 지금도 매여들 있습니다. 여러분, 놀라지 마시고 들어 보세요. 아직도 우리 나라에는 정식으로 등록하고 세금을 내는 무당과 점쟁이만도 자그마치 16만 8천명이나 있다고 합니다. 그렇다면 이 외에도 얼마든지 많은 무당이 있다는 이야기가 아니겠습니까? 어쨌든 이것으로 밥을 먹고사는 사람들이 이렇게 많다는 것인데 곧 그만큼 무지한 사람들이 많다는 증거이기도 합니다. 그런데 더욱 놀라운 것은 소위 지성인이라는 양반들이 이름있다는 점쟁이들에게 혹해서는 많은 복채를 놓고 그 앞에다 운명을 맡긴답니다. 심지어는 국회의원에 출마하면서도 그 여부를 점쟁이에게 물어보고, 사업을 하면서도 무꾸리를 한다니 한마디로 말해 얼마나 한심한 사람들입니까? 너무도 어두워요, 무지하기 때문에 총명이 흐려졌어요, 그 때문에 이 엄청난 결과를 낳고 있는 것입니다. 어느 조사에 의하면 초등학교 1학년 학생 중 40%가 부적을 가지고 다닌다고 합니다. 이러한 현실을 우리는 기독교인이기 때문에 잘 모르고 있지만 여기에는 박사도 대학 졸업자도 소용이 없습니다. 오히려 한 술 더 뜨는 처지이기에 저 유명하다는 이화여대 앞에 점쟁이가 제일 많다는 것이 아니겠습니까? 어두움에서 오는 무지와 혼돈이 아무것이나 붙들게 하는 것입니다. 현대적인 의미의 용어로 말하면 이것은 허무입니다. 우리 믿음의 사람들 중에서도 마음이 어두워질 때면 "그만 죽고 싶어요"라고 하는 사람들이 있습니다마는 어디 제 마음대로 죽을 수 있는 것이 목숨이더냐 말입니다. 다른 이야기는 다해도 좋지만 죽고 싶다는 말만은 함부로 하는 것이 아닙니다. 그 말은 하나님 앞에 큰 죄가 된다는 것을 알아야 합니다. 만약 우리가 오늘이라도 부모님 앞에서 한숨을 푹 쉬면서 "제가 그만 죽고 싶어요"라고 했다면 그것은 내가 죽는다는 이전에 부모님의 가슴에 못을 박는 일이 됩니다. 그렇다면 하물며 하나님 앞에야 어떻게 그 말을 할 수가 있는 것이겠습니까? 비록 죽을 때 죽더라도 죽겠다는 말만은 절대로 하지 마십시다. 우리가 때로는 한숨을 쉴 수도 있고, 절망을 할 수도 있습니다. 하지만 마음에 슬픔이 있다고 하여 쉽게 죽고 싶다는 말을 하는 것은 철저히 삼가야 합니다. 그것은 어두움 가운데 있는 허무주의의 소산입니다. 저주와 슬픔, 미움과 불화, 죄와 공포, 이 모두가 다 어두움에서 오는 것입니다. 어두우면 두려움이 생기고 두려우면 허무해지며 마지막에는 정말로 죽고 싶다는 말이 나오게 되는 것입니다.

이제 여기에서 또 하나 생각해 볼 것은 우리가 눈이 있어 본다고는 하지만 아무리 밝은 눈을 가졌어도 빛이 없으면 못 본다는 점입니다. 내 이 눈이 눈의 구실을 하려면 빛이 있어야 하고 내 힘이 유효한 힘이 되기 위해서는 마음의 빛이 없고서는 불가능합니다. 이는 힘이 있다고 아무렇게나 주먹을 휘두를 수 있는 것이 아니기 때문입니다. 용기는 귀하고 필요한 것이지만 잘못된 용기는 만용일 뿐 결코 용기가 아닌 것입니다. 참된 용기에는 의로움이 있어야 합니다. "의"라고 하는 빛이 있을 때에, 그 가운데서 활동되어질 때에 비로소 진정한 용기가 되는 것입니다. 만약 그러지를 못하고 의와는 상관이 없는 용기라면 그것은 깡패의 용기입니다. 그래서 이런 경우를 두고 우리는 만용이라고 하는 것입니다.

이처럼 빛은 모든 것의 근본입니다. 마음의 빛, 보이지 않는 이 영적인 빛이 없고서는 지혜도, 능력도, 돈도, 힘도, 지식도, 그 모두가 다 아무런 소용이 없는 것이 되고 맙니다. 그 때문에 주님께서는 "너희는 세상의 빛이라"고 말씀해 주시는 것입니다. 이제 우리가 해야 할 역할은 빛의 역할이란 말씀입니다. 여기에서 성경을 근본적으로 돌아가서 보면, 우리의 "빛됨"이라는 것은 빛의 근원이라는 의미에서 하시는 말씀은 아닙니다. 따라서 먼저 하나님이 빛이시요, 예수가 빛이심을 알아야 합니다. 예수님께서는 자기가 빛이심을 여러 곳에서 친히 말씀하고 계십니다(요 1 : 4, 9, 3 : 19, 8 : 12, 9 : 5, 12 : 35, 36) 영어 성경에는 '아이 엠 더 라잇(I am the light)'으로 빛이라는 말 앞에는 정관사가 놓여 있습니다. 이는 내가 그 빛, 곧 하나밖에 없는 그 빛이라는 것입니다. 우리는 이 정관사를 꼭 기억하고 있어야 합니다. 생각해 보면 우리는 그 점에 있어서의 강조를 못하고 있는 것을 발견하게 됩니다. 그러나 예수님께서는 분명히 "내가 그 빛이다"라며 유일한 빛이심을 말씀해 주고 계십니다. 진실로 주님은 생명의 빛이시요, 빛 자체가 되십니다.

이 빛은 동시에 심판적 의미가 있습니다. 어떠한 곳에서든 빛이 비춰지는 곳에서는 더럽고 추한 잘못의 전부가 노출되는 것입니다. 그러므로 빛에서 멀리 떨어져서는 자기가 잘난 줄 알고 살고 있지만 빛에 가까이 가서 보면 부끄럽고 추한 그 모두가 하나도 남김없이 노출되게 마련입니다.

그러나 우리는 이제 도덕적인 암흑으로부터 예수 그리스도로 말미암아 밝음을 얻었습니다. 종교적인 미신과 우매함으로부터 자유함을 얻었습니다. 여러분, 인류 문화사를 한번 보세요. 문화사가 웅변적으로 말해 주는 것은 예수가 세상의 빛이라는 사실입니다. 예수로 말미암아 세상이 밝아지고 인간 역사가 밝아졌습니다. 그로 인해 노예제도가 폐지되었으며 미신이 물러갔고 자연과학이 발전되었습니다. 적어도 문화사를 바로 볼 수 있는 사람은 예수를 믿지는 않아도 오늘 우리가 누리는 현대 문명의 뿌리가 기독교에 있음을 인정하게 됩니다. 지도를 펴놓고 보아도 아직 기독교가 들어가 있지 않은 나라, 또는 기독교를 받아들여 주지 않는 나라들의 미개함은 20세기의 오늘에도 놀라울 정도가 아닙니까? 미개함의 뿌리는 종교문제에 있습니다. 종교가 잘못되면 도덕이 잘못되고, 도덕이 잘못되면 가치관이 잘못되며, 가치관이 잘못되면 사회생활 전체가 다 잘못되고 마는 것입니다. 지금도 방글라데시 같은 나라에서는 한 집에 평균 13명의 어린이가 있고 15명이 넘는 가정도 많다고 합니다. 한번은 우리 교인 한 분이 밤에 차를 몰다가 후진을 하던 중 그만 실수를 하여 어린이 한 명을 치어 숨지게 했답니다. 이에 너무도 죄송해서 어떻게라도 보상을 할 마음으로 그 어머니를 찾아가서는 보상을 해드리겠다고 하니까 그 어머니가 하는 말이 "여기 아이들이 많은데 그 애 하나 없어도 괜찮으니 그냥 가세요"라고 하더라는 겁니다.

보십시오! 이것이 무엇이겠습니까? 이것이 곧 미신입니다. 그들의 종교가 이렇게 만들어 준 것입니다. 무지하게 되는 대로 낳고서는 죽으면 죽는 대로 괜찮고, 굶으면 굶는 대로 어쩔 수 없는 우매함이 다름아닌 종교에서 온 것입니다. 이와 같이 종교가 주는 우매함이란 실로 말로 다할 수 없는 결과를 낳게 됩니다. 우리 나라의 경우에 있어서도 기독교의 복음이 들어오기 이전에는 얼마나 어리석고 수치스러운 일이 많았습니까?

이러한 인간 역사에 있어서 예수는 세상의 빛입니다. 도덕적으로, 종교적으로, 철학적으로, 또는 사회적으로, 문화적으로, 심지어는 과학적으로도 예수는 세상의 빛이십니다. 생명의 빛이십니다. 그러시면서 우리를 향해 하시는 말씀이 "너희는 세상의 빛이라"는 것입니다. 여기에서 이제 우리가 생각해 볼 것이 있습니다. 우리가 바라볼 수 있는 저 태양은 적어도 지구를 중심으로 한 태양계에 있어서는 빛의 근원입니다. 여기에 비추어 달빛의 빛은 자신의 빛이 아닙니다. 오로지 태양의 빛을 받아 그것을 반사할 뿐입니다. 어두운 밤에는 그 달빛만 가지고도 길을 갈 수 있을 만큼 제법 밝습니다마는 달은 결코 자체의 빛을 가지고 있지는 않습니다. 그와 같이 그리스도인에게 있어서의 "빛"이라는 것도 자기의 빛을 발한다는 이야기가 아닙니다. 오직 예수 그리스도의 빛을 받아서 그 빛을 반사한다는 뜻입니다. 그러므로 여기에서 알아야 할 것은 마치 만월과 같이 정면으로 충분한 빛을 받아야만 반사의 빛도 충분해질 수 있다는 것입니다. 달은 햇빛을 받는 만큼만 우리에게 되비춰 줍니다. 그래서 정면으로 받은 보름달도 있고, 초승달, 반달도 있게 되는 것입니다.

오늘 우리들도 그리스도의 빛을 얼굴과 얼굴을 맞대듯이 정면으로 받는 만남의 관계를 가지며 사는 사람은 그 생활 전체가 밝습니다. 그러나 여기에 비해 어떤 이는 50%만 받거나 극히 부분적으로 받았기 때문에 초승달이나 반달처럼 보이는 것입니다. 그래서는 조금밖에는 예수 믿는 냄새가 나지를 않아요. 빛이 보이지를 않는단 말입니다. 교회에 왔을 때는 빛을 받은 것 같다가 집에 돌아가면 어느 사이에 다 꺼지고 말아요. 그러자니 천사가 되었다가 악마가 되었다가 빛이 있는 듯 없는 듯하면서 왔다갔다하는 것입니다. 그렇다면 빛과 사귀어야 합니다. 그것도 오래 사귀어야 합니다. 마치 마술처럼 하루아침에 되리라고 생각해서는 아니됩니다. 여기에 대한 좋은 예로써는 모세가 하나님과 만난 시내산의 40일 이후에 산에서 내려오는 모세의 광채나는 얼굴입니다. 하나님과 40일 간이나 직접으로 깊게 사귄 모세는 그 얼굴에 광채가 너무 나서 사람들이 가까이하기조차 두려워하여 수건으로 얼굴을 가리기까지 하였다고 합니다. 물론 그것이 오래가지는 못했습니다만 사실은 사실이었습니다.

　여러분, 우리는 오랜 시간을 두고 그리스도와 정면으로 만나는 깊은 사귐을 계속해 나가야 합니다. 사귄다는 말은 만난다는 것이요, 사랑한다는 것이요, 계속적으로 생각한다는 말입니다. 그리고 그에게 항상 자기를 보이는 것을 말합니다. 다시 말해 그리스도 앞에 자기를 보이는 것입니다. 행위를 보이고 마음을 보이고 얼굴을 보입니다. 그리함으로 그 빛을 받게 되고 계속 사귐으로 자기도 모르는 사이에 이미 그리스도를 닮은 인격자가 되어지는 것입니다. 가정이나 직장 그 어디에든지 예수의 냄새가 나고 빛이 되는 것입니다.

　그런데 오늘 본문을 자세히 보면 "산 위에 있는 동네가 숨기우지 못할 것이요"라는 말씀이 있습니다. 여러분, 빛은 그늘이 있게 합니다. 이쪽이 밝으면 저쪽은 어둡습니다. 내가 태양을 향해 섰을 때는 그늘이 없는 밝음뿐입니다마는, 같은 자리에서라도 빛을 등지고 돌아서기만 하면 그늘을 보게 됩니다. 참으로 그렇습니다. 언제나 그리스도를 향해 바르게 서서 사는 사람은 어두움을 볼 수가 없습니다. 비록 바로 내 등 뒤에는 어두운 그늘이 있지만 그 그늘과 나와는 상관이 없는 것이란 말입니다. 그러나 빛을 등지고 사는 사람은 반대로 빛은 못 보고 어두움만 보며 사는 것입니다. 그 때문에 예수를 믿으며 사는 사람은 세상이 아무리 어렵고 불안하다 하더라도 매사에 감사하며 살아가지만 빛을 등지고 사는 사람들은 곧장 하는 말이 "망할 세상"이라는 것입니다. 그러나 그렇게 쉽게 세상이 망하는 것이 아닙니다. 언제는 사람에 의해서 세상이 흥하고 망했더냐는 말씀입니다. 인간 역사의 흥망성쇠는 오직 하나님의 손에 달려 있는 것입니다. 그러므로 쓸데없는 그런 걱정은 할 것이 아닙니다. 빛을 향해서 사는 사람은 그늘을 보지 못하게 마련인 것입니다. 그리스도의 영정인 빛 앞에는 그늘진 곳이 없어요. 아무것으로도 가릴 수가 없어요. 그 때문에 다 드러나고 마는 것입니다. 마치 수술실의 불빛처럼 사실 그대로, 깨끗하게 사방에 일시에 비춰진다는 것을 알아야겠습니다. 그러기에 산 위에 있는 동네가 숨기우지 못한다는 것입니다. 그 어느 것도 절대로 숨길 수가 없습니다. 바로 이런 점에서 예수 믿는 사람의 일은 노출이 잘 되어 하찮은 조그만 일인데도 당장 소문이 나고 문제가 되는 것입니다. 밝음 가운데 있다 보니 조그만 것인데도 지체없이 확 드러나고 만단 말입니다. 그러나 어두운 가운데서는 큰 죄악이 있어도 보이지를 않지요. 그러므로 이제는 예수 믿는 사람들에게 무엇이고 좀 잘못했다며 시비를 걸어오거든 아예 너무 섭섭하게 생각지를 마십시오. 그것은 그만큼 밝다는 뜻이요. 기대도 컸었다는 이야기가 됩니다.

또한 오늘 본문에는 더욱 오묘한 말씀이 있습니다. 그것은 "등불을 켜서 말 아래 두지 아니한다"는 말씀입니다. 아시다시피 말이라는 것은 곡식 같은 것의 양을 헤아리기 위한 하나의 그릇입니다. 그런데 어두움을 밝히기 위한 등불을 켜서는 이 말 아래에다 두는 사람이 어디에 있겠습니까? 오늘날 우리들이 전구를 높이 달듯이 등불은 높이 등경 위에 두어서 밝히는 것이지 말로 덮어 두는 것은 아니더란 말입니다. 같은 내용의 말씀을 마가복음 4장 21절에서는 "사람이 등불을 가져오는 것은 말 아래나 평상 아래에 두려 함이냐?"고 기록하고 있습니다. 여기에서는 평상 아래라는 말이 덧붙여져 있는데 이 평상은 요즈음 말로 침대를 두고 하는 말입니다. 그러니까 등불을 켜서 침대 밑에 두는 사람이 어디에 있느냐? 등불이라면 당연히 등경 위에 두는 것이 아니겠느냐? 그러니 너희들도 그와 같이 높이 들려져서 밝히는 빛이 되어라는 말씀입니다.

그런데 여기에서 표현되어지고 있는 말과 평상이라는 것은 우리에게 깊은 의미를 주는 말입니다. 말이라는 것은 오늘날과 같이 정확한 기계식 저울이 없었던 고대 사회에서는 양과 부피를 재는데 있어서 마치 저울과 같은 역할을 하였습니다. 그 때문에 이 말은 사고팔며 장사하는 일에 있어서 없어서는 안될 도구이며 따라서 장사의 대표적인 상징물이었습니다. 그래서 구약성서에 보면 말과 그리고 저울추를 속이는 일에 대하여 경고하시는 말씀이 많이 나오고 있습니다. 이것은 곧 그 속에 장삿속이 있음을 의미합니다. 장사하는 것이야 어디까지나 돈을 벌자고 하는 것이 아니겠습니까? 그런데 문제는 이렇게 이익만을 추구하며 돈을 벌고자만 하다가는 그 소중한 빛을 가리운단 말입니다. 언제나 돈벌 생각이 앞서고 보면 공의를 무너뜨리게 마련입니다. 그리하여 그리스도의 빛됨을 묻어 버리게 되고 덮어 놓게 되는 것입니다. 누구든지 "얼마나 더 버느냐?" 하는 생각을 너무 많이 하다 보면 그렇게 되어지는 것입니다. 그래서 잠언 16장 8절 말씀에 보면 "적은 소득이 의를 겸하면 많은 소득이 불의를 겸한 것보다 나으니라"고 기록되어 있습니다. 분명 의가 먼저인데 그와는 반대로 이기주의와 실리주의에 급급한 나머지 이득을 앞세우다 보면 자기도 모르는 사이에 빛을 가리우게 되는 것입니다.

다음으로 생각할 것은 "평상 아래"란 것인데, 이 평상, 곧 침대는 쉬는 것을 말하는 것이요, 안일주의를 뜻하는 말입니다. 언제나 부지런히 일해야 되겠는데 자꾸만 쉬고 싶고, 뿐만 아니라 매사를 쉽게 처리하려고 하는 것입니다. 요즈음 말하는 한탕주의가 바로 그런 것입니다. 가만히 보면 교회 일도 아주 쉽게 별로 손해보는 것도 없고 수고할 것도 없이 적당히 계산해서 하려는 이들이 있는데 이는 참으로 잘못된 생각입니다. 하나님의 일을 땀흘림과 희생을 각오하지 않고 어떻게 쉽게만 하겠다는 것입니까? 바로 그때에 빛을 가리우게 되는 것입니다. 우리가 그리스도의 빛이라면 몸된 교회의 일을 위해서는 때때로 크나큰 희생을 치러야 하는 것입니다. 그러나 그렇지를 못하고 안일주의에서 안주하려고만 할 때에 교회의 빛을 가리우게 됩니다. 생각해 보면 빛이 된다는 것은 "희생" 속에 있는 것이 아니겠습니까? 상상할 수 없을 만큼의 큰 희생과 수고가 빛으로 나타나는 것이라면 희생 없는 안일은 이미 그리스도인의 빛이 가리워진 상태인 것입니다. 다름아닌 이것이 바로 등불을 켜서 침대 아래 두는 것과 마찬가지인 것입니다.

예수님께서는 분명하게 말씀하셨습니다. 등불을 켜서는 말 아래나 침대 아래에 두지 말고 등경 위에 높이 두라고 하셨습니다. 이는 무엇보다도 빛을 우선적으로 하라는 말씀이십니다.

여기에서 우리는 다시 한번 빛과 소금을 비교해 보십시다. 소금이라고 하는 것은 녹아져서 없어지는 것입니다. 하나의 실체가 내적으로 용해되고 침투되어 일으키는 내적인 변화를 말하는 것입니다. 여기에 비해 빛은 외적인 것입니다. 그러면서 또한 위에서 내려 아래로 비춥니다. 뿐만 아니라 어떤 의미에서는 소금이 개인적인 것이라 볼 수 있다면 빛은 사회적인 것으로 볼 수 있겠습니다. 이 두 가지의 기능은 똑같이 필요하고 중요합니다. 이는 곧 우리의 사명이 그만큼 크고 중요한 것임을 말하는 것입니다. 그러기에 그리스도인 앞에서는 죄인들이 부끄러워할 수 있어야 하고 적어도 영적으로는 그리스도인을 두려워할 수도 있어야 합니다. 빛의 사람인 그리스도인 앞에서 감히 협잡을 한다거나 하는 불의한 일은 할 수 없어야 합니다. 찬란히 밝은 빛 앞에서는 어두움이 용납되지가 않는 것입니다. 여러분, 어두움이 짙기 때문에 빛이 약한 것이 아니라, 빛이 없고 빛이 약하기 때문에 어두움이 있는 것입니다. 그러므로 예수님께서는 어두움을 몰아내고, 어두움이 설 자리가 없게 하는 그러한 빛의 생활을 하라는 말씀이십니다. 나아가 이 빛이라고 하는 것은 힘을 주는 것입니다. 이 빛 안에 있음으로 지혜가 지혜되고 능력이 능력으로 그 힘을 발할 수 있는 것입니다.

이제 오늘 본문 말씀의 결론에 가서 보면 "저희로 너희 착한 행실을 보고 하늘에 계신 너희 아버지께 영광을 돌리게 하라"는 말씀이 있습니다. 너희 착한 행실을 보고 하늘에 계신 아버님께 영광을 돌리게 하라! 이 모든 것의 결국은 하나님께 영광이 돌아가게 하라는 말씀입니다. 여기에서 우리는 다시 한번 깊이 생각하고 지나가야 할 것이 있습니다. 여러분! 소금이나 빛은 말이 없습니다. 이들 둘은 적은 소리도 내지 않은 채 소금은 조용히 녹아 없어지고 빛은 계속 타오르며 비춰지는 것입니다. 진정한 그리스도인의 선행이란 곧 이러한 것입니다. 무엇을 한답시고 나팔을 불며 설명을 하는 것도 아니며 크고 작은 말을 하는 것도 아닙니다. 오직 묵묵한 행함의 행동만이 선한 일을 하는 것입니다. 그러나 이것은 절대로 숨기워지지 않는답니다. 왜냐하면 이는 산 위에 있는 동네도 숨기우지 못할 것이라고 하셨기 때문입니다. 언젠가는 하나도 빠짐없이 다 나타날 것이니 걱정하지 말란 말입니다. 세상에서의 일은 알리고 또 알리고 게다가 문서화까지 합니다마는 하나님의 일은 그렇게 소문내어 알릴 필요가 없는 것입니다. 그저 뒤늦게 알려져서 "그렇게 아름다운 일이 있었느냐?"고 하는 것이 좋은 것입니다. 그리스도인의 선행이란 참으로 조용하여야 합니다. 빛처럼 말이 없는 행함! 바로 그것이 진정한 선행인 것입니다. 그 때문에 여기에는 희생이 있고 동시에 그로 인한 변화를 가져오게 합니다. 그리하여 마침내는 구원에 이르러 하늘에 계신 하나님께 영광을 돌리게 됩니다. 이것이 바로 빛입니다.

너희는 세상의 빛이다! 우리는 계속하여 그리스도로부터 빛을 받으며, 빛과 사귀는 가운데 충분한 빛이 되어 어디를 향해서나 밝게 비추이는 빛이 되어야 하겠습니다. 이제 우리는 빛을 말하는 그 무엇을 볼 때마다 "너희는 세상의 빛이라"는 말씀을 되새기며 이 어두운 세대의 빛됨을 잊지 말아야 하겠습니다.

좀과 도둑

너희를 위하여 보물을 땅에 쌓아 두지 말라 거기는 좀과 동록이 해하며 도적이 구멍을 뚫고 도적질하느니라 오직 너희를 위하여 보물을 하늘에 쌓아 두라 저기는 좀이나 동록이 해하지 못하며 도적이 구멍을 뚫지도 못하고 도적질도 못하느니라 네 보물 있는 그 곳에는 네 마음도 있느니라.
(마태복음 6 : 19~21)

좀과 도둑

오늘 주신 본문 말씀은 여러분께서 잘 아시는 바와 같이 마태복음 5, 6, 7장을 내용으로 하는 산상보훈 중의 말씀입니다. 여러분들은 산상보훈의 말씀을 너무나 소중히 여긴 나머지 어떤 경우에 온 성경이 다 없어진다 하더라도 산상보훈만 있으면 예수님의 마음과 그 뜻을 알 수 있을 것이라며 조금은 지나칠 정도의 표현까지 하는 것을 보게 됩니다. 아무튼 이 산상보훈에 나타난 교훈은 예수님의 교훈 중에서도 아주 핵심되는 소중한 말씀들이 요약되어 있습니다. 그러므로 이것은 곧 그리스도인은 이렇게 믿어야 하고 이렇게 살아야 한다는 그리스도인의 계명이며 그리스도적 계명입니다. 혹은 표현을 조금 달리하면 크리스천 도그마(Christian dogma)로 기독교인이 가져야 할 교리입니다. 그리하여 예수님께서는 생활을 어떻게 하고, 기도는 어떻게 하며, 네 마음가짐은 어떠해야 된다는 것을 조목조목 상세하게 일러주고 계시는 것입니다.

그 중에서도 오늘 본문의 말씀은 물질에 관한 이야기입니다. 우리 인간은 누구라 할 것 없이 물질생활을 하고 삽니다. 먹어야 하고 입어야 하며 거처할 집이 있어야 합니다. 그 때문에 의식주에 매여 살고 어떤 의미에서는 그것을 위해 이른 아침부터 늦은 밤까지 일하며 수고하는 것이기도 합니다. 이러한 구체적인 생활 문제를 놓고 그리스도인의 물질생활은 어떠해야 된다는 것을 우리에게 자세히 설명해 주고 계십니다. 만일 우리가 신앙적인 물질생활을 하지 못한다면 우리는 그만 이원론주의자가 되어 버리는 것입니다. 그리하여 교회에 나와서는 신령한 생활을, 집에 돌아가서는 속된 생활을 하는 것입니다. 이는 극단적으로 말하면 천당과 지옥을 왔다갔다하는 매우 잘못된 생활이 아닐 수 없습니다.

기독교인의 생활이란 일원론적입니다. 따라서 신령한 생활도 신앙적으로 해야 할뿐더러 물질생활도 신령하게 신앙적으로 해야 된다는 말씀입니다. 다시 말하면 우리의 육체적인 생활을 비롯한 종합적인 삶 자체가 신앙적이어야 하고 그리스도인적인 생을 살아가야 한다는 말씀입니다. 이것이 곧 그리스도인의 윤리인 것입니다. 그러기에 윌리엄 템플(William Temple) 같은 이는 "기독교는 모든 종교 중에 가장 물질적인 종교이다"라는 말까지 한 것입니다. 이는 대부분의 종교들이 정신세계에만 집착하여 물질세계는 속된 것으로 별개시하는 것에 반하여 기독교는 전혀 그렇지가 않기 때문입니다. 하나님께서는 친히 물질세계를 창조하셨습니다. 그러므로 이 물질세계는 곧 하나님께서 원하셨던 세계요, 하나님의 뜻이 이루어져야 하는 세계입니다. 바로 이런 의미에서 물질에 대한 문제가 완전히 신앙적으로 소화되어야 하고 해석되어야 하며 또한 그렇게 쓰여져야 한다는 말씀입니다. 가만히 보면 신앙생활을 여러 면에서 잘하려고 애쓰는 분들 중에서도 이 물질생활을 잘못함으로 종내는 신앙생활 전부가 잘못되는 경우를 더러 보게 됩니다. 이는 참으로 유감스러운 일이 아닐 수 없습니다. 다른 것은 다 신앙적이고 좋은데 물질생활에는 정직하지를 못하고 신앙적이 아니란 말입니다. 이것은 대단히 잘못된 것입니다.

그러면 이제 기독교인은 물질을 어떻게 보아야 하고 어떻게 생각하며 살아가야 하는 것인가? 하는 이 문제를 두고 예수님께서는 매우 깊은 원리를 들어 귀중한 말씀을 담아서 말씀하고 계시는 것입니다.

먼저 총론적으로 말씀드리자면 본문에 나타난 좀과 동록과 도둑이라는 말입니다. 이들 모두가 하나의 비유 같지만 사실 예수님의 의도는 그렇지가 않습니다. 언제나 그러셨듯이 예수님께서는 예외없이 명석하게 구분하여 말씀하고 계십니다. 따라서 이 비유는 목적은 하나요, 그 깊은 뜻은 같은 것이지만 분석적으로 보면 좀과 동록과 도둑, 이 세 가지를 말씀하고 있는 것입니다. 이 셋이 합쳐진 뜻은 한마디로 말해 물질이란 순간적인 것일 뿐 아무리 많이 가지고 있어 보았댔자 결코 그 중 하나도 내 것이 될 수 없다는 이야기입니다. 끝까지 붙들 수도 없거니와 좀이 먹고, 녹슬며, 도둑이 가져가고 한다면야 그것으로 끝나는 것이 아니겠습니까? 그러기에 물질은 잠깐 나에게 맡겨준 것일 뿐입니다. 이를 두고 청지기라고 합니다. 우리는 바로 이 점을 잊지 말아야 하겠습니다.

　물질이란 영원한 것이 아닙니다. 특별히 나와의 관계에서는 더욱 그러합니다. 그 가치가 그대로 있는 것이 아니라 계속 변하는 것입니다. 그래서 돈의 여유가 있게 되면 이 돈으로 어떻게 하면 좀 오래, 그것도 유익하게 관리할 수 있을까 하여 여러 가지로 궁리를 해봅니다마는 그렇게 확신있는 길이 생각되지를 않는답니다. 땅을 사 두자니 재산세다 공한지세다 하여 세금만 많지요, 한창 프리미엄(premium)을 붙여 소동을 피우던 집 문제만 해도 값이 그렇게 자꾸만 올라가는 것이 아니란 말입니다. 집이란 별수없이 아무리 좋은 집이라 하더라도 세월이 가면 싸지게 마련입니다. 게다가 값을 좀 많이 받았다 하면 그 또 양도소득세라는 것이 있어서 제대로 돌아오는 몫인들 얼마나 되겠습니까? 그러니 안되겠고, 그렇다고 은행에 넣어 두자 하니 인플레(inflation)만 자꾸 되고, 또한 비밀구좌를 만들어 멀리 스위스 은행에라도 넣어 둘까 해보지만 그랬다가는 어느 순간 내가 죽으면 그 돈 다 누가 가질는지 모르겠구나 생각되어 여기에도 저기에도 마음을 정할 수가 없다는 것입니다. 그러기에 청빈낙도라는 것입니다. 아예 아무것도 없는 것이 편한 일이지 그것을 붙들고는 "이것 어디에 둘까?"에 신경을 쓰다가 속병까지 들어서는 종내에는 병원 출입을 하다가 그 돈 다 써버리고 말게 되니 이것이 무슨 소용이 있단 말입니까? 이처럼 재산이란 보관하기가 쉬운 것이 아닙니다. 돈이란 벌기가 힘들다지만 지키기도 힘이 들고 쓰기는 더욱 힘이 드는 것입니다. 정말 의미있는 일, 후회하지 않을 만큼 가치 있는 일에 쓰기가 그리 쉽지 않은 것입니다. 그러고 보면 이 물질의 문제는 참으로 어렵고도 중요한 것입니다.
 이에 예수님께서는 그 깊은 의미를 담아 이 비유의 말씀을 가르쳐 주시고 있는 것입니다. 내 앞에 있는 이 물질이 결코 나의 것이 아니며, 내 것이라 하더라도 그것은 순간일 뿐 어느 사이에 남의 것이 되고, 없어지며, 그 값어치도 점점 하락되고 마는 것이니 이제는 정신을 차리고 제대로 쓰며 살라 하시는 말씀인 것입니다. 그럼에도 예수님께서는 은근하고 듣기 좋게 그러면서도 두고두고 생각할 수 있도록 이렇게 비유로 말씀하고 계시는 것입니다. 그러니까 이제부터는 옷을 만지다가 좀먹은 것이 있으면 "그렇지 예수님께서 좀이 먹는다고 하셨지!" 또한 그릇들을 챙기다가도 시꺼멓게 녹슨 것이 있으면 "이래서 예수님께서는 일찍이 녹이 슨다고 말씀하셨다니까" 혹은 남에게 돈을 빌려주었다가 그대로 떼였거든 "이것 봐. 예수님께서 도둑맞는다고 그러셨는데 도둑이 따로 있나 이것이 도둑이지 뭐" 하면서 순간순간 구체적인 생활 속에서 늘 새롭게 예수님의 말씀을 경험할 수 있어야 합니다. 마치 뇌성이 들려오듯이 내 귀에, 내 마음속에 분명하게 들려올 수 있어야 그것이 그리스도인입니다. 어떤 때에 보면 돈을 떼이고서는 빼앗겼다며 울고만 있습니다마는 그것은 예수님께서 이미 오래 전에 쓸 데 쓰지 않으면 빼앗길 것이라며 예언하신 바란 말입니다. 그런데 그것을 왜 진작 몰랐더냔 말씀입니다. 예수님의 말씀은 예배당 안에서만 듣는 것이 아닙니다. 옷을 챙기다가도, 설거지를 하다가도 시장에 가서나 사무실에 앉아서나 어떤 사건을 만날 때마다 "바로 여기에 그 말씀이 응했구나!" 하면서 내가 이 말씀을 왜 진작 깨닫지 못하고 그대로 살지 못했는가를 생각할 수 있어야 하는 것입니다. 이를 위해 예수님께서는 비유를 사용하셨고, 또한 그렇게 말씀하신 의도인 것입니다.
 그러면 이제 좀이 먹는다는 것이 어떤 것이냐 하는 문제를 생각해 봅니다. 좀이란 잘 아시다시피 옷을 갉아먹는 벌레입니다. 요즈음의 옷감에는 광물성으로 된 것이 많아서 좀이 먹을 수 없는 것도 많이 있습니다마는는 옛날 자연섬유로 만든 옷감은 으레 좀이 먹게 마련이었던 것입니다. 그런데 이 옷이라는 것이 당시에 있어서는 특별히 부의 상징이기도 했던 것입니다. 하긴 옷이 날개라는 말과 더불어 오늘날에도 옷의 종류에 따라서는 부를 나타내 보이는 것이 없지는 않습니다. 그러나 그렇게 신경쓸 것까지는 없는 일이라 생각합니다. 저 같은 경우는 옷을 바꿔 입을 줄 잘 모르다보니 한번 입었다 하면 한겨울 내내 입고 다닐 정도로 옷에다 신경을 쓰지 않습니다. 한번은 국민복을 입고 조선호텔에 들어가는데 수위가 "여보시오"라며 불러 세우는 것입니다. 그러기에 "왜 그러시오" 하며 언짢게 한 마디 했더니 "가십시오" 하는 것입니다. 아마도 이 사람이 옷을 헐하게 입은 저의 모습을 보고는 뭐라고 할 모양이었던 것 같습니다. 이처럼 옷을 보고 사람을 말하는 것은 정말 잘못된 것입니다. 그럼에도 이 세상은 그렇게 되어 있고 옛날에는 아예 확실한 신분제로 옷을 입기도 했던 것입니다. 그래서는 색깔까지 왕족, 귀족, 천민, 노예 등으로 구분되어 있어서 자기 신분의 색깔 외에는 입지를 못했던 것입니다. 따라서 좋은 옷이야말로 자기 신분을 더욱 더 높이는 데 있어서 가장 중요한 것이 될 수밖에 없었던 것입니다.

우리는 구약성서 여호수아 7장에서 아간이 은 이백세겔과 금덩이 하나, 그리고 옷 한 벌을 훔친 사건을 보게 됩니다. 그처럼 당시에 있어서는 한 벌의 옷이 그렇게도 귀했고 요즈음 우리들처럼 철철이 옷을 바꿔 입거나 매일처럼 빨래를 하는 것이 아니었습니다. 그 귀하기가 얼마나 심했든지 옷 한 가지로 삼대를 입었다고 할 정도입니다. 우리의 형편에도 어려운 때가 있었음은 그렇게 먼 이야기가 아닙니다. 그 때문에 혼수라는 문제가 생겨난 것이 아니겠습니까? 옛날 부인들은 시집갈 때 명주다, 광목이다 해서 바리바리 싣고 가서는 시집에서 옷 한 벌 얻어 입지 않고 그것으로 일생을 사는 것입니다. 그런데 요즈음 같은 세상에도 혼수에 욕심을 부린다면 그것처럼 바보스러운 일은 없는 것입니다. 어쩌다 1년에 한번 입을까말까 한 것, 게다가 옛날처럼 한복이라면 그렇게 유행을 타지 않아도 되겠는데 이건 짧았다가 길었다가, 넓었다가 좁아졌다 하며 변화가 무쌍하지 않습니까? 그저 그때그때 필요한 대로 바꿔 입으며 살면 되는 것입니다.

그런데 이렇게 옷을 소중히 여기고 그리고 옷을 많이 해 가는 풍속이 생긴 것은 그만큼 옷이 귀했기 때문입니다. 지금은 돈이면 당장에 해결이 되지마는 옛날에는 그런 것이 아니었습니다. 그 때문에 많은 옷을 준비하고 그것도 되도록이면 명주 같은 값비싼 비단으로 하기를 원했던 것입니다. 그래서는 그 값비싼 비단에 더욱 값을 올리기 위해 때로는 금과 은을 섞어 짜거나 수를 놓아 번쩍번쩍하는 옷을 입고 다녔단 말입니다. 그러니 이 옷에 대한 자랑이 얼마나 대단한 것이었겠습니까? 아무튼 이런 값비싼 옷들을 해 놓고는 그것을 두고두고, 오래오래 입겠다고 보관하는 것입니다. 그런데 웬걸 어느날 꺼내 보니 그만 좀이 먹었더란 말입니다. 바로 여기에 문제가 있는 것입니다. 그래서 야고보서에도 보면 "들어라 부한 자들아 너희에게 임할 고생을 인하여 울고 통곡하라. 너희 재물은 썩었고, 너희 옷은 좀먹었으며, 너희 금과 은은 녹이 슬었으니 이 녹이 너희에게 증거가 되며 불같이 너희 살을 먹으리라. 너희가 말세에 재물을 쌓았도다"(1~3)라고 하였습니다. 옷은 입어야 하는 것이요, 내가 안 입으면 다른 사람이라도 입어야 하는 것이 옷인데 이것을 오래오래 혼자 두고 입겠다며 장 안 깊숙이 쌓아놓았더니 뒤에 보니 좀이 먹었다는 것입니다.

이 말씀은 다르게 표현하면 좀이 먹은 옷이 있다는 것은 당연히 다른 사람에게 주어야 할 시간에 주지 않았다는 것이 아니냐? 마땅히 나 아닌 타인을 향해 써야 할 물질을 쓰지 않았다는 것이 아니냐? 그러니 그것이 증거가 되어 말세에 심판을 받겠다고 하는 말씀입니다. 그래서 제가 바자회 때에도 자주 드리는 말씀입니다마는 집에 두고 쓰지 않는 물건이나 옷을 어쩌다 보면 그냥 두고 죽을지도 모르는데 이런 것을 빨리 내어다가 다른 사람에게 주자는 것이지요. 만일 그대로 두고 죽으면 말씀대로 심판의 요소가 될 것이란 말입니다. 사실 돈이란 것도 그렇습니다. 세상 떠날 때는 깨끗이 없어져서 플러스(plus), 마이너스(minus)하여 제로(zero)가 되어야지 그때 가서도 많이 남아 돌아가면 하나님 앞에서의 책망을 면할 길이 없을 것입니다. "내가 너에게 돈을 주었을 때는 좋은 일에 쓰라고 준 것이지 꾸역꾸역 모아 두었다가 그렇게 죽으라고 하더냐?"며 크게 책망하실 것이란 말입니다. 재산은 써야 하는 것입니다.

미국에 가보면 바이엘라라는 호텔(Biella Hotel)이 있는데 그 호텔의 맨 꼭대기에는 양로원이 하나 있습니다. 이 양로원은 나이 많은 노인들이 들어올 때 얼마 이상의 재산을 다 넣고 들어오면 그 다음부터는 매달 100달러씩의 용돈을 주고, 그 외 병원비 식비 등 필요한 모든 보살핌과 장례식까지 다 맡아서 해주는 것입니다. 그렇게 하여 맡겨진 돈은 바이엘라호텔 오픈 도어 처치에서 맡아 가지고 그 전부를 선한 일에 쓰는 것입니다. 그러니까 아예 죽을 때까지 필요한 기본적인 것만 남겨 놓고는 다 써 버리는 것이란 말입니다. 나이 많으면 뭐 그렇게 쓸 것이 많은 것도 아니지 않습니까? 이렇게 되면 깨끗하게 오늘 이 순간에 죽는다 하더라도 하나님 앞에 가서 "다 주고 왔습니다"라고 말할 수 있을 것이란 말입니다. 그러므로 남은 것, 좀먹은 옷이 내 장 속에 있어서는 안된다는 말씀입니다. 이런 문제를 두고 책망하시는 말씀이 성서의 여러 곳에 기록되어 있습니다(욥 13 : 28, 27 : 16, 사 5 : 9, 51 : 8).

다음으로 생각할 것은 동록, 곧 녹이 슬었다는 것입니다. 이 세상의 재물인 보화란 그 어느 것이든 영원한 것이 못됩니다. 이 보화란 시대를 따라 한갓 곡식일 수도 있고 찬란한 보석일 수도 있습니다마는 어느 한 가지도 절대적으로 믿을 수 있는 것은 아닙니다. 이는 왜냐하면 이를 어디에 두어야 안전하고 또한 어떻게 보관해야 되는 것이겠습니까? 이것은 다 밖으로부터 녹이 슬고 안으로부터 없어지는 것들입니다. 뿐만 아니라 자연히 점진적으로 서서히 가치가 떨어지고 맙니다. 그래서 옷이 귀하다 지만 그것도 젊었을 때의 말이지 다 늙은 다음에야 번쩍거리는 옷을 입었다고 하여 제대로 어울리기나 하겠습니까? 우리가 집이다 뭐다 하는 것도 마찬가지입니다. 원체 몸이 낡고 보면 그것도 나를 위로하지 못하는 것입니다. 그렇다면 아무리 붙들고 있어봤댔자 그 가치는 계속 떨어지는 것이 아니겠습니까? 그러다가 마지막에는 무가치하게 되고 필요없는 것이 되어 버리고 만다는 이야기입니다. 그러니 녹이 슨다는 것입니다.

이제 세번째로 생각할 것은 도둑입니다. 예나 지금이나 도둑은 어디에나 있게 마련입니다. 도둑질이란 남의 것을 탐내는 것인데 이것은 소유권의 문제입니다. 그러니까 이 소유권이 다른 사람에게로 넘어간다는 말입니다. 그런데 그것이 자의로 넘어가는 것이 아니라 완전히 강제성을 띠고 있다는 말입니다. 내가 생각지도 않고 원치도 않는 때에 어떤 이유나, 어떤 과정에 의해서 빼앗기게 된다는 말입니다. 한마디로 말하여 주는 것과 빼앗기는 것은 다른 것인데 그만 빼앗기게 된다는 것입니다. 예를 들어 아이들에게 용돈을 주는 일에 있어서도 내가 즐거워하는 마음에서 먼저 주면 그것은 주는 것이고 애들이 자꾸만 졸라서 그것에 못이겨 억지로 주었다면 그것은 빼앗긴 것입니다. 그렇다면 가만히 한번 생각해 보십시오. 빼앗긴 것과 준 것! 어느 쪽이 더 많은가를 말입니다. 대체로 보면 빼앗긴 것이 많지 좋은 마음으로 선뜻 내어준 것이 얼마 되지를 않을 겁니다. 체면 때문에 빼앗기고, 싸우기 싫어서 빼앗기고, 친척에게 빼앗기고, 자식에게 빼앗기고, 그러고 보니 다 빼앗겼습니다. 진정으로 내 스스로 일부러 찾아가서 이것 좀 쓰세요 한 적이 있었느냐는 말입니다. 3년 전인 것으로 기억이 되는데 성탄 헌금 들어온 것을 가지고 가난한 결핵환자촌을 찾아 얼마를 도와주었더니 거기 책임자가 하는 말이 청구서를 사방에 내면서 애원을 하며 달라고 해도 잘 주지를 않는데 자기 발로 찾아와서 이렇게 큰 돈을 주는 것은 제 생전에는 처음입니다 하는 것입니다. 참으로 놀라운 이야기가 아닐 수 없습니다. 어딘가에 이것을 필요로 하는 사람이 없을까 하여 스스로 찾아가서 도와주는 그것이 진정 준 것이지 주세요, 주세요 해서 준 것은 빼앗긴 것이지 준 것은 아니란 말입니다. 이렇게 볼 때 우리가 진정으로 내어주지 않으면 언젠가는 빼앗긴다는 점을 생각해야 합니다. 이에 예수님께서는 누가복음 12장 33절에서도 "너희 소유를 팔아 구제하여 낡아지지 않는 주머니를 만들라 곧 하늘에도 둔 바 다함이 없는 보물이니 거기는 도적도 가까이 하는 일이 없고 좀도 먹는 일이 없느니라"며 비슷한 말씀을 하고 계십니다.

결국은 이 모두가 신앙의 문제입니다. 그래서 종교 신앙의 개혁자 마르틴 루터(Martin Luther)는 "사람이 사랑하는 것, 그것이 바로 그의 하나님이다"라고 말한 것입니다. 누구든지 무엇인가 지극히 사랑하는 것이 있으면 그것이 바로 그의 하나님이란 말입니다. 자식을 너무 사랑하면 자식이 신(神)이요, 돈을 사랑하면 돈이, 명예를 사랑하면 명예가 나의 신이 된다는 말입니다. 이에 오늘 본문에서 조금 더 이어나가다 보면 "사람이 두 주인을 섬기지 못한다"는 분명한 예수님의 말씀이 있습니다. 이는 어떠한 경우에도 결코 돈이 주인이 되어서는 안된다는 말씀입니다. 돈이란 어디까지나 수단일 뿐 주인이 될 수는 없는 것입니다. 따라서 돈을 섬기는 자처럼 불쌍한 사람은 다시 없습니다.

두 주인을 섬기지 못한다! 하나님이냐? 맘몬(Mammon)이냐? 그 둘 중 하나일 뿐이란 말씀입니다. 이는 참으로 무서운 말씀이 아닐 수 없습니다. 돈이 신의 위치에까지 올라갑니다. 가만히 보면 요즈음 세상은 정말 그런 것 같습니다. 남편이나 아내보다도 위에 있고 지식보다도 위에 있는 것 같습니다. 좌우간 하나님 다음만 되어도 좋겠는데 하나님 위에까지 올라가니 그것이 걱정이란 말입니다. 아무튼 돈의 위치가 이렇게까지 높이 올라간 적은 일찍이 없었던 것 같습니다. 물론 돈이 없어서도 안될 세상이긴 하지만 아무래도 조금은 더 돈에 대하여 초연할 수 있어야 할 것 같습니다. 그렇게 비참할 정도로 돈의 노예가 되어 버렸고 돈이 신으로 화해 버렸다는 말씀입니다.

그런가 하면 이러한 돈과 물질에 사람들이 마음을 빼앗긴다는 것입니다. 물질은 물질대로 있었으면 좋으련만 물질과 마음이 이렇게 교차가 되고 나아가서는 하나가 되어 버린단 말입니다. 바로 그 때문에 오늘 예수님께서도 "네 보물 있는 그 곳에는 네 마음도 있느니라"고 하시는 것입니다. 또한 고린도후서 12장 14절에 보면 "나의 구하는 것은 너희 재물이 아니요, 오직 너희니라"고 사도 바울은 호소하고 있습니다. 물질이 아니라 마음이란 말입니다. 내가 구하는 것은 너 자신이지 돈이 아니라는 것입니다. 이는 참으로 중요한 말씀입니다. 우리는 물질과 인격을 두고 볼 때에 언제 어디서나 인격과 그 마음을 보다 위에 두어야 하고 어떠한 경우에도 마음이 물질에 끌려서 행동하는 물질 노예의 생활이 되어서는 안될 것입니다. 더욱이 명심할 것은 물질이 신이 되어서는 안된다는 점입니다.

또한 중요한 것은 그 보물을 누구를 위하여 쌓았느냐 하는 문제입니다. 오늘 본문에 의하면 "너희를 위하여 보물을 땅에 쌓아두지 말라"는 것입니다. 나를 위한 땅 위의 축적! 이것은 이기적인 축적을 두고 하는 말씀입니다. 돈을 저축한다는 자체가 잘못되거나 나쁘다는 것이 아닙니다. 문제는 그 목적이 어디에 있느냐 하는 것입니다. 왜? 누구를 위하여? 그런데 문제는 자신을 위한 것이었다는 이것이 무모한 것입니다. 생명의 한계성 때문에 무모한 것이요, 좀이 먹고 녹이 슬며 도둑이 가져갑니다. 사실 나를 위하여 재물을 쌓는다는 것은 불가능한 일입니다. 바로 이 점을 빨리 깨닫고 알아야 한다는 말씀입니다. 언젠가는 그 모두가 남의 것이 되고 말 것입니다. 그러기에 재물이란 아예 처음부터 모두가 함께 써야 하는 것입니다. 이는 참으로 일용할 양식이요 다 같이 먹어야 할 양식이란 말입니다. 따라서 쌓아두는 곳이 문제입니다. 어디에다 쌓아두느냐?

다시 말하며 어디에다 쓰느냐? 하는 것입니다. 그것은 바로 지금 여기 (here and now), 쓸 기회가 있을 때에 써야 합니다. 우리 교인들 중에 많은 분들이 흔히들 말하기를 "내가 한때는 돈 좀 많이 가지고 있었는데 그때에 내가 지금처럼 예수를 잘 믿었더라면 좋은 일 좀 할 것인데 이제 다 없어진 다음이니 마음뿐이지 뭐가 있어야지요 뭐"라며 이야기하는 것을 들을 수가 있습니다. 글쎄요, 그 분에게 지금 그 돈이 있다면 그런 생각을 할 수 있을는지 모르겠습니다. 아무튼 문제는 쓸 수 있을 때에 써야 하고 할 수 있을 때에 해야 한다는 점입니다. 만일 그렇지를 못하면 좀먹고, 녹슬며, 그리고 빼앗기게 마련인데 이것이 곧 심판인 것입니다.

디모데전서 6장 18~19절을 보면 "선한 일을 행하고 선한 사업에 부하고 나눠주기를 좋아하며 동정하는 자가 되게 하라 이것이 장래에 자기를 위하여 좋은 터를 쌓아 참된 생명을 취하는 것이니라"고 하였습니다. 자기를 위하여 좋은 터를 쌓아 참된 생명을 취하는 것이 된다! 대단히 중요한 말씀이 아닐 수 없습니다. 그러므로 이제 보물을 하늘에 쌓아두라! 는 말씀입니다. 비록 작은 것이라도 귀한 일에 쓰여질 때 귀한 물질이 되는 것입니다. 돈이라는 것이 정말 어떤 때에는 사람을 살리는 일을 해내지 않습니까? 좋은 일에 쓰여지면 그렇게 좋을 수가 없어요. 그러나 나쁜 일에 쓰여지면 그것처럼 추하고 나쁜 것은 없습니다. 그렇다면 방법은 오직 하나, 보물을 하늘에 쌓아두라! 그곳은 안전한 곳이요 영원한 곳이며, 길이길이 생명을 구하는 일에 쓰여질 것이라는 말씀입니다.

그러면 이제 이 보화라는 말을 우리 인간의 실체를 두고 한번 생각해 보십시다. 사실 알고 보면 우리의 몸도 건강도 모두가 다 어느 것과도 바꿀 수 없는 가장 귀한 보화입니다. 그런데 우리가 나이를 먹는다는 것은 무엇에 비교가 되는 것이겠습니까? 이것은 별수없이 좀이 먹는 것이지요. 그래서는 자기도 모르는 어느 사이에 그만 주름살이 생기고 흰머리가 나며 허리가 굽어지고 이빨은 흔들거리는 것입니다. 이렇게 좀이 먹었는가 하면 이제는 이런 저런 병으로 시달리며 때로는 째고 깁고 자르고 하다가는 더 낡아지면 내다 버리게 되는데 이것이 다름아닌 녹이 슬었다는 것입니다. 자동차로 말하자면 보링도 하고 수리도 하다가 정 나쁘면 폐차해 버리고 마는 것입니다. 그런가 하면 죽음은 또 무엇이겠습니까? 이것은 도둑입니다. 갑자기 오는 것입니다. 죽음이란 서서히 오는 것이 아니라 생각지도 않는 사이에 그야말로 도둑처럼 들이닥치는 것입니다. 그리하여 어느 순간에 그 호흡이, 그 생명이, 딱 끊어지고 맙니다. 이처럼 죽음이 옵니다. 도둑이 옵니다.

그렇다면 좀이 먹기 전에, 녹이 슬기 전에, 물론 도둑을 맞기 전에, 이제는 무엇인가의 보물을 하늘에 쌓아두어야 할 것입니다. 따라서 우리의 마음은 항상 하늘에 있어야 하고 신령한 것에 있어야 하며 영원한 가치의 것을 위하여 우리의 몸도 마음도 바쳐지고, 그리고 우리의 지혜와 우리의 능력, 우리의 물질도 쓰여져야 할 것입니다. 그럴 때에 가장 귀한 인격이 될 수 있고 가장 귀한 물질이 될 수 있으며 가장 귀한 생명이 될 수 있을 것입니다. 이것이 바로 가치창조라고 하는 것입니다. 높은 가치를 창조해 나갈 수 있는 길이 바로 여기에 있습니다.

여러분! 여러분의 가진 바 보물이 무엇입니까? 지식입니까? 돈입니까? 건강입니까? 그 무엇이든지 좋습니다. 오늘 예수님께서는 다름이 아닌 바로 너희를 위하여 보물을 하늘에 쌓아두라! 고 말씀하고 계십니다. 거기는 그 누구도 손댈 수가 없는 하나님의 보고입니다. 그러므로 오직 너희를 위하여 보물을 하늘에 쌓아두라! 영원을 준비하는 오늘 우리에게 주시는 생명의 말씀입니다.

성한 눈 나쁜 눈

 눈은 몸의 등불이니 그러므로 네 눈이 성하면 온 몸이 밝을 것이요 눈이 나쁘면 온 몸이 어두울 것이니 그러므로 네게 있는 빛이 어두우면 그 어두움이 얼마나 하겠느뇨 한 사람이 두 주인을 섬기지 못할 것이니 혹 이를 미워하여 저를 사랑하거나 혹 이를 중히 여기며 저를 경히 여김이라 너희가 하나님과 재물을 겸하여 섬기지 못하느니라.
(마태복음 6 : 22~24)

성한 눈 나쁜 눈

　이제 주시는 말씀은 눈을 비유로 하여 매우 실제적인 지혜를 우리에게 보여 주시는 말씀입니다. 우리가 신앙생활을 함에 있어서 크게 잘못되기 쉬운 것이 하나 있는데 그것은 추상적인 신앙생활을 한다는 것입니다. 이렇게 신앙생활이 잘못되면 이중적인 혹은 이원론적인 모순을 가지게 됩니다. 그리하여 세상을 살아가는 생활은 그 생활방법대로, 또한 하나님 앞에 나와 기도하며 예배드리는 신앙생활은 신앙생활대로 따로 하는, 다시 말하면 하나님 앞과 사람 앞, 교회 안과 교회 밖의 이 두 세계를 왕래하며 각각의 생활을 하는 경우가 있습니다. 조화된 하나의 신앙생활로 엮어가지를 못하고 이쪽과 저쪽을 구분하여 왕래하면서 어떤 때는 천사처럼 또 어떤 때는 악마처럼 살아 버리고 말 때가 있습니다. 그러면서도 생각하기를 "세상은 아무래도 이렇게 살 수밖에 없다"며 스스로를 정당화해 버리고 마는데 이것은 참으로 위험한 생각이요 행동입니다. 우리는 우리의 실제생활 그 자체 전부가 신앙화되어야 하고 신학화되어야 하며 성서적인 생활이 되어야 하는 것입니다. 그런데 우리는 하나님의 말씀대로 살아보려는 노력을 함에도 그것이 잘 안된다는 이유에서 그만 완전히 포기해 버릴 때가 있습니다. 그리고는 그저 본래부터 이렇게 살아가는 것이 아니었던가 합니다마는 이것은 대단히 위험한 생각입니다. 그러므로 우리의 처지가 어떠하든지간에 이 경건한 생활이 실제생활에서 실현되어 나가야 한다는 것을 항상 마음에 두고 있어야 할 것입니다.

　오늘 본문에 주신 말씀은 잠깐 지나가는 비유로 하신 말씀이지만 우리의 신앙이 어떻게 하여야 진정으로 생활화될 수 있느냐? 하는 실제적인 지혜를 가르쳐 주고 있는 말씀입니다. 그런 의미에서 이 비유는 매우 소중한 비유가 됩니다.

　그러면 우리가 신앙을 생활화하며 말씀대로 바르게 살아가려고 하는데도 왜 이것이 잘 이루어지지를 않는가? 나아가서는 왜 거의 불가능한 지경에까지 왔느냐? 할 때에 그 이유는 다른 데 있는 것이 아닙니다. 그것은 바로 뿌리를 찾지 못했기 때문입니다. 우리가 신앙생활을 함에 있어서 바르게 살든 못 살든 문제는 뿌리에 있고, 근본 원인에 있습니다. 우리는 현상문제를 가지고 자꾸만 생각합니다마는 결코 그렇게 생각할 문제가 아니란 말입니다. 어디까지나 그 원인, 그 뿌리를 찾아야 하는 것입니다. 우리가 낙심하고 있다면 그 원인이 무엇이며, 우리가 약해졌다면 그렇게 약해진 원인이 무엇이란 말입니까? 이는 마치 병원에서 환자의 질병을 치료하기 이전에 그 원인을 찾아 며칠씩이나 굶기며, 피를 뽑고 엑스 레이(X-ray) 촬영을 하면서 검사를 해야 하는 작업과도 같은 것입니다. 이제 원인만 찾으면 치료할 길이 생길 것이며 그리고 본격적인 치료에 들어가게 될 것입니다. 그러나 만약 그 원인들도 모르면서 대강 이럴 것이다 하여 치료를 한다면 어떻게 되겠습니까? 그것처럼 막연한 일이 어디 있으며 그 결과는 또한 어떻게 되겠습니까?

　문제의 원인! 그 원인만 정확하게 바로 규명되어진다면 벌써 그 문제는 해결을 본 것과 같은 것입니다. 그렇기 때문에 우리의 신앙생활에 있어서의 모든 문제는 그 뿌리로 돌아가서 어떻게 하여야 바르게 살 수 있을까? 아니면 왜 잘못하는가?의 문제를 그 원인으로 돌아가서 고쳐야 한다는 말씀입니다. 이를 위해 예수님께서 사용하신 비유가 바로 눈이라는 것입니다. 우리의 신체 구조에 있어서 어느 한 부분 중요치 않은 것이 있겠습니까마는 우리의 일상생활을 명랑하게 하기 위해서는 무엇보다도 눈이 밝아야 하는 것입니다. 아무리 건강하고 잘생긴 사람이라도 이 눈이 나쁘거나 어두우면 온 세상이 어두워지고 무엇 하나 제대로 할 수가 없습니다. 그 때문에 특별히 자동차 운전면허를 얻고자 할 때에는 먼저 시력검사를 하는 것을 보게 됩니다. 그리하여 시력이 제대로 나오지 않거나 색맹일 경우는 아무리 운전 기술이 훌륭하고 건강한 사람이라 할지라도 운전면허를 취득할 수가 없게 되는 것입니다. 자동차란 붉고 푸른 신호에 따라 달리고 멈추는 것인데, 파란 것도 노랗게 보이고 노란 것도 빨갛게 보인다면 그것이야말로 끝난 것이란 말입니다. 검사장에서 색맹검사를 할 때에 보면 알록달록한 종이 한 장씩을 넘기며 커다란 글자를 묻는 것이 색맹이 아닌 사람에게 있어서는 꼭 장난과 같은 것이지 않습니까? 그러나 색맹의 눈으로 볼 때에는 모두가 다 깜깜한 게 그게 다 그것으로 보이는 것입니다. 이처럼 색을 분별하지 못하는 눈을 가진 사람은 아무리 뛰어난 재주가 있더라도 운전만은 할 수가 없습니다.

눈의 좋고 밝음은 참으로 중요한 것입니다. 눈이야말로 우리의 육체적 생활을 능숙하고 밝게 살아가게 하는 첫째 조건이 되는 것입니다. 그러기에 우리가 사람을 사귀는 일에 있어서도 머리에서부터 발끝까지 6척에 가까운 키와 갖가지 구조가 있음에도 불구하고 척하면 보는 것이 얼굴이요, 얼굴 중에서도 귀나 입을 보는 것이 아니라 역시 눈을 보게 됩니다. 눈은 곧 마음의 창문입니다. 그 때문에 그 눈을 보면 그 마음의 상태도 어느 정도는 들여다볼 수가 있습니다. 그리고 병원에 가도 의사의 손이 눈부터 먼저 들춰보는 것을 볼 수 있으며, 더욱이 임종이 가까운 사람을 두고는 자꾸만 눈을 들춰보다가 눈이 흐려지고 동자가 풀려지면 이제는 틀렸다고 하는 것을 보면 역시 눈 속에 인간 생명의 상태가 다 나타나는 것인가 봅니다. 이처럼 눈은 신체의 전부를 대표하고 또한 주장하고 있습니다.

이에 예수님께서는 몸의 눈이 그러하듯이 마음의 눈, 영의 눈이 중요함을 설명하시기 위해 이 눈을 비유로 말씀하고 계시는 것입니다. 눈이 밝아야 온 몸이 밝듯이 영의 눈이 밝아야 비로소 신앙생활이 바로 되는 것이란 말씀입니다. 사실이 그렇습니다. 우리가 죄를 짓는다 하여도 그 죄가 얼마나 무서운 죄인가를 보는 눈이 있다면 짐짓 그렇게 마구 죄를 지을 수가 있겠습니까? 이는 마치 좋지 않은 음식일 때는 아무리 배가 고프다 할지라도 먹을 수가 없는 것과 마찬가지입니다.

바로 이런 점에서 예수님께서는 우리의 신앙생활 전부를 장악하는 그 결정적인 원인을 지적하여 눈을 비유로 말씀하고 계시는 것입니다. 그리고 그 눈은 몸의 등불이라는 것입니다. 그런데 이 등불이라는 것은 곧 빛을 말함입니다. 그렇다면 우리는 여기에서 매우 깊이 생각해야 할 것이 있습니다. 그것은 빛이라는 것은 객관적인 것이요, 눈이라고 하는 것은 주관적인 것이라는 점입니다. 따라서 이 둘은 똑같이 동시에 필요한 것입니다. 빛이 있어도 그 빛을 볼 수 있는 눈이 없다면 그 빛은 적어도 내게는 의미가 없는 것입니다. 이는 객관적 의미는 있지만 주관적 의미는 없다는 것입니다. 그런가 하면 내 눈이 밝다 하더라도 빛이 없으면 내 눈은 쓸모가 없어지고 마는 것입니다. 만약 지금 이 순간 일제히 이 예배실 안의 전등불이 꺼진다면 나의 이 밝은 눈이 무슨 소용이 있겠습니까? 저는 어렸을 때에 어두울 때 보는 눈과 밝을 때 보는 눈이 따로 있는 것으로 여겼던 적이 있습니다마는 그게 그런 것이 아니지 않습니까? 어두운 곳에서는 제 아무리 밝은 눈을 가졌다 해도 아무것도 볼 수가 없는 것입니다. 그 때문에 전혀 빛이 없는 동굴 속에 있는 도마뱀 같은 것은 아예 눈의 기능이 없어지고 말았으며 감각으로만 더듬고 다니는 것을 볼 수가 있습니다. 그러므로 이 눈이란 어디까지나 빛 앞에서 유효한 것이지 빛이 없는 어둠 속에서는 아무런 쓸모도 없는 것이란 말입니다.

이렇게 생각하고 볼 때에 하나님께로부터 오는 빛이 있음으로 내 눈 또한 쓸모가 있게 되고, 반면에 하나님으로부터 오는 말씀의 빛이 있다 하더라도 내 자신이 영의 눈을 꼭 감으면 아무런 소용이 없게 되는 것입니다. 따라서 우리는 이 두 가지를 언제나 함께 생각해야 하는 것입니다.

그런데 이제 눈을 두고 보다 깊이 생각해 봐야 할 문제들이 있습니다. 그것은 첫째 눈 안에 빛이 있는 것은 아니란 점입니다. 이는 곧 눈 자체가 빛을 가지고 있지는 않다는 것입니다. 그러나 눈은 빛을 응용하는 절대적인 기구입니다. 그렇기 때문에 빛이 제 아무리 큰 일을 하고자 해도 눈이 없으면 그 빛은 빛된 도리를 할 수가 없게 되는 것입니다. 그러기에 눈은 빛을 응용하는 절대적 기구요, 빛을 해석하는 방편인 것입니다. 그리하여 빛을 받는 즉시 이것은 빨강, 이것은 노랑, 이것은 추하고 저것은 곱구나 하는 식으로 빛의 효력을 해석하게 되는데 이러한 해석의 전부를 눈이 담당하고 있는 것입니다. 이렇게 볼 때에 눈이라는 것은 빛과 함께 매우 소중한 것입니다. 이제 또 한 가지 생각할 것은 눈은 온 몸의 활동을 주관하고 조종한다는 것입니다. 물론 뇌의 특별한 작용들이 있습니다마는 사실은 생각을 해 보면 눈이 온 몸을 다스린다고 보아도 과언은 아닌 것입니다. 이는 눈이 정보를 주고 눈에 의하여 욕구를 일으키게 하는 등 인간의 활동을 지배하는 뇌의 작용도 결국은 이 눈의 역할에 의하여 조종되기 때문입니다. 만일의 경우 눈으로부터의 정보가 잘못 전달된다면 결국은 뇌라고 하는 컴퓨터도 별도리가 없이 함께 고장이 나고 마는 것입니다. 그러므로 눈이 몸을 주장하고 활동을 조종한다는 것입니다.

생각해 보면 우리의 마음까지도 눈이 조종하고 있음을 발견하게 됩니다. 우리가 괴롭고 고통스러운 장면을 보게 되면 내 마음도 함께 슬퍼집니다. 그런가 하면 밝고 성공적인 장면을 볼 때는 내 마음도 함께 밝고 기쁜 것을 느끼게 됩니다. 이와 같이 내 느낌이나 내 감정도 눈이 지배해 줌을 보게 됩니다. 뿐만 아니라 내 뜻, 내 의지도 눈이 말해 줌을 보게 됩니다. 그래서 만약 여기에 강물이 흐르고 있고 그 강을 건너 저편으로 가야 할 경우 내가 이 강을 건널 것인가, 안 건널 것인가 하는 행동의 결정은 내 눈의 판단에 의해 결정되는 것입니다. 내 눈이 건널 수 있는 것으로 보여지는 판단을 내린다면 나는 그것을 믿고 강으로 뛰어들게 되는 것입니다. 그러나 내 눈이 못 건넌다는 지시를 내리게 되면 강을 향해 전혀 발을 움직일 수가 없게 되는 것입니다. 이와 같이 내 용기, 내 의지도 사실상 눈에 의존하고 있는 것입니다. 그 때문에 시력이 좋지 않다 보면 매사에 자신이 없어지고 발은 항상 후들후들 떨리게 되는 것을 보게 되지 않습니까? 이것은 저 개인적인 경험입니다마는 다른 분들에게도 그런 일은 있는 것으로 봅니다. 맨 처음 돋보기 안경을 끼고 나니 이것이 얼마나 불편한지 특별히 이것을 끼고 발 있는 아래쪽을 봐야 할 경우는 그 거리 측정을 바로 하기가 얼마나 어려운지 그 때문에 처음 몇 번은 별수없이 잘 넘어졌던 것입니다. 이 거리 측정도 몇 년은 족히 걸려야 제대로 조종이 되는데 이 조종을 눈이 해주는 것이란 말입니다. 만약 눈이 정확한 정보로써 조종을 해주지 못한다면 내 손, 내 발은 계속해서 실수를 하게 될 것입니다. 그리고 보면 이 눈이라는 것이 얼마나 중요한 것인가를 다시 한 번 실감하게 되는 것입니다. 내 힘, 내 지혜, 내 의지, 이 모두가 눈에 의존하고 있습니다. 그래서 하시는 예수님의 말씀이 네 눈이 성하면 온 몸이 밝을 것이요 네 눈이 나쁘면 온 몸이 어두울 것이라는 말씀입니다. 나아가 마음의 눈이 어두워지고 나면 모든 영적인 생활이 어두워지는 것이란 말씀입니다. 그러므로 모든 생활에 있어서 그 잘못의 원인은 눈에 있는 것이라는 이야기입니다.

또한 예수님께서는 눈은 몸의 등불이라고 말씀하셨습니다. 빛을 발하는 등불! 그 등불이 비침으로 가치 결정을 하게 됩니다. 다시 말하면 결정적 역할을 하게 된단 말입니다. 이 빛이 생명을 주고 활력을 주며 활동을 가능케 하여 내 능력이 능력되게 하며 내 지혜가 지혜되게 합니다. 그러므로 이 눈이 밝으면 얼마나 좋겠느냐는 것입니다. 사실 눈이 좋다는 것은 참으로 보배스러운 일이 아닐 수 없습니다. 인간 일생을 늙도록 살면서 계속 눈이 좋다는 것은 참으로 복되고 귀한 것입니다.

저의 친구 중 한 사람은 어렸을 때 약을 잘못 먹어 눈이 나빠졌다고 하는데 이는 아무리 안경을 쓰며 조종을 하여도 얼굴 앞에까지 바짝 대지 않으면 웬만한 글자 하나 제대로 볼 수가 없습니다. 그렇기 때문에 그는 지휘를 하거나 설교를 할 때에는 악보나 원고를 완전히 외워야 하는 것입니다. 그뿐만 아니라 함께 길을 가면서 저기 간판 보이느냐고 하면 제대로 보이지가 않고 그저 뿌옇게 보인다고 합니다. 그러자니 얼마나 많은 고통과 노력이 있어야 하는 것이겠습니까? 그래서 제가 하는 말이 "세상 사는 재미가 없겠구만" 하면 "그렇다"고 합니다. 사실 그렇지 않습니까? 무엇이든 다 환히 제대로 보여야 재미가 있는 것이지 이것저것 할 것 없이 뿌옇게만 보고 살자니 얼마나 재미없는 일이겠습니까? 이처럼 눈이 어둡다고 할 때에는 세계가 그만큼 좁아질 뿐만 아니라 사실은 몽롱하게 사는 것입니다. 이는 참으로 유감스러운 일이요, 잘못된 일이란 말입니다. 그러기에 빛이 밝아야 하고 눈이 밝아야 하며 곧 영의 눈이 밝아야 한다는 말씀입니다.

그런데 예수님께서는 오늘 본문에서 굉장히 과학적으로 말씀하고 계시는 것을 보게 됩니다. 이제 본문을 보면 "네 눈이 성하면" 할 때의 그 "성"자 옆에 1이라고 쓴 것이 있고 그것을 풀이하고 있는 맨 아랫지면 1 옆에는 헬라어를 뜻하는 "헬"을 쓰고는 "순전하면"이라는 말을 기록하고 있습니다. 여기에서 성하다는 말의 헬라어는 '아플루우스'라는 말로 그 뜻은 싱글 호울(Single Whole), 즉 "단순하다", "꾸밈없이 순수하다"는 뜻의 말입니다. 또한 다른 면으로는 기능이 원만하고 명확하다는 뜻입니다. 그러니까 성한 눈이란 아주 명확하고 순수한 그런 깨끗한 눈을 말하는 것입니다. 예수님께서 "마음이 청결한 자는 복이 있나니"(마 5 : 8) 하신 것도 그 원문의 깊은 뜻은 단순이라는 뜻입니다.

우리의 눈은 항상 그 초점이 분명해야 합니다. 이는 곧 단순해야 된다는 말입니다. 여러분, 우리가 사람을 만나고 대하는 그 비결을 잘 알고 있지 않습니까? 어느 누구든 사람을 만날 때에는 그 눈의 초점이 분명한 가운데 있어야 하겠는데 여기 보고, 저기 보면서 눈동자가 왔다갔다하는 사람은 분명 시원치 않은 사람입니다. 그런 사람은 아예 재미없는 인물이니 아마도 사귀지 않는 것이 좋을 것입니다. 눈이란 깨끗하고 영롱하면서 분명한 초점을 가지고 있어야 하는 것입니다. 이제 예수님께서는 단순한 눈, 깨끗한 눈, 순수한 눈, 바로 그러한 눈을 말씀하고 계시는 것입니다. 이에 대표적인 예로 바울을 들어 한번 생각해 보십시다. 바울은 참으로 단순한 눈을 가진 사람이었습니다. 그는 오직 예수밖에 몰랐으니까 말입니다. 그의 생각, 그의 뜻, 그의 목적, 그의 생활, 그 전부를 예수님께만 초점을 맞추고 있는 것입니다. 예수님만으로 그뿐이요, 그 밖에는 아무것도 모르는 단순한 사람이었습니다. 그러나 그렇게 단순한 사람이 강한 사람이요, 그런 사람이 언제나 무서운 사람입니다.

잠언 4장 25절 이하의 말씀에서도 "네 눈은 바로 보며 네 눈꺼풀은 네 앞을 곧게 살펴 네 발의 행할 첩경을 평탄케 하며 네 모든 길을 든든히 하라. 우편으로나 좌편으로나 치우치지 말고 네 발을 악에서 떠나게 하라"고 하는 것입니다. 다시 말하면 네 눈은 똑바로 볼 것이지 비스듬히 우왕좌왕, 사시처럼 되지 말라는 것입니다. 깨끗한 눈에 명확한 초점을 가지라는 말씀입니다. 사실 우리의 주위를 살펴보아도 정말 마음이 청결하고 의지가 바로 선 사람은 그 눈동자가 다른 것을 보게 됩니다. 그래서 흔히들 말하기를 "그 분의 눈에는 정기가 있다"고 하지를 않습니까? 이처럼 깨끗하고 분명한 눈, 똑바로 보는 단순한 눈을 일컬어 예수님께서는 성한 눈이라고 말씀하신 것입니다.

그런데 우리가 말하는 소위 난시(astigmatism)라는 것은 이와 같은 단순성과는 거리가 먼 것입니다. 이를 위해 캠블 모건(Cambel Morgan)이라는 사람이 의학 사전에 난시란 무엇인가에 대하여 정의한 것을 보면 난시란 "광선이 눈의 망막 초점에 집중하지 못하도록 되어진 눈의 구조적 결함을 말한다"고 하는 것입니다. 이제 빛이 비추이면 눈의 깊숙이 있는 망막의 초점에 하나로 집중되어야 하겠는데 이것이 그 초점을 맞추지 못하고 흐트러진다는 것입니다. 그러니까 겉으로 보기에는 똑바로 되어 있는 것 같지만 안의 구조가 잘못되어 비뚤어지고 흐트러져서 그 때문에 바로 받아들이지 못하는 구조적 결함이 바로 이 난시라는 것입니다.

이렇게 예수님께서는 의학적인 측면에서 "비난시"인 그것이 바로 "성한 눈"이라고 말씀하고 계시는 것입니다. 하나가 둘, 셋으로 보이는 난시가 아닌 똑바로, 정확하게 하나로 보이는 눈, 영적으로 똑바로 볼 수 있는 그런 눈을 가져야 한다는 말씀입니다. 그리고 다음으로 하시는 말씀이 "눈이 나쁘면" 하신 것인데 여기에서 나쁘다는 말은 헬라어로 '포네로스'라고 하는 말로 육체적 의미에서 약하다는 뜻과 함께 악하다는 말입니다. 특별히 그 원뜻을 찾아보면 어떤 좋지 않은 영향으로 인하여 나빠진 것을 말하고 있습니다. 그러니까 어떤 좋지 않은 영향에 끌려 있는 눈이 나쁜 눈이란 말입니다. 이를 다른 말로 해석하면 눈이 흐려졌고 가리워졌다는 이야기입니다. 정욕에 가리워지고 시기, 질투, 욕심에 가리워질 때에 무엇이나 바로 보이지를 않습니다. 여러분! 잘 아시지를 않습니까? 욕심이 많은 사람은 무엇이나 제대로 순수하게 보이는 것이 없습니다. 시기, 질투를 시작하면 그 얼마나 무서운지 제대로 똑바로 보이는 것이 없습니다. 그런데 이렇게 흐려진 눈이 있단 말입니다. 그래서 심지어 예수님의 제자 가룟 유다도 그만 돈에 눈이 흐려져서는 예수님을 대하여 '이런 은전 30짜리'라는 생각을 하게 되었더란 말입니다. 이처럼 만사가 돈으로 보이니 문제가 아닐 수 없습니다.

그러고 보면 양복점을 경영하는 사람은 어디를 가나 남의 옷만 보게 되고 미장원을 하는 이는 남의 헤어스타일만 살피게 되는데 이런 식으로 무엇엔가 좌우간 끌려 있는 사람은 똑바로 보는 객관성을 잃어버리게 됩니다. 그리하여 나쁘게 보기 시작하면 이제는 자꾸만 나쁘게 보여집니다. 그러나 그와는 반대로 좋게 보기로 시작하면 너무나 좋게만 보다가 이제는 그것이 불의인지, 의인지도 모르게 되고 마는데 이는 모두 다 잘못된 눈입니다. 그야말로 가려진 눈이요, 흐려진 눈인 것입니다. 바로 이러한 상태였기에 배에 타고 있던 제자들이 물 위로 걸어오시는 예수님을 유령이라고 무서워하며 소리를 질렀던 것입니다. 도대체 이런 실수가 어디에 있겠습니까? 정신이 나가도 보통 나간 것이 아니란 말입니다. 예수님을 유령으로 보는 눈, 이 눈이 바로 잘못된 눈이요, 흐려진 눈입니다. 이런 눈을 가지게 되면 그때는 정말 보통 심각한 문제가 아닌 것입니다.

그런데 이 눈이란 것은 선험에 의해서 좌우되는 것입니다. 다시 말하면 이것은 앞서 어떤 충격을 받은 눈을 말하며 그 이미 있었던 경험이 그를 강하게 붙들어서 그로 인해 다른 것을 잘 보지 못하게 만드는 것입니다. 이는 마치 너무 어두운 데만 있던 눈은 밝은 빛을 못 보는 것과 같습니다. 만약 갑작스레 익숙하지 못한 밝은 빛을 보게 되면 눈이 상하게 되는 것입니다. 그래서 공부하는 어린이들의 경우에도 어두운 데서 책을 너무 많이 읽거나 하면 결국은 눈이 나빠지고 마는 것을 보게 됩니다. 그러므로 눈의 활동은 언제나 적당한 밝기에서 이루어져야지 그렇지를 못하고 어두운 데 익숙하다 보면 눈은 나빠지게 마련입니다. 이와 같이 우리가 어떤 동일한 사항을 많이 보게 되면 그것이 앞선 경험으로 작용되어 지금 여기의 이것도 그 선험에 의해 좌우된다는 말입니다. 그래서 우리 속담에도 "자라 보고 놀란 사람 솥뚜껑 보고 놀란다"는 말이 있는데 그런 이야기가 다 이런 것을 두고 하는 말이 아니겠습니까? 그러니까 우리가 어떤 것을 보았던 그 경험이 강하게 충격되어 다른 것을 볼 때에도 그와 비슷하게 보려고 하는 것이지요. 하지만 이런 것들이 다 잘못된 것입니다. 가만히 보면 이런 경우는 영적으로 더더욱 많은 것을 보게 됩니다. 그래서는 어떤 충격에 의해 균형을 잃은 잘못된 눈이 되어 한쪽으로 자꾸 기울어가는 것입니다. 이것은 분명 잘못된 눈이요, 나쁜 눈인 것입니다.

그리고 오늘 예수님께서 친히 말씀하신 나쁜 눈이란 어떤 눈인가에 암시된 말씀은 곧 두 가지로 보이는 눈을 두고 하시는 말씀입니다. 그리하여 재물과 돈을 겸하여 섬기려고 하는 사람의 그런 눈 말입니다. 이제 돈도 하나님으로 보고 하나님도 돈으로 보는! 이건 정말 큰일이 아니겠습니까? 오늘날 교회에 나오는 사람 중에도 이와 같은 이가 적지 않습니다. 그 때문에 교회에 왜 나오느냐고 물으면 복 받으러 나온다는 것인데 그 복이 바로 돈이란 말입니다. 그러니까 결국은 하나님이 돈이요, 돈도 하나님이니 돈이 좀 생기면 이제 교회에는 나오지 않고 그러다가 사업이 좀 잘 안되면 그때엔 또다시 주여! 주여! 하며 야단인데 가만히 보면 하나님과 돈을 분간할 수 없을 정도로 그 사이를 왔다갔다하는 것입니다. 이것은 전형적인 난시요 참으로 무서운 병입니다.

　이제 여기서 우리의 신앙생활을 한번 잘 생각해 보십시다. 나는 진정 하나님을 하나님으로 모시고 있는가? 아니면 돈과 하나님을 혼동하고 있는 것은 아닌가? 하고 말입니다. 그것이 눈이요, 좋은 눈의 기능은 하나님과 돈, 영원한 것과 일시적인 것, 귀한 것과 귀하지 않은 것을 분명하게 가려내어 선택하게 하는 것입니다. 다름아닌 이것이 분명하지 못하면 결국은 그 모든 신앙생활은 잘못되고 마는 것입니다. 그러므로 눈이 성하면 온 몸이 밝으며, 눈이 잘못되어 나빠지면 온 몸이 어두워지고, 전체 신앙생활이 잘못된다는 것입니다. 이에 예수님께서 십자가 위에서 하신 말씀 중에서도 "아버지여 저희 죄를 사하여 주옵소서 자기의 하는 것을 알지 못함이니이다"(눅 23 : 24)라고 하신 말씀이 있는데 여기에서 저들이 모른다는 것은 곧 장님이기 때문에 그런 것이란 말입니다. 지금 자기들이 하는 일이 진정 얼마나 무서운 죄인가를 볼 수 있었다면 무엇 때문에 그런 일을 하겠습니까? 그러므로 그리스도를 십자가에 못박은 사건도 결국은 마음의 눈이 잘못되었기 때문인 것입니다. 이런 경우에 생각나는 철인 데카르트(Descartes)의 유명한 이야기가 있습니다. 어느 날 산책을 하고 있던 철인 데카르트는 자기 앞에 도사리고 있는 뱀 한 마리를 보게 되었습니다. 사람을 보고도 피해가지 않는 뱀을 데카르트는 손에 쥐고 있던 지팡이로 쳤습니다마는 뱀은 여전히 끄떡도 안하는 것입니다. 그러길래 그만 피해서 다른 길로 갔습니다. 그런데 그 다음날 그 자리로 갔더니 또 그 뱀이 도사리고 있는 겁니다. 그리고 사흘째 되는 날도 보니까 또 있어요. 그래서 이 데카르트는 "요놈 봐라 그래 오늘은 아예 결판을 내자" 하고 지팡이를 들어서 힘껏 내리쳐도 까딱도 하지 않는 것입니다. 이에 자세히 보니 그것은 뱀이 아니라 오랏줄이었다는 것입니다. 그런데 이것에 그만 사흘 동안이나 속은 데카르트는 "내 눈이 나를 속였다"며 큰 충격을 받게 되어 마침내는 회의주의 철학자가 되었습니다. 내 눈이 나를 속였는데 누구를 믿으라는 말이냐? 세상에 믿을 것이 없다는 것입니다. 그러나 단 한 가지 믿을 것이 있는데 그것은 내가 못 믿겠다고 하는 그 사실 하나만은 믿을 수 있다는 것입니다. 그리하여 그는 "나는 생각한다. 그러므로 나는 존재한다"는 유명한 명제에 도달하게 되는데 이것이 바로 회의주의 철학의 결론입니다.

아무튼 우리에게 있어서 가장 믿음이 가는 것은 눈입니다. 그런데 이 눈마저 믿지를 못한다면 어떻게 되겠습니까? 그야말로 끝난 것이란 말입니다. 그러므로 예수님께서는 눈이 성하면, 즉 우리의 영의 눈이 성하면 모든 생활이 밝을 것이요, 그렇지를 못하고 눈이 나쁜 결과 돈이 하나님으로, 하나님이 돈으로 보일 정도가 되고 선과 악, 영원한 것과 순간적인 것을 분별하지 못하고 혼동할 정도가 되었다면 그 신앙생활은 어떻게 되겠느냐는 말씀입니다. 우리가 자동차를 타고 갈 때에도 특별히 처음 가는 길인 경우에는 안내판의 사인을 잘 보아야 합니다. 이것 한번 잠깐 놓치고 잘못 보는 날에는 한두 시간 헛걸음을 쉽게 할 수 있습니다.

이와 같이 본다고 하는 문제가 바로 나의 운명을 결정하게 되는 것입니다. 깜박거리는 신호등 하나 잘못 보게 되면 내 생명은 거기에서 끝나고 마는 것이란 말입니다. 그런데 어디 나만 죽는 것이겠습니까? 남까지 죽이니 더 큰 문제이지요. 가령 그 누구가 붉은 신호를 푸른 신호로 보았다고 한다면 그 이후의 사건이 어떻게 될 것 같습니까? 문제는 눈입니다. 그러므로 이제 우리는 마음의 눈, 영의 눈부터 먼저 밝게 고침을 받아야 하겠습니다. 우리는 여러 가지로 생각하고 많은 기도를 해왔습니다마는 오늘 이 시간은 하나님이여, 나에게 밝은 영의 눈을 주셔서 사물을 밝게 보게 하시고 가야 할 길로만 가게 하옵소서 하는 그런 기도가 있어야 하겠습니다.

새와 백합화

　그러므로 내가 너희에게 이르노니 목숨을 위하여 무엇을 먹을까 무엇을 마실까 몸을 위하여 무엇을 입을까 염려하지 말라 목숨이 음식보다 중하지 아니하며 몸이 의복보다 중하지 아니하냐 공중의 새를 보라 심지도 않고 거두지도 않고 창고에 모아 들이지도 아니하되 너희 천부께서 기르시나니 너희는 이것들보다 귀하지 아니하냐 너희 중에 누가 염려함으로 그 키를 한 자나 더할 수 있느냐 또 너희가 어찌 의복을 위하여 염려하느냐 들의 백합화가 어떻게 자라는가 생각하여 보라 수고도 아니하고 길쌈도 아니하느니라 그러나 내가 너희에게 말하노니 솔로몬의 모든 영광으로도 입은 것이 이 꽃 하나만 같지 못하였느니라 오늘 있다가 내일 아궁이에 던지우는 들풀도 하나님이 이렇게 입히시거든 하물며 너희일까보냐 믿음이 적은 자들아 그러므로 염려하여 이르기를 무엇을 먹을까 무엇을 마실까 무엇을 입을까 하지 말라 이는 다 이방인들이 구하는 것이라 너희 천부께서 이 모든 것이 너희에게 있어야 할 줄을 아시느니라 너희는 먼저 그의 나라와 그의 의를 구하라 그리하면 이 모든 것을 너희에게 더하시리라 그러므로 내일 일을 위하여 염려하지 말라 내일 일은 내일 염려할 것이요 한 날 피로움은 그날에 족하니라.
　　　　　(마태복음 6 : 25~34)

새와 백합화

　이제 우리는 대자연을 비유로 하여 "공중의 새를 보라!" "들의 백합화를 보라!" 하시는 예수님의 말씀 속에서 그 깊은 뜻을 생각하게 됩니다.
　예수님께서는 자연을 매우 사랑하신 것 같습니다. 그리고 그 자연을 하나의 비유로 보시고 그것을 통하여 말없이 말씀하시는 하나님의 음성을 듣는 것으로 받아들이셨습니다. 어떤 의미에서 우리가 죄를 짓지 않는 상태의 완전한 심령을 가지고 있다고 하면 한 마리 새를 보고도 주님의 음성을 들을 수가 있고 한 송이의 꽃에서도 주님의 말씀을 읽을 수 있을 것으로 생각을 합니다. 또한 그래야 마땅할 것입니다.
　그런데 우리 심령의 눈이 그만 다 어두워지고 감각이 무디어졌어요. 이제는 영성이 너무도 둔해져서 보아도 보이지를 않고, 들어도 들리지를 않는단 말입니다. 뿐만 아니라 어떤 때는 보아도 아주 크게 잘못 보게 되더라는 말입니다. 아예 다른 측면에서 보고 병리적으로 보는 것입니다. 바로 여기에 문제가 있습니다. 다시 말하면 한 송이의 백합화를 보면서도 요즈음 사람들은 먼저 경제성으로 보아 '저 백합꽃 한 송이는 얼마짜리인데' 하는 생각을 하게 되고, 나는 새를 보아도 '저것 한 마리 잡으면 한 끼 잘 먹겠다'는 식으로 생각들을 한단 말입니다. 이처럼 매사를 경제적으로만 생각하고 또한 그 생각하는 의도 자체가 흐려져 있기 때문에 본래적인 깊은 뜻, 그 중요한 의미를 생각하지 못한다는 것입니다. 그런데 예수님께서는 자연을 하나의 말씀의 교과서로 보시는 깨끗한 심령과 그러한 관점을 가지시고 그 안목을 통하여 우리에게 말씀하시는 것입니다. 우리는 이 점을 참으로 주의깊게 기억해야 합니다.

이제 저 공중의 새를 보라! 그리고 생각해 보라! 들에 핀 한 송이의 백합화를 보라! 또한 생각해 보라! 이런 식으로 말한다면 어디 그것뿐이 겠습니까? 하늘을 보라! 산을 보라! 물을 보라!는 등등 무엇이든지 보라고 말씀하십니다. 이런 것들을 가리켜 흔히 말하는 신학적 용어로는 자연계시라고 합니다. 이는 하나님께서 자연을 통하여 우리에게 말씀하신다는 것입니다. 그런데 이것은 중생하지 못한 자, 혹은 타락한 인생으로서는 영적 감각이 무디어져서 보아도, 들어도 알지 못하게 되어 있는 것입니다. 그러나 중생된, 구원받은 심령으로 볼 때에는 이 보이는 모든 것과 들리는 그 모두가 다 주님의 말씀으로 들린다는 말입니다.

오늘 여기 주신 말씀의 주제가 무엇입니까? 한 마리의 새를 통하여, 한 송이의 백합화를 통하여 주님께서 우리에게 주시고자 하시는 말씀의 주제는 "내가 너를 사랑한다!" 그러므로 그 다음은 염려하지 말라는 것이 아니겠습니까? 새 한 마리까지도 사랑하는데 하물며 내가 너를 사랑하지 않을 리가 있겠느냐? 내가 저 들풀에 지나지 않는 백합화도 저렇게 아름다운 꽃으로 키우는데 내가 어찌 너희를 옷입히지 않을 리가 있겠느냐? "하물며 너희일까 보냐?"는 말씀입니다. 이제 우리가 이 말씀 속에서 깨달아야 할 것은 우리가 듣고 보는 모든 것을 통하여 하나님의 사랑을 느끼며 특별히 "내가 너를 사랑한다"고 하시는 주님의 음성을 듣고, 볼 줄 아는 거기에까지 우리의 심령이 자라야 한다는 것입니다. 그러자면 우리의 심령이 그만큼 순수해야 하는 것입니다. 제가 어떤 기회에 달나라에 다녀온 어윈(Irwin) 대령을 만나 이야기를 나누는 중에 그가 하는 말이 달나라에 도착하여 지구를 보고 우주를 이렇게 보니 그저 하나님의 품안에 폭 안긴 것 같은 것을 느꼈다는 것입니다. 그리고 지구 밖에서 보는 이 지구의 그 아름다운 세계! 다른 모든 별들 중에서 그렇게 아름다울 수가 없었다는 것입니다. 그래서 그는 하나님께서는 그 많은 별들 중에서 제일 곱고 아름다운 것을 우리 인간에게 주셨구나 하고 감사했다는 것입니다.

이처럼 구원받은 사람의 눈으로 볼 때에는 모든 것이 아름답고, 풀 한 포기라도 우연한 것이 아니며 돌멩이 하나라도 그냥 지나칠 것이 아니란 말입니다. 이에 예수님께서는 이 모든 자연을 비유로 들어서 우리에게 신앙적이고도 윤리적인 교훈을 말씀하고 계시는 것입니다.

　인간이 하나님께로부터 받은 선물 중에 매우 귀중한 것이 있으니 그것은 이성이라고 하는 것입니다. 이 이성이란 한마디로 쉽게 말하면 생각하는 능력입니다. 그런데 이렇게 생각을 한다고 할 때에 우리는 대략 몇 가지의 영역에서 생각을 하게 됩니다. 이제 그 중 하나가 추리적인 기능입니다. 그래서 이쪽에서 보지 못한 저편을 미루어 생각하고, 마치 장기를 두는 사람이 몇 수 앞을 내다보듯이 이런 일이 있은 다음에는 저런 일이, 그리고 그 다음에는 이렇게 될 것이라는 추리를 하게 되는, 그러한 기능을 가졌습니다. 그런가 하면 이번에는 비판의 능력을 가진 것입니다. 그저 단순히 비판만 하는 것이 아니라 종합 분석하는 능력까지도 포함하고 있습니다. 그래서 우리가 어떤 사람으로부터 선물을 받았을 때에도 이것이 크다 작다, 아니면 비싸다 싸다의 문제가 아니라 이 속에 사랑이 있다 없다, 아니면 정성의 유무를 이야기하게 되는 것이고 그런 의미에서 선물이 중요한 것입니다. 그러니까 생각할 줄 모르는 사람에게는 선물이란 것이 통하지를 않는 것이요, 아무리 갖다 주어도 그것은 소용이 없는 것입니다. 바로 이러한 생각의 차이에서 행복하기도 하고 불행하기도 한 것입니다. 그런데 이 생각이 잘못되기 시작하여 타락하고 불신앙적으로 기울어지기 시작하면 그 다음에는 의심이라는 것이 생기게 됩니다. 그래서는 매사를 좋은 방향으로 생각하지 못하고 나쁜 방향으로만 생각하게 되니 이제는 의심이 생기고 그 의심이 자꾸만 꼬리를 물고 확대되어 갑니다. 그러기에 저녁에 늦게 들어오는 남편을 두고 생각하기를 그저 무슨 일이 생겨서 늦게 오는가 보구나 하고 기다리면 좋겠는데, 이것을 걱정하기 시작하면 오다가 자동차 사고라도 난 것이 아닌지? 그렇다면 얼마나 다쳤을까? 혹은 죽지나 않았나? 만약 잘못되었으면 나는 이 애들하고 어떻게 살지? 하고서는 다음, 다음 일들까지 별별 좋지 못한 생각을 다 하고 앉았는 것입니다. 그러나 그 정도도 괜찮아요. 게다가 믿음이 없으면 또 어떻게 생각하느냐 하면 어디로 샜나? 하고 이상한 생각을 하기 시작합니다. 그래서는 언젠가 온 전화가 어쩐지 좀 수상하더라는 것에서부터 자꾸만 의심쩍은 생각을 하다 보니 머리가 터질 지경이 됩니다.

이렇게 생각이란 좋은 방향으로 생각하면 그렇게도 아름다운 것인데 나쁜 방향으로 생각을 하게 되면 걱정하지요, 의심하지요, 번민하지요, 그러다가 실망하고 절망하면 마지막에는 정신병 아니면 자살까지 하게 되는 것입니다. 이 얼마나 불행한 일입니까? 사람이 사람된 특권은 생각함에 있음에도 불구하고 그 생각이 근심의 소질로 바꾸어져 불신앙적인 생각으로 기울어질 때 거기에는 엄청난 결과가 나타나게 됩니다.

그러기에 예수님께서는 오늘 본문을 통하여 "염려하지 말라"고 말씀하고 계십니다. 이 염려한다는 말은 헬라 원문으로는 '메림나테'라고 하는데 그 뜻은 "생각한다", "관심을 갖는다"는 말입니다. 그런데 그 생각이 어떤 생각이냐 하면 걱정과 염려하는 쪽으로 좋지 않게 기울어지는 생각을 가르쳐 "염려"라고 번역을 한 것입니다. 그러니까 그 원뜻은 생각이라는 말이지만 나쁜 방향으로 생각하는 것을 두고 하는 말입니다. 이에 예수님께서는 생각을 나쁜 방향이나 불신앙적인 그런 방향으로 생각하지 말라는 것입니다. 모두들 하나님의 세계에서, 하나님의 편으로, 하나님의 사랑으로 보고 해석할 것이지 그렇게 나쁜 방향으로 생각하지 말라는 말씀입니다. 그렇게 되면 번민하게 되고 나아가 생각이 흐려지면 이상하게도 이 염려가 사람을 노예화시킵니다. 그래서는 자꾸만 그 방향으로 생각하게 되는 것입니다.

그러기에 예수님께서는 오늘 본문 24절에서 한 사람이 두 주인을 섬기지 못한다고 하신 것입니다. 정말 이 염려라고 하는 것도 사람을 노예

화해서 우리로 하여금 근심이라는 우상을 섬기게 합니다. 그 결과, 나쁜 생각의 발전은 깊은 함정으로 빠져들게 되며, 마침내는 걷잡을 수 없는 상태에 이르게 되고 마는 것입니다. 대개의 경우 이렇게 외곬으로 생각하는 사람들이 문제가 되는 것을 보게 됩니다. 이런 문제의 상황이 벌어졌을 때에 조금만 다른 방향으로 생각을 하게 되면 이야기는 달라질 수 있을 것인데 종래 그러지를 못하고 오히려 자꾸만 어두운 생각으로 빠져들고 있으니 어떻게 문제의 해결을 기대할 수 있겠습니까? 혹시 우리가 불행한 일을 당했다면 보다 어려웠던 과거나, 나보다 더 불행한 사람을 생각해 보세요. 그러면 분명 달라질 것입니다. 그럼에도 불구하고, 그만큼의 생각도 하지 못한 채 계속 한 방향으로만 빠져들어 갑니다. 그 길 외에도 얼마든지 생각할 방향이 있건만 이상하게도 꼭 그 한 방향, 불행한 쪽으로만 생각하는 겁니다. 여러분! 이것이 바로 근심이요 염려하는 것입니다. 그러기 시작하면 이제는 하나님도 보이지 않아요. 과거에 받은 은혜도 간 데 없고, 하나님과의 약속도 앞에 있는 하늘나라도 보이지 않아요. 그저 아무것도 보이지 않는 가운데 꼭 한 가지 그것만 생각하는 겁니다. 이것은 참으로 큰 문제가 아닐 수 없습니다.

그러므로 예수님께서는 염려하지 말라고 말씀하십니다. 그리고 이어 말씀하시기를 보다 중요한 것은 생명이 아니겠느냐는 것입니다. 더 중요한 것! 무엇이 우선적이냐 하는 것입니다. 우리는 언제나 보다 중요한 것을 생각할 필요가 있습니다. 예를 들어 우리가 아이들에게 공부 열심히 하라는 것도 좋지만 그러나 공부보다 더 중요한 것은 건강하라는 것이 아니겠습니까? 그리고 보다 중요한 것, 또 하나는 양심대로 살라는 것입니다. 학교 점수는 좀 나빠도 괜찮으니 양심대로 살아야 한다는 것에서 자존심을 갖게 해야 할 것입니다. 다음 또 한 가지 보다 중요한 것은 좋은 성품입니다. 점수 한 점 두 점 더 따는 것, 그것 때문에 친구집 방의 불이 언제 꺼지고 켜지는가에 신경을 곤두세우며 시기 질투하고, 남을 넘어뜨리고 싶은 마음의 성품이 되어진다면 그가 아무리 공부를 잘한들 어디에 다 쓰겠습니까? 그까짓 점수 몇 점이 결코 중요한 것이 아닙니다.

그런데 그것 때문에 좋은 성품, 건강 다 없애고 신앙까지 다 팔아먹는단 말입니다. 바로 그렇기 때문에 문제가 되는 것입니다.

더 중요한 것, 가장 중요한 것이 무엇이냐? 할 때에 그것은 생명이지요. 그런데 이 생명은 우리 마음대로 되는 것이 아니라 하나님께 속한 것이란 말입니다. 그러므로 생명을 생각할 때에는 생명은 하나님께만 있다, 즉 죽고 사는 것이 하나님께 달렸다는 중심을 먼저 끄집어내어 놓고 그 다음에 무엇이나 생각해 볼 것입니다. 그리고 나면 나머지 문제는 그렇게 중요한 것들이 아닙니다. 그저 이래도 그만 저래도 그만, 사는 날까지 사는 것이지 달리 중요한 것이 아니란 말입니다. 그렇다면 우리는 걱정이 되어질 때마다 "더 중요한 것이 무엇이냐?"고 물어야 하는 것입니다. 그러기에 재산이 다 없어졌어도 온 식구가 건강하면 행복한 줄 아셔야 합니다. 물질이야 본래부터 있다가 없다가 하는 것 아닙니까? 어디 그뿐입니까? 좀 병들어도 좋아요. 믿음이 있으면 더 좋은 것인데, 그 믿음 주셨으니 얼마나 감사한 일입니까? 이와 같이 보다 더 중요한 일을 생각하라는 말씀입니다.

그러면 이 걱정이 대개 어디서 오느냐? 하는 것입니다. 이를 위해 오늘 본문을 통하여 주신 예수님의 말씀을 깊이 음미해 보면 단순히 오늘 먹을 것을 먹기 말라, 혹은 오늘 무엇을 먹을까 걱정하지 말라는 의미가 아닌 것 같습니다. 이는 무슨 말이냐 하면 더 잘 먹으려고 하는 겁니다. 그저 사느냐? 죽느냐?에서 먹고사는 문제가 아니라 이것은 더 잘 먹으려고 몸에 해로운 것까지 먹게 된단 말입니다. 향락을 위해서 생명과 건강은 무시한 채 자신의 몸을 해롭게 하는 일에까지 기울어져 잘못 먹고 있다는 말입니다. 그러니까 여기에서 무엇을 먹을까? 무엇을 마실까? 하는 것은 아무래도 더 잘 먹으려고만 하는 것 같습니다. 그리고 또 하나는 축재(蓄財)를 의미하는 것입니다. 이미 오늘은 먹었고 아직은 먹을 것이 있어요. 그런데 내일이 문제고, 내년 또 그 다음은 무엇을 먹을까 하며 생각을 하는 것입니다. 이는 마치 한때 우리 사회에서도 심심찮게 있었던 "사재기" 같은 것이지요. 생각해 보면 참으로 어리석은 짓이 아닐 수 없습니다. 쓰다 보면 그것도 언젠가는 다 떨어지고 말 것인데 말입니다. 어차피 오늘 떨어지나 한 달 후에 떨어지나 없어지는 것은 마찬가지인데 다른 사람이나 나나 똑같이 떨어지면 되겠구나 하고 생각하면 좋으련만 다른 사람은 못 쓸 때 나는 써야겠다고 생각하니 그것이 바로 걱정거리입니다. 대체로 이런 유의 생각을 하다 보니 다들 걱정이 많은 것이지요. 그러나 이런 것들을 공동체적으로 생각한다면 다른 사람 배고파할 때 나도 배고프고, 다른 사람이 어려움을 당하면 나도 그 어려움을 당할 것이란 말입니다. 그런데 이것을 나만 면하겠다고 하니까 문제가 생기는 것입니다. 그래서 오늘 본문에도 보면 환란날의 괴로움이나 고통에 대한 염려 같은 것이 아니라 나만 면하려고 하는 생각에서 많은 양식을 저축하려고 하는 것입니다. 그러자니 어리석은 부자처럼 걱정거리가 많은 것입니다. 대체로 보면 없는 사람은 그렇게 걱정을 많이 하지 않는데 사실은 언제나 많이 가진 사람이 걱정거리가 더 많아요. 그래서 가난한 사람은 정신병에 걸리는 확률이 적은데 비해 부자는 많은 것입니다. 우리는 이 점을 알아야 합니다.

다음으로 예수님께서는 아주 구체적인 말씀으로 음식과 목숨, 몸과 의복을 비교하셨습니다. 그리하여 음식보다는 목숨이 중요하지 않느냐? 또한 의복보다는 몸이 중요하지 않느냐?고 말씀하셨습니다. 분명 음식이 있어야 살 수 있음에도 불구하고 예수님께서는 그렇게 말씀하시지 않으시고 음식보다 목숨이 중하고, 의복보다 몸이 중하다고 하셨다면 이 말씀의 뜻은 무엇이겠습니까? 이는 곧 몸의 건강이나 몸을 이롭게 하는 면은 생각하지 않고 우선 즐기거나 예쁘게만 하려고 하다가 오히려 해를 입거나 다치게 되는 경우 같은 것을 두고 하신 말씀입니다. 조금 죄송한 이야기이지만 저는 여자들이 추운 겨울에 얇은 스타킹을 신고 나서는 것을 보면 참 안되었다는 생각을 하게 됩니다. 그래서 어떤 때는 농담 삼아 춥지 않느냐 물어보기라도 하면 춥지 않다고 합니다마는 제 생각에는 아무래도 추울 것 같다는 생각이 든단 말입니다. 본래 의복이란 몸을 덥게 하고 피부를 보호하며, 편리하자고 입는 것이 아니겠습니까? 그렇다면 먼저 따뜻하고 편리한 다음에, 그리고 멋도 자랑도 나와야 할 것입니다. 그런데 진정 누구를 위하여 좋은 울리는지 잘 모르겠습니다마는 예쁘게 보이겠다고 몸을 해롭게 해가면서까지 고생을 하는 경우가 많은데 아마 옛날 예수님 당시에도 그런 일이 있었던가 봅니다. 그러기에 몸을 위해서 의복이 있음을 생각하셨을 터인데도 이를 바꾸어서 의복보다는 몸이 중하지 않느냐?고 말씀하시는 것입니다. 이제는 의복을 위한 몸이 되었으니 이야기가 달라진 것이란 말입니다.

뿐만 아니라 목숨을 위하여 음식을 먹는 것인데 그것이 아니라 음식을 위해 몸이 존재하는 거예요. 다시 말해 살기 위해 먹는 것이 아니라 먹기 위해 사는 것이란 말입니다. 그래서 이를 두고 예수님께서는 목숨이 음식보다 중하다. 그리고 그 목숨을 위해서 필요한 정도의 음식이면 족할 것이지 그 이상의 것을 욕심부리지 말라는 것입니다. 그저 얼어죽지 않을 만큼 입었으면 될 것이지 더 잘 입고, 다 입지도 못하면서 쌓아놓으려니 걱정이란 말입니다. 또한 음식도 먹을 만큼 먹고 일용할 양식이면 족한데 이것을 기어이 쌓아두고 먹겠다니 이 모두가 다 고생이요, 걱정이란 말입니다. 이에 예수님께서는 무엇이 더 중요하냐? 도대체 무엇을 위해서 무엇을 하느냐?고 말씀하고 계십니다.

그리고 또 한 가지 실제적인 말씀은 "너희가 그렇게 걱정한다고 하자, 그러면 그 걱정이 효력이 있는 것이겠느냐?"는 겁니다. 실로 아무런 소용이 없어요. 너희 중에 누가 염려함으로 그 키를 한 자나 더할 수 있느냐 말입니다. 생각해 보면 이 염려처럼 무용, 무익한 것이 없습니다. 먼저는 자기 기분 나쁘지요, 다른 사람 기분 나쁘지요, 일 안되지요, 정신 몽롱해지지요, 건강 잃어버리지요, 무엇 하나 제대로 되는 일이 없습니다. 그러면서도 하는 말이 누구는 걱정을 하고 싶어서 하느냐? 걱정이 되니까 한다는 것인데 이는 옳은 이야기입니다. 그래서 만사에는 훈련이 필요합니다. 그러기에 걱정도 해 버릇하면 이제는 습관이 되어서 자꾸만 하게 되는 것입니다. 그래서 제가 늘 생각하는 제 생의 조그만 철학 중의 하나가 문제를 문제시하지 않으면 문제가 되지 않는다고 하는 생각입니다. 사실은 내 스스로 자꾸만 문제시하다보니 문제가 되는 것이지 내가 문제시하지 않는데 어떻게 문제가 되는 것이겠습니까? 어쨌든 근심 걱정은 소용이 없는 것입니다.

우리 인간은 극히 제한된 인생을 삽니다. 제한된 능력으로 살고, 제한된 지혜로 삽니다. 따라서 우리의 걱정이라는 것이 그것을 해결할 수 있는 아무것도 가지고 있는 것이 아니란 말입니다. 저는 특별히 학생들 중에서도 입시를 치르고 나서 걱정하는 것을 보면 참으로 어리석다는 생각을 합니다. 이미 다 지나간 일, 이제 사실대로 나타날 터인데 지금 와서 마음졸이며 걱정해서 어쩌자는 이야기입니까? 생각해 보세요. 그렇다고 어떻게 실수라도 해서 점수가 바뀌게 해 달라며 기도를 하겠습니까? 그저 지나간 것은 모두 다 잊어버리세요. 그리고 지금, 여기의 나를 받아들여 깨끗하게 다시 시작하는 것입니다. 이제 와서 남들이 뭐라고 할까에 신경쓸 것이 아닙니다. 부끄럽고 창피한 것은 진작에 했어야지 오늘에 와서 할 것이 아니란 말입니다. 그 원인은 이미 오래 전에 있었던 것인데 이제 와서 새삼스레 그것을 붙들고 이러고저러고 할 것이겠습니까? 그것은 이제 더 생각할 것이 없어요. 걱정하지 말잔 말입니다. 그 걱정을 떼어버려야 합니다.

그러면 어떻게, 무슨 방법으로 걱정을 떼어버릴 수 있는 것이겠습니까? 그것은 참으로 간단한 것입니다. 우리의 회개가 그렇고, 겸손히 그렇 듯이 십자가 앞에 다 묻어 버리는 것입니다. 오직 하나님의 능력 앞에 내 인간의 전부를 위탁해 버려야 합니다. 쓸데없는 근심! 전혀 무효한 걱정! 이젠 근심할 시간이 있으면 기도를 할지언정 근심은 하지 말란 말입니다.

이를 위해 예수님께서는 비유의 말씀으로 "공중의 새를 보라"시는 것입니다. 이스라엘 나라에는 참새와 산비둘기를 비롯한 여러 종류의 잡새들이 많이 있었다고 합니다. 그런데 이들 새들은 심지도 않고, 거두지도 않고, 창고에 모아들이지도 않지만 하나님께서 내셨으니 하나님께서 먹이신다는 것입니다. 정말 그렇지 않습니까? 동물들 중 간혹 어떤 것은 조금씩 쌓아놓고 먹는 것도 있기는 합니다마는 대부분의 동물들, 특별히 새 같은 것은 그날그날 돌아다니면서 부지런히 주워 먹고 사는 것입니다. 그렇다면 너희 사람은 더 귀하지 않느냐? 새에 비한다면 사람이야 얼마나 귀한 존재냐?는 말입니다.

여러분! 하나님께서 공중의 새 한 마리도 저렇게 먹이시는데 하물며 하나님의 형상으로 지음받은 만물의 영장이요, 하나님의 자녀인 우리들을 먹이시지 않을 것 같습니까? 그러니 이제는 걱정하지 마십시다. 우리가 살아온 지난날도 다 그랬지를 않습니까? 생각해 보면 걱정한 것만 손해본 것이지 아무런 소용도 없는 걱정을 했던 것입니다. 그러므로 어떤 상황에서도 염려하지 않는 바로 그것이 신앙이란 말입니다.

이제 또한 예수님께서는 "들의 백합화를 생각해 보라"고 말씀하셨습니다. 그 얼마나 아름다운 백합화냐? 이와 같은 백합화의 그 아름다움도 하나님께서 입히시는데 하물며 너희 귀한 인간들을 하나님께서 어찌 입히시지 아니하겠느냐? 그러니 그것도 염려하지 말라는 말씀입니다. 우리는 날씨가 추우면 자꾸만 옷을 껴입습니다마는 또 하나 벗으면 벗은대로 살아가게 마련입니다. 그러니까 춥다고 해서 자꾸만 껴입는 것도 좋지 않은 것 같습니다. 제가 오래 전 미국 로스앤젤레스에 가서 한 열흘 지내 보앉는데 갈 때에는 이곳 날씨가 추운지라 코트를 입고 갔습니다마는 가서 내리자마자 그곳 날씨가 얼마나 더운지 모르겠어요. 거기는 겨울이 없이 영상 15도, 20도의 더운 날씨가 보통인데 아무리 추워도 영상 5도는 되는 추위입니다. 그런데도 그 사람들은 그만큼만 추우면 밍크 코트를 입고 나옵니다. 그런데 한 가지 이상한 것은 가서 주최하시는 분들을 보니 모두 다 감기가 걸려서는 콜록거리며 다니는 것입니다. 따지고 보면 우리야 추우니까 감기가 걸려도 이유가 있지만 춥지도 않은 그곳에서 왜 감기가 걸리느냐는 말입니다. 여러분, 우리는 그것을 아셔야 합니다. 더운 데서는 더운 대로 감기가 걸리며 추운 데서는 추운 대로 감기가 걸리는 것입니다. 어떻게 생각하면 춥지 않으면 걸리지 않을 것 같아도 그게 그렇지를 않습니다. 그러니까 감기 걸릴 사람은 아무곳에 갔다 놓아도 걸리게 마련입니다.

그러므로 이제 다시 생각해 보십시다. 사실 사람의 적응력이란 매우 좋은 것입니다. 그래서 추우면 추운 대로, 더우면 더운 대로 살 수 있도록 그렇게 되어 있습니다. 그러니까 약한 사람은 어디에서나 약한 것이지요. 이렇게 생각하고 보면 결국 우리가 얻을 수 있는 결론은 믿음의 문제입니다. 믿음이 결핍되었거나 아니면 믿음이 병들었을 경우, 그렇게 되면 걱정하게 되는 것입니다.

여기에서 우리는 예수님께서 말씀하신 이 비유의 의도를 알 수가 있습니다. 참새를 보면서 너의 믿음을 점검하라! 백합화를 보면서 너는 무엇을 믿고 사느냐고 한번 물어보라! 우린 언제나 하나님을 믿어야 합니다. 결코 사람을 믿고 사는 것이 사람이 아닙니다. 미안한 말이지만 여러분 혹 남편을 믿고 사십니까? 아예 그런 생각일랑 하지 마세요. 하나님을 믿으니까 남편을 믿는 것이지요. 한번은 예수를 믿지 않는 분인데 제 사무실로 찾아와서는 자기 아내를 좀 맡아 달라는 부탁을 하는 것입니다. 그 이유가 뭐냐 하면 자기 아내가 이 교회에 나온 지가 얼마 되지 않는데 이제 자기는 사우디로 일하러 떠나야 하는 처지에서 생각하니 혼자 두고 가는 자기 아내를 믿을 수가 없다는 것입니다. 그래서 교회에다 좀 맡기고 교회생활을 잘할 수 있었으면 좀더 믿음이 가겠다는 그런 이야기입니다. 그럴 때에 우리가 할 수 있는 말이 있는데 "믿기는 누구를 믿느냐?"는 말입니다. 하나님 외에 누구를 믿겠다는 것입니까? 도대체 누가 먼저 죽을지도 모르는 세상인데 말입니다. 다만 하나님을 믿으니 남편도 믿고 아내도 믿는 것이며, 하나님을 믿으니 또한 부모도 자식도 믿는 것이지 그렇지 않으면 그 사람을 어떻게 믿겠습니까? 잠자면 죽은 것 같고 나가면 사고 날 것만 같으니, 이렇게 걱정하기로 들면 한이 없는 것이지요. 그러니까 이제는 하나님을 믿어야 하는 것입니다.

우리는 백합화를 통해서 그리고 새를 보면서 믿음을 든든히 가져야 합니다. 우리의 근본이 하나님께 있고, 또 어느 때인가는 하나님께로 돌아갈 것입니다. 따라서 죽고 사는 문제에 대해서는 염려하지 마세요. 창공을 날던 참새 한 마리가 죽었어도 그것은 하나님의 손에 의한 것이었을 터이니(마 10 : 29) 죽고 사는 것에 대해서는 묻지도 말고 말하지도 말 것입니다. 그래서 저는 이런 생각을 해봅니다. 그것은 우리 믿는 사람은 적어도 두 가지 걱정은 하지 말아야 된다는 생각인데 그 하나는 죽을까 하는 걱정이요, 다른 하나는 저주받을까 하는 걱정입니다. 이제 그런 걱정은 할 필요가 없어요. 예수님께서 우리를 위하여 십자가에서 돌아가신 것이 무엇 때문인데 말입니다. 그러므로 기도를 하더라도 "하나님 살려 주세요" 하는 그런 기도는 하지 말아야 합니다. 앞으로 더 오래 살아야 하는지 아니면 오늘 지금 가게 될 것인지, 그것조차도 우리는 모르니까 말입니다. 그저 모든 것을 하나님께 깨끗이 맡겨 놓고 그리고 마음놓고 사는 겁니다. 몇년 전(1986. 1. 28) 우리는 우주선 챌린저호가 폭파되었다는 엄청난 사고 소식을 들었습니다. 11시 38분에 쏘아 올린 거대한 작품 챌린저호가 불과 몇 분 후에 폭파되고 말았습니다. 요즈음은 컴퓨터라면 무엇이든지 해결이 잘되는 것으로 알려지고 있습니다마는 그 많은 컴퓨터를 다 동원해서 정확하게 한다고 했으나 결과는 그런 것이었습니다.

그래서 저는 이러한 생각을 해 보았습니다. 그렇게까지 해서 그것이 폭발이 되었다면 그 동안에 가고 온 것은 어떻게 된 것인가? 그렇다면 이는 요행히 무사했던 것이란 말입니다. 왜냐하면 그것들도 완벽했던 것은 아니니까 말입니다. 언젠가 잡지에서 본 것인데 불과 60%의 가능성을 가지고 추진한다는 것입니다. 그러니까 나머지 40%는 가능성이 없다는 것이지요. 따라서 언제나 모험을 가지고 하는 거란 말입니다. 사실 사람의 지혜란 이렇게 우스운 것입니다. 그러므로 하나님께 맡기라는 것입니다. 완전히 하나님께 위탁하고 사는 겁니다.

이제 다시 예수님의 말씀을 들어 보세요. 어느 날 예수님과 제자들이 함께 타고 있던 배가 풍랑을 만나게 되자 이에 놀란 제자들이 주무시는 예수님을 깨우며 당황해할 때에 예수님께서는 "어찌하여 무서워하느냐? 믿음이 적은 자들아"(마 8 : 26) 하시며 제자들을 책망하십니다. 또한 예수님을 향해 물 위로 걸어오던 베드로가 바람을 보고 무서워하여 물 속으로 빠져 들어갈 때 예수님께서는 즉시 손을 내밀어 베드로를 붙잡으시면서 "믿음이 적은 자여 왜 의심하느냐?"(마 14 : 31)고 하십니다. 예수님만 바라보고 갈 때에는 물 위로 곧장 걸어가더니 바람을 보고 점점 빠져 들어갑니다. 왜 의심하느냔 말입니다. 이제 우리는 절대로 의심하지 마십시다. 하나님의 능력, 하나님의 살아 계심, 하나님의 사랑, 하나님의 용서, 하나님의 인도, 이 모두에 대해 적은 의심도 갖지 마십시다. 우리의 삶 전부를 그 안에서 소화하세요. 그리하여 무슨 일을 당하든지 어떤 형편에 처하든지간에 이것이 내 죄를 향한 하나님의 저주라고 생각할 것이 아니며 또한 죽을까 하는 걱정도 하지 마세요. 이제 우리에겐 오직 하나님의 사랑이 있을 뿐입니다. 그렇게 믿고 그 방향으로 생각하는 그것이 바로 믿음인 것입니다. 이에 예수님께서는 마태복음 16장 8절에서도 "믿음이 적은 자들아 어찌 떡이 없음으로 서로 의논하느냐?"며 계속 책망하고 계십니다. 믿음이 적은 자들아! 어찌하여 믿음이 없느냐? 예수님께서는 계속하여 믿으라고 믿으라고 재촉하십니다.

그러면 여기에서 우리는 예수님의 믿으시는 모습을 한번 생각해 봅니다. 이제 배에서 풍랑을 만나게 되자 함께 타고 있던 제자들은 불안에 떨며 죽겠다고 야단이었으나 예수님께서는 고물에 누워 베개를 베신 채 편안히 주무시고 계셨습니다(막 4 : 38). 이는 이 배가 파선되거나 뒤집혀질 리가 없다는 것이지요. 하나님께서 하시고자 하는 일을 다하기까지 아무 일도 없을 것이란 말입니다. 그러므로 부질없는 염려는 하지 말아야 하고 이제는 하나님만을 생각하여야 하겠습니다.

그래서 오늘 본문 33절에서는 "너희는 먼저 그의 나라와 그의 의를 구하라!"고 말씀하셨습니다. 하나님의 나라와 하나님의 의! 우리는 이것을 먼저 구하십니다. 그리하면 "이 모든 것을 너희에게 더하시리라"고 약속하셨습니다. 사실 우리가 무슨 일을 할 때에도 걱정을 하지 않아야 그 일이 잘되어 나가는 것이지 자꾸만 걱정을 하게 되면 될 일도 잘 안 될 겁니다. 이와 같이 염려라고 하는 것은 소극적인 면인 것입니다. 그러나 이에 반해 적극적인 면에서 하나님의 나라와 그의 의를 구할 때에 비로소 염려로부터 해방될 수가 있는 것입니다. 그러므로 이제는 하나님의 나라와 그의 의를 먼저 구하면서 하나님의 뜻을 생각하고 하나님의 영광을 생각하며, 신령한 것에 마음을 두어 그 방향으로 계속하여 생각을 몰고 나가노라면 마침내 그 모든 염려로부터 자유로울 수가 있을 것입니다.

여러분! 여러분에게 아직도 무거운 염려의 멍에가 있습니까? 그렇다면 먼저 하나님과의 관계를 생각하십시다. 그리하여 하나님 앞에서 그의 나라와 그의 의를 먼저 구할 수 있어야 하겠습니다. 그럴 때에 비로소 우리가 모든 염려로부터 벗어나 한 마리의 새를 보고 한 포기의 들풀을 보아도 거기에서 하나님의 음성을 들을 수가 있으며 내가 너를 사랑하며,

내가 너를 보호한다는 하나님의 사랑을 계속 확인하는 가운데 하나님을 찬양하는 기쁨의 생활을 할 수 있을 것입니다. 또한 그렇게 되어질 때에 참으로 능력있는 그리스도인이 될 것입니다.

티와 들보

 비판을 받지 아니하려거든 비판하지 말라 너희의 비판하는 그 비판으로 너희가 비판을 받을 것이요 너희의 헤아리는 그 헤아림으로 너희가 헤아림을 받을 것이니라 어찌하여 형제의 눈 속에 있는 티는 보고 네 눈 속에 있는 들보는 깨닫지 못하느냐 보라 네 눈 속에 들보가 있는데 어찌하여 형제에게 말하기를 나로 네 눈속에 있는 티를 빼게 하라 하겠느냐 외식하는 자여 먼저 네 눈속에서 들보를 빼어라 그 후에야 밝히 보고 형제의 눈속에서 티를 빼리라.
(마태복음 7 : 1~5)

티와 들보

이제 주신 본문 말씀의 주제는 비판하지 말라는 말씀입니다. 이 비판하지 말라는 말은 우리가 일반적으로 넓게 해석하여 남의 말, 그것도 특별히 허물이나 단점에 대해서 말하지 말라는 것으로 알고 있습니다. 그러나 이것은 원문에 나타난 그 좁은 의미로 생각을 하면 반드시 그런 의미의 이야기만은 아닙니다. 이것은 판단하지 말라는 말입니다. 마치 재판장이 판결을 내리는 것과 같이 결정적인 판단을 하지 말라는 이야기입니다. 다시 말하면, 이것은 이렇다. 저것은 저렇다. 혹은 나쁜 뜻에서 저 사람은 저래서 나쁘고 이 사람은 이래서 나쁘다는 식의 결정적인 말을 하지 말라는 것입니다. 그래서 원문 그대로의 뜻은 재판장이 재판의 판결 결과를 선언하는 것과 같은 것입니다. 그래서는 이 사람은 유죄, 혹은 무죄 하고서는 땅 땅 땅 치고 나면 그것으로 끝나는 것입니다. 바로 이것이 판단하는 것으로 이제 예수님께서는 그런 판단을 하지 말라고 하시는 것입니다.

인간은 누구나 이성을 가진 존재로서 판단할 수 있는 능력을 가지고 태어났으며 또한 그 능력을 지니고 있습니다. 이것은 우리 인간만이 가진 특권 중에서도 대단히 중요한 부분이요, 기능입니다. 그로 인해 선과 악을 판단하는 것은 물론 해야 할 일과 하지 말아야 할 일, 오늘 할 일과 내일 할 일, 그리고 먼저 할 일과 나중에 할 일 등 모든 것을 다 판단하게 됩니다.

그런데 문제는 이러한 것을 판단을 하지 말라는 것이 아니라 다른 사람의 일에 대해서는 판단하지 말라는 것입니다. 우리는 자신에 대해서는 끊임없는 비판이 있어야 할 것입니다. 그러나 다른 사람에 대해서는 비판하지 말라! 비단 말로써뿐만 아니라 생각 속에서라도 이렇고 저렇고 하는 비판은 할 것이 아니라는 이야기입니다.

우리의 이성은 비판의 기능을 가지고 있고 그것은 참으로 소중한 것입니다. 만약 우리에게 이러한 기능이 없다면 우리는 제대로 살아갈 수가 없을 것입니다. 따라서 종교적으로, 도덕적으로, 윤리적으로, 일상생활의 모든 영역에서 우리는 옳고 그른 것, 그리고 선택의 여지를 판단하고 있습니다. 그런데 이러한 판단에 대하여 다시 한번 판단을 해야 한다는 것입니다. 이는 무엇을 뜻하는 말이냐 하면 이성의 판단을 제한해야 된다는 것입니다. 이성이 있고, 판단의 기능이 있다고 하여 무엇이나 다 판단하는 것이 아닙니다. 분명히 내가 판단해야 할 일이 있는가 하면 하지 말아야 할 일이 있어요. 내게 주어진 바가 따로 있단 말입니다. 내가 판단해서는 안될 것이 보다 많아요. 이젠 하나님께서 하실 일은 하나님께 맡기세요. 그것은 내가 판단할 일이 아니라 그분이 하실 일입니다. 따라서 내가 하여야 할 이상의 월권, 그러한 판단은 옳은 것이 아닙니다. 그 때문에 예수님께서는 판단을 제한하라고 말씀하시는 것입니다.

또한 우리는 판단 자체가 죄악성을 지니고 있음을 시인하여야 합니다. 그러므로 이성 자체가 중생되어야 하는 것입니다. 오랫동안 죄 가운데 살면서 이것이 이지러지고 뭉개져서 병적으로 잘못된 판단력을 가지고 있는 것입니다. 그러니까 나의 판단력 자체가 확실하지 못하다는 것을 항상 알고 있어야 하고 그러한 나의 판단력이 선명하고 깨끗하게 회복되도록 먼저 중생되어야 한다는 말입니다. 이는 판단력을 흐리게 하는 많은 요소들이 있기 때문입니다. 죄가 흐리게 하고, 자기를 주장하는 마음이 흐리게 하며, 소중히 여기는 자기 경험도 판단을 흐리게 합니다. 우리는 가끔 경험을 과시하는 말로 "내 다 해보았어"라고 합니다만, 그러나 그것은 잘못된 소리인 것입니다. 사람이 다르고 시대가 다르며 환경이 다른데 어떻게 내가 해본 것과 저 사람이 해보는 것이 같을 수가 있겠습니까? 그러므로 자기 경험에 집착하는 것처럼 무지한 것은 없습니다. 그럼에도 불구하고 대체로 보면 자기가 경험한 것에 대해서는 어딘가 모르게 그 경험을 절대화하려는 생각을 하는 것입니다. 바로 그런 연유에서 "내가 다 해 보았다"며 힘주어 말을 하는 것입니다. 이런 사람은 대개 고집이 세고 그로 인해 판단이 흐려집니다. 내가 할 수 있었다고 다른 사람도 할 수 있는 것은 아닙니다. 못할 사람은 끝까지 못하는 것이 아니겠습니까?

이와 같이 자기 경험, 자기 우월감 같은 것들이 앞서 있기 때문에 판단이 흐려지고 나아가서는 이기적인 생각과 악한 동기가 있을 수 있는 것입니다. 우리의 이성은 이미 흐려져가고 있습니다. 따라서 흐려진 마음, 흐려진 척도, 흐려진 이성을 가지고 판단한 것은 그 판단 자체가 이미 옳을 수가 없는 것입니다. 그러기에 우리는 항상 조심해야 하고 판단을 지나치게 결정적으로 해서는 안되는 것입니다. 참으로 거듭거듭 조심스럽게 해야 할 것입니다.

그런데 이스라엘 사람들이 말하는 랍비들의 교훈을 보면 인간생활을 하는 데에 있어서 여섯 가지의 덕이 있다고 합니다. 그 첫째 덕은 공부하는 것이요, 둘째 덕은 환자를 방문하는 것이며, 그리고 셋째 덕은 대접하는 일, 넷째 덕은 기도하는 것, 다섯째 덕은 자녀들에게 율법을 가르치는 것인데 이제 마지막 여섯째 덕이 무엇이냐 하면 다른 사람의 최선을 생각하는 것이라고 합니다. 그러고 보면 우리에게는 다른 사람을 생각하는 덕이 있어요. 일생 동안 언제, 어디에서나 누구에게든 겸손히 배우고 익히며 공부하는 것이 덕이요, 환자를 찾아다니며 위로하고 용기를 주는 것도 덕이요, 오가는 모든 이들에게 물질로 기쁘게 대접하는 것도 덕이요, 자신과 다른 사람을 위해 기도하는 것이 덕이며, 배울 뿐만 아니라 자녀들에게는 율법을 가르치는 것이 덕인데 그 다음에 또 하나의 마지막 덕이 있으니 곧 다른 사람의 장점을 생각하는 것이란 말입니다. 덕이 있는 사람은 언제나 다른 사람의 좋은 점을 생각합니다. 반면에 덕이 없는 사람은 항상 좋지 않은 나쁜 방향으로만 생각하게 됩니다. 그러다가 보니 꿈자리까지 사납고 뒤에 그 사람을 만나게 되면 애매하게 기분이 나빠지는 겁니다. 만약 좋은 점을 생각했다가 그 사람을 만났다면 반가울 것이 아니겠습니까? 바로 이것이 덕이요, 덕이 이렇게 이루어지는 것입니다. 그러므로 다른 사람의 나쁜 점을 생각지를 마십시오. 그런 점에서는 건망증이 있을수록 좋겠습니다. 나쁜 점은 아예 깨끗이 잊어버리고 좋은 점, 그의 장점에 대해서만 항상 생각하고 기억하는 그런 것이 이스라엘 사람들이 말하는 덕이라는 것으로 이것은 매우 중요한 이야기입니다.

그러면 이제 여기에 비추어 오늘 말씀을 한번 생각해 보십시다. 본문에 의하면 비판하지 말라고 하셨는데, 이 비판은 왜 어떻게 하여 하게 되는 것이겠습니까? 그것은 다름이 아니라 나쁜 점을 보자니까 비판하게 되는 것입니다. 그러나 좋은 면을 보고 좋은 점만 생각해 보세요. 이것이 덕이요, 거기에 덕스러움이 있습니다.

그런데 예수님께서는 비판이란 도대체 하지 말라며 아주 잘라서 말씀하고 계십니다. 그렇다면 이제 우리는 예수님께서 그렇게 말씀하신 이유를 한번 생각해 봐야 하겠습니다.

그 먼저는 우리가 남에 대하여 이야기를 할 때 그 전체에 대해서는 알 수가 없기 때문입니다. 우리가 남을 안다는 것은 언제나 부분적으로 아는 것일 뿐 결코 전체를 아는 것이 아닙니다. 우리가 사람의 외모를 대할 때에도 눈은 어떻고, 코가 어떻고 하는 정도의 얼굴 하나를 보는 것이지 전체가 어떻다 할 정도로 모두를 보는 것은 아닙니다. 누가 그 사람의 발가락이 예쁜지 안 예쁜지를 어떻게 알겠느냐 말입니다. 기껏 본 것이 얼굴 하나라면 정말로 그 사람을 보았다고 할 수 있는 것이겠습니까? 이렇게 나타난 육체의 외모도 다 못 보는 것이라면 하물며 그 사람의 속마음, 그 사람의 과거를 우리가 언제 보았느냐 말입니다. 그리고 또한 그 사람이 앞으로 어떻게 될 사람인지 우리가 어떻게 알겠습니까? 그러면서도 어떻게 남에 대해서 쉽게 말할 수 있는 것이겠습니까? 다시 말하자면 우리는 인격의 전체와 인간 전체를 다 보는 것이 못 됩니다. 그러므로 우리가 쉽게 그 사람은 좋다 나쁘다, 혹은 이렇고 저렇다며 말할 수 있게 되어 있지 않다는 것입니다. 실로 부분적이요, 일방적이며, 어떤 때는 현세적으로, 이렇게 어느 한쪽으로 치우쳐서 내가 경험한 그 조그마한 한 부분을 보고 말하는 것입니다. 그 때문에 어떤 경우에는 생전 처음 만나 단 한 마디 주고받은 말인데도 그 한 마디가 내게 거슬려서는 그 사람 전체를 나쁘게 보는 것입니다. 여러분! 한번 생각해 보세요. 이 얼마나 잘못된 것인지를! 그 사람은 실은 좋은 일을 많이 한 사람이요, 칭송받는 사람이며, 앞으로도 얼마든지 좋은 일을 많이 할 사람인데 나하고 만난 그 한 순간 때문에 그 사람을 그렇게 결정적으로 나쁘게 보겠냐는 말입니다. 그러므로 우리는 판단을 쉽게 해서는 안되는 것입니다.

이제 두번째로 생각할 것은 내게 판단할 자격이 있느냐는 것입니다. 도대체 누가 감히 남을 판단할 수 있는 것이겠습니까? 정말 다른 사람을 판단할 수 있을 만큼의 선한 사람이 몇이나 있겠습니까? 어찌 생각하면 어느 쪽이 더 큰 것인지, 어느 쪽이 더 잘못된 것인지조차 알 수 없는 것입니다. 그러기에 겸손한 사람은 아무 말도 안하는 거예요. 내 자신을 보노라면 감히 남을 평할 수가 없으니까 말입니다.

그리고 세번째 생각할 것은 우리는 그 사건 자체를 완전히 알 수가 없기 때문입니다. 이는 왜냐하면 사건이 오늘 여기에 이르기까지에는 깊은 원인이 있었다는 것입니다. 따라서 나타난 어느 한 부분을 보는 것으로 하여 그 사건 전체를 평하려고 드는 것은 잘못이란 말입니다. 언젠가 이런 재미있는 이야기를 읽은 적이 있습니다. 한 선교사가 파키스탄에 들어가 선교를 하는데 이제 이 마을 저 마을을 다니면서 보니 그곳 사람들이 매우 한심한 짓을 하고 있더라는 것입니다. 그것이 뭐냐 하면 더운 지방이니까 집이라는 것은 그저 대충 나뭇가지로 간단하게 지어 놓고는 그

방에다가 돌 세 개를 고여 냄비를 거는 것입니다. 그러고는 이제 거기에다가 소똥 말린 것을 넣어 불을 붙여서는 입으로 후후 불어가면서 카레라이스를 끓여 먹는 것입니다. 실은 카레라이스의 원조가 인도, 파키스탄 그쪽이고 보면 이것이 세계에서 제일 맛있는 카레라이스인 것입니다. 본래 카레라이스는 가스불 같은 데서 급하게 하는 것이 아니라 그저 담배불처럼 연한 불에다가 오래오래 끓여야 된다고 합니다. 어쨌든 저 사람들이 그렇게 끓이고 있으니 그 연기가 어떻게 되겠습니까? 집집이 방안에 연기가 자욱하고 여자들은 전부가 눈이 빨갛게 병이 나 있더랍니다. 이것을 보는 선교사의 마음에는 이 야만적이고 미련한 사람들을 보았나! 하는 한심한 생각이 들었습니다. 이러한 생각이 곧 정죄하는 것이요, 판단하는 것이지요. 아무튼 이렇게 한참 비판을 한 다음, 그러나 어떻게 이 우매한 사람들을 구제할 수 있을까를 생각한 끝에 양철을 말아 만든 2미터 정도의 굴뚝 하나씩을 집집마다 나누어 주면서 지붕에다 구멍을 뚫고는 집어넣으라고 했다는 것입니다. 그렇게 하여 냄비 걸린 뒷부분에 고여 놓으면 이제 연기가 그리로 나갈 것이란 말입니다. 그랬더니 정말 연기가 솔솔 잘 나가서 이제 방안에는 연기가 없어지고 눈병도 없어졌습니다. 문제는 거기까지는 좋았는데 그러고 난 후 두 달도 못 되어서 집이 폭삭 내려앉고 마는 것입니다. 그래서 왜 무너지나 하고 그 원인을 찾아보았더니 그 지방에는 이상한 불개미가 있어서 산 나무는 갉아 먹지 않고 죽은 나무는 갉아 먹는데 이것들이 소똥불 피우는 냄새가 났을 때에는 도망을 갔다가 이제 그 냄새가 빠져나가자 다 모여들어서는 기둥뿌리를 전부 갉아먹어 집이 무너지고 말았더라는 것입니다. 이때에 그 선교사는 회개를 했다는 것입니다. 수천 년 동안 내려온 지혜인데 내가 굴뚝 하나로 해결하려고 했으니 그것이 되겠느냔 말입니다.

내 생각에는 잘못하는 것 같고, 무슨 일을 그 따위로 하나 생각될지 모르지만 그것이 그런 것이 아니에요. 그 사건 하나가 있기 위해서는 많은 경험과 오랜 생활이 있어야 했고, 그 결과, 그 끝에서 비로소 그 사건이 있어질 수 있는 것입니다. 그러므로 우리는 어느 한 시점에서 쉽게 말할 수가 없는 것입니다. 이에 우리 속담에는 "나무에 가리워서 숲을 못 본다"는 말이 있지요. 숲은 큰 것입니다. 따라서 멀리서 보아야 볼 수 있는 것입니다. 그런데 너무 가까이 가면 나무에 가리워서 진작 보아야 할 숲은 보이지를 않는 것입니다. 마치 우리의 판단은 이와 같아서 도저히 정확할 수가 없는 것입니다. 그러므로 사실 그대로를 알아볼 수 없는 우리로서는 쉽게 판단하는 이야기를 할 수 없다 하는 이야기입니다.

그런데 오늘 본문에서 더욱 중요한 말은 "네 형제의"란 말입니다. 형제의 눈 속에 있는 티! 이는 내가 판단할 대상이 바로 형제란 말이요, 형제의 아픈 곳을 쑤시면 결국은 내가 아파지는 것이란 말입니다. 이것은 남이 아니라 형제입니다. 그렇기 때문에 그를 비판할 수가 없어요. 내가 비판받을 때에 아프다면 내 형제를 비판하면 또 저가 아플 것이란 말입니다. 그가 아픈 것이나 내가 아픈 것이나 그 아픔은 마찬가지로 아픈 것입니다. 그러므로 형제를 비판하지 말라!는 것입니다. 형제는 사랑할 대상이지 비판받아야 할 대상은 아닙니다. 사랑은 허다한 죄를 덮습니다. 그는 사랑해야 하는 형제라는 것을 먼저 생각할 때 우리는 그렇게 쉽게 비판할 수가 없다는 말씀입니다.

이제 오늘 본문의 3~4절 말씀을 보면 매우 과장된 점이 있습니다. 여기에서 티라고 하는 헬라어 '카르포스'는 매우 작은 먼지 같은 것을 뜻하며 무의미한 것을 말합니다. 그러나 이렇게 작은 것도 눈에 들어가면 아프게 합니다. 어쨌든 여기에서 말하고 있는 티는 눈에 들어갈 정도의 작은 것을 말합니다. 반면에 들보라고 하는 말은 헬라 원문에는 '도콘'으로 표현되고 있는데 이는 그야말로 들보입니다. 우리가 집을 지을 때에 쓰여지는 큰 재목인 대들보 말입니다. 그런데 이것이 눈 속에 들어갔다니 과장이 아니고 무엇이겠습니까? 앞서 티가 눈 속에 들어갔다는 말씀은 이해가 되는데 들보가 눈에 들어갔다는 이 비유는 예수님께서도 너무하셨다는 생각이 들게 합니다. 그러시려면 "형제의 눈에 있는 티는 보면서 네 눈을 가리우고 있는 들보는 못 보느냐?"고 하셨으면 차라리 어떨지 모르겠습니다. 그런데 들보가 아예 눈에 들어갔다고 하셨으니 이것이 극단적인 극과 극의 비유가 된단 말입니다.

이제 우리는 여기에서 깊이 생각해야 할 문제가 있습니다. 이 극단적인 비유의 말씀은 예수님께서 보신 비판에 대한 비판의 말씀인 것입니다. 너희 사람들의 비판이라는 것이 도대체 어떤 것이냐? 그것은 티를 보는 사람이 들보는 깨닫지 못하게 마련이며 나아가서는 다른 사람을 보는 사람은 자기를 못 본다는 것입니다. 우리는 그것을 알아야 합니다. 다른 사람의 이야기만 자꾸 하며 다니는 사람은 자기 일에 충실치를 않습니다. 그래서 어느 처세학 책에서 보니까 남의 집에 가서 다른 사람의 흉을 보는 아낙네가 있으면 빨리 집으로 돌아가 반짇고리가 제자리에 있는가 보라고 하였습니다. 가위가 제자리에 있고 바늘꽂이가 제자리에 있는지를 가서 보면 틀림없이 제대로 정리되어 있지 않을 것이라는 이야기입니다.

이와 같이 남의 말을 많이 하는 사람은 예외없이 자기 일에는 충실치를 못합니다. 남의 일에 관심이 많은 사람은 자기의 가장 중요한 일에는 관심이 없어요. 남의 일을 너무 많이 생각하는 사람은 진작 자기가 마땅히 해야 할 도리는 생각지를 못하더란 말입니다. 우리는 그것을 알아야 합니다. 이것이 바로 예수님께서 보시는 비판에 대한 비판입니다.

이제 남의 눈의 티를 비난하는 사람은 자기 눈의 들보에 대한 의식이 없는 사람입니다. 그래서 예수님께서 하시는 말씀이 "들보는 깨닫지 못하느냐?"는 것인데 이는 모른다는 이야기입니다. 이와 같이 비판이란 대체로 자기를 모르는 것에서 비롯되는 남의 이야기입니다.

그렇다면 우리는 이제 그 다음의 문제로 넘어가서 오늘 본문 중의 "먼저"라고 하는 말씀을 한번 생각해 보십시다. 먼저 네 눈 속에서! 할 때에 이 '먼저'라고 하는 프라이어리티(Priority)가 중요하고 그 다음이 다른 사람입니다. 이에 자기를 먼저 생각하고, 그 다음에는 다른 사람을 생각하며, 자기를 먼저 비판하고 그리고 남을 비판하여야 합니다. 그런데 이와는 반대로 남의 일에 대해서는 바늘끝처럼 예민하게 비판하면서도 자기 자신에 대해서는 바다처럼 관용을 베푸는 사람들이 있습니다. 그러면서 또 하는 말이 인간인 고로 다 그런 것이 아니겠느냐는 식으로 나오는데 바로 여기에 문제가 있는 것입니다. 그러므로 언제나 자기 먼저라고 하는 이 프라이어리티가 있어야 함을 잊지 말아야 하는 것입니다. 그 다음에 또 한 가지 생각할 것은 "밝히 보고"하는 말씀입니다. 이는 곧 자기의 상태, 자기의 의무, 내가 해야 할 일이 무엇인가를 먼저 생각하라는 것입니다. 나의 충실을 먼저 생각하라! 그렇게 밝히 본 다음에 이제 다른 사람의 눈의 티를 볼 수 있게 될 것이라는 말씀입니다.

    여기에서 다시 한번 예수님께서 말씀하신 티와 들보에 대한 신학적 해석을 추가해 드리자면 이 티라고 하는 것은 일반적인 죄를 의미하는 것으로 생각합니다. 그러니까 이는 마치 눈에 먼지가 들어가서 아픈 것처럼 순간순간 의식이 되는 것으로, 예를 들면, 거짓말하는 죄나 도둑질하는 죄, 간음하는 죄 등 눈에 띄게 형식적으로 나타나는 것으로 우리가 말하는 일반적인 죄를 의미합니다. 그런가 하면 들보라고 하는 것은 종교적인 죄를 말합니다. 이는 너무 커서 생각도 나지 않고, 너무 오랫동안 젖어 왔기에 이제는 당연한 듯이 가리워져서 무의식 상태로 돌아가 버린 그러한 죄를 말하는 것입니다. 여러분! 우리는 이 점을 알아야 합니다. 죄가 적을 때에는 비판도 받습니다마는 죄가 아주 클 때에는 흔히들 담대하다고도 하고 때로는 영웅이라는 말까지 하면서 하나의 위대함으로 평가받기도 하는 것을 보게 됩니다.

    그런데 오늘 본문을 통하여 말씀하시는 예수님의 의도는 아마도 이렇게 짐작이 되어집니다. 여기 들보라고 하는 것은 일반적으로 죄인 줄 모르는 죄이면서도 큰 죄요, 그리고 이 티라고 하는 것은 작은 것이면서도 눈에 들어가면 아프고 괴롭습니다. 그러나 들보에 대해서는 감각이나 의식이 없습니다. 따라서 아픈 것도 없게 마련이지요. 그러니 이 죄는 곧 교만이요, 불신앙이며, 외식하며 다른 사람을 멸시하는 바리새인적인 죄를 말하는 것입니다. 너무도 오랫동안 죄에 젖어 있다 보니 이제는 엄청나게 큰 죄인데도 불구하고 그 죄에 대한 의식은 전혀 없는 가운데 죄인 줄도 모르고 오히려 다른 사람의 보잘것없는 티만 보며 열심히 비판하고 있는 것입니다. 그러니까 자기 교만과 자기 우월감에 빠져서 그것이 얼마나 큰 죄인가를 깨닫지 못하고 있는 상태, 다시 말해 자기 눈에 있는 들보는 깨닫지 못한다는 것입니다. 참으로 이것이 문제입니다.

　이와 같이 무의식 상태에까지 들어와 버린 죄! 이를 두고 예수님께서는 들보를 빼라고 말씀하신 것입니다. 그리고 그렇게 빼어 버린 후에라야 밝히 보게 될 것이라고 하셨습니다. 이제 우리는 새로운 안목을 가져야 하겠습니다. 그리고 우리의 안목 자체가 중생되어야 하겠습니다.

　여러분! 여러분의 눈에는 무엇이 보이고 있습니까? 예수님처럼 꽃을 볼 때에도 하나님이 보이고 새를 보는 데에도 하나님이 보이며 풍랑이 일어나는 때에도 하나님의 손길이 보이고 있는 것이겠습니까? 아니면 눈앞에 보이는 전부가 불만스럽고 그리고 남의 죄만 보이는 것입니까? 그렇다면 그것은 분명 큰 병이요, 그렇게 병든 눈은 수술을 해야 하고 다시 고쳐야 합니다. 선지자 이사야가 "나는 입술이 부정한 사람"이라고 고백할 때에 스랍 천사 중 하나가 숯불을 가지고 와서는 이사야의 입을 지져 정하게 하듯이(사 6 : 5~7)이 눈도 아주 지져서 새롭게 해야 하겠습니다. 그렇게 하지 않고서는 그런 눈을 가지고 살기가 힘듭니다. 보면 볼수록 좋은 것도 많은데 하필이면 왜 자꾸 그런 것만 보이는가 말입니다. 그러니 여기에 문제가 있지 않습니까?

　이제는 우리의 기도 제목이 하나님이여 나의 눈을 고쳐 주시옵소서!

하는 것이어야 할 것입니다. 하나님! 저의 눈에는 어둡고 이상한 것들만 자꾸 보이는데 제발 이런 것이 보이지 않게 해주십시오 하는 그런 기도 말입니다. 미국에 계시는 어느 목사님 한 분이 중국에 선교를 하러 가면서 성경책을 가지고 가는데 자그마치 그 무게가 91kg이나 되는 200권의 성경책을 가지고 가는 것이었습니다. 그러나 아시다시피 중국은 성경책이라면 단 한 권만 가지고 가다가 발각되어도 큰일이 나는 곳입니다. 그래서 이 목사님은 사흘 동안 금식을 하면서 무사히 들어갈 수 있도록, 검사하는 세관원의 눈을 잠깐만 멀게 해서 이것이 좀 보이지 않게 해 달라며 간절히 기도를 하고 출발을 했다고 합니다. 그런데 공항에 도착하여 그 자리에 서게 되었는데 "이게 뭐요?" 하고 묻고서는 이 목사님이 이것, 저것이라며 대충 대답하니까 더 살펴보지도 않고 그냥 "가세요" 하고 보내 주더라는 겁니다. 그래서 이 목사님은 아멘하고 들어가서 성경책 200권을 무사히 전달하고 돌아왔습니다. 그러자니 얼마나 긴장을 하셨든지 돌아와서는 몹시 앓았다며 저에게 상세한 이야기를 들려주시는 것을 보았습니다.

눈이란 보기 위해 있는 것입니다마는 보지 말아야 할 것은 보지 않아야 합니다. 그런데도 이상한 것이 곧잘 보이거든 아무래도 수상하다고 생각하셔야 합니다. 그래서 '눈' 하면 제가 자주 말씀드리는 이야기가 하나 있습니다. 이제 교도소에 가 보면 8범, 9범되는 절도범들이 들어와 있는데 그들에게 "한두 번 들어 왔으면 되었지 여덟 번, 아홉 번씩이나 왜 들어오느냐?"고 물어보면 그들의 하는 대답이 교도소에서 출감할 때에는 이제 다시는 도둑질하지 않으리라며 맹세하고 나가는데 이리저리 돌아다니다 보면 남의 주머니에 있는 돈이 환하게 보인답니다. 뿐만 아니라 담장 너머 집안 깊숙이에 있는 것까지도 환하게 보인다는 것입니다. 그러니 그 병은 눈이 병이지요. 우리는 자신이 둔 것도 못 찾을 정도인데 다른 사람이 깊이 감추어 둔 것까지 찾아낸다니 이것은 아무래도 보통사람은 아니란 말입니다.

네 눈 속에서 들보를 빼어라! 네 눈을 수술하라! 네 눈이 먼저 깨끗해져서 밝히 본 다음에, 그리고 이야기하자는 것입니다. 이는 곧 무엇을 뜻하는 말씀이겠습니까? 이제는 진정 겸손과 사랑과 진실, 그리고 그리스도의 마음으로 돌아가야 합니다. 그런 후에야 비로소 형제의 눈에 있는 티를 볼 수 있는 것입니다. 따라서 이제는 중생한 눈을 가지고 사랑으로 보고, 겸손과 진실로 보게 될 때 형제의 눈 속에 있는 티를 정확하게 볼 수가 있으며 나아가서는 그 티를 빼라는 권면도 할 수가 있을 것입니다. 그렇게 되면 그 권면의 말도 받아들일 수가 있어서 둘 다 구원에 이르게 될 것입니다.

이제 마지막으로 생각할 것은 너희가 남을 비판하면 비판하는 그 비판으로 너희가 비판을 받을 것이요, 너희가 남을 헤아리면 너희는 헤아리는 그 헤아림으로 너희가 헤아림을 받을 것이라는 말씀입니다. 우리는 이 말씀을 하나님 앞에서 엄숙히 받아들여야 합니다. 이제는 하나님 편에서 심판하시겠다는 말씀입니다. 내가 어느 누구를 비판할 것이 있습니까? 그만큼 내가 비판을 받게 될 것입니다. 그와 똑같은 비판이 내게도 올 것이란 말입니다. 그러므로 예수님께서는 긍휼히 여기는 자는 복이 있나니 저희가 긍휼히 여김을 받을 것이라고 말씀하셨습니다(마 5 : 7). 따라서 내가 용서하면 용서를 받을 것이요, 사랑하면 사랑을 받을 것이며, 남을 불쌍히 여기면 나 또한 불쌍히 여김을 받게 될 것입니다. 이러한 신앙적 비판의 자세는 나와 그 서로를 하나님 앞에 밝히 세울 수가 있을 것입니다.

그런데 무엇보다도 중요한 것은 "형제"라고 하는 이 생각을 잊지 말아야 한다는 것입니다. 결코 남이 아닌 형제를 보는 참사랑의 마음, 사랑의 눈에는 아마도 그 작은 티는 보이지를 않을 것입니다. 진정 그렇게 된다면 그 후에는 우리도 무엇이라고 말할 수가 있을 것입니다.

개와 돼지

거룩한 것을 개에게 주지 말며 너희 진주를 돼지 앞에 던지지 말라 저희가 그것을 발로 밟고 돌이켜 너희를 찢어 상할까 염려하라.
(마태복음 7 : 6)

개와 돼지

이제 주신 본문 말씀은 매우 짧은 것이지만 그 의미상으로 보아서는 매우 심각한 말씀이라 하겠습니다. 평소에 예수님께서는 만민에게 복음을 전파하라 하시면서 그 대상을 가려서 하라는 말씀을 하신 적이 없으십니다. 그저 만나지는 대로 유대 사람에게나 이방 사람에게나 빈부귀천을 막론하고 그 누구에게든지 복음을 전하라고 하는 것이 예수님의 지상 명령입니다. 그런데 오늘 본문에서는 어떤 의도에서 왜 이렇게 구별하라는 말씀을 하시는가 하는 것입니다. 주님께서는 어떠한 처지에서도 결코 복음을 전해야 할 대상을 차별하거나 구별하시는 일은 없으신 분인데 오늘 본문에서는 분명히 제한적인 말씀을 하고 계십니다. 그리하여 어떤 경우, 어떤 대상에게는 아예 복음을 전하지 말라는 말씀처럼 들려옵니다. 본문을 통하여 우리가 보고 아는 바와 같이 오늘 여기에서 말하는 "거룩한 것"이란 복음을 말함이요. 이 복음을 개에게 주지 말라! 즉 개같은 사람에게는 복음을 주지 말라는 말씀이 아니겠습니까? 또한 진주라는 것 역시 생명의 말씀인 복음을 의미하는 것으로 돼지같은 인간 앞에는 복음의 진주를 던지지 말라는 말씀인 것입니다. 이렇게 생각하고 보면 오늘 본문 말씀은 복음을 전하는 일에 있어서도 역시 시간과 장소, 또한 상대방의 태도와 상태 등에 따라 우리가 무엇인가 생각할 것이 있다는 말씀입니다. 거기에도 선택이 여지가 있고 삼가야 할 것이 있는 제한적인 면이 있다는 것입니다. 따라서 이는 전도하는 일이라 하여 그저 아무 곳에서, 아무나 붙들고 떠들어대는 식의 그런 전도이어서는 되겠느냐는 뜻의 말씀이 아니겠습니까? 물론 복음은 어느 장소를 막론하고 누구에게든 전해져야할 것입니다마는 오늘 여기 주신 말씀은 분명히 거룩한 것을 개에게 주지 말며 너희 진주를 돼지 앞에 던지지 말라고 하신 것입니다. 여기에서 말하는 개다, 돼지다 하는 것은 잘 아시다시피 그 동물 자체를 두고 하는 말이 아닙니다. 이것은 분명 사람을 가리키는 것이요, 그 인격을 두고 하는 말입니다. 그렇다면 이는 매우 심각한 말씀으로, 잠깐 듣고 간단히 귓전으로 흘려 버릴 성질의 말씀이 아니며 또한 쉽게 이해될 수 있는 말씀도 아닙니다.

우리가 아는 바대로 동물을 비유로 사람을 지칭하는 이야기는 동서고금을 막론하고 있어 온 이야기입니다. 그래서 여우같은 사람, 곰같은 사람, 돼지같은 사람, 혹은 양같은 사람, 개같은 사람 등으로 표현을 하고 있는데 우리는 그럴 때마다 거기에 알맞은 내용과 느낌을 모두가 같이 갖게 됩니다. 가령 여우같다는 말은 보통 여자들에게 쓰이는 말로 이는 앙큼하고 간사하다는 것이요, 곰같다고 할 때에는 미련하고 고집스러우며 하나밖에 모르는 사람을 일컬어 말합니다. 또한 돼지같다는 것은 욕심이 많다는 것이요, 그리고 개같다는 말은 어디에나 있는 말로서 이것은 분명히 하나의 욕입니다. 그 때문에 서양 사람들은 심지어 날씨가 험악하여 뇌성벽력을 칠 때에도 개같은 날씨라며 투정을 하는 것을 보게 됩니다. 아무튼 이 개같다는 말은 일반적으로 물어뜯고 싸운다는 것이요, 무절제한 것을 뜻하는 말입니다. 이러한 것들에 비해 양같다는 말은 순하다는 뜻의 좋은 말입니다. 이와 같이 우리들은 주위의 동물들을 다 들어서 그 사람의 됨됨이를 평가하는데 적절한 상징으로 쓰고 있습니다.

이에 예수님께서도 이러한 비유를 들어서 오늘 이렇게 개에게, 돼지에게라며 말씀하고 계시는 것입니다. 그러면 왜 개에게는 거룩한 것을 주지 말며, 또한 돼지에게는 진주를 던지지 말라고 하신 것인가 하는 점입니다. 그 점에 대해서는 오늘 본문 말씀 자체에서 이미 그 의미가 잘 나타나 있습니다. 그래서 실제적으로 보아 먼저는 거룩한 것과 속된 것의 뜻을 모르는 자에게는 거룩한 것을 던지지 말라는 말씀입니다. 도대체 무슨 말인지를 전혀 알아듣지를 못하고 게다가 그 근본 중심이 아주 비뚤어져 있기 때문에 사람같지를 않고 개와 돼지같단 말입니다. 다시 말하면 듣는 마음이 없고 받아들이는 마음이 없어요. 뿐만 아니라 한 계단 더 나아가서는 아예 사람답지를 못하고 개같고, 돼지같은 그런 것으로 꽉 차 있다는 말씀입니다. 그렇다면 거기에다 거룩한 것을 주고 진주를 던지면 어떻게 되겠느냔 말입니다. 이렇게 되면 영락없이 오해하고 곡해하게 됩니다. 그리하여 진리를 엉뚱하게 달리 해석해버림으로써 이 진리 자체를 욕되게 하는 것입니다. 이런 경우의 일은 많이 있습니다.

    제가 오래 전에 책에서 읽은 이야기입니다. 한때 소련 모스크바의 크렘린 벽보에는 "일하기 싫어하거든 먹지도 말게 하라"는 데살로니가 후서 3장의 말씀이 크게 쒸어 있었다고 합니다. 자! 이것이 공산당의 슬로건(Slogan)이라면 문제는 이야기가 달라지지 않습니까? 그런가 하면 가정에서도 말썽꾸러기 애들을 때리면서 성경에 보면 오른뺨을 때리면 왼뺨도 돌려대라고 했겠다 그러니 이번에는 이쪽이다라며 또 때린다는데 글쎄 이런 사람에게 하나님의 말씀을 전하면 그 말씀을 가지고 왜곡해 들어가면서 계속 잘못된 이야기만 하게 될 것이란 말입니다. 그러니까 저는 들을 귀가 없을 뿐만 아니라 못된 것이 속에 도사리고 있어서 이 진리를 주었다가는 이 진리 자체를 물어뜯는다는 것입니다. 그래서는 진리 자체를 왜곡시키고 변질시키는 것이기에 그런 상대에게는 결코 주어져서 안 된다는 것입니다. 다시 말하면 주님께서는 진리 자체를 순수하게, 그 본래의 뜻대로 보존하고자 하시는 염려에서 이 말씀을 하고 계시는 것입니다.

    따라서 우리가 가장 염려하고 조심해야 하는 것은 하나님의 말씀인 복음이 복음대로, 진리가 진리대로 순결하고 순전하게 전해져야 한다는 사실입니다. 그런데 이 진리의 말씀을 처음부터 이상하게 왜곡하고 변질시켜 받아들이게 되면 이것은 차라리 주어지지 않은 것만 못하게 되어 오히려 거룩한 것이 속되게 되고 하나님의 말씀의 그 귀한 값어치가 떨어져 짓밟히게 된다는 것입니다. 그러므로 거룩한 것이 거룩한 것으로, 진리가 진리대로 지켜질 수 없는 그런 상태, 그런 사람에게는 아예 전하지 말라는 말씀입니다. 그러니까 예수님의 본뜻은, 거듭되는 이야기입니다만 거룩한 것이 거룩하게 지켜지기를 바라시는 것이요, 거룩한 것이 속된 것에 의해서 속화(俗化)되는 것을 원치 않으신다는 말씀으로 생각합니다.

사실이 그렇습니다. 거룩한 진리는 거룩하게 지켜져야 하는 것입니다. 그럼에도 불구하고 가만히 보면 점잖다는 사람들 가운데에도 개같은 경우가 많아서 문제가 될 때가 참으로 많습니다. 어쩌자고 진리의 말씀인 하나님의 말씀을 이 모양 저 모양으로, 자기에게 편리하게 마음대로 해석하며 악용하고 돌아가는지! 참으로 개같은 마음, 개같은 행위를 하는 사람이 얼마든지 있다는 것입니다. 이에 그 결국을 보면 진리 자체를 속되게 만들고, 진리 자체에 도전하는 결과를 낳게 마련인 것입니다.

이제 다음으로 생각하는 것은 전도자 자체를 아끼시는 예수님의 의도가 여기에 있다고 하는 것입니다. 이는 무슨 말씀이냐 하면 짧은 본문이지만 여기에 보면 "너희를 찢어 상할까 염려하라"는 말씀이 있는데 다시 말하면 너희를 물어뜯을 것이라는 말씀입니다. 이에 예수님께서는 전도자를 아끼시는 마음에서 개같은 사람, 돼지같은 사람에게 섣불리 복음을 전한다고 하다가 오히려 물려서 찢기고 상처나는 해를 입을까봐 염려하시며 아끼시는 마음에서 말씀하고 계시는 것입니다. 사실 알고 보면 복음은 때때로 이미 심판적 요소를 가지게 됩니다. 그래서 복음을 받는 순간에 겸손한 마음으로 받아들여 회개를 하느냐? 않느냐?에 따라 하나는 구원으로 그리고 하나는 심판적으로 받아지게 되는 것입니다. 이때에 일어나는 마음의 가책이 회개로 이어지면 좋으련만 그렇지를 못하고 그 가책이 저들의 양심을 심판하면서 반발로 나타날 때에 이제는 전도자를 물어버리는 것입니다. 사실은 이러한 반발로 인해서 전도자들이 순교하는 경우가 많은 것입니다. 저쪽에서 회개를 해주면 다행이지만 그렇지를 못할 때에는 전도자가 피해를 입게 되겠으니 이에 예수님께서는 그런 경우에는 아예 하지 말라며 우려해서 하시는 말씀입니다.

그러면 이제 개에 대해서 한번 생각을 해보십시다. 당시 히브리 사람들에게 있어서 개라고 하는 것은 요즈음 흔히들 즐기는 애완동물인 개를 두고 하는 말이 아닙니다. 미국을 볼 것 같으면 개를 얼마나 위하는지 그 정도가 대단합니다. 그런데 저는 서양 사람의 집에 초대되어 갔을 때에 제일 기분 나쁜 것이 바로 그 개냄새입니다. 들어서자마자 어찌나 개냄새가 지독하게 나는지 모르겠어요. 아무튼 어떤 집에 가보면 말만한 개를 침대 위에 올려 놓고 있는가 하면 시끄럽게 짖는 것이 싫다 하여 목을 수술하여 짖지도 않는 개가 많이 있습니다. 게다가 개에다가 유산을 물려 주기도 하고 공동묘지에 가보면 개의 무덤도 많이 있는 것을 보게 됩니다. 이처럼 서양 사람들의 개에 대한 사랑은 대단한 것인데 그 이유인즉 자식을 키웠다가는 물려 죽는 수가 있어도 개를 키워 가지고는 물려 죽지 않기 때문이랍니다. 이는 한마디로 말해 배신하지 않는다는 것이지요. 그래서 개에게다가 유산을 준다는 이야기입니다.

그러나 오늘 본문에서 말씀하시는 개는 요즈음의 그런 개를 두고 말씀하시는 것이 아닙니다. 예수님 당시에는 집을 떠나 마음대로 돌아다니는 들개들이 많았다고 합니다. 이처럼 들개들이 떼를 지어 다니는가 하면 또한 미친 개들이 많았기 때문에 여행을 하는 사람들은 거의 필수적으로 지팡이를 가지고 다녀야 했던 것입니다. 그러니까 이 지팡이는 요즈음 나이 많은 사람들이 넘어질까봐 의지하는 지팡이가 아니라 개를 쫓는 하나의 무기와 같은 지팡이인 것입니다. 만약 이것을 준비하지 않고 그냥 다니다가는 잘못하면 개에게 물리게 될 것이란 말입니다. 바로 이러한 개를 말하는 것입니다.

따라서 이 개에 대한 히브리 사람들의 인상이란 본문에서 나타나는 대로 먼저는 싸우고 무는 것입니다. 그저 만나기만 하면 으르렁거리며 싸우는 것이 개의 생리입니다. 그러므로 이렇게 싸우고자 하는 마음, 물어뜯는 마음, 도전하는 마음의 소유자 앞에서는 직선적으로 복음을 전할 생각은 하지 말라는 이야기입니다. 지금이라도 당장에 대들며 물어 뜯고자 하는 사람을 향하여 "예수 믿으세요, 그래야 구원받을 수 있습니다" 한다면 그게 어떻게 되겠느냐는 말입니다. 다시 말하면 온유한 마음이 아닌 완악한 마음의 소유자, 근본적으로 그 마음이 비뚤어져서 달리 도리가 없는, 거기 그 순간에는 복음을 전하려고 하지 말라는 말씀인 줄 압니다. 만약 무턱대고 전했다가 도대체 예수가 누군데 그러느냐며 여러 말로 반발하고 나오게 되면 이제는 진리를 모독하게 되고 그로 인해 그 사람에게도 이중, 삼중의 죄를 짓게 하는 결과가 된다는 말입니다.

그리고 또한 이 개라는 것은 떠드는 동물입니다. 떠들며 짖어대는, 다시 말하면 시끄러워요. 이는 곧 듣는 마음이 없다는 것입니다. 이에 사도 바울도 빌립보서 3장 2절에서 아무런 해석없이 "개들을 삼가라"며 가르치고 있습니다. 물어 뜯고 떠드는 개들! 이런 것들이 있는 동안 그 속에는 복음을 받아들일 수가 없기 때문입니다.

또한 이 개라는 것은 음란하다는 것입니다. 그 때문에 이 개를 음란의 대표자로 말할 때가 많이 있습니다. 이를 위해 요한계시록 22장 15절 말씀을 보면 "개들과 술객들과 행음자들과 살인자들과 우상 숭배자들과 및 거짓말을 좋아하며 지어내는 자마다 성 밖에 있으리라"는 말씀이 있습니다. 이렇게 성서의 마지막 부분에서까지 표현되고 있는 개들이라는 말은 역시 부도덕하고 음란한 자들을 암시해 주고 있습니다. 그리하여 이것은 육욕적인 인간, 그 더러운 것에 매여 있는 그러한 사람을 가리킨 말입니다. 그리고 우리가 일반적으로 쉽게 생각지 못하는 부분으로, 그러나 성경에 여러 번 기록되어 심각하게 말씀해 주고 있는 것이 바로 베드로

후서 2장 22절의 "개가 그 토하였던 것에 돌아가고 돼지가 씻었다가 더러운 구덩이에 도로 누웠다 하는 말이 저희에게 응하였도다" 하는 말씀입니다. 여기에서 보면 토했던 것을 다시 먹는 것이 개란 말입니다. 그래서 어떤 때에 개를 키우면서 보면 감기가 걸리기도 하고 그러는데 그 때문에 쿨룩거리며 기침을 하다가는 먹었던 것을 다 토해 내놓습니다. 이제 그것을 지켜보면서 참 시원하겠구나 하면 이런 웬걸! 어느 사이에 도로 다 핥아먹고 있습니다. 그러니까 이 개같다는 말은 회개했다가 또 다시 죄를 짓고, 내놓았다가 도로 집어삼키고, 토했다 먹었다, 토했다 먹었다 하며 밤낮 그런 것이란 말입니다. 이는 곧 정욕으로의 악순환을 말하는 것입니다. 항상 뉘우치면서 또한 언제나 그 자리로 다시 돌아가는 거예요. 생각으로는 이 생각 저 생각 제법 하는데 생활에는 전혀 변화가 없어요. 그래서는 밤낮 후회만 하고 앉아서 눈물은 눈물대로 흘리면서도 여전히 자기의 죄와 정욕의 현주소에서는 떠나지를 못하고 있는 것입니다. 바로 그런 것을 가리켜서 개와 같다고 하는 것입니다.

그러면 또 이 돼지라는 것은 무엇을 말함인가 할 때에 이는 우리가 잘 알다시피 먹기만 하는 동물입니다. 소는 일을 하고 개도 집을 지킵니다마는 이 돼지는 아무 일도 하지 않고 그저 먹기만 탐하는 동물입니다. 이처럼 먹는 것만 위해서 사는 사람, 곧 다시 말하여 거룩한 것과 속된 것에 대한 분별이 없는 마음, 그리고 어디까지나 육적이고 물질적이며 심지어는 식욕에 빠져 먹는 것만 탐하는 그런 사람을 가리켜 돼지같은 사람이라고 하시는 것입니다. 저들에게는 신령한 것에 대한 지식이나 관심이 전혀 없습니다. 복음을 받아들이기 위해서는 먼저 신령한 것과 영원한 가치의 것에 대한 관심이 있어져야 하는 것입니다. 그렇지 않고 이 마음 이대로를 가지고는 예수를 믿어도 문제가 될 뿐입니다. 이는 예수를 믿는다 하더라도 먹기 위해서, 즉 잘살기 위해서 믿는 것이란 말입니다. 그렇기 때문에 이제 복음을 바로 받아들일 수가 없는 것입니다.

그리고 또 하나 생각할 것은 이 돼지는 아무리 깨끗이 씻었다가도 다시 더러운 구덩이에 도로 눕는다는 것입니다. 그러니까 아무리 깨끗하게 해주어도 소용이 없어요. 아예 더러운 것과 깨끗한 것을 구분할 줄 모른단 말입니다. 모처럼 애써 깨끗하게 해주어도 이에 상관하지 않고 다시금 더러운 곳에 가서는 거기에 도로 눕는 것이란 말입니다. 이와 같이 더러운 것과 깨끗한 것에 대한 구별 의식이 전혀 없는 그런 사람에게다 대고 복음을 전해 보았댔자 아무런 소용이 없는 일이라는 말씀이십니다.

그러면 우리는 이제 여기에서 좀더 깊은 진리를 찾아야 하겠습니다. 이에 개와 돼지! 라고 할 때에 이 말은 당시의 이스라엘 사람들에게 있어서는 이방 사람들을 지칭하는 말입니다. 그리하여 이방 사람들이 음란하다 하여 개라고 하였으며, 또한 저들은 신령한 세계에 대한 지식이 없이 물질밖에 모른다 하여 돼지라고 불렀습니다. 그러니까 이 "개와 돼지같다"라는 말은 이스라엘 사람들이 이방 사람을 무시하는 하나의 일상적인 용어였던 것입니다. 그렇다면 이제 예수님께서도 그런 의미에서의 말씀을 하고 계시는 것이냐 하면 이는 그런 것이 아닙니다. 따라서 문제는 바로 여기에 있습니다. 지금 예수님께서는 어떤 특수한 대상의 사람을 지칭하여 개라고 하시는 것이 아닙니다. 오히려 그와는 반대로 모든 사람이 어떤 순간, 어떤 상황에서 개나 돼지같이 될 수 있다고 하는 것을 의미하는 말씀입니다. 그래서 여기에 문제가 있다는 것입니다. 그 결과 그러한 개와 돼지의 상태에서는 결코 복음을 받아들일 수가 없을 뿐만 아니라 또한 전할 필요도 없다는 것입니다. 이는 불행하게도 복음으로부터 완전히 제외된 인간임을 뜻하는 것입니다. 대단히 죄송스러운 말씀이 되겠습니다마는 만약 아직도 우리의 마음이 개같고 돼지같은 마음이 있고, 또 그대로를 가지고 나와 있다면, 그 마음 그대로 가지고 있는 한 나와 복음과는 상관이 없는 것입니다. 거기에는 아무리 전해도 소용이 없어요. 그리고 오히려 역효과만 나게 되어 복음을 들으면서도 속에서는 계속 악한 생각만 들끓어 이상한 방향으로 반발을 하고 나오는 것을 보게 됩니다.

그 때문에 예수님께서 말씀하시는 "개와 돼지"의 의미는 어떤 대상인가를 가리지 않고 그 사람의 성품과 인격, 그리고 마음가짐의 상태와 태도를 두고 하시는 말씀입니다. 그러니까 이는 그 누구를 막론하고 영적인 신령한 것에 대한 관심은 전혀 없는 가운데 세속적인 것에 뿌리 박고, 그것에 완전히 젖어버린 그런 상태의 인간을 지칭하는 말씀입니다. 더러움에 매여 있고, 욕심에 매여 있고, 육욕에 매여서 깊이 노예가 되어 버린 극단적인 상태를 말합니다. 이를 위해 좀더 구체적인 말씀을 드리자면 인간은 천사와 악마 사이를 오르내리는 존재라는 철인의 말이 있듯이 동일한 한 사람이 어느 순간에는 비둘기도 되고 개도 될 수가 있다는 것입니다. 그렇기 때문에 지금 저의 상태가 개의 상태인가? 양의 상태인가? 또한 돼지의 상태인가 비둘기의 상태인가?에 따라 전도의 가능 여부가 결정지워진다는 것입니다. 가령 기분 나쁜 일로 술에 만취가 되어 아무하고나 붙들고 싸우고 싶은 사람에게 "당신 예수 믿으시오" 한다면 거기에서 무슨 대답을 듣게 될 것 같습니까? "예, 그래야지요" 하며 "다음 주일부터 교회에 나가겠습니다" 하는 대답을 들을 수 있겠느냔 말입니다. 오히려 되돌려 내뱉을 말이 뻔하지 않습니까? 그렇게 되면 예수님께 욕을 돌리게 되고, 그리고 전한 이쪽은 이쪽대로 마음만 상하는 백해무익한 것이 된단 말입니다. 차라리 그런 경우라면 일단 재워 놓고 술이 깬 다음에 무슨 이야기를 하든 해야 할 것입니다.

그래서 목회학에서는 이런 말을 하고 있습니다. 혹시 부부싸움이 벌어져서 아이들이나 제 삼자로부터 당장 말려 달라는 요청이 들어왔을 때에 그 일을 위해서 나흘 전에는 절대로 찾아가지 말라는 것입니다. 지금 한창 치고받고 싸우며 감정이 격할 대로 격해 있는 순간인데 거기에 가서 "하나님은 사랑이시고, 그리스도께서 당신들을 용서하시고" 하는 등의 이런 말들을 한다고 해서 무슨 해결이 될 것이냐 하면 그렇지를 않다는 것입니다. 누가 뭐래도 그 순간은 안돼요, 그래서 잠깐 참았다가 저들도 좀 시들시들해져서 이제 "내가 잘못했지!" 하는 후회스런 마음도 가지게 되었을 때에 가서 우리 한번 다시 생각해 봅시다 하고서는 그 다음의 이야기들을 해야 할 것이란 말입니다.

앞서 말했듯이 한 사람을 두고도 양같은 때가 있는가 하면 여우같은 때도 있고, 개같은 때도 있으며 또한 곰같은 때가 있는 것입니다. 그러나 곰같은 사람, 개같은 사람이 따로 있는 것이 아닙니다. 단지 곰같은 상태의 마음이 있는 것이란 말입니다. 그렇기 때문에 어떠한 상태를 바로 파악하는 것이 매우 중요한 것입니다. 이것은 또 어떤 장소를 두고 보아도 마찬가지인 것입니다. 지금 한창 술을 마시고 돌아가는 술집에서, 아니면 사고 파느라 정신이 없는 새벽시장의 도매상가 앞에서 "주 예수를 믿으라 그리하면 너와 네 집이 구원을 얻으리라" 해서야 되겠느냔 말입니다. 이제 예수님을 두고 생각해 볼 때에도 빌라도 앞에서 재판을 받으시는 그 순간, 이미 예수를 못박기로 작정하고 정죄하며 서 있는 그 무리들 앞에서 다시금 그들을 향해 "내가 하나님의 아들인 줄 모르느냐? 이제라도 회개하라"고 하셨다면 이 또한 어떻게 될 것 같습니까? 문제는 그렇게 해도 문제가 되는 것이란 말입니다. 그렇기 때문에 장소와 시간, 그리고 그 사람의 마음 상태와 태도 여하에 따라 개처럼 될 수도 있고 돼지처럼 될 수도 있다는 것입니다. 이는 참으로 극단적인 말씀입니다마는 이와 같은 경우는 실제적으로 성경에서도 많이 나타나고 있는 것을 볼 수 있습니다. 이에 사도행전 8장 18절 이하에 보면 마술로 돈을 벌어오던 시몬이라는 사람이 베드로와 요한이 안수하자 성령이 내리는 것을 보고는 돈뭉치를 내어놓으면서 자기에게도 그 능력이 있게 해달라는 것입니다. 다시 말하면 이 돈뭉치로 그 능력을 삽시다 하는 것이지요. 이런 마음이 바로 돼지같은 마음이 아니고 무엇이겠습니까? 그 사람 시몬의 눈에는 돈밖에 보이지를 않아요. 그래서 한번 손을 얹고 기도를 하면 방언도 하고 병도 낫는 저런 능력을 가지게 되면 이제 많은 돈을 벌 수 있어서 수지가 맞겠다 싶은 것이란 말입니다. 하지만 이런 마음을 가진 자에게 무슨 전도가 필요한 것이겠습니까? 그래서 오히려 베드로가 하는 말이 "네 은과 네가 함께 망할찌어다"라고 한 것입니다. 이때에 시몬이 두려워 떨며 대신 기도해 주기를 원하는 모습을 보게 됩니다만 아무튼 그러고 나서야 복음이 전해지기도 하고 들어갈 수도 있는 것입니다.

그렇다면 우리는 여기에서 이러한 결론을 맺을 수가 있습니다. 만약 우리의 마음 상태가 개와 같고, 돼지와 같다면 이제 다시 회개하여 양과 같은 마음으로 또한 비둘기와 같은 마음으로 바꾸어야 하는 것입니다. 그렇지 않고서는 끝까지 복음을 받아들일 수가 없다는 사실을 알아야 합니다. 이에 우리는 "그리스도 예수의 사람들은 육체와 함께 그 정욕과 욕심을 십자가에 못박았느니라"(갈 5 : 24)고 하는 사도 바울의 말씀을 기억합니다. 따라서 우리는 이 개와 같고 돼지와 같은 마음일랑 완전히 십자가에 못박아 버리고 이제는 다시 양과 같고 비둘기와 같은 마음으로 돌아가야 하는 것입니다. 그리하여 온유하며 겸손하며, 진정 순결한 마음이 될 때에 비로소 복음의 말씀이 들려지며, 그 말씀이 능력으로 살아 내 안에서 역사하게 되는 것입니다.

그러나 다시 한번 분명히 알아야 하는 것은 아직도 내 마음의 상태가 개와 돼지의 상태에 머무르고 있다면 복음의 말씀은 여전히 들려지지 아니할 뿐더러 말씀의 진리마저도 왜곡하며 반발하여 진리를 모독하게 됩니다. 그리고 마지막에는 복음을 전하는 자를 물어뜯으며 상처를 입히는 것입니다. 그래서 어떤 경우에 보면 교회에까지 나와서 말씀을 들었으면 이것이 오늘 내게 주신 말씀이구나 하고 감사히 받아들이지는 않고 오히려 왜곡하여 자기를 홍본다며 누가 고자질이라도 했기에 그렇지 하고서는 설교자에게 대드는 사람이 있는데 이것이 곧 물어뜯는 것이 아니고 무엇이겠습니까? 게다가 사랑하라!고 하면 당신은 얼마나 사랑했소? 하고 나오니 이는 계속 물어뜯는 것이란 말입니다.

그러므로 진정 우리는 정욕과 욕심을 깨끗이 십자가에 못박아 버리고 양과 같고 비둘기 같은 그런 사람, 그런 인격, 그런 태도로 돌아가야 하겠습니다. 그런 이후에라야 무슨 말씀을 듣든지간에 모두가 다 귀한 생명의 말씀으로, 복된 진리로 받아들여지게 되는 것입니다. 그러기에 문제는 어디까지나 우리 마음의 태도에 있는 것입니다. 거룩한 것은 거룩한 마음에만 담을 수가 있고 거룩한 진리는 거룩한 심령에만 전해지는 것입니다. 그리고 생명의 말씀은 살아 있는 자에게만 전해질 수 있는 진리입니다. 그래야만 복음의 진리가 주어진 대로 순결하고 깨끗하게 받아들여질 수 있는 것입니다.

이에 예수님께서는 그러한 모든 것을 다 생각하시고 염려하시면서, 그러나 매우 간단한 말씀으로 "거룩한 것을 개에게 주지 말며 너희 진주를 돼지 앞에 던지지 말라!"고 하셨습니다. 우리는 이 말씀의 뜻을 깊이 음미하면서 주님의 자상하신 사랑의 손길에 더욱 가까워지는 새로운 은혜를 받으실 수 있기를 바랍니다.

돌과 뱀

　구하라 그러면 너희에게 주실 것이요 찾으라 그러면 찾을 것이요 문을 두드리라 그러면 너희에게 열릴 것이니 구하는 이마다 얻을 것이요 찾는 이가 찾을 것이요 두드리는 이에게 열릴 것이니라. 너희 중에 누가 아들이 떡을 달라 하면 돌을 주며 생선을 달라 하면 뱀을 줄 사람이 있겠느냐 너희가 악한 자라도 좋은 것으로 자식에게 줄줄 알거든 하물며 하늘에 계신 너희 아버지께 구하는 자에게 좋은 것으로 주시지 않겠느냐 그러므로 무엇이든지 남에게 대접을 받고자 하는 대로 너희도 남을 대접하라 이것이 율법이요 선지자니라.

(마태복음 7 : 7~12)

돌과 뱀

이제 주신 본문 말씀의 주제는 기도입니다. 이에 예수님께서는 이 기도를 통한 하나님과의 관계를 설명하시기 위해 돌과 뱀을 비유로 하여 우리에게 말씀하고 계십니다. 아예 기도하지 않는 사람들, 그리고 기도하다가도 낙심하는 그런 사람들을 향하여 주시는 참으로 뜻깊은 교훈의 말씀입니다. 이제 말씀하시기를 "너희 중에 누가 아들이 떡을 달라 하면 돌을 주며 생선을 달라 하면 뱀을 줄 사람이 있겠느냐?"고 하십니다. 우리는 여기에서 왜 예수님께서 돌과 뱀이라는 여기에까지 비유해 말씀하셨는가를 깊이 생각해야 할 것입니다.

오늘 본문 말씀은 단순히 기도에 대한 말씀만은 아닌 것 같습니다. 한 걸음 더 나아가 하나님과 우리와의 관계, 말하자면 그리스도인으로서의 우리가 하나님 앞에서 매일매일 어떠한 모습으로 살아가고 있는가를 본 비유를 통하여 매우 단적으로 말씀하고 계십니다. 특별히 오늘 주신 본문 말씀은 경건한 마음으로 읽노라면 눈물겹도록 감사한 복음적 의미가 있는 말씀입니다. 이제 보세요. "구하라 그러면 너희에게 주실 것이요"라고 하셨는데 사실을 두고 생각하면 이 말씀은 하나님 편에서 하실 말씀이 아닙니다. 왜냐하면 아쉬운 편은 우리이지 하나님이 아니시기 때문에 우리 편에서 먼저 구할 것이란 말입니다. 그럼에도 불구하고 하나님 편에서 이 말씀을 하고 계신다면 이는 우리가 구할 줄을 모름이요, 구할 만한 능력도 갖지 못함을 뜻하는 것입니다. 그래서 이제는 오히려 하나님 편에서 우리에게 애원하시다시피 "구하라"고 말씀하시는 것입니다. 참으로 이 얼마나 귀한 복음입니까? 구하라! 그리고 곧 뒤이어지는 말씀이

"너희에게 주실 것이요"라는 말씀입니다. 그러니까 다르게 말하자면 주시기 위해서 구하라고 말씀하시는 것입니다.

그런데 우리가 익히 아는 말씀 중에 "구하기 전에 너희에게 있어야 할 것을 하나님 너희 아버지께서 아시느니라"(마 6 : 8)는 말씀이 있습니다. 우리가 무엇이 필요한지를 하나님께서는 분명히 구하기 전에 이미 다 아신다고 하셨습니다. 그러나 하나님께서 주시지도 않고 우리가 받지도 못합니다. 그 못 받는 책임은 우리 자신에게 있는 것입니다. 그래서 예수님께서는 구하라고 말씀하시는 것입니다. 제발 구하기만 하라! 그러면 주겠다는 것입니다. 이는 마치 부모들이 어린이들의 잘못에 대해 부득이 매질을 해야 하는 경우와도 같은 것이라 생각이 됩니다. 이제 매를 들자마자 잘못했다며 빌어 오면 좋겠는데 매를 맞으면서도 끝까지 그 한 마디를 하지 않는 녀석이 있습니다. 그러면 잘못했다는 말은 나와야겠고, 그렇다고 잘못을 두고 때리던 것을 도중에 그만둘 수도 없고 하여 답답해서 하는 말이 "이 녀석아 제발 잘못했다는 말 한 마디만 해라"면서 때립니다. 이는 잘못했다고만 하면 멈추겠다는 이야기입니다. 그런데도 그 잘못했다는 말 한 마디를 하지 않고 끝까지 맞는 녀석이 있단 말입니다. 그래서 마지막에는 때리던 사람이 지고 마는 어이없는 순간을 맞게 되는 것입니다.

오늘 본문에서도 말씀하십니다. 사랑의 하나님께서는 꼭 주셔야 하겠는데 그러나 구한 다음에 주어야지 구하지도 않는데 주어서는 안되겠다는 것입니다. 먼저 구하는 마음이 되고, 두드리는 마음이 되며, 찾는 마음이 되어서 그를 통해 은혜를 알고 가치를 아는 겸손한 마음이 되었을 때에 주셔야겠다는 것입니다.

구하라 그러면 너희에게 주실 것이요! 여기에 다시 한 마디를 더해 보면 이는 "구하기만 하면 주겠다"는 것으로 말씀하고 있는 것입니다. 주시기 위해서 구하라시는 말씀! 그러기에 이것이 복음이지요. 그리고 이 말씀 속에는 약속이 있음을 우리가 알고 있습니다. 구하면 주시겠다는 약속! 우리는 그 약속의 허락을 미리 받고 구하는 것입니다. 다시 말하면 우리의 기도는 응답의 약속을 이미 받고 기도하는 것입니다. 그러기에 이제 기도해 보아서 주실는지, 안 주실는지 하는 불투명한 그런 이야기가 아니란 말입니다.

또한 구하기만 하라!는 것은 다른 말로 표현하면 하나님께서 주시고자 하시는 것에 대하여 우리가 받을 수 있는 방법까지를 가르쳐 주시는 말씀인 것입니다. 받을 수 있는 방법! 그것이 다름아닌 구하는 것입니다. 별나게 이런저런 노력을 할 것이 아니라 그저 구하기만 하라! 그러면 내가 주겠다며 원하는 바를 받을 수 있는 그 방법까지를 일러주고 계시는 것입니다.

따라서 이 "구한다"는 것이 얼마나 중요한 일이며, 또한 반드시 있어야 한다는 사실을 이제 우리가 하나님 편에서 분명히 이해하여야 할 것입니다.

오늘 본문을 깊이 음미해 보면 우리가 기도하지 않는 이유, 그 방해의 요소가 무엇인가 하는 것이 내면에 깔려 있는 것을 보게 됩니다. 그것이 뭐냐하면 율법주의적 요소입니다. 이는 우리가 기도할 때마다 생각하기를 나는 하나님 앞에 나아가 기도할 자격이 없다거나 내가 구하는 것은 받을 자격이 없다는 그런 생각입니다. 그래서 어떤 분에게 전도를 해보면 "목사님, 아예 저 보고는 예수 믿으라고 하시지 마십시오. 저는 워낙 형편없이 살기 때문에 저같은 게 교회에 나갔다가는 온 교인이 다 웃을 것입니다. 저런 놈이 교회에 다 나가나 해서 아주 교회를 버립니다. 그러니까 저 보고는 나가라고 하시지 마세요"라고 하는데 이는 얼핏 듣기에는 가장 겸손한 것 같은 이야기이지만 사실은 아주 고차원적으로 교만한 것입니다. 감히 자기 자격을 생각하며 나서겠다는 이야기란 말입니다. 그래서 또 어떤 이들은 예수 믿는 사람들은 체면도 없다면서, 회개하고 또 죄짓고, 회개하고 또 죄짓고, 그리고 무엇을 달라고까지 하니 어쩌면 그렇게도 염치가 없을 수 있느냐며 비꼬아 말하는 것을 보게도 됩니다. 사실 생각해 보면 염치가 없기는 없지요. 하지만 그래도 우리는 구해야 하고 그 구한다는 자체에 의미가 있는 것입니다. 만약 그 자격을 따지자고 들면 감히 하나님 앞에 기도할 사람이 어디에 있겠습니까?

그러기에 그 자격은 하나님께서 부여해 주십니다. 이에 "내 이름으로 무엇이든지 내게 구하면 내가 시행하리라"(요 14 : 14)는 것입니다. 내 이름으로 구하라! 여기에 필요한 자격은 예수의 이름으로, 예수의 자격으로 나아가는 것이지 우리의 자격으로는 결코 그 누구도 하나님 앞에 설 수가 없는 것입니다. 그러므로 죄가 많든 적든 그 차이는 오십보 백보에 불과한 것이니 조금 낫고 덜하고는 신경쓸 것이 아닙니다. 나아가 어느 누구도 자기의 자격으로서는 하나님 앞에 기도할 수 없다는 사실을 잊지 말아야 할 것입니다. 그래서 오늘 본문 말씀의 기록에도 보면 "구하라"고 할 때에 거기에 어떤 조그만 자격이나 조건을 논하고 있지를 않습니다. 어차피 모두가 무자격자인지라 자격을 따지기로 들자면 단 한 사람도 기도할 자격이 없을 것이란 말입니다. 그 때문에 이런 저런 사람, 이런 인격, 저런 공로하며 일체의 언급이 없이 단 한마디로 "구하라"는 것으로 끝이 났으니 이것이 복음이 아니고 무엇이겠습니까? 그럼에도 불구하고 이것을 방해하는 것이 있으니 죄에 대한 가책이요, 무자격하다고 생각하는 율법의 요소가 우리로 하여금 하나님 앞에 나아가는 것을 가로막는 것임을 명심해야 할 것입니다.

이제 두번째로 생각할 것은 환경을 따져 기도한다는 것입니다. 우리가 웬만하면 자기의 힘으로 다해 보려고 하다가 정 안되면 그때에 가서 "주여!" 하고 나온다는 말입니다. 마치 요즈음 젊은이들처럼 저희들끼리 먼저 연애하며 주고받고, 약속 다해 놓은 후, 사실은 결혼까지 다 해놓고서는 이제 결혼 예식을 하겠다며 부모 앞에 허락을 받겠다는 것인데 이는 다르게 말하면 비용만 주시라는 셈이니 이게 어디 되겠느냔 말입니다. 그렇게 되니 부모님 편에서도 아예 얼굴도 보지 않고 "노(No)" 하고 마는 것이란 말입니다.

이와 같이 우리의 기도가 꼭 아쉬울 때에만 손을 내미는 식의 기도가 되어서는 아니되는 것입니다.

여러분! 기도가 쉽게 되기 위해서는 항상 기도해야 합니다. 일이 있든 없든, 하나님께 대한 문안은 거르지 않고 해야 할 것이라는 말입니다. 그럼에도 불구하고 자기 멋대로 살며 제멋대로 뻐겨오다가 이제 마지막에 와서, 정 죽을 지경이 되면 그제서야 주여 주여 하며 밤을 새우겠다는데 저 같으면 그런 것은 잘 들어주지 않을 것 같습니다마는 그래도 하나님께서는 그런 기도도 들으시나 봅니다. 하지만 이것은 아무래도 한심한 노릇이 아니겠습니까? 저, 좋을 때에는 하나님 이름 한번 생각지 않고 마음대로 하다가 맨 마지막에 와서 도리없이 죽을 지경이 되니 이제 찾는 것입니다. 그러기에 오늘 주신 말씀이 참으로 중요한 말씀입니다. 여기에서 "구하라"는 말씀은 항상 구하라는 뜻의 말씀인 것입니다. 그러므로 그럴 수밖에 없다든가 하는 나의 환경 조건, 그리고 나의 능력이 있고 없고에 준해서 하는 것이 기도가 아닙니다. 바로 이런 것들이 기도를 방해하고 있어요. 이제는 작은 일도, 큰 일도, 그 모두를 하나님과 의논하십시다. 그리하여 처음부터 주의 능력으로 해결을 볼 수 있게 해야 할 것입니다. 따라서 사건이야 있든 없든, 하나님께 구하는 자세는 항상 있어야 하는 것입니다.

다음 세번째는 하나님의 사랑에 대한 의심입니다. 이는 하나님께서 나 같은 이 죄인을 진정 사랑하실까 하는 것인데 이 같은 생각은 하나님의 사랑에 대한 의심이요 불신앙으로 마침내 기도를 방해하며 하나님 앞에 나아가는 발걸음을 더디게 만듭니다. 그러나 오늘 주신 본문 말씀은 너무나도 단순하게 단 한 마디로 "구하라"고 말씀하실 뿐 자격이나 환경,

사랑받을 대상으로서의 여부를 전혀 묻지 않고 있습니다. 게다가 돌과 뱀에게까지 비유를 하시면서 어찌 하나님께서 구하는 자에게 좋은 것으로 주시지 않겠느냐? 어찌 사랑하지 않을 리가 있겠느냐?시며 확실한 하나님 자신의 약속으로 말씀하고 계십니다. 이는 신학적인 면에서도 대단히 중요한 문제입니다. 하나님께서는 반드시 사랑하시고 그리고 꼭 주신다는 것입니다. 그러므로 우리는 허락하시고 주시는 사랑의 하나님이심에 대하여 추호의 의심도 없어야 하는 것입니다.

이에 본문에서는 "구하라" "찾으라" "두드리라"는 세 가지 표현의 말씀을 사용하고 있습니다. 이들 세 표현을 두고 매우 재미있게 비유하는 이야기가 있는데 이는 마치 어린아이들이 아쉬운 것이 있을 때에 어머니를 찾아 해결하는 과정과 같다는 것입니다. 그래서 구하여야 할 아쉬운 것이 있는 어린이는 먼저 "엄마" 하고 어머니를 찾게 되는데 이때에 어머니는 대답이 없고 보이지를 않는단 말입니다. 그런 가운데 이리저리 한참 동안 찾고 부르짖다가 이제 저쪽에 어머니가 눈에 보이게 되면 그쪽을 향해 찾아가서는 어머니를 향해 뭐라고 요구를 하게 됩니다. 그런데 이 어머니는 이쪽을 향하여 얼굴도 돌려 보이지 않고 무엇인가 자기 일에만 열중하고 있습니다. 그러면 이제 아주 붙들고 잡아당기게 되는데 그것이 두드리는 것이라는 겁니다. 이와 같이 자기의 필요를 위해 어머니를 찾고, 찾아가서 두드려 기어이 소원을 이루는 어린이와 같은 깨끗한 마음의 소유자가 하나님의 자녀임을 예수님께서는 그렇게 말씀하고 있는 것입니다.

이제 여기에서 "구한다"는 것은 소원을 말하는 것이요, "찾는다"는 것은 간절함을 뜻하는 말입니다. 그 때문에 가만히 앉아 마음의 소원으로만 구하고 있을 수가 없어 몸을 움직이며 찾아나서는, 그러니까 소원보다 더 강한 간절함! 그것이 바로 찾는 마음인 것입니다. 그리고 두드리는 마음! 이것은 행동을 말합니다. 구하는 바를 위해 완전히 열려지도록 더 가까이 가면서 집중적으로 부르짖는 그런 상태를 의미하는 것입니다. 그러니까 기도란 그저 입술로만 하는 것이 아니라 손과 발, 언어, 행동 등 전 생활로 드리는 것이어야 합니다. 온 인격을 기울여 하나님께로 계속 가까이 나아가는 그런 상태여야 한다는 말입니다.

여기에서 우리가 다시 한번 주의하여 짚고 넘어가야 하는 것은, 오늘 주신 이 모든 말씀 중에서 단 한 마디의 말씀으로도 자기 의에 대한 언급을 하시지 않고 있다는 점입니다. 만약 그렇지 않고 어떠한 공로나 조건을 제시한다면 그 누구도 기도할 수가 없고, 물론 응답받을 수도 없을 것입니다.

이제 그렇다면, 오늘 본문을 통하여 하나님께서 우리에게 요구하시는 바가 무엇인가 할 때 그것은 오직 믿음뿐입니다. 반드시 주신다는 믿음! 바로 이 믿음의 확신을 더해 주시기 위하여 비유로 말씀하고 계시는 것입니다. 그리하여 "누가 아들이 떡을 달라 하면 돌을 주며 생선을 달라 하면 뱀을 줄 사람이 있겠느냐? 너희가 악한 자라도 좋은 것으로 자식에게 줄 줄 알거든!" 아무리 악한 인간이라도 자기 자식에게만은 좋은 것으로 잘해 주고 싶은 거란 말입니다. 악한 자의 마음도 그런 것이라면! "하물며 하늘에 계신 너희 아버지께서 구하는 자에게 좋은 것으로 주시지 않겠느냐?"시는 이 말씀의 뜻이 무엇이겠습니까? 이는 꼭 주겠으니 괜한 의심하지 말라는 말씀입니다. 그리고 구하기만 하라는 것이지요. 따라서 받지 못하는 이유가 있다면 그것은 구하지 않았기 때문인 것입니다. 이에 야고보서 4장 2절 말씀에도 "너희가 얻지 못함은 구하지 아니함이요"라고 기록하고 있습니다. 이는 참으로 중요한 말씀입니다. 우리가 어떤 일에 실패했을 경우 흔히들 그 실패의 원인이 무엇무엇 때문이라며, 이런 저런 이유들을 나열하면서도 그 실패의 원인이 기도하지 않았기 때문이라는 사람은 만나보기가 힘이 듭니다.

여러분! 혹시 가정생활에 실패를 하셨습니까? 그렇다면 그 원인이

기도하지 않았기 때문이라는 생각을 해보셨습니까? 또한 사회생활에 실패를 하셨다면 그것은 기도하지 않았기 때문이라는 생각을 해보셨습니까? 내가 오늘 하루를 사는 데에도 말 실수를 했고 행동에도 실수가 있어요. 그리고 마음이 울적하다면 그 원인은 기도하지 않았기 때문이라는 결정적인 생각을 해보았느냐는 말입니다.

오늘 여기 주시는 말씀은 구하라 주실 것이요! 그러니까 너희들이 아직 받지 못함은 구하는 기도가 없었다는 말씀입니다. 이제 주님께서는 꼭 주시려고 하시는데 받지 못한다면 그 책임은 오직 우리 자신에게 있다는 것입니다. 그러기에 예수님께서는 매우 강한 표현으로 "하물며"라고 말씀하시는 것입니다. 그러므로 우리는 나 자신이 하나님의 자녀됨과 하나님께서 반드시 주신다는 것에 대하여 추호의 의심도 해서는 아니될 것입니다. 저는 귀신 들린 딸을 가진 한 가나안 여인이 예수님 앞에 나아와 애원하는 모습에서(마 15 : 21~28) 언제나 많은 감화를 받고는 합니다. 거기에 보면 어머니인 이 여인이 예수님을 향하여 "나를 불쌍히 여기소서"라며 크게 부르짖지만 예수님께서는 아무런 반응이 없습니다. 그러자 이번에는 제자들이 말리기까지 합니다. 이제 세번째 단계에서는 모처럼 예수님께서 하시는 말씀이 자녀에게 주는 것을 개에게 주는 것은 옳지 않다시며 거절을 하십니다. 만약 저의 입장이 그렇게 되었다면 정말 죄송한 말씀이지만 "까짓것, 그렇게 살다가 죽으면 되잖아요?" 하고서는 돌아서고 말지 그렇게까지 수모를 받으면서 무엇하러 계속 애원을 하겠어요. 그럼에도 불구하고 이 여인은 "개들도 제 주인의 상에서 떨어지는 부스러기를 먹나이다"라는 참으로 엄청난 말을 하는 것을 볼 수 있습니다.

그렇습니다. 내 처지가 아무리 불행하고 어렵다 하더라도 지금껏 사랑이 있었기에 살아온 것임을 알아야 합니다. 거듭거듭 실패를 하며 병이 들고 어쩌고 하면서도 아직도 하나님의 사랑으로 살아가고 있는 것이란 말입니다. 이 만큼이나마 사는 것도 하나님의 사랑이라는 것이 바로 그 여인의 정신입니다. 아직도 하나님께서는 나를 사랑하시고, 또한 사랑하시기에 오늘 내가 있음을 우리도 잊지 말아야 합니다. 우리는 욕심이 많기에 불평이 많습니다마는 이제 한번 겸손하게 생각해 본다면 지금 이대로의 것도 얼마나 굉장한 은혜인가 말입니다. 어디를 보나 내 자격보다는 훌륭한 것이지요. 그러므로 더는 할 말이 없는 것이 우리의 처지입니다. 따라서 나의 나됨에 대해서는 굉장한 은혜일 뿐, 개라는 소리를 들어도 좋아요. 그것은 주인의 개이기에 주인이 먹여야 할 것이란 말입니다. 이는 참으로 놀라운 믿음이 아닐 수 없습니다.

오늘 예수님께서 하시는 말씀이 바로 그런 뜻의 말씀입니다. 너희 악한 부모라도 자식에게는 좋은 것으로 줄 줄 아는데 하물며 하늘 아버지께서 왜 좋은 것으로 주시지 않겠느냐! 그러니까 첫째는 꼭 주시겠다는 절대 신뢰요, 두번째는 그것도 좋은 것으로 주시겠다는 말씀입니다. 도대체 어느 부모가 떡을 달라고 하는 아들에게 떡이 아니면 무엇이라도 먹을 것을 주겠지 먹지 못할 돌맹이 따위를 주겠느냐? 뿐만 아니라 생선을 달라고 한다면, 독을 피우며 물려고 하는 해로운 뱀을 주겠느냐? 그 어떤 부모가 몹쓸 것을 줄 리가 없고 해로운 것을 줄 리도 없다는 말입니다. 누가복음 11장에 있는 같은 내용의 말씀에는 "알을 달라 하면 전갈을 주겠느냐?"고 기록하고 있습니다. 이제 달걀을 달라고 하는 아들에게 조금만 쏘여도 그대로 죽게 되는 그러한 독을 지닌 전갈을 줄 고약한 아버지가 어디 있겠습니까?

그렇다면 "하물며" 하늘 아버지께서 내 기도를 들어 주시지 않을 리가 없고, 들어 주시되 더 좋은 것으로 들어 주시고자 하신단 말입니다. 그리하여 더 필요한 것, 질적으로 최선인 것, 그리고 최선의 시간에 주시는 것입니다. 우리는 구하는 바를 위한 최선의 적절한 시간이 있음도 알아야 합니다. 이는 곧 어렸을 때에 필요한 것과 어른이 되어서의 필요한 것이 다른 것과 같습니다. 그러므로 당장 달란다고 하여 그대로 주실 수는 없는 것입니다. 필요한 때에 필요한 것이 있어야 하기 때문입니다. 하나님께서는 우리를 위하시는 최선의 시간, 최선의 질, 최선의 방법을 알고 계십니다.

　이에 탈무드에 보면 한 랍비의 재미있는 이야기가 있습니다. 이제 어떤 랍비가 조그마한 당나귀를 타고 혼자 여행을 하다가 해가 지자 광야에서 천막을 치며 밤을 지내게 되었습니다. 그런데 조금 있으니까 사자가 와서는 당나귀를 물어가 버리는 것이었습니다. 그래서는 이제 큰일이 났구나 하고 있는 중인데 이번에는 시계처럼 가지고 다니던 닭 한 마리까지 늑대가 와서 물어가 버린단 말입니다. 이렇게 다 빼앗기고 나니 이제는 할 수 없다는 생각을 하며 자기 전에 성경을 읽어 내려갔다고 합니다. 그랬더니 갑작스레 회오리 바람이 휙하고 불어 등불이 꺼지는가 하면 등잔마저 쓰러져 기름까지 다 쏟아지고 말았습니다. 그렇게 되자니 이제는 그저 어둠 속에 묻혀 있을 뿐 다른 도리가 없게 된 것이지요. 자! 당나귀가 없어졌지요. 시계의 몫을 하는 닭도 없어졌지요. 그리고 등불마저 없어지고 말았으니 이 랍비의 지금 심정이 어떠했겠습니까? 그래서 조금은 하나님을 원망하는 마음에서 기도를 하고 그런대로 하룻밤을 천막 속에서 지낸 것입니다. 그렇게 하룻밤을 지낸 후 아침에 일어나서 주위를 살펴보니 어떤 마을 바로 옆에 와 있는 것이었습니다. 그런데 지금 그 마을 전체가 불이 나서 연기를 피우고 있기에 무슨 일이냐며 물어보았더니 지난 밤에 강도들이 와서는 전부를 빼앗으며 불을 질렀다는 것입니다. 그때에야 이 랍비는 생각을 하는 것입니다. 만약 그 강도들이 지나갈 때에 나에게 당나귀가 있고 닭이 있어서 소리를 질렀으면 나는 죽었을 것이다! 물론 등불을 켜 놓았더라도 죽었을 것이고! 그런데 하나님께서 싹 쓸어가 주셔서 무사했구나! 오 하나님! 미처 알지 못한 죄를 용서해 주십시오! 일이 이렇게 되는 것인 줄은 모르고, 이래야만이 사는 것인 줄을 깨닫지 못하고 괜히 원망을 한 것이란 말입니다.

그럼에도 불구하고 우리는 어떠한 어려움을 당할 때면 그때마다 너무 빨리 원망을 합니다마는 분명한 것은 더 좋은 것을 주신다고 한 사실입니다. 사도 바울은 고린도후서 12장에서 자신에게 있는 육체의 가시로 인해 하나님 앞에 세 번이나 기도를 합니다만 그러나 하나님께서는 끝내 그 기도를 듣지 않으시고 다만 "내 은혜가 네게 족하도다" 하심으로 허락 않는 응답을 응답으로 받게 됩니다. 이때에 사도 바울은 그 육체의 가시가 아프고 괴롭지만 지금의 그대로를 그저 감사함으로 받아들이는 것입니다. 바로 이러한 신앙이 우리에게도 필요합니다. 하나님께서는 언제나 좋은 것, 더욱 필요한 것, 가장 요긴한 것, 그리고 다함이 없는 영원한 것을 주시고자 하시는 것입니다. 누가복음 11장 13절 말씀을 보면 예수님께서는 더 좋은 것에 대한 직설적인 표현으로 "구하는 자에게 성령을 주시지 않겠느냐?"고 말씀하고 계십니다. 더 신령한 것, 더 영원한 가치의 것을 우리에게 주시고자 하시는 이것이 바로 하나님의 뜻이란 말입니다. 나는 세속적인 것을 원합니다. 그러나 하나님께서는 신령한 것을 주시고자 하십니다. 나는 순간적인 것을 원합니다마는 하나님께서는 영원한 것을 주시고자 하십니다. 나는 지금에 안일하기 위해 구합니다마는 그러나 하나님께서는 생명을 주시고자 하신다는 말씀입니다. 이와 같이 우리의 구하는 바와 하나님께서 주시고자 하시는 바가 서로 다르다는 것입니다.

그리고 오늘 본문에서의 "구하라"는 말씀은 오직 하나님께만 구하라는 뜻입니다. 따라서 이는 하나님께로 너의 소원의 방향을 돌려라! 그렇게 하면 주시겠다는 것입니다. 어리석게 우상에게로 가지도 말고, 사람에게 묻지도 말며 오직 내게로 행하라! 내게 구하라! 내가 주겠다! 이 얼마나 중요한 이야기입니까?

또한 "찾으라"는 말씀은 잃어버린 귀한 물건을 찾듯이 간절한 마음이어야 한다는 말씀입니다. 귀중한 것을 잃어버렸기 때문에 이대로 앉아 있을 수가 없어서 애써 찾아다니는 그러한 마음입니다. 우리에게 있어서 하나님과의 관계는 있어도 그만, 없어도 그만한 것이거나, 아니면 바로 되거나 틀려도 상관이 없는 그런 관계가 아닌 것입니다. 하나님과 나와의 관계는 반드시 바르게 맺어져야 하는 것입니다. 따라서 하나님 아버지, 그리고 나는 자녀인 이 관계가 파괴되면 그때엔 살 수가 없어요. 그래서 찾으라는 것입니다. 이 오늘의 현주소로서는 살 수가 없고 주를 만날 수가 없어요. 오직 이 현재의 처지에서 떠나 하나님께로 가는 거기에서 만나게 될 것입니다.

그리고 여기 "두드리라"는 말씀은 찾기는 찾았으나 문이 닫혀 있어요. 그렇다면 이제 문 앞에서 열릴 때까지 계속 두드려야 할 것이란 말입니다. 그러노라면 마침내 문이 열리게 될 것이라고 말씀하십니다.

여기 예수님께서 말씀하신 구하라, 찾으라, 두드리라는 말씀의 헬라 원문의 시제를 보면 현재 명령형으로 되어 있습니다. 따라서 이는 반복적인 것이요, 계속적인 것으로 일생을 두고 계속하여 구하며, 계속하여 찾고, 계속하여 두드리라는 말씀인 것입니다. 이러한 자세를 두고 이를 향하여 재촉하시면서 오늘 이 비유의 말씀을 우리에게 주시는 것입니다. 너희 중에 누가 아들이 떡을 달라 하면 돌을 주겠느냐? 또한 생선을 달라 하면 뱀을 주겠느냐? 하물며 하늘에 계신 아버님께서 더 좋은 것으로 주시지 않겠느냐?

언제나 더 좋은 것으로 주시고자 하시는 하나님! 이제 우리는 진정 더 좋은 것으로 받아야 하겠고 나아가 이미 받은 마음으로 살아가야 할 것입니다. 우리의 하나님은 결코 인색하신 하나님이 아니십니다. 참 좋으신 사랑의 하나님께서는 우리를 위하여 더 좋은 것, 더 귀한 것들을 모두 준비해 놓으시고 이 시간도 우리를 향하여 말씀하시기를 "구하라" "찾으라" "두드리라"시는 것입니다.

두 문, 두 길

좁은 문으로 들어가라 멸망으로 인도하는 문은 크고 그 길이 넓어 그리로 들어가는 자가 많고 생명으로 인도하는 문은 좁고 길이 협착하여 찾는 이가 적음이니라.
(마태복음 7 : 13~14)

두 문, 두 길

오늘 본문 말씀은 마태복음 5, 6, 7장에 기록된 산상보훈의 결론이라고 볼 수 있는 말씀입니다. 이 본문 말씀은 예수님께서 산상보훈의 맨 마지막에 하신 말씀이며 그 다음에 이어지는 말씀은 경고에 대한 말씀으로 마치 부록과 같은 것이라 하겠습니다.

이제 예수님께서 산상보훈의 그 귀한 말씀을 다하신 후에 결론적으로 하시는 말씀이 "너희가 선택하라"는 것입니다. 지금까지 내가 너희에게 가르쳐 준 이 진리의 말씀을 어떻게 들었는지 모르겠다만 그래도 살아가려고 한다면, 내가 지금까지 이야기한 진리의 말씀은 좁은 문이요, 좁은 길이다. 그러나 그 좁은 길의 끝에는 영생이 있으니 좁은 문을 통하여야만 구원을 얻는다는 것으로 결론을 맺고 있는 것입니다.

이에 예수님께서 하신 말씀들을 가만히 보면 전부가 하나같이 좁은 문인 것입니다. "심령이 가난한 자는 복이 있나니 천국이 저희 것임이요", "의에 주리고 목마른 자는 복이 있나니 저희가 배부를 것임이요", "의를 위하여 핍박을 받는 자는 복이 있나니 천국이 저희 것임이라" 그 말씀하신 하나하나가 다 좁은 길이지 결코 편안한 넓은 길의 이야기가 아니었다는 것입니다. 따라서 지금 좁은 문, 좁은 길, 그리고 넓은 문, 넓은 길을 말씀하고 계시지만 산상보훈(마 5, 6, 7장)의 그 긴 말씀의 결론은 이것은 좁은 문이요, 좁은 길이며 거기에 진리로 통하는 길이 있고 영생에 이르는 길이 있다고 말씀하고 계시는 것입니다. "자! 여기 두 문, 두 길이 있다. 어느 문, 어느 길로 갈 것이냐?"며 이렇게 그 선택을 제시하시는 것입니다.

이와 같이 어떤 결정적인 선택을 요구하는 말씀이 성경, 특별히 구약성경 속에서도 여러 곳에 기록되어 있는 것을 볼 수가 있습니다. 그 중에서 대표적인 말씀들을 몇 군데 찾아본다면 신명기 30장 15~20절에 기록된 "보라 내가 오늘날 생명과 복과 사망과 화를 네 앞에 두었나니 곧 내가 오늘날 너를 명하여 네 하나님 여호와를 사랑하고 그 모든 길로 행하며 그 명령과 규례와 법도를 지키라 하는 것이라, 그리하면 네가 생존하며 번성할 것이요, 또 네 하나님 여호와께서 네가 가서 얻을 땅에서 네게 복을 주실 것임이니라. 그러나 네가 만일 마음을 돌이켜 듣지 아니하고 유혹을 받아서 다른 신들에게 절하고 그를 섬기면 내가 오늘날 너희에게 선언하노니 너희가 반드시 망할 것이라. 너희가 요단을 건너가서 얻을 땅에서 너희의 날이 장구치 못할 것이니라. 내가 오늘날 천지를 불러서 너희에게 증거를 삼노라. 내가 생명과 사망과 복과 저주를 네 앞에 두었은즉 너와 네 자손이 살기 위하여 생명을 택하고 네 하나님 여호와를 사랑하고 그 말씀을 순종하며 또 그에게 복종하라, 그는 네 생명이시요 네 장수시니 여호와께서 네 열조 아브라함과 이삭과 야곱에게 주리라고 맹세하신 땅에 네가 거하리라." 이 말씀은 모세가 이스라엘 백성에게 그의 모든 교훈의 결론으로 마지막에 주신 말씀이었습니다.

그런가 하면 또한 여호수아도 "만일 여호와를 섬기는 것이 너희에게 좋지 않게 보이거든 너희 열조가 강 저편에서 섬기던 신이든지 혹 너희의 거하는 땅 아모리 사람의 신이든지 너희 섬길 자를 오늘날 택하라 오직 나와 내 집은 여호와를 섬기겠노라"(수 24 : 15)고 말씀하고 있습니다.

그리고 예레미야서에도 기록하기를 "여호와께서 가라사대 너는 또 이 백성에게 여호와께서 이같이 말씀하신다 하라. 보라 내가 너희 앞에 생명의 길과 사람의 길을 두었노니"(렘 21:8)라고 말씀하고 있습니다. 이렇게 하나님께서는 두 길을 보여 주시고 두 문을 보여 주시고 계십니다. 어찌 생각하면 우리의 일생 사는 그 전부가 두 길, 두 문의 선택 사이에서 오가며 살아가고 있는 것입니다. 다름아닌 여기에서 바로 운명이 결정되는 것입니다. 그러니까 그 선택은 자유이겠으나 그 길에서 통하는 마지막 운명은 숙명적으로 주어지는 것입니다. 이제 잘못된 길을 선택하여 갔으면 이는 필연적으로 잘못된 종점에 도달할 수밖에 없는 것입니다. 잘못된 문으로 들어섰으면 잘못된 결과를 얻을 수밖에 없는 것이란 말입니다. 그러므로 문에 들어서는 것과 어떤 길을 가느냐 하는 것은 자유이지만 그로 인한 결과는 심판적으로 주어진다는 사실을 알아야 합니다.

　이제 여기에서 우리는 오늘 본문 속에 나타나고 있는 참으로 귀중한 진리인 양극의 상태, 소위 말하는 흑백의 논리가 있음을 생각해 보아야 합니다.

　세상에는 선과 악이 있습니다. 선이 있고 악이 있는가 하면 사실은 그 어느 것이라고도 말할 수 없는 모호한 중간 상태도 있습니다. 그 때문에 요즈음의 흔한 말로 다원적이고 다양한 비판을 할 수밖에 없는 입장을 갖게 되는 것입니다. 이제 반드시 옳은 것도 아니요 반드시 그른 것도 아닌, 그래서 흑과 백만이 있는 것이 아니라 그 중간도 있으며 뿐만 아니라 빨강, 파랑, 노랑 등 다양하고 다원적이며 그리고 상대적으로 평가하고 인식되어지는 것으로 해석되어지는 것이 소위 현대 지성이 말하는 윤리의 기준이요, 철학입니다.

　그러나 우리는 분명히 알아야 합니다. 하나님의 말씀인 성경은 결코 그렇게 말씀하지 않습니다. 오늘 본문 속에 예수님께서는 오직 두 문, 두 길만을 말씀하고 계십니다. 이에 선이 아니면 악이요, 의가 아니면 불의라는 흑과 백 둘 중의 하나일 뿐임을 말씀하고 계신다는 사실을 우리는 생각해야 합니다. 생명의 문제에는 오직 두 길 외에 모호한 중립적 상태가 있을 수 없으며 또한 예수님께서는 그 모호성을 결코 용납치 않으신다는 사실을 깊이 명심하여야 할 것입니다. 오직 두 문, 두 길! 이제 죄인이냐? 구원받는 자이냐? 또한 생명이냐? 죽음이냐? 그리고 천국이냐? 지옥이냐? 아니면 그리스도냐? 마귀냐?일 뿐 여기에 중간 상태의 존재는 없습니다. 그런 의미에서 예수님께서는 엄격하게 흑백논리를 말씀하고 있는 것입니다. 그러니까 주님의 말씀을 좇아 그 뒤를 따르는 데에는 다른 소리가 있을 수 없는 것입니다. 진정으로 주를 따라가든지, 아니면 아닌 것인 그 둘 중 어느 하나이지 따르는 것도 아니요, 안 따르는 것도 아닌 그런 애매모호한 상태는 예수님 앞에서는 통하지 않는다는 말씀입니다. 따라서 오직 두 문 중의 하나요, 두 길 중의 하나일 뿐이라는 것이 바로 오늘 본문이 말씀하는 진리인 것입니다.

그렇다면 문제는 내가 지금 어느 편에 섰느냐 하는 것입니다. 만약 내가 하나님의 자녀가 아니라면 더는 설명할 것도 없이 마귀의 자녀임이 분명합니다. 지금 하나님을 섬기지 않고 있다면 이는 우상을 섬기는 것으로 여기에 중간 존재는 없다는 것을 알아야 합니다. 더욱이 조심할 것은 예수를 믿고 하나님의 자녀로 살아감에 있어서 부족함이 있다는 그것과 하나님과는 반대로 산다는 것과는 전혀 다른 것이라는 점입니다. 그러기에 우리는 부족하다는 것과 악하다는 것이 같은 것이 아님을 알아야 합니다. 우리가 주님을 따라가기에는 참으로 부족하지요, 그러나 그것은 어디까지나 부족할 따름이지 악한 것은 아닙니다. 또한 내가 하나님의 자녀로는 불완전하고 못된 자녀이기는 하지만 그렇다고 마귀의 자녀는 아니란 말씀입니다. 이제 우리는 이 점을 분명히 알아야 하는 것입니다. 아무튼 예수님께서는 분명히 두 가지의 문만을 놓고 말씀하고 계신다는 사실을 명심해야 할 것입니다.

그러면 이제 우리가 그 두 문을 놓고 선택을 하는데 있어서 그 선택의 기준이 어디에 있느냐 할 때에 오늘 본문은 이를 위해 매우 귀중한 진리를 말씀해 주고 있습니다.

이에 그 첫번째 기준은 사람들의 생각하는 시점이 현재에 있느냐 미래에 있느냐 하는 문제입니다. 좁은 문은 지금도 좁고 불편한 길이지만 저만큼 끝에는 영생이 있고, 넓은 문의 넓은 길은 현재는 넓고 편하여 좋으나 저 앞에는 사망이 기다리고 있으니 이는 결국 무엇을 의미하는 것이겠습니까? 여기에서 우리가 생각할 것은 단순히 "좁다" "넓다"의 문제가 아니라 그보다 먼저 현재지향적이냐? 아니면 미래지향적이냐? 하는 것입니다. 그러고 보면 사람들이 살아가는 형태에 있어서도 두 가지의 현상을 보게 되는데 그 중 하나는 저 먼 미래를 생각하고 바라보면서 오늘을 사는 사람이요, 다른 하나는 현재만을 생각하며 현재를 사는 사람입니다. 이러한 두 부류의 사람이 있으니 이것이 오늘 예수님께서 주시고자 하시는 말씀의 매우 핵심적인 부분인 것입니다. 따라서 내 마음을, 내 중심을 어디에다 두고 사느냐 하는 것은 나의 현주소임과 동시에 미래의 생과 사에 직결되는 것입니다. 어떤 이들은 또 자꾸만 과거에 집착해서는 "그 옛날에 좋았지!"라며 누렇게 퇴색된 옛날 사진만 뒤적거리는 것을 보게 되는데, 결혼식 때이면 카메라를 몇 대씩 동원하여 야단스럽게 많이도 찍습니다마는 아무리 생각해도 몇 사람 돈만 벌게 해주는 것이지 별 의미가 있는 것 같지를 않습니다. 이제 한 10년쯤 지난 후에 그 사진을 보고 거울을 한번 보세요. 그저 처량할 뿐이지 무슨 소용이 있는 것이겠습니까? 과거를 돌아보며 좋았다! 나빴다! 하는 그것이야말로 참으로 부질없는 짓이요, 이것이 다 과거지향적인 사람인 것입니다.

    문제는 우리의 생각이, 우리의 목표가 언제나 미래에 있어야 합니다. 중요한 것은 앞에 다가오는 것이 무엇인가 하는 것입니다. 그 때문에 우리의 생각은 항상 저 앞을 향하여 있어야 하고 좀더 나아가서는 다가올 미래의 것을 위하여 오늘의 어려움을 참을 때에 거기에 좁은 문의 좁은 길을 가는 영생의 삶이 있는 것입니다. 그러나 이와는 반대로 앞날이야 어떻게 되었든 현재가 좋으면 되었지 하는 생각으로 사는 사람! 이것이 바로 넓은 길로 사는 사람입니다. 우리가 하는 공부를 두고 생각을 하더라도 저 앞에 있는 미래의 시간을 위하여 하는 것인데 아마도 90%는 억지로 할 것이라는 생각이 듭니다. 바로 고3 학생들 공부하느라고 애를 쓰는 것도 다 그런 것이 아니겠습니까? 만약 그렇게 하지 않았다가는 며칠 후에는 정말 죽느냐? 사느냐? 하는 부끄러움을 당해야 하고 뿐만 아니라 나의 미래는 보장을 받을 수 없는 처지가 될 것이란 말입니다. 그러니 오늘 당장은 좀 고생이 되더라도 다가오는 앞날을 위해 수고하며 준비를 해야 하는 이것이 바로 미래지향적인 것입니다. 생각해 보면 사람답게 사는 일들이 다 그런 것이요, 이제는 더욱 나아가서 하나님 앞에서, 하늘나라를 생각하며 이 고통을 참는 그것이 곧 좁은 길을 사는 것입니다. 반면에 넓은 길을 찾는 사람은 미래야 어떻게 되든, 천당, 지옥이야 있거나 말거나 우선 현재가 좋으니 그것으로 좋다는 것입니다. 잘 모르기는 하지만 술 마시는 사람들도 가만히 보면 마신 다음에 그 뒷날 깨고 나서 "잘 마셨지" 하는 사람은 없는 것 같습니다. 이제 속 쓰리고, 돈 없애고, 망신당하는 것은 마실 때의 기분 때문에 그 악순환을 거듭하며 살아가는 것입니다. 바로 이것이 현재에 매인 사람이요, 넓은 길에서 헤매다가 넘어지는 사람인 것입니다. 그러므로 미래에 마음을 두고 현재의 고통을 참는 좁은 문, 좁은 길로 가는 사람이 되어야 한다는 말씀입니다.

이제 그 선택의 두번째 기준은 쉬운 길이냐? 어려운 길이냐? 하는 것인데 여기에는 문제가 있습니다. 참으로 어려워도 뜻있게 사는 길을 찾아 나갈 것인가? 아니면 아무런 의미도 없는 그저 평안함을 찾으려는 것인가? 여러분! 대체로 의미라는 것은 고통 속에 있게 마련입니다. 그저 쉬운 일에는 쉬운 그만큼 의미가 없을 뿐만 아니라 재미도 없음을 보게 됩니다. 힘든 일! 고통스러운 일! 그러나 그 속에 진정한 의미가 있고 높은 가치가 있기에 우리는 참고 견디는 것입니다. 반면에 쉬운 길은 넓으나 무의미한 길을 의미합니다. 그러므로 여기에서 생각할 것은 뜻을 위주로 사느냐? 안일을 위주로 사느냐? 하는 그것이 바로 좁은 문, 넓은 문의 이야기가 되는 것입니다.

그리고 또 하나 생각할 것은 이 좁은 문, 좁은 길을 통하여 얻어지는 것이 무엇이냐 하는 것입니다. 이것은 제자의 도를 의미하는 것으로 명확한 훈련인 것입니다. 그러기에 이 좁은 길에서 얻어지는 것이 실로 많습니다. 이제 앞으로 누리게 될 영원한 생명만이 아니라 현재에도 점점 더 강해지고 지혜로워지며 신령해집니다. 이에 좁은 길 좁은 문으로 들어가는 사람은 뜻과 생각을 앞세우려는 사람이요, 넓은 길, 넓은 문으로 들어서려는 사람은 그저 육신의 평안만을 생각하는 사람인 것입니다. 조금 더 깊이 생각하면 좁은 문으로 들어서는 사람은 영생에 대한 대가와 은혜에 대한 보답을 생각할 줄 아는 사람이라 하겠습니다. 그러니까 영생을 얻으려면 그것이 아무리 은혜로 주어진다 하더라도 적어도 이 정도의 수고는 해야 되지 않겠느냐고 당연시하는 그런 사람입니다. 반면에 넓은 길로 가는 사람은 언제나 그저 쉽고 편하기만 바라는 것이에요. 그래서 가능한대로 공짜를 즐기며 공짜 인생을 살고 싶은 거란 말입니다.

아무튼 이 여러 설명들의 결론은 생명을 위주로 사는 사람은 좁은 길로 가는 사람이요, 육신을 위주로 사는 사람은 넓은 길로 가는 사람이라는 것입니다. 그러므로 이 두 문, 두 길을 놓고 깊이 생각하시기를 바랍니다. 여기에 바로 사활(死活)의 문제가 달려 있습니다. 이제 누가복음 13장 23절 말씀에 보면 예수님을 향하여 어떤 이가 묻기를 "주여, 구원을 얻을 자가 적으니이까?"라는 질문을 하는 것을 보게 됩니다. 아마도 예수님의 말씀을 계속 듣다가 보니 이렇게 어려워서야 어떻게 하늘나라에 갈 수가 있겠나 하는 생각에서 물어보는 질문인 것 같습니다. 이에 대한 예수님의 대답은 많다 적다, 혹은 몇 퍼센트다, 몇 명이다, 하시지 않고 오직 한 마디 "좁은 문으로 들어가기를 힘쓰라"고 말씀하시는 것을 볼 수 있습니다.

여기에서 우리는 문이라고 할 때에 분명하게 생각하고 지나가야 할 것이 있습니다. 오늘날에는 문도 자동식이 되어 들어서기만 하면 스르르 열려지는가 하면 또한 빙빙 돌아가는 문 등 여러 가지로 고급화되어 있습니다만, 옛날의 문은 전혀 다른 형태의 것이었습니다. 당시의 가장 큰 문인 성문을 생각해 보면, 이 성문은 고관대작들의 화려한 출입이나 개선장군의 영웅적 영광과 그를 위한 환호성 속에 수많은 군대와 함께 드나들 수 있는 큰 문이 있고 그 외에 반드시 성 뒤에나 성문 옆에 조그마한 문이 있어서 이것은 성문을 닫은 이후에 들어오는 사람만 들어오도록 되어 있는 것입니다. 그러니까 아침에 성문을 열었다가 저녁이면 닫게 되는데 어쩌다 그만 늦게 들어오게 되면 이미 성문은 닫힌 터이라 부득불 나귀에서 내려 사람 하나 겨우 드나들 수 있는, 그래서 별명이 바늘구멍이라고도 하는 이 작은 문으로 몸을 구부려 들어와야 하는 것입니다. 이처럼 작은 것이 좁은 문인데 저들에게 있어서는 이 넓고 좁은 문에 대한 이야기는 매일같이 경험되어지는 것입니다. 그렇다면 여기에서 생각할 수 있는 넓은 문이란 말을 탄 채 화려하게 자랑을 하며 모든 소유를 다 가지고 영광과 향락을 마음껏 누리면서 들어갈 수 있는 문이요, 좁은 문이란 미안함과 부끄러운 마음을 가지고 말을 탔으면 말에서 내려야 하고, 짐을 졌으면 짐도 다 내린 채 간신히 몸만 구부려 들어갈 수 있는 그런 문이라는 사실입니다.

    이것은 좀 더 나아가 뜻으로 말한다면 넓은 문이라는 것은 자기의 욕망과 자랑, 그리고 자기의 업적, 자기의 의를 가지고 들어가는 문이요, 좁은 문이란 자기를 부정하고 회개하며 생명 중심에서 오직 내 영혼, 내 생명만 구원받으면 된다고 하는 자기 부정의 문을 말하는 것입니다. 이 좁은 문에서는 이제 오래 살고 일찍 죽고 하는 것이 문제가 되지 않아요. 영광을 누리거나 부끄러운 것도 상관이 없어요. 가난하고 부한 것도 개의치 않아요. 오직 하늘나라에 들어갈 수 있는 하나님의 자녀만 된다면 그것으로 만족합니다. 그러기에 그 하나만을 생각하며 몸을 굽히고 자기 부정과 함께 자기 십자가를 지고 그 구원의 문으로 들어가는 그것이 좁은 문인 것입니다. 여기에는 그리스도 외에 함께 갈 수 있는 것이라고는 아무것도 없습니다.

    그런데 예수님께서는 문만을 말씀하시지 않고 그에 따른 길도 말씀하신 것을 보게 됩니다. 이제 "문"과 "길"을 두고 생각해 볼 때 "문"을 일시적인 것이라 한다면 "길"은 계속적인 것입니다. 문은 한번 들어서면 그것으로 끝이 나는데 길은 계속해서 오래오래 가야 하는 것입니다. 그 때 문에 이 계속 되어진다는 것에 어려움이 있는 것입니다. 마치 순간적으로 순교를 당하듯이 좁은 문으로 들어가기만 해서 그것으로 고통이 끝나고 땅위의 생명이 끝나버리면 되겠으나 그러치를 않고 그 고통이 계속 이어지게 되니 이것이 참으로 힘든 일이라는 것입니다. 그래서 순교자 주기철 목사님께서도 4년 반에 걸친 순교 전의 긴 옥고와 그 고통이 너무나도 괴로워서 마지막에 가서는 "하나님! 나의 생명을 거두어 주시옵소서, 이대로 오래가면 저는 순교하지 못합니다"라는 기도를 드리게 되었던 것입니다. 계속되는 고통! 정말 이 좁은 길의 긴 여정은 힘이 듭니다. 창세기 22장에 보면 아브라함은 하나님께서 이삭을 바치라고 하셨을 때에 지시하신 모리아 땅의 한 산을 향해 사흘 길을 가게 됩니다. 당장 바치라고 하셨으면 그래도 바쳐버리고 말겠는데 그것이 아니라 이제 사흘 길을 그것도 바칠 제물인 아들 이삭과 더불어 이야기를 하면서 가는 것입니다. 가는 길에는 이렇게 함께 가지만 이제 돌아올 때에는 혼자 올 것이란 말입니다. 이 아브라함의 사흘 길! 그 길이 얼마나 좁은 길이었겠는가를 생각해 봅시다.

    그러므로 이 좁은 길이란 외롭고 고통스러운 긴 순례의 길이요 넓은 길이란 자제 없는 방탕의 길, 자기 중심적인 길입니다. 따라서 좁은 길은 찾는 이가 적어 외로운 길이요, 넓은 길은 쉽고 찾는 이가 많아 동반자도 많은 것입니다.

    그러나 여러분! 우리가 여기에서 분명히 생각하고 지나가야 할 것은 좁다는 것일 뿐이지 좁은 길도 길은 길이라는 사실입니다. 그리고 좁은 길은 어려운 길이라는 이야기이지 막힌 것은 아니라는 이야기입니다. 따라서 이것은 좁고 어려울 뿐 분명한 문이요, 길이기에 불가능한 것은 아니라는 말입니다. 불가능하다는 것과 어렵다는 것은 전혀 다른 문제입니다. 어렵다는 것은 지금은 고생이 되지만 가능한 것이요, 거기에는 기쁨이 있고 의미가 있으며 분명한 약속이 있습니다. 그러기에 좁은 길의 최후는 영생이요, 넓은 길의 마지막은 멸망이라는 이야기입니다.

따라서 문제는 최종 목적에 있습니다. 저 앞에 있는 최종 목적! 우리는 언제나 이것을 마음에 새기면서 괴로울 때마다 이 궁극적 마지막을 생각하여야 합니다. 어차피 우리의 마지막은 주님 앞에 서야 하는 것입니다. 이 파이널 고울(final goal)! 그것을 향해 가는 여정은 외로운 것입니다. 그 누구도 나와 동행할 수 없으며 또한 나를 위로하지 못합니다. 오로지 이 최종 목적! 다가올 영생의 그날을 생각하면서 현재의 뜻을 찾아야 하고 그리고 인내하는 것입니다. 이는 현재의 고통은 저 미래에 연결되어 있기 때문이요, 분명 이 길대로 따라가면 영생으로 가기 때문입니다. 그러므로 힘을 내어야 하고, 기뻐해야 하며, 순교적 마음으로 주를 찬양하여야 합니다.

예수님의 말씀에 의하면 이 좁은 길은 절대화되어 있습니다. 오직 하나, 이 길뿐인 길! 이 길은 상대적인 길이 아님은 물론 선택의 여지가 달리 있는 길도 아닙니다. 절대적으로 그렇게 가야만 하는 길! 좁은 길 그대로 한 발자국 한 발자국 갈보리 언덕까지 따라 올라가야 할 뿐 다르게는 될 수가 없는 길입니다. 그 때문에 예수님께서는 "내가 곧 길이다(I am the way)"(요 14 : 6)라고 말씀하고 계시는 것입니다. 이는 헬라 원문의 표현과도 같은 것인데 여기에서 길이라고 할 때의 그 길은 어웨이(away)인 여럿 중의 어느 한 길이 아니라 오직 하나 밖에 없는 그 길입니다. 그리고 그 길은 좁은 길이요, 다른 것과 결코 비교될 수 없는 절대적인 길이며, 진리의 길이요, 생명으로 이어지는 길입니다. 이렇게 "내가 곧 길이라"고 말씀하신 예수님께서는 겟세마네 동산을 거쳐 갈보리 언덕을 향하여 몹시도 좁고 험한 길을 가셔야만 했습니다. 이제 우리도 그 길을 따라 가야만 합니다. 이는 그 길만이 우리가 살 수 있는 생명의 길이기 때문입니다.

다시 처음으로 돌아가 말씀을 드린다면 오늘 예수님께서는 산상보훈의 긴 말씀을 마치신 후 그 귀중한 결론으로 "이 길은 좁은 길이다. 그러나 영생의 길이다"라고 말씀하시는 것입니다.

이리와 양의 옷

거짓 선지자들을 삼가라 양의 옷을 입고 너희에게
나아오나 속에는 노략질하는 이리라.
(마태복음 7 : 15)

이리와 양의 옷

이제 주신 본문 말씀은 앞장에 기록된 "좁은 문으로 들어가라"고 하신 말씀에 대한 경고의 말씀입니다. 따라서 이러한 경고의 말씀은 좁은 문으로 들어가기 위해 애를 쓰는 자에게는 문제될 것이 없겠으나, 문제는 넓은 문으로 들어가려고 하기 때문에 주어지는 말씀인 것입니다. 이미 잘 알고 계시는 바와 같이 좁은 문으로 들어가라는 것은 어렵고 외로운 길을 가라고 하는 말씀입니다.

그런데 오늘 본문에 보면 "삼가라"는 말씀이 있는데 이는 위험한 길을 가게 된다고 하는 것에 대한 경고입니다. 나아가 이는 적극적으로, 반드시 좁은 문으로 들어가도록 힘쓰라! 그리고 좁은 길을 가면서 항상 조심하여 곁길로 빠지지 않도록 주의를 기울이라는 말씀입니다. 여기 기록된 "삼가라"는 말은 헬라 원어로는 '프로서케테'라고 하는 것으로 "대단히 정신을 차리라" "조심하라"는 뜻의 말입니다. 그리고 또한 계속적인 의미를 가지고 있어서 한번 조심했으면 끝나라는 말이 아니라 항상 밝은 정신으로 나의 길, 나의 생각, 나의 목표가 잘못되고 있지나 않는가를 살피면서 삼가야 한다는 말입니다.

그런데 오늘 본문에서는 "거짓 선지자를 삼가라"고 말씀하고 있습니다. 여기에서 "거짓"이라고 하는 말은 헬라 원어로는 '푸슈도'라고 하는데 이는 거짓이라는 뜻의 말도 되지만 가면을 썼다는 뜻입니다. 사실은 이것이 곧 거짓된 것이겠지요. 그래서 속과 겉이 다르며, 진실치 못한 그런 선지자를 삼가야 한다는 말씀입니다. 우리가 잘 아는 바와 같이 지도자를 잘 만난다는 것은 참으로 크나큰 복인 것입니다. 그 때문에 어려서부터 좋은 선생님을 만난다고 하는 것은 매우 중요한 일입니다. 만약 내가 좋아하는 선생님이 수학 선생님이라면 나는 자연히 수학을 좋아하게 되어 전공을 하게도 되지만 그와는 반대로 내가 수학 선생님을 몹시 싫어하는 경우라면 나는 수학과는 원수가 되고 마는 것입니다. 이와 같이 선생님의 존재란 매우 중요한 것입니다.

이에 예수님께서는 우리가 세상을 살아가노라면 계속 배워야 하고 따라서 여러 형태의 선생을 만나게 될 것이나 그때마다 매우 조심하라는 말씀입니다. 문제는 나를 가르치는 선생, 그 권위자를 조심스럽게 선택하라는 것입니다. 나의 선생은 나의 운명을 좌우하기도 하고, 내 영혼, 내 생명까지도 좌우하게 됩니다. 이 얼마나 중요한 존재입니까? 더욱이 선지자라고 하면 영적인 지도자인 것입니다. 영적 지도자라고 하면 그야말로 나의 영원한 생명을 좌우하는 것으로, 더 이상 중요할 것이 없을 만큼 중요한 존재인 것입니다. 그런데 이렇게 귀하고 중요한 것이 또한 가짜가 많다는 것입니다. 귀한 것에는 언제든지 가짜가 있어요. 이제 보세요. 다이아몬드가 귀하고 비싸다 보니 가짜가 생기는 것이지 만약 그것이 돌멩이처럼 흔하고 값싼 것이라면 무엇 때문에 가짜가 생기겠습니까? 쉽고 흔한 것에는 가짜가 없습니다. 그리고 보면 요즈음 흔히 말썽이 되고 있는 가짜 박사, 가짜 졸업장, 가짜 면허증도 다 그런 연유에서요, 또한 사랑이 귀한 것이다 보니 사랑에도 가짜가 많아서 문제가 되고 있는 것입니다.

이와 같이 귀한 것에는 가짜가 있고 거짓이 동반되는데 이 거짓이라는 것은 언제나 이중성을 가지고 있다는 점입니다. 그 때문에 예수님께서도 오늘 본문을 통하여 말씀하시기를 겉으로는 양의 모습이나 속은 이리라며 그 이중성을 지적하고 계시는 것입니다. 이와 같이 겉과 속이 다른 양면성을 가지는 것이 거짓이라는 것의 특징입니다.

그리고 또 이 거짓인 가짜의 특징은 언제나 진짜보다 더 아름답게 보인다는 점입니다. 그래서 버섯을 두고 보더라도 독버섯은 더욱 예쁘다고 하는 것입니다. 이에 서바이벌(survival)이라고 하는 특수훈련을 받는 군인들이 아무런 가진 것도 없이 무인지경에 던져져서는 1주일간을 견디며 어떻게 해서라도 살아남아야 하는 경우, 이제 그 1주간을 견디어내기 위해서는 풀뿌리든 벌레든 닥치는 대로 먹고 배를 채우며 지내야 하는데 이때에 주어지는 단 하나의 주의사항은 "예쁘게 보이는 것은 먹지 말라"고 하는 것입니다. 이 얼마나 중요한 이야기입니까? 같은 버섯인데도 예쁘게 보이는 버섯은 독버섯이라는 말이에요. 그런 면에서 가짜는 언제나 더욱 아름답고, 또한 그렇지 않고서는 속지 않을 것이란 말입니다. 그러기에 여자들이 화장을 하더라도 적당히 해야 품위있게 아름다운 것이지 여기에서 지나치게 되면 이제는 속이 썩었다는 뜻이 되는 것이란 말입니다. 아무래도 두드러지게 예쁘게 치장을 했으면 좀 수상한 거예요. 그리고 지나치게 친절한 것도 이상한 것이기에 우리는 흔히 "이상할 정도로 친절하다"는 말을 하기도 하는 것입니다. 그런 경우에는 일단 한번 의심을 해볼 필요가 있는 것이겠지요. 어쨌든, 이렇게 가짜가 진짜보다 아름답게 보이고 거짓말은 더욱 친절하다는 사실입니다.

그런데 또 하나, 이 가짜의 특징은 뒤에 가서 문제가 있다는 것입니다. 시작은 좋고, 처음 사귈 때에는 그렇게 친절하고 좋은데 이제 며칠 가지 않아서 그 본색이 드러나고 마는 것이에요. 그래서 그 끝이 매우 나빠요. 이제 오늘 본문에서도 보면 비록 이리라 하더라도 끝까지 양의 옷을 입고 있으면 차라리 괜찮다고도 하겠지만 그것이 아니라 언젠가는 홀랑 벗어버린 채 그 본색을 드러내고 나서니 거기에 문제가 있는 것입니다. 그러므로 결국에는 본색을 드러내게 된다는 말입니다.

우리는 예수 그리스도를 왕으로, 선지자로, 제사장으로 모시며 이 한 분만을 유일한 선생으로 따르고 있습니다. 우리의 선생은 오직 한 분 예수 그리스도뿐입니다. 그 분만을 좇아 다소곳이 뒤를 따른다면 아무런 문제될 것이 없습니다. 그럼에도 예수님께서는 왜 이러한 경고의 말씀을 우리에게 하시는 것이겠습니까? 문제는 예수님께서 가신 길이 좁은 길이기에 하시는 말씀입니다. 이런 면에서 보면 예수님께서는 언제나 제자들에게 친절하셨던 것은 아닙니다. 그러기에 십자가를 지시고자 하시는 당신을 만류하는 사랑하는 제자 베드로를 향해서도 "사탄아 내 뒤로 물러가라"며 "너는 나를 넘어지게 하는 자"라는 가차없는 말씀을 하시는 것입니다.

이제 끝까지 좁은 길로 가겠다는 사람, 십자가의 길로만 가겠다는 사람에게는 아무런 문제가 없습니다. 그런데 좁은 길, 십자가의 길을 가면서 한눈을 팔게 되니 거기에 함정이 따른다는 것입니다. 그리하여 다른 길도 있지 않은가? 하는 생각들을 하다 보면 어느새 거짓 선지자를 따라가게 마련인 것입니다.

그렇다면 그 거짓 선지자를 따르는 이유, 다시 말하면 거기에 속게 되는 이유가 무엇인가 하는 것입니다.

그 첫째는 자기도 거짓되기 때문입니다. 그래서 대개는 속이는 자가 속게 되는데 이는 자기는 남을 속이고도 자기는 속지 않을 줄 알지만 언제든지 속이는 자가 속게 마련입니다. 그리고 뒤에는 욕심이 깔려 있기 때문에 속는 것입니다. 우리는 간혹 크게 사기를 당했다든가, 혹은 사업에 실패를 하고서 괴로워하는 이들을 보게 되는데 그럴 때마다 가만히 보게 되면 그 실패의 원인 가운데 뺄 수 없는 것이 하나 있는데 그것은 바로 욕심이 지나쳤다는 점입니다. 그렇게 실패할 정도로 왜 거기에다가, 그 많은 투자를 해 왔느냐는 말입니다. 그것은 욕심이 지나쳤기 때문이에요. 어떤 장로님께서 이러한 이야기를 하시는 것을 들었습니다. 장사란 그저 최소한 5%, 그리고 15%의 이익이 나오면 좋은 것인데 언젠가 한번은 60% 남는 장사가 있다고 하기에 거기에 몽땅 투자를 했다가 그대로 다 날렸다는 것입니다. 그래서 그 후에는 어떠한 일이 있어도 10% 이상 남기지 않겠다고 하나님께 맹세를 했다며 "60% 이상 남는 장사라면 도둑놈이지!" 하는 것이었습니다. 그러니까 이미 그 마음 자체가 속게 되어 있는 것이란 말입니다. 그러니 뒤에 부도가 났다고 하여 울 것도 없어요. 그저 자기 욕심이 지나친 것이나 회개할 것입니다. 속는 것에는 반드시 이유가 있습니다. 따라서 속인 자만 나쁘다고 할 것이 아니라 속은 자에게도 상당한 이유가 있음을 알아야 합니다. 그 속에 나에게도 무엇인가 비슷한 것이 있으니까 주거니받거니 한 통속이 되었다가 사고가 난 것이지 처음부터 워낙 맞지가 않았다면 벌써 틀렸다는 것을 알아볼 수 있었지가 않겠습니까? 사실은 뻔히 알면서도 어떻게 한번만 같이 한탕하자는 심사였다는 말입니다. 결국 속은 데에는 그만한 이유가 있다는 이야기입니다.

둘째는 화려한 것을 좋아하는 사람이 속는다는 것입니다. 이는 여기에 선호도가 있고 허영심이 있기 때문입니다. 그래서 디모데후서 4장 3~4절에 보면 "때가 이르리니 사람이 바른 교훈을 받지 아니하며 귀가 가려워서 자기의 사욕을 좇을 스승을 많이 두고, 그 귀를 진리에서 돌이켜 허탄한 이야기를 좇으리라"고 하였습니다. 귀가 가려워서! 이 얼마나 재미있는 표현입니까? 그러니까 귀가 가려운 허황한 그런 것만 꼭 좋아한다는 말입니다. 그러다 보니 진실한 이야기, 이로운 말은 쓴 약과 같아서 다 싫고 이제는 달콤하고 화려한 것에만 마음에 끌려가게 되니 결국은 속게 되어 있는 것이지요. 그러니 이 화려한 허영심이 속는 이유가 된다는 말입니다.

세번째는 투기성에 편승하여 쉽게 얻으려는 마음입니다. 좁은 길로 갈 마음이 없어요. 아예 넓은 길에서 쉽게 얻고 싶은 것입니다. 그 때문에 공부를 하는 일에 있어서도 내가 열심히 하여 내 실력으로 내 길을 가겠다는 것이 아니라 건너뛰고 싶은 심사에서 수고는 적게 하고 그러나 성적은 좋게 얻고 싶어서 커닝을 하는 것이 아니겠습니까? 옳은 길에는 지름길이 있는 것이 아닙니다. 그런데도 그 지름길을 찾으니 이것이 문제입니다. 특별히 신앙적인 투기성은 참으로 무서운 것입니다. 이는 수고는 하지 않고 "주여" 하여 해결해 나가겠다는 것입니다. 다시 말하면 기도하여 기적적으로 풀어 나가겠다는 것인데 그것이 될 리가 있겠습니까? 그런 식으로 기적을 바라는 마음이 다 미신인 것입니다.

여러분! 그릇을 하나 사더라도 가짜를 사고 싶지 않거든 값싼 것을 찾아다니지 마세요. 그저 잘 모르겠거든 값비싼 것을 사면 그것은 틀림없을 것입니다. 그런데 값싼 것만을 찾아다니니 속고 마는 것이지요. 그러므로 세상에 어디까지나 쉬운 것은 가짜라는 사실을 명심해야 합니다. 설령 그리하여 얻어진다 하더라도 그것은 바라지도 말고 소유하지도 마십시오. 그리하여 얻어진 것도 결코 나에게 유익하지를 못합니다. 땀흘려 번 돈이 아니라면 그것은 잘못된 것입니다. 어떤 사람은 예배당을 짓겠다며 미국 라스베이거스의 도박장에 가서 돈을 넣고는 "주여" 하고 잡아당겼다고 합니다. 세상에 도박판에 가서 "주여"를 찾아 가지고 무엇이 어떻게 되겠습니까? 사행심(射倖心)이라는 것은 어디에도 쓸모없는, 그러면서도 무서운 것입니다. 그 때문에 신앙에서라는 사행심이 바로 문제가 되는 것입니다. 실은 그 마음 속에 그러한 사행심이 있기 때문에 거짓 선지자들을 따라가는 것이란 말입니다.

여러분! 너무 쉽게 생각하지 마십시오. 우리가 가야 할 길은 생명의 길입니다. 생명의 길은 좁은 길이요 십자가의 길이며 고달프고 외로운 길입니다. 더는 값싼 것을 찾거나 쉽게 되기를 바라는 마음에 계속 머물러 있어서는 아니되겠습니다.

이제 또 한 가지 더 생각할 것은 다가올 결과에 대하여 너무 연연해서는 아니된다는 말씀입니다. 그 동기가 좋고 방법이 좋았으면 그것으로 되었고 거기에 따르는 결과는 하나님께 맡기는 것이라는 말씀입니다. 우리는 수단과 방법은 가리지 않고 그저 결과만 좋게 하겠다고 하는데 이는 다 잘못된 것입니다. 결과에 연연하여 마구 탈취하려고 드니 그러는 중에 정당한 방법에서 빗나가게 되는 것입니다. 그러므로 이제 그 결과는 완전히 하나님께 맡기세요. 그리하여 하나님께서 주시면 받고, 주시지 않으면 할 수 없는 것으로 생각을 할 뿐인 것입니다. 그러니까 최선을 다하고는 그 전폭을 하나님께 맡기는 거란 말입니다. 그래야만이 거짓 선지자에게 속지 않게 되는 것입니다. 그러므로 만약 속았다면 이는 너무 빨리 목적에 도달하려고 하는 조급한 마음이 원인이 된 까닭입니다.

그러면 이제 여기에서 양과 이리를 한번 비교해 보십시다. 양이라는 것은 매우 온순하고 순결한 동물입니다. 예수님께서 우리 믿는 사람들을 비유하여 양이라 하셨고 이는 하나님의 백성의 별명이기도 합니다. 이 양은 순하기도 하지만 둔하기도 하여서 제 집을 찾아가지도 못합니다. 그 때문에 그저 목자가 인도하는 대로만 따라가는 매우 착한 동물입니다. 그래서 착하고 온순한 것을 상징해서 불러 주는 이름이 양인 것입니다. 그런데 이리라고 하는 것은 이 양과는 정반대의 동물입니다. 이 이리는 물어 찢고, 싸우고, 피흘리며, 양을 잡아먹는 악한 짐승입니다. 이렇게 정반대되는 두 동물을 예수님께서는 비유로 들어 말씀하시면서 양의 옷을 입은 이리!라는 참으로 재미있는 표현을 하고 계십니다. 이 "양의 옷"이라는 표현을 공동 번역에서는 "양의 탈"로 번역하고 있습니다. 이렇게 양의 탈을 쓴 이리!를 조심하라는 것입니다. 이에 사도행전 20장 29절에 보면 사도 바울의 에베소 교회의 장로들을 향한 유언장과도 같은 마지막 부탁의 말씀 중에 "내가 떠난 후에 흉악한 이리가 너희에게 들어와서 그 양떼를 아끼지 아니하며"라는 기록이 있습니다. 이는 이리가 들어와서는 양떼를 아끼지 아니하고 물어 찢는 일이 있을 것이라는 말씀입니다. 이리는 이와 같이 물어 찢고 피를 흘리게 하는 동물입니다. 그래서 이 두 동물을 놓고 따르라고 한다면 세상에 아무도 이리를 따라갈 사람은 없을 것입니다. 왜냐하면, 양과 이리는 아예 그 생김새나 성격에 있어서 너무도 분명하게 다르니까 말입니다. 그런데 문제는 이리가 양의 탈을 쓰고 있다는 데 있습니다. 참으로 버젓이 양의 탈을 쓰고 양의 무리 속에 함께 있으므로 이제 사람들이 속게 된다는 말씀입니다. 마태복음 10장 16절에 보면 예수님께서 제자들을 파송하시면서 하시는 말씀이 "내가 너희를 보냄이 양을 이리 가운데 보냄과 같도다"라고 하셨습니다. 이는 세상을 이리로, 그리고 제자를 양으로 비유하신 말씀입니다. 사실 성도가 양과 같은 것이라면 이 포악한 이리가 가장 거룩한 성도의 탈을 쓰고 그 속에 함께 있다는 것이요, 그것도 선지자의 모습으로 있겠다는 것입니다.

문제는 양의 탈, 양의 옷을 입었다는 것인데, 그것은 어디까지나 속이 아닌 외모를 말하는 것으로 속은 철저히 이리이지만 겉모양은 착하고 순한 양이라는 점입니다. 그리고 또 하나 명심할 것은 이 이리가 양과 같다고 할 때에는 그가 쓰는 양과 같은 말을 두고 하는 이야기입니다. 다시 말하면 속에는 잡아먹고 싶은 마음으로 가득하지마는 겉으로는 양과 같이 순하고 친절한 말을 한다는 것입니다. 바로 이런 점에서 문제가 되는 것입니다. 또한 이 말이라고 하는 것은 선한 약속을 말하는 것입니다. 매우 좋은 약속! 성공적인 약속!을 하고서는 잘될 것이니 걱정하지 말라며 기대를 걸게 합니다. 그러나 그 속은 이리입니다. 그래서 많은 사람이 속아 넘어지게 되는 것입니다. 아무리 양의 모습으로 양의 언어로 흉내를 내어 보아도 이리는 처음부터 끝까지 오로지 이리일 뿐이요, 결국 어느 시간에 가서는 본색이 나타나게 되고 결정적인 시간에 가서는 이리가 되는 파괴적인 선지자란 말입니다. 여기에서 그러면 왜 양의 옷을 입었는가 하는 문제는 매우 간단한 이야기입니다. 그것은 접근과 소통을 가능케 하기 위한 수단인 것입니다. 그러니까 목적과 수단이 다른 것이지요. 원하는 바 목적은 죽이는 것이지만 그 수단은 친절이라는 것입니다. 그러기에 이단 사상과 거짓 선지자들은 대체로 친절하면서도 화려하고 거창한 약속을 주지마는 그 속에는 전혀 다른 목적이 있는 것이란 말입니다. 이것이 바로 오늘 예수님께서 말씀하시는 내용이 아니겠습니까?

이러한 문제에 대해서는 예수님뿐만 아니라 구약성경의 선지자들을 통하여서도 계속 예언해 주시고 있는 말씀입니다. 이에 예레미야 6장 14절에 보면 "그들이 내 백성의 상처를 심상히 고쳐 주며 말하기를 평강하다, 평강하다 하나 평강이 없도다" 하였으니 이것이 거짓 선지자의 말이며, 또한 에스겔 22장 27절에 보면 "그 가운데 그 방백들은 식물을 삼키는 이리 같아서 불의의 이를 취하려고 피를 흘려 영혼을 멸하거늘"이라고 하면서 그 잔악상을 이리와 같은 것으로 표현하고 있음을 보게 됩니다.

그런데 거짓 선지자들의 공통점은 예레미야 8장 11절에도 꼭 같은 말씀으로 표현되어 있는바 이는 평안이 없는 데에도 "평안하다", "평안하다"며 아무 일도 없는 것처럼, 듣기 좋은 말만 들려준다는 것입니다. 그래서 예레미야 시대에 있어서도 예레미야는 탄식하는 마음으로 이제 유다 나라는 망하게 될 것이라고 예언하였지만 거짓 선지자들은 결코 아무 일도 없이 평안할 것이라며 안일만을 이야기하는 것입니다. 그러나 그런 가운데 저들은 거짓 선지자의 말을 듣기를 좋아했습니다. 그러면서도 진정 자기 민족을 사랑하며 부르짖는 예레미야의 회개를 재촉하는 말에는 끝까지 귀를 기울이지 않고 마침내는 나라가 망한 피난길에서 저들은 에레미야를 돌로 쳐죽이고 만다는 것입니다. 참 선지자의 말은 아픔이 있어요. 그러나 거짓 선지자들은 언제나 평안만을 약속한다는 사실을 기억해야 합니다.

선지자라고 하게 되면 이는 우리가 잘 아는 바와 같이 하나님의 대변자입니다. 따라서 선지자는 하나님의 말씀을 받은 바 그대로 가감이 없이 직설적으로 해야 하는 것입니다. 아예 듣는 사람이 좋아하든 싫어하든 상관없이 말해야 하는 것입니다. 그러나 거짓 선지자들은 미사여구(美辭麗句)로, 듣기 좋은 말만 하려고 듭니다. 또한 참 선지자는 하나님의 백성에게 하나님께로부터 주어진 말씀을 전하여 하나님의 백성을 하나님께로 인도하는 것입니다. 하지만 거짓 선지자는 친절한 말과 듣기 좋은 이야기로 저들 백성을 자기에게로 인도하는 것입니다. 여기에 바로 큰 차이가 있는 것입니다. 요즈음도 가만히 보면 거짓 선지자들은 하나같이 좋은 말, 화려한 약속으로 이리저리 몰아서는 모두를 자기에게로 인도해들이고 있는 것입니다. 그리하여 결국은 나를 따르라! 나를 위하라!는 것이니 바로 거기에 거짓 선지자의 본색이 있는 것입니다.

거짓 선지자는 결코 양을 사랑하지 않습니다. 그는 양을 위해 존재하는 목자가 아닙니다. 오직 자신의 욕망을 위해 양을 해칠 뿐인 것입니다.

그런가 하면 참 선지자는 타협이 없습니다. 그래서 하나님께로 들은 바의 멸망을 그대로 외치는 것입니다. 특별히 죄를 지적하며 그 회개를 외치게 됩니다. 그러나 요즈음에도 보면 소위 신학자라는 사람들 중에서도 안일하고 듣기 좋은 말로써 심지어 이런 말까지 하는 것을 보게 됩니다. 그것은 은혜로, 믿음으로, 죄 사함을 받았으니 이제는 과거의 죄, 현재의 죄, 앞으로 지을 미래의 죄까지 새삼스레 빚을 갚을 필요가 없다는 것입니다. 그래서 그저 은혜만을 강조하며 그 문란함이 율법도 도덕도 없는 상태란 말입니다. 그런가 하면 또 지옥을 부인하기도 합니다. 하나님은 사랑이신데 어떻게 그 끔찍한 영원한 지옥을 만드실 수 있겠는가며 그럴 수가 없다는 것이지요. 만약 굳이 지옥이 있다 하더라도 그것은 대합실이나 유치장 정도이지 영원한 형벌의 상태는 아닐 것이라는 이야기입니다. 여기에서는 특별히 "하나님은 사랑이신데" 하는 이 표현도 거짓 선지자의 말입니다. 만일에 그것이 사실이라면 예수님의 십자가는 있을 이유가 없는 것입니다. 우리는 진정 그러한 말에 속지 말아야 할 것입니다. 저들은 하나님의 사랑만을 강조하면서 율법을 부인합니다. 그리하여 회개는 외치지 아니하고 그저 "죄 사함 다 받았다" "하느님의 은혜 가운데 있다"고 하여 전부 듣기 좋은 말만 해버리는 것입니다. 그러나 진실한 말은 먼저 죄를 책망하며 회개를 촉구합니다. 이에 성령께서는 그대로 가면 망할 것이라고 계속 말씀하고 계시는 것입니다. 그럼에도 거짓 선지자는 언제나 듣기 좋은 말만 들려주고 있으니 거기에 속아서는 아니되는 것입니다. 거기가 바로 넓은 길의 함정임을 우리는 알아야 합니다.

　가끔 우리는 실제로 그런 경우를 당할 때가 있습니다. 지금 여기에 매우 중한 환자가 있는데 의사의 말에 의하면 이제는 더 희망이 없다는 것입니다. 그리고 옆에 있는 우리가 보기에도 죽겠어요. 그렇게 되면 몹시 괴롭지만 목사로서 그에게 믿음으로 죽음으로 맞이할 수 있도록 신앙고백을 시키며 마음의 준비를 하게 해야 할 것입니다. 그런데 이런 상황에서도 기도만 하면 그저 나을 줄 알고 "주여! 살려달라"며 목소리를 돋우어 기도를 하고 야단입니다. 바로 이러한 순간 거짓 선지자는 이제 믿기만 하면 나을 것이라며 당장 죽어가고 있는 사람을 놓고 안수기도를 합니다. 문제는 그러는 동안에 그 환자가 그만 죽고 말았습니다. 그렇다면 이제는 믿음이 없어서 죽었다고 해야 하는 것이겠습니까? 여러분! 죽기 직전의 그 일각들이 얼마나 중요한 시간인데 그렇게 보내야 했더란 말입니까? 이제는 자신의 죽음을 깨끗이 받아들일 수 있도록 먼저 진실한 말을 전해 주어야 하고 그리고 마지막으로 청산할 것을 청산하고, 회개해야 할 것을 회개하게 해야 하는 것입니다. 그런데 안 죽겠다고 하는 통에 주여! 주여! 하다가 그냥 죽어버리고 말았단 말입니다. 그러니 이 얼마나 중요한 기회를 놓친 것이냐 말입니다. 이처럼 진실한 말을 하기란 참으로 어려운 일입니다. 그러나 듣기 좋은 말이란 하려고만 한다면야 얼마나 많습니까? "하나님은 능치 못할 일이 없으십니다" 어디 그뿐입니까? "히스기야 왕처럼 간절히 기도하면 적어도 15년은 더 살 것이요" 하면서 말입니다.

　이렇게 듣기 좋은 말이란 얼마든지 있고, 또한 할 수도 있겠지만 그러나 그것은 거짓말이라는 사실을 우리는 항상 기억해야 합니다. 회개를 촉구하는 것, 그것으로 인하여 내 마음이 쑤시고 뼈가 깎아지는 한이 있어도 그 메시지가 진실한 것입니다. 이제 내 귀가 어느 쪽으로 향하고 있는가를 한번 생각해 보아야 할 것입니다. 베드로후서 2장 1~3절 말씀을 보면 "민간에 또한 거짓 선지자들이 일어났었나니 이와 같이 너희 중에도 거짓 선생들이 있으리라. 저희는 멸망케 할 이단을 가만히 끌어들여 자기들을 사신 주를 부인하고 임박한 멸망을 스스로 취하는 자들이라 여럿이 저희 호색하는 것을 좇으리니 이로 인하여 진리의 도가 훼방을 받을 것이요, 저희가 탐심을 인하여 지은 말을 가지고 너희로 이를 삼으니 저희 심판은 옛적부터 지체하지 아니하며 저희 멸망은 자지 아니하느니라"고 하였습니다. 이를 요약하면 이단을 가만히 끌어들여 진리를 훼방하며, 만들어 낸 말을 가지고 사람을 미혹하겠다는 것입니다. 따라서 그것은 진리가 아닌 조작에 불과한 것입니다.

참된 진리는 언제 어디서나 변하지 않는 것이며 그리고 타협이 없는 직설의 것입니다. 그러기에 거기에는 아픔과 괴로움이 있으며 회개의 촉구가 있는 것입니다. 그러나 그것을 통하여 율법과 심판을 알게 되며 나아가서는 하나님 앞에 진실하게 설 수가 있는 것입니다.

그러므로 중생한 심령으로 주님의 뒤를 따라 좁은 길을 가겠노라는 바른 각오가 서 있는 사람은 아예 거짓 선지자의 미혹에 빠지지를 않는다는 것입니다. 우리는 바로 이것을 알아야 합니다. 오늘 예수님께서는 "거짓 선지자들을 삼가라"고 말씀하셨는데 여기에서 "삼가라"는 것은 다른 이야기가 아닙니다. 이는 내가 어떻게 하면 거짓 선지자를 알아볼 수 있을까 할 때에, 어디까지나 내가 좁은 길, 십자가의 길로 갈 마음만 가지고 나간다면 거짓 선지자들은 자연히 구별할 수 있게 되는 것입니다. 문제는 어느 순간에 내가 허황한 생각을 가지고 안일하고 넓은 길로 가려는 마음이 들기 시작하면 이제는 어느 사이에 아는 듯 모르는 듯 거짓 선지자에게 끌려가게 되는 것입니다. 이를 위해 예수님께서는 오늘 우리에게 경고의 말씀을 하고 계시는 것입니다. 저희 거짓 선지자들은 양의 옷을 입고 너희에게 나아오나 속에는 노략질하는 이리니라! 그러므로 거짓 선지자들을 삼가 조심하라!

가시나무와 엉겅퀴

그의 열매로 그들을 알지니 가시나무에서 포도를, 또는 엉겅퀴에서 무화과를 따겠느냐 이와 같이 좋은 나무마다 아름다운 열매를 맺고 못된 나무가 나쁜 열매를 맺나니 좋은 나무가 나쁜 열매를 맺을 수 없고 못된 나무가 아름다운 열매를 맺을 수 없느니라 아름다운 열매를 맺지 아니하는 나무마다 찍혀 불에 던지우느니라 이러므로 그의 열매로 그들을 알리라.
(마태복음 7 : 16~20)

가시나무와 엉겅퀴

　오늘 주신 말씀 역시 앞장에 이어 산상보훈의 부록이라 하겠습니다. 앞서 우리는 하나님의 말씀을 받아들이는 일에 있어서도 언제나 거짓 선지자가 함께 있어 우리의 마음을 현혹시킨다는 입장에서 "거짓 선지자를 삼가라"는 내용의 "양과 이리"를 비유로 생각해 보았습니다.
　그런데 이제 주시는 본 비유에서는 그 색채를 조금 달리하여 나무와 그 열매의 관계를 비유로 말씀하고 계십니다. 이러한 주님의 의도는 앞서 경고하신 바의 거짓 선지자를 알아볼 수 있는 비결을 말씀하시고자 함에 있는 것으로 압니다.
　여러분! 과연 무엇으로 거짓 선지자를 알아볼 수 있겠습니까? 얼굴에 거짓이라 쓴 것도 아니요, 가슴에 이름표를 붙인 것도 아닌데 도대체 어떻게 거짓 선지자를 알아볼 수가 있는 것이겠습니까? 이에 예수님께서는 바로 그 문제를 내용으로 하여 이제 거짓 선지자를 알아내기 위해서는 부득불 그 열매를 보아야 한다는 말씀입니다.
　이를 전제로, 거짓 선지자에 대한 양상과 그 성격을 살펴보면 먼저는 그 종자와 뿌리가 다르다는 것입니다. 그러니까 아예 출발점부터, 근원적으로 그 뿌리가 다른 것이란 말입니다. 그리고 조금 기다린 후 마지막에 가서 보면 거짓 선지자는 그 결과가 또한 다른 것을 보게 됩니다. 그러고 보면 이 거짓 선지자는 종자도 다르고 뿌리도 다르고 그 열매도 분명 다릅니다. 그러나 그러면서도 비슷하여 현혹되기 쉬운 것이 있으니 그것은 줄기라는 것입니다. 이 줄기는 뿌리와 열매 사이에서 잠깐 자라는 동안의 것으로 이 과정에서는 어떤 면에서 비슷한 데가 있고 그 때문에 현혹된다는 것입니다. 이는 마치 논에 심은 벼와 그 사이에 끼여든 돌피가 종자나 뿌리, 그리고 그 열매도 다르지만 자라는 동안의 줄기는 비슷하고 게다가 오히려 더 충실하게 잘 자란다는 것과 마찬가지라는 이야기입니다. 따라서 거기에 아리송함이 있고, 구분하기 힘든 점이 있으나 사실은 뿌리와 열매, 처음과 마지막은 다르다는 말씀입니다.

그러면 이제 열매를 보아서 그 나무의 성격을 알아야 한다는 것은 무엇을 뜻하는 말씀이겠습니까? 그것은 한마디로 말해 기다려야 한다는 것입니다. 그러므로 조금 이상하다는 생각이 들거든 서두르지 말고 기다려 보세요. 그러노라면 마침내는 알게 될 것이란 말입니다. 잘 아시다시피 우리 나라에서만도 수차에 걸쳐 이상한 이단 교파들에 의한 그러한 현상이 있었지 않았습니까? 그리하여 "박태선"이다, "신앙촌 운동"이다, 혹은 "통일교"다 하면서 기독교의 이름을 빌어서 굉장하게 나타났는데, 그 뿌리가 이미 다른 것이어서 조금 기다려 보노라니 그 마지막도 다르더란 말입니다. 소위 박태선 장로교에서는 십자가까지 내려놓고는 이상한 비둘기 한 마리를 올려놓으며 예수님의 이름으로 기도하던 것도 집어치웠지요, 그런가 하면 통일교는 기독교의 이름으로 시작했고, 지금도 기독교라 자처하면서도 예수님의 이름으로 기도하지 않고 교주 문선명 내외를 뜻하는 참부모님의 이름으로 기도를 하고 있는 것입니다.

이와 같이 처음에는 가장 진실한 기독교 운동으로 시작을 하고 특별한 열정을 보이기도 하였으나 마지막에 가서 보니 전혀 다른 모습으로 나타나 이제는 예수님의 이름이 빠진 엉뚱한 이야기를 하고 있더란 말입니다. 그러므로 너무 서두르지 말고 기다리며 그 결과를 두고 볼 것입니다. 그런데 그러지를 못하고 오히려 그 이상한 것에 현혹이 되어서는 아예 보따리를 싸들고 따라다니다가 마지막에는 이러지도 저러지도 못하여 비참해지고 마는 그런 경우를 보게 됩니다. 그 결과 지금 서울에도 박태선 교단에서 나온 사람들이 그 수치심 때문에 차마 일반 교회에는 발을 들여

가시나무와 엉겅퀴 161

놓지 못하고 자기들끼리 따로 모여 예배를 드리는 실제적인 모임이 있습니다. 그러고 보면 이상한 것을 알면 더더욱 서두를 필요가 없는 것입니다. 역시 열매가 맺는다는 것은 조금은 기다려야 하고, 그렇게 잠깐만 기다리노라면 그 본색이 숨김없이 드러나게 되는 것이란 말입니다. 그런데 문제는 언제나 너무 서두르는 데서 일어나는 것입니다.

그리고 이 마지막, 그 열매라는 것은 곧 행위를 말하는 것이며 그 본 목적, 본 뜻을 말하는 것입니다. 잘 아시는 대로 종자와 열매는 같은 것이요, 동질의 것입니다. 따라서 우리는 열매가 맺혀진 것을 보면서 그 뿌리를 알 수 있는 것입니다. 그러니까 그 동안은 몰랐었지만 본래는 그랬던 것을 거짓 선지자이기에 잘 꾸며서 가장 성실한 복음의 사도인 것처럼, 진실한 그리스도인인 것처럼 위장해 왔다는 것입니다. 그러나 조금만 기다리면 이제 그 열매가 본색을 알려줄 것이란 말씀입니다.

이는 매우 실제적인 말씀이요, 평범하면서도 무서운 말씀입니다. 예수님께서는 오늘 본문 말씀을 통하여 좋은 나무에서 나쁜 열매를 맺을 수가 없고 마찬가지로 또한 못된 나무가 아름다운 열매를 맺을 수 없다며 누누이 설명을 거듭하고 있습니다. 여기에서 우리가 기억하여야 할 말씀은 "맺을 수가 없다"고 하는 말씀입니다. 그것은 곧 절대 불가능하다는 이야기입니다. 참으로 그렇습니다! 악한 나무에서 선한 열매를 맺을 수가 없을 뿐만 아니라 선한 나무에서 악한 열매를 맺을 수가 없는 것도 사실입니다. 그러기에 예수님께서는 "가시나무에서 포도를 또는 엉겅퀴에서 무화과를 따겠느냐?"며 결코 열매를 바꾸어 맺을 수는 없다는 그 불가능성을 말씀하고 계시는 것입니다. 그렇기 때문에 열매를 보아 그 나무의 본질을 안다는 것은 가장 분명한 것이요, 그에 따른 평가에는 더 다른 의심의 여지를 필요로 하지 않습니다.

그러므로 이제 열매가 맺혔다면 그 열매대로 그 나무를 평가하라는 말씀인 줄 압니다. 그리고 특별히 "못된 나무가 아름다운 열매를 맺을 수 없다"고 하신 그 강한 표현을 우리가 잘 기억하여야 합니다. 이제 썩은 나무에서는 썩은 열매밖에는 맺을 수가 없고, 병든 나무에서는 병든 열매밖에는 맺을 수가 없을 것입니다.

그런데도 여기에서 말하는 나무라는 것은 무엇을 뜻하는 것이겠습니까? 그것은 곧 교훈과 사상을 의미합니다. 그러니까 행위로 나타나기 이전, 그 속 깊이에 들어 있는 뜻을 두고 하는 말입니다. 그리하여 속마음에 불순한 사상이 흐르고 있으면 불순한 말, 불순한 행위가 나오는 것이요, 따라서 불순한 행위가 나타났을 때에는 이미 그 생각 속에 무엇인가 불순한 것이 있었다는 것을 시인해야 하는 것입니다. 거짓 교훈이 들어가면 거짓 행위가 나타날 수밖에 없는 것입니다. 그렇기 때문에 열매는 사상과 교훈의 결과인 것입니다. 이에 갈라디아서 6장 7절 이하에 보면 "스스로 속이지 말라. 하나님은 만홀히 여김을 받지 아니하시나니 사람은 무엇으로 심든지 그대로 거두리라. 자기의 육체를 위하여 심는 자는 육체로부터 썩어진 것을 거두고, 성령을 위하여 심는 자는 성령으로부터 영생을 거두리라"는 말씀이 있습니다. 심은 대로 거둔다는 것은 틀림없는 사실이요, 진리입니다. 만약에 어떤 열매를 거두어 놓고서도 그것이 아니라고 우긴다면 세상에 그것처럼 어리석은 일이 또 어디에 있겠습니까?

한번은 이화대학 부속병원에서 이러한 일이 있었다고 합니다. 어느 돈 많은 집 외동 며느리가 아들을 낳게 되자 그 축하 분위기가 대단하더랍니다. 마치 무슨 왕자라도 태어난 것처럼 화환이 오는가 하면 선물들이 얼마나 많이 들어오는지 참으로 굉장했는데, 그 후에 아이의 혈액형을 조사해 보니 그 어머니와 아버지 사이에서 낳을 수 있는 아이가 아닌 것입니다. 그러기에 거기에서 일을 보고 계시던 전도사님이 조용한 시간에 찾아가서는 "당신은 이 어린아이에 대하여 이러이러한 책임을 져야 합니다" 하고 이야기를 하였더니 그 산모는 생사람 잡는다며 펄펄 뛰더랍니다. 그래서 다시 이 전도사님은 당신이 아무리 그렇게 나와도 이것이 사실이니 아무런 소용이 없습니다. 언젠가는 이 아이가 자기 혈액형을 알게 될 것이고, 어머니 아버지의 혈액형도 알게 될 터인데 그렇게 되면 나는 저 아버지의 아들이 아니라는 것을 알 때가 올 것입니다. 그때를 생각하여 미리 말씀드리는 것이니 그런 줄이나 알고 대비하라고 하였더니 그제서야 할 수 없이 그러면 어떻게 하면 좋으냐고 하더랍니다. 그러면서 고백하기를 결혼한 얼마 후에 옛날 애인을 만났다는 것입니다. 그런데 하필이면 그 사이에서 애기가 생긴 것입니다. 여기에 무슨 변명의 말이 있을 수 있는 것이겠습니까? 바로 눈앞에 낳아 놓았으니 그것이야말로 사실이지 어떻게 그 열매를 보고도 아니라고 할거냔 말입니다.

그런데 요즈음은 이 "아니라"고 하는 것에 문제가 많아서 "실패는 사생아다" 하는 말까지 나오고 있습니다. 이는 무슨 뜻으로 하는 말이겠습니까? 여러분, 한번 생각해 보세요. 그저 아버지가 누구인지 모를 따름이지 처음부터 사생아가 있는 것은 아닙니다. 이 세상 어디에도 아버지없이 태어난 자식은 없어요. 그런데 아버지가 누구인 줄을 모르는 것입니다. 그 때문에 미국이나 구라파에서는 자그마치 5분의 1이 자기 아버지를 모른다고 합니다. 그러니까 다섯 중에 하나는 세상에 태어나서 아버지 소리를 못하고 사는 것이란 말입니다. 이처럼 세상은 부정해졌고 우리는 또한 이러한 세상에 삽니다. 그러나 여러분! 진정 아버지가 없는 것이겠습니까? 분명 그런 것은 아닌데도 하도 복잡하게 살다 보니 모르는 것이에요. 이것은 부정할 수 없는 현실입니다. 그래서 문제는 실패했다는 것인데, 이는 일이 잘될 때에는 자신을 밝히며 내가 공로자라고 나서지만 그렇지 못할 때에는 저마다 아니라고 하니 그러면 그 결과는 어떻게 되는 것이겠습니까? 이제는 별수없이 사생아지요. 이처럼 실패한 일에는 저마다 아니라며 주인이 없으니 사생아란 말입니다. 성공을 했든, 실패를 했든, 아무튼 이것은 나 때문이라며 원인자가 나서야 문제가 해결될 것이 아니겠습니까? 그래야만이 시정이 가능하고 같은 실수의 반복도 막을 수가 있는 것입니다. 그럼에도 불구하고 모두가 하나같이 자기 잘못이 아니랍니다. 그러면서 쉽게 하는 말이 다 팔자탓이라고 합니다만 반드시 그 원인은 있게 마련인 것입니다. 우리는 그 원인을 인정하고 찾아내어 시정해야 합니다.

우리는 때때로 해서는 안될 말과 행동의 큰 실수를 하게 될 때가 많은데 그럴 때마다 어디엔가 분명 그 원인이 있는 것이 사실입니다. 그러므로 뼈를 깎는 아픔과 괴로움이 있더라도 바로 이것 때문이었다며 그 원인의 사실성만은 시인하여야 합니다. 생각해 보면 그것은 나의 교만 때문이요! 나의 허영 때문이며! 무엇으로도 끌 수 없는 불같은 나의 욕심 때문이다! 라고 말입니다. 분명히 뿌리가 있음에도 이것을 부정하려고 드는 것은 참으로 어리석은 생각입니다.

그 때문에 예수님께서는 오늘 본문 말씀을 통하여 다른 것으로는 "맺을 수 없다"고 하시는 것입니다. 그리고 특별히 여기에 주신 말씀을 보면 "좋은 나무가 나쁜 열매를 맺을 수 없다"고 하셨는데 만약, 나무는 좋다고 자랑을 하면서도 나쁜 열매만 주렁주렁 매달려 있다면 이제 무슨 말로 변명을 해야 하는 것이겠습니까? 그렇다면 차라리 나쁜 나무라고 인정을 해버려야 될 터인데 이것을 끝까지 인정하지 않겠다는 것입니다. 그리고도 이것을 우연이라고 할 것입니까? 아니면 이것도 기적이라고 할 것입니까? 우리는 바로 여기에 문제가 있음을 깨닫고 그 원인을 깨끗이 시인하는 그러한 겸손과 진실이 있어야 할 것입니다.

사람이 무엇으로 심든지 그대로 거두리라(갈 6 : 7). 우리가 선한 씨를 뿌렸는데도 아직 열매가 없습니까? 그렇다면 이제 조금만 더 기다려 보노라면 반드시 그 열매가 열리게 될 것입니다. 그러기에 갈라디아서 6장 9절을 보면 "우리가 선을 행하되 낙심하지 말찌니 피곤하지 아니하면 때가 이르매 거두리라"고 말씀하고 있습니다.

그런데 오늘 비유의 말씀 중에서 참으로 매우 깊이 생각하여야 할 요점은 나무됨의 문제입니다. 다시 말하면 존재의 문제라는 말입니다. 따라서 이는 곧 종자의 문제요, 뿌리의 문제라는 이야기입니다. 가령 여기에 한 그루의 나무가 있는데 그것이 나쁜 나무라면 그것은 나쁜 종자에서 싹을 낸 나무입니다. 그런데 이것이 햇빛을 받고, 물기를 빨아들이며, 또한 다른 나무들처럼 거름을 주고 잘 가꾼다 하더라도 그것은 결국 나쁜 열매만 더 많이 맺게 할 뿐 나쁜 나무 그 자체가 변화되거나 바꿔어지는 것은 아니라는 말입니다. 우리는 때때로 환경을 탓하거나 방법이 나빴다는 이야기를 할 때가 많습니다만 실은 그런 문제가 아니라 어디까지나 이것은 종자의 문제라는 것을 알아야 합니다. 그러기에 개꼬리 3년 두어도 황모가 못된다는 속담이 있지를 않습니까? 사실이 그렇습니다. 근본이 못된 것을 두고는 아무리 가꾸어도 소용이 없으며 이러한 때에는 교육학도 무색할 뿐입니다. 그런 입장에서 특별히 기독교 교육은 일반 교육과 다른 점을 가지고 있습니다. 그것은 일반 교육에서는 좋은 환경을 마련하여 잘만 이끌어 주면 기대하는 바의 변화가 오는 것으로 이야기합니다마는 기독교의 입장은 그렇지가 않습니다. 이것은 근본 뿌리의 문제이기에 아무리 좋은 것으로 친절하게 하였어도 악한 것은 본래대로 악해지고 만다는 것입니다. 여러분! 가만히 한번 생각해 보세요. 진정 사람이 사람을 변화시키는 것이었던가를 말입니다. 원체 못된 녀석은 아무리 좋은 것으로 잘 해주어도 끝까지 돌아오지 않습니다. 그러므로 친절하게 잘 해준다고 돌아오리라는 생각은 하지 마세요. 이제 잘 해준다는 것이 좋은 것에 더 좋아지게 할 수는 있겠으나 나쁜 것이 좋아지게 되는 것은 아닙니다. 이것이 기독교의 진리입니다. 결코 환경으로 사람을 바꿀 수가 없어요. 이제 똑같은 환경에서 평등한 물질관계를 이루게 되면 사람의 인격이나 생각도 평등해질 것이라는 것이 공산주의 유물사관입니다마는 어디 그것이 그렇게 되어지더냐는 말입니다. 적어도 이런 면에서 인간은 결코 환경의 동물이 아닙니다.

그렇다면 이제 길은 오직 하나, 그 종자를 바꾸어야 하는 것입니다. 거기에서부터 시작을 하지 않는 한 다른 길은 없습니다. 여러분! 예수를 믿게 되는 일도 그렇지 않습니까? 어떤 경우에는 친구를 따라 교회에 나올 수도 있고, 때로는 교양삼아 드나들 수도 있겠지만 그러나 그것 가지고 되더냐는 말입니다. 친구를 위해 주니 되던가요? 혹은 명설교를 들었다고 돌아오던가요? 그가 누구든 그리스도인이 된다는 것은 언젠가 한번은 하나님과 일대일로 부딪쳐 만나지는 그런 관계가 있고야 된다는 사실입니다. 왜냐하면, 이것은 뿌리의 문제요, 마음에 뿌려진 씨앗의 문제이기 때문입니다. 가라지는 끝까지 가라지일 뿐 잘 가꾸었다고 하여 알곡이 되는 것도 아니요, 알곡 역시 가라지가 되는 것도 아닙니다. 이와 같이 종자는 결코 바꾸어지는 것이 아닙니다. 그러기에 마음에 뿌려지는 씨앗이 문제라는 것입니다. 아예 근본적으로 예수 그리스도에 의하여 생명이 들어가지 않고 여타의 인간 교양이나 수양을 가지고는 절대로 달라지는 것이 아닙니다. 흔히들 사람은 듣는 대로 변하고 보는 대로 달라진다고 하기도 합니다마는 그러나 중요한 것은 그 속 깊은 곳에 있는 생명의 문제입니다.

따라서 그 마음밭의 한가운데에 예수 그리스도의 생명의 말씀이 뿌려져야 하고 중생의 뿌리가 내려져야 합니다. 그럴 때에 거기에 진정한 출생이 있고 영원한 생명의 탄생이 있게 되는 것입니다. 그리하여 이제는 성령이 그 안에 거하심으로 자연히 그 열매는 사랑과 희락과 화평과 인내, 자비, 양선, 충성, 온유, 절제의(갈 5:22~23) 아름다운 열매가 주렁주렁 맺혀지게 될 것이란 말입니다. 이와 같은 성령의 열매들은 내 임의로 맺을 수 있게 되어 있는 것이 아닙니다. 그러기에 우리의 경험을 두고 보아도 당연히 사랑해야 함에도 불구하고 아무리 애쓰고 노력하여도 사랑해지지 않아서 더욱 괴로울 때가 많은 것입니다. 그러나 이제 하나님의 말씀을 상고하며 기도하는 중에 하나님께로부터 주어지는 은혜를 받음으로 내 마음에 사랑의 씨앗이 심겨지고, 그 씨앗이 사랑의 생명으로 작용하게 될 때에 어느 사이에 나도 모르게 사랑하게 되고 용서하게 되는 것입니다. 그렇지 않고서는 사랑의 맹세를 거듭하여도 원하는 바 그 사랑은 이룰 수가 없는 것입니다. 그렇기 때문에 저는 결혼 주례를 할 때마다 꼭 들려주는 이야기가 있는데 그것은 내가 임의로 사랑할 수 있다고 생각하지 말라는 것입니다. 이제 당신들이 사랑한다고 지금 시작은 하였지만 이 사랑이 당신들의 힘에 의해서 지속될 수 있으리라고는 생각지 말 것이며 오직 사랑의 원천되시는 하나님과 예수 그리스도에게 뿌리를 두어 하나님의 사랑이 내 안에서 뿌리를 내리게 하고 거기에서 맺혀지는 사랑의 열매를 서로 나눌 수 있게 하라는 것입니다. 그렇게 되면 이제는 원수까지라도 사랑할 수 있게 될 것이란 말입니다. 그러고 보면 이는 분명 내 마음대로 사랑의 열매를 맺을 수 있는 것은 아니지를 않습니까?

그 때문에 예수님께서는 악한 나무에서는 선한 열매를 맺을 수가 없다는 말씀입니다. 만약 악한 사람이 사랑한다고 하면 그거야 장삿속이지 어떻게 참 사랑이라 하겠습니까? 이제 목숨걸고 사랑한다며 몇백 번을 외워 보아도 그것은 진정한 사랑이 아니에요. 사실로 말하면 그리스도인이 말하는 그런 사랑이라야 진짜 사랑인 것이지 이 세상 사랑이라는 것은 가만히 보면 참으로 멀쩡하기만 합니다. 그러기에 "직장생활도 시원찮고 나이만 먹어가는데 에이 시집이나 갈까!" 하는 처녀의 넋두리를 들을 수가 있고, 또한 남자들도 결혼생활이 불편하다고 야단입니다. 언젠가 한번 참으로 못된 대화의 내용을 글에서 읽어 본 적이 있습니다. 그 대화의 내용인즉 저 사람 만나서 사니까 너무 불편하다는 것인데 그것을 어떻게 표현했느냐 하면 "택시 타다가 자가용 사야겠구만" 하는 것이었습니다. 여러분, 이 말이 무슨 이야기인지 아시겠습니까? 가만히 한번 생각해 보세요. 이러고도 사랑한다고 하니 이게 무슨 사랑이며 여기에서 무엇이 될 것 같습니까? 이런 식으로 만나서 결혼이라고 하니 전부가 멀쩡한 짓이란 말입니다. 그러자니 그 다음에 나타나는 열매는 티격태격하다가 증오로 끝나고 마는 것입니다.

그렇다면 문제는 이 생명의 변화를 어떻게 일으킬 것인가 하는 것인데, 이는 역시 다시 하나님의 말씀으로 돌아가 보아야 합니다. 이에 에베소서 2장 3~5절 말씀에 보면 "전에는 우리도 다 그 가운데서 우리 육체의 욕심을 따라 지내며 육체와 마음의 원하는 것을 하여 다른 이들과 같이 본질상 진노의 자녀이었더니, 긍휼에 풍성하신 하나님이 우리를 사랑하신 그 큰 사랑을 인하여 허물로 죽은 우리를 그리스도와 함께 살리셨고"라는 말씀이 있습니다. 여기에서 특별히 기억할 말씀은 본질상 진노의 자식이었다는 것입니다. 그러나 이제 와서는 하나님의 그 크신 사랑에 의해 중생함으로 비로소 오늘의 나인 그리스도인이 된 것입니다. 이 역사는 결코 지식이나 교양, 의지에 의한 것이 아닌 생명의 역사 그 자체입니다. 그리스도인이란 오직 하나님의 말씀과 성령의 역사에 의하여 위로부터 다시 출생하는 생명의 역사가 이루어짐으로 가능해지는 것입니다. 그래서 사도 바울은 로마서 11장 17절에서 "또한 가지 얼마가 꺾여졌는데 돌감람나무인 네가 그들 중에 접붙임이 되어 참감람나무 뿌리의 진액을 함께 받는 자 되었은즉"이라고 말씀하고 있는 것입니다. 이는 곧 진노의 자녀인 돌감람나무가 생명의 접붙임을 통하여 하나님의 자녀인 참감람나무가 되었다는 비유의 말씀입니다.

그러면 이제 여기에서 우리가 생각해야 할 중요한 결론은 예수 그리스도의 말씀을 생명 자체로, 씨앗을 받듯이 받아들여야 한다는 것입니다. 다시 말하면 그리스도의 말씀을 교양이나 수양적인 차원에서 내 인격에 어떤 더함을 위해서 듣고 익히는 것이 아니라, 내 마음밭에 뿌려져야 할 생명 자체로 받아들이라는 말씀입니다. 그렇게 될 때에 이제는 그 말씀이 중생할 능력이 되고, 성화의 동력이 되는 것입니다. 그러므로 우리는 예수 그리스도의 말씀을 비판적으로 받아들여서는 아니되며, 100% 그대로 받아들이는 순간부터 그 말씀이 나를 지배하게 되는 것입니다. 이와 같이 말씀이 친히 내 안에 들어오셔서 나의 감정이나 의지와 지식도 다스리게 될 때에 이제는 말씀이 지배하는 왕국으로 그러한 인격으로 살아가게 되는 이것이 곧 그리스도인인 것입니다. 오직 말씀 속에서 출생하고 말씀으로 성장하며 말씀에 의한 열매를 맺게 됩니다. 그러므로 내가 이제는 선해 보겠다 스스로 노력하지 마십시오. 그런 생각으로는 손가락을 자르고 혈서를 남기면서 결심을 하여도 아무런 소용이 없습니다. 다만 기도하는 마음으로 말씀을 사랑하고 가까이하여 성령의 은사를 힘입게 되면 어느 사이에 더러운 행위는 버리게 되고 사랑하는 마음으로 채워지게 되는 것입니다. 진정 나 자신도 모르게 완전히 다른 사람으로 변화되어 있는 모습을 발견하게 되는 것입니다. 이것이 그리스도인의 출발이요, 생명이며 또한 윤리인 것입니다.

그러므로 우리는 이 성경책을 대할 때에 일반 세상 서적을 보듯이 그렇게 대해서는 아니되는 것입니다. 이 말씀은 기도와 함께, 기도하는 마음으로 보아야 하고 그리고 생명으로 받아들여야 합니다. 그리하여 그 말씀이 온전히 나를 주관토록 해야 합니다. 그렇게 되면 이제는 더 걱정할 것 없이 언젠가는 반드시 좋은 열매를 맺게 되는 것입니다.

그리스도인의 행위는 말씀의 열매입니다. 이에 지금 예수님께서는 산상보훈의 말씀을 하신 후에 그 말씀의 결론으로 이 말씀을 생명의 말씀으로 받으라! 그러기 위해서는 먼저 좋은 나무가 되어야 하고, 좋은 나무가 되었으면 언젠가는 반드시 좋은 열매를 맺게 될 것이라고 하시는 것입니다. 한경직 목사님께서 후배 목회자에게 항상 일러주신 말씀이 바로 이 말씀입니다. "좋은 나무가 되세요, 그러면 좋은 열매는 자연히 맺혀질 것입니다"라고 말입니다. 그럼에도 우리는 억지로 열매를 맺겠다고 애를 쓰는데 그럴 필요가 없는 일입니다. 그저 좋은 나무만 되세요. 그렇게 되면 좋은 열매는 하나님의 은혜 가운데서, 어느 시간에 주렁주렁 맺어지게 될 것입니다. 그러기에 서두를 필요가 없어요. 이제 말씀의 씨앗이 생명으로 나타나기 시작하면 그 모든 은사가 합쳐져서 유효하게 될 것이며 아름다운 열매를 맺는데 보탬이 될 것입니다.

다시 한번 "좋은 나무가 나쁜 열매를 맺을 수 없고, 못된 나무가 아름다운 열매를 맺을 수 없느니라"고 하신 예수님의 말씀의 그 깊은 뜻을 생각하시면서 말씀을 생명으로 받아들이는 은혜와 더불어 그 말씀의 열매로 살아가는 위로부터의 축복이 함께 하시기를 바랍니다.

두 가지 집

나더러 주여 주여 하는 자마다 천국에 다 들어갈 것이 아니요 다만 하늘에 계신 내 아버지의 뜻대로 행하는 자라야 들어가리라 그날에 많은 사람이 나더러 이르되 주여 주여 우리가 주의 이름으로 선지자 노릇하며 주의 이름으로 귀신을 쫓아 내며 주의 이름으로 많은 권능을 행치 아니하였나이까 하리니 그때에 내가 저희에게 밝히 말하되 내가 너희를 도무지 알지 못하니 불법을 행하는 자들아 내게서 떠나가라 하리라 그러므로 누구든지 나의 이 말을 듣고 행하는 자는 그 집을 반석 위에 지은 지혜로운 사람 같으리니 비가 내리고 창수가 나고 바람이 불어 그 집에 부딪히되 무너지지 아니하나니 이는 주초를 반석 위에 놓은 연고요 나의 이 말을 듣고 행치 아니하는 자는 그 집을 모래 위에 지은 어리석은 사람 같으리니 비가 내리고 창수가 나고 바람이 불어 그 집에 부딪히매 무너져 그 무너짐이 심하니라 예수께서 이 말씀을 마치시매 무리들이 그 가르치심에 놀래니 이는 그 가르치시는 것이 권세있는 자와 같고 저희 서기관들과 같지 아니함일러라.

(마태복음 7 : 21~29)

두 가지 집

이제 읽은 본문 말씀은 산상보훈의 끝맺음으로 주신 결론적인 말씀이기에 더욱 중요하며 그 속에 새롭게 다짐되는 말씀이 있는 것으로 여겨집니다. 이에 오늘 본문 말씀을 깊이 상고해 보면 참으로 엄청나게 중요한 신학적인 의미가 있음을 발견하게 됩니다. 간혹 어떤 분들은 예수님에 대하여 질문하기를 단순히 훌륭한 한 인간이었느냐? 아니면 정말 하나님이었느냐고 묻습니다. 이러한 질문은 기독교 2천 년의 역사와 더불어 계속되어 온 문제입니다. 그러나 2천여 년이 지난 오늘에도 예수님을 하나님의 아들로 믿을 뿐만 아니라 예수가 하나님임을 믿는 사람을 향하여 그리스도인이라고 말하는 것입니다. 그렇기 때문에 예수 믿는 것이 무엇이냐고 묻게 되면, 그 대답은 예수를 구주로, 하나님의 아들로 믿는 것이라고 말하게 되는 것입니다. 그리고 또한 예수 믿는 사람이 갖는 의미는 예수를 주로 고백하는 데 있다고 말합니다. 그렇다면 이제 전도란 예수를 주로 고백하게 하는 것이라는 말입니다. 그러므로 "예수를 믿는다"라는 것은 예수를 단순히 훌륭한 선생으로 추앙하여 믿는 것이 아니요, 예수님의 하나님 되심, 곧 그 신성(神性)을 믿는 것입니다. 따라서 이것이 그리스도인의 신앙 고백의 핵심이 되는 것입니다.

그런데 어떤 분들은 성경을 아무리 읽어 보아도 예수님께서 "내가 하나님이다"라고 말씀하신 곳은 없지 않느냐며 어리석은 질문을 하기도 합니다. 그러나 여러분, 그렇지 않아요. 성경 말씀을 깊이 상고하며 읽어 가노라면 전부가 다 그런 뜻의 말씀임을 발견하게 됩니다. 그래서 오늘 본문 마지막의 그 반응에도 보면 "권세있는 자와 같다"는 말씀이 있는데 이 권세는 곧 하나님의 아들의 권세요 하나님 자신의 권세로, 권세 있게 말씀하셨다는 말씀입니다.

이제 오늘 본문 말씀에서도 보면 예수님의 그 신성이 잘 나타나고 있음을 발견하게 됩니다. 예수님께서는 매우 긴 말씀을 하신 후, 그 결론 부분에 이르러서는 "이 모든 말은 하나님의 권세로 말한 것이며, 그리고 이 말을 듣는다는 것은 곧 하나님의 말씀을 듣고 영접하는 것"이라는 의미로 결론을 맺고 있습니다. 그러므로 오늘 본문 말씀의 의도를 예수님의 마음으로 돌아가서 생각해 본다면 예수님께서는 자신이 하신 말씀을 단순히 랍비들의 교훈이나 어떤 철학자의 논리와 지식처럼 이해되고 받아들여지는 것을 원치 않으셨다는 것입니다. 그러니까 훌륭한 교훈이나 지식의 수준에서 배우고, 참고되어지는 그런 정도의 반응을 주님께서는 원치 않고 계신다는 것입니다.

그러면 이제 그 주시는 말씀에 대하여 우리가 어떤 반응을 보이기를 원하시느냐 할 때에, 오늘 본문 말씀은 거기에 대한 전적인 수락을 요청하고 있습니다. 그저 주시는 바의 말씀 그대로를 완전히 받아들여야 할 뿐, 그 앞에서는 예스(yes), 노(no)의 선택이나 가감이 있을 수가 없어요. 오로지 "예, 옳은 말씀입니다" 하고는 그대로를 받아들이는 길뿐입니다.

그리고 또한 그 말씀에 전적으로 순종하여 따라오기를 바라십니다. 그러니까 지금 들은 것, 우선 가만히 생각해 보고 나중에 대답하지요 하는 식의 이야기가 아니란 말입니다. 그런 것은 예수님의 말씀 앞에서는 용납되지를 않습니다. 지금, 여기에서 그대로 따라올 수 있는, 그러한 전적인 순종을 요구하고 계시는 것입니다.

뿐만 아니라 전적으로 생명을 위탁해 주시기를 바라고 계십니다. 그리하여 지금까지 친히 들려주신 그 말씀에 내 운명을 걸라는 것입니다. 이제는 이 말씀대로 순종하면 사는 것이요, 그렇지 못하면 죽는 것으로 알아 오직 이 말씀에다 자기의 마음과 자기의 인격, 그리고 자기 운명의 전폭을 위탁하기를 바라신다는 것이 예수님의 입장이라는 말입니다. 이와 같이 전적으로 위탁하고 순종하면 그 다음의 문제는 그 말씀의 능력이 그 성도의 마음과 인격을 주장하게 된다는 것입니다. 그렇게 되면 이제는 내가 말씀을 따르는 것이 아니라 말씀이 나를 다스리게 된다는 것입니다. 그리하여 내 기분, 내 의지, 내 지식, 내 생명을 그 말씀이 장악하여 다스릴 것이라는 말입니다.

그리고 오늘 본문 말씀 중에는 종말론적인 운명을 선포하는 굉장한 말씀이 기록되어 있는 것을 보게 됩니다. 즉 이 땅에서의 잘되고 못되고의 문제만이 아니라 최후의 날, 하나님 앞에 서서의 하늘나라에 들어가고 못 들어가고의 결정을 바로 여기에서 내리시겠다는 것입니다. 다시 말하면 이 말씀을 듣고 순종하면 구원에 이를 것이고 그와는 반대로 듣지 않고 순종치 않으면 멸망에 이른다는 말씀입니다. 이에 본문 22절 말씀에 보면 "그 날에 많은 사람이 나더러 이르되 주여 주여" 하는 기록이 있는데 이렇게 "주여 주여"를 부르짖을 그 날은 언제를 가리키는 것이겠습니까? 그것은 곧 이 세상의 마지막을 말함이며 또한 "나더러"라고 하신 "나"가 예수님이시라면, 우리는 여기에서 예수님께서 분명히 하나님의 아들 되심과 하나님 되심, 그리고 심판주 되심에 대하여 추호의 의심도 있을 수가 없다는 사실입니다. 물론 이 말씀을 부정하는 경우에는 다르겠지만 이 말씀을 받아들인다는 입장에서는 달리 해석할 여지가 없게 됩니다. 그리하여 이 세상 끝날에 주님께서 천국문에 서셔서 친히 주장하시겠다는 말씀입니다. 그럴 때면 나를 향해 "주여 주여" 하며 애원하겠지만 그러나 나는 "너희를 도무지 알지 못한다", 그리고 "내게서 떠나가라" 하시겠다는 것입니다. 그러니까 이 말씀은 곧 내가 심판주로서 결정하겠다는 말씀이 아니겠습니까?

이는 실로 예수 그리스도의 자기 계시의 극치라고 말할 수 있습니다. 예수님께서 십자가를 지시기 직전 재판을 받으시는 장면을 보면 거기에

"이 사람이 누구냐?" 하는 것이 수수께끼로 등장하는 것을 보게 됩니다. 그래서 가야바는 묻기를 "네가 그리스도냐?"고 하는가 하면 빌라도는 "네가 유대인의 왕이냐?"고 합니다. 이 두 질문을 두고 가만히 생각해 보면 아주 묘한 데가 있습니다. 그것은 왜냐하면 가야바는 계속 종교적으로 묻는 것에 비해 빌라도는 계속 정치적으로 묻고 있기 때문입니다. 아무튼 예수님의 죄목을 찾기 위해 이런저런 말로 힐난하며 거짓 증인을 세우는 등 할 짓을 다해 보아도 시원한 뭐가 없을 때 이제 예수님께서 말씀하시기를 "인자가 권능의 우편에 앉은 것과 하늘 구름을 타고 오는 것을 너희가 보리라"(마 16 : 64)고 하시게 됩니다. 이 말씀이 나오자 저들은 옳다구나 하고서는 "참람하다"는 것으로 끝을 내고 맙니다마는 인자가 구름을 타고 오리라! 는 그 이상의 장엄한 말씀이 어디에 있겠습니까? 이 말씀은 그 권위나 본질상에 있어서 오늘 본문 말씀과 꼭 같은 말씀입니다. 이제 세상 끝날에는 많은 사람들이 나더러 주여 주여 하리라! 예수님께서는 이런 분명한 결론의 말씀을 통하여 비로소 자기의 주 되심과 하나님 되심을 계시하고 있는 것입니다. 따라서 확실한 자기 계시가 되신 그가 주 되시기 때문에 그의 말씀은 곧 생명이 되는 것입니다.

그런데 오늘 본문 말씀의 의미를 간결하게 말하자면, 예수님께서는 마지막에 말씀하신 "듣고 행하는 자"와 "듣고 행치 아니하는 자"인 이 두 부류의 사람을 각각 나누어서 말씀하고 계신다는 사실입니다. 누구나 이 듣는다고 하는 것은 매우 중요한 것입니다. 그러기에 사도 바울이 로마서 10장 17절에서 "믿음은 들음에서 나며 들음은 그리스도의 말씀으로 말미암았느니라"고 역설하는 것도 구원이 말씀을 들음으로 이루어진다는 것을 말하고자 함인 것입니다. 그러므로 우리가 말씀을 듣는다는 것이 얼마나 중요한 일인지 모릅니다. 저는 어떤 기회에 농아학교 교장 선생님의 이야기를 듣고는 깜짝 놀란 적이 있습니다. 그 교장 선생님의 말씀에 의하면 말을 하는 농아들 중의 90%는 그 혀나 입, 신경 구조로 보아서는 말을 할 수 있는 사람들이라고 합니다. 그런데 귀머거리가 되어 듣지 못하기 때문에 벙어리가 된다는 것입니다. 그러니까 아무리 좋은 혀나 완벽한 성대를 가졌다 하더라도 듣지 못하면 그것으로 벙어리가 되고 만다는 것입니다.

이와 같이 내게 주어진 많은 재질과 잠재적인 가능성이 엄청나게 있다손치더라도 복음을 듣지 못한다면 그 모두는 아무런 소용이 없는 것입니다. 어쨌든 폐일언하고 구원의 역사는 말씀을 들어야만 이루어진다는 사실입니다.

그러면 이제 다음으로 생각할 것은 그 듣는 것만 가지고 되는 것이냐 하는 문제입니다. 따라서 이후에 필요로 하는 것은 들은 바에 대한 바른 응답입니다. 그 때문에 저는 바른 응답처럼 귀한 것이 없다는 생각을 합니다. 간혹 우리가 서로 이야기를 나누는 중에서도 한편에서 무슨 말을 했을 때 "예, 그 말씀이 참 옳은 말씀입니다. 저도 그렇게 생각을 했습니다" 하고 이렇게 나오면 좋은데 개중에 "글쎄요" 한다거나 아니면 "좀 생각해 보고 참고로 하지요" 하는 정도로 반응을 보이게 되면 그때엔 아주 기분이 상하고 마는 것입니다. 그러므로 기왕이면 상대방의 뜻을 좋게 받아들이고 그대로 동의하는 것이 매우 좋은 일인 것입니다. 그런데 더러는 그렇게 말하는 것이 마치 자기의 인격을 떨어뜨리기라도 하는 것처럼 생각하는 그런 콤플렉스(complex, 이상심리)의 인간이 있어요. 그래서 언제나 꼭 절반쯤은 걸어 놓으려고 하는데 그것은 정말 결코 좋은 것이 아닙니다.

그러므로 이 말씀에 대한 응답을 우리가 어떻게 하느냐 하는 것은 매우 중요한 이야기입니다. 바로 이를 위해 우리 예수님께서는 말씀하시고 원하시는 바의 응답은 다름아닌 행동임을 밝히고 계시는 것입니다. 그러기에 하시는 말씀이 "하늘에 계신 내 아버지의 뜻대로 행하는 자라야 들어가리라"는 것입니다. 참된 응답이란 감정적인 반응이 아닌 행동 자체요, 그 행동이 아버지의 뜻대로 행해질 때 구원을 얻게 된다는 말씀입니다. 사실 우리가 일상생활에 있어서도 일단 바른 지식이라고 받아들이게 될 때에는 그 순간에 행동이 나오게 되는 것입니다. 그 옳다고 하는 결단과 더불어 거기에 뛰어들게 되는 것이란 말입니다. 아무리 믿음이 있는 것 같고 고상한 지식과 열정적인 정의감이 있다손치더라도 행동하지 않으면 의미가 없는 것입니다. 이를 위해 한 예를 들면 어느 꼬마가 혼자 집에서 잠을 자는 동안 그 집에 불이 나게 되었는데 이 꼬마가 잠을 깨게 되어 불길이 치솟는 것을 보고는 계단을 따라 위로위로 올라가 맨 꼭대기인 3층 옥상에까지 올라가게 된 것입니다. 이제 이 꼬마는 연기가 자욱한 그곳에서 아래를 내려다보며 울고 있습니다. 그때에 어린이를 본 사람들이 급히 담요를 준비하여 네 귀퉁이를 잡고 펼쳐 주면서 뛰어내리라고 소리를 지르며 손짓을 했습니다. 그런데도 이 꼬마는 계속 울기만 할 뿐 뛰어내리지를 않더라는 것입니다. 그런데 조금 있다가 뒤늦게 달려온 어머니가 아무개야 하고 이름을 부르면서 엄마 여기 있으니 뛰어내리라고 하자 이 꼬마는 그 말을 듣자마자 "엄마" 하면서 뛰어내리더라는 것입니다. 이 어머니의 음성이 들리는 순간! 이제는 된 거에요, 이것이 참된 지식이요, 믿어지는 것이기에 그 순간 행동이 따르는 것이란 말입니다.

따라서 행동이 따르지 않는 지식은 불완전한 지식이요, 참된 진리가 아니며 그 응답 역시 바른 응답이 될 수가 없는 것입니다. 이에 오늘 본문 말씀을 보면 참 지식에는 전 인격, 전 운명, 곧 생명을 거는 그러한 응답이 따르게 마련이라는 것을 전제하고 있습니다. 그런데 묘한 것은 응답이 바로 된 것 같으면서도 되지 않은 것이 있다는 것입니다. 그래서 예수님께서는 "듣고 행치 아니하는 자"라는 말씀을 하고 계시는 것입니다. 그러니까 듣는 것 자체를 즐기고 있다는 것인데 그것 가지고서는 구원받을 수가 없는 것입니다.

그리고 또 오늘 본문 말씀 중에 보면 "주의 이름으로 선지자 노릇하며, 주의 이름으로 귀신을 쫓아내며, 주의 이름으로 많은 권능을 행치 아니하였나이까? 하리니 그때에 가서 너희에게 밝히 말하되 "내가 너희를 도무지 알지 못하니 불법을 행하는 자들아 내게서 떠나가라 하리라"는 것입니다. 여기에서 생각할 수 있는 것은 직업적인 그런 선지자는 필요가 없다는 것입니다. 저들은 예수를 배워서 그것으로 예수를 가르쳐요. 물론 그것 가지고서는 구원에 이르지 못합니다. 조금 미안한 이야기입니다만 우리 나라에는 두 종류의 무당이 있다고 합니다. 그 중 하나는 우리가 소위 말하는 내림 무당이라고 하는 강신(降神)무당이요, 다른 하나는 그저 배워서 하는 습득 무당이 있다는 것입니다. 그런데 이들 무당 중 90%가 배워서 하는 습득 무당이고 불과 나머지 10%만이 신이 내려서 한다는 강신 무당이라고 합니다. 이제 왜 이런 말씀을 드리느냐 하면 사실 우리의 입장에서도 그러고 보면 교인이나 목사, 교사, 선지자나 할 것 없이 두 가지 중 어느 하나에 속한다는 사실입니다. 그래서 하나는 습득 목사요, 하나는 강신 목사라는 겁니다. 그러니까 이 습득 목사는 그저 신학교에 가서 배운 것으로, 그리고 이책 저책에서 본 것을 엮어 가며 전하는 것입니다. 물론 그것을 듣고도 구원을 받을 수가 있고 완전치는 못하지만 어느 정도 성공을 할 수도 있어요. 이는 능력은 없어도 그리스도에 대한 지식은 주기 때문입니다. 그런데 문제는 이런 경우를 두고 주의 이름으로 선지자 노릇을 하며 가르쳤다는 것인데 예수님께서는 이것이 전혀 통하지 않습니다. 뿐만 아니라 주의 이름으로 귀신을 쫓아내는 등, 많은 놀라운 권능도 행하였지만 그것도 통하지 않는다는 것입니다.

그러므로 이와 같은 직업적인 선지자들과 구원과는 상관이 없다는 것입니다. 만일 저들이 말하기를 우리가 주의 이름으로 가르치고 병을 고쳤는데 왜 하나님 나라에 들어가지 못하느냐고 계속 우긴다면 이제 하나님께서는 무엇이라고 말씀하실 것 같습니까? 아마도 저의 생각에는 이렇게 말씀하실 것 같습니다. "그래, 내 이름으로 병을 고쳤으면 내가 고친 것이지 네가 고친 것이냐? 그리고 너는 내 이름 가지고 다니면서 많은 영광을 받으며 잘살지 않았느냐?"고 말입니다. 그런데 문제는 너하고 나하고 상관이 없다는 것입니다. 내가 너희를 도무지 알지 못하노라! 지금까지 주의 이름으로 가르치며, 귀신을 쫓아내고 많은 권능을 행해 왔지만, 그러나 그것 가지고 하나님 나라에 들어갈 수 있는 것은 아니더란 말입니다.

우리는 여기에서 참으로 깊이 생각하여야 합니다. 그러면 과연 말씀을 듣고 행한다는 것은 무엇을 의미하는 것이겠습니까? 여기에는 매우 깊은 뜻이 있습니다. 이제 고린도전서 9장 27절 말씀에 보면 "내가 내 몸을 쳐 복종하게 함은 내가 남에게 전파한 후에 자기가 도리어 버림이 될까 두려워함이로라"는 바울 사도의 고백이 있습니다. 내가 남에게 복음을 전파한 다음에 나는 오히려 버림이 될까 두렵다!는 것입니다. 또한 사도행전 3장 12절에서 사도 베드로는 앉은뱅이를 걷게 한 자신들을 사람들이 놀란 모습으로 바라볼 때에 "이스라엘 사람들아 왜 기이히 여기느냐? 우리 개인의 권능과 경건으로 이 사람을 걷게 한 것처럼 왜 우리를 주목하느냐?"고 하고 있습니다. 예수의 이름이 고친 것이지 우리가, 내가 고친 것이 아니란 말입니다. 나는 오직 예수의 이름을 불렀을 뿐이에요. 그러므로 우리를 쳐다볼 것이 아니라는 것입니다. 그렇기 때문에 기적을 행하든, 무엇을 행하든 우리의 마음은 예수의 이름에 있어야 하는 것이지 기적을 행했다고 그 사람을 바라볼 것이 아니요, 더더구나 그를 따라갈 것도 아닙니다. 어디까지나 우리는 주님만을 바라보고 그 분만을 따르는데 의미가 있고 거기에 구원이 있음을 알아야 하고 비록 내가 불치의 병을 고쳤다 하더라도 그 역사로 인해 내가 구원받는 것은 아니라는 사실을 명심해야 합니다. 나아가 자기 구원의 문제는 철두철미하게 내가 말씀을 듣고, 내가 행하는 것에만 있다는 이 명확한 사실을 잊지 말아야 할 것입니다.

이제 예수님께서는 그러한 말씀에 이어 누구든지 나의 이 말을 듣고 행하는 자는 그 집을 반석 위에 짓는 지혜로운 자와 같고, 듣고도 행치 않는 자는 모래 위에 짓는 어리석은 자와 같음을 비유로 말씀하고 계십니다. 이 말씀에서 "지혜로운 자는 그 집을 반석 위에 짓는다"고 할 때에 "반석"이라는 말씀에 대해서는 해석학적으로 약간의 문제가 있다고도 말합니다. 그래서 이 반석이라는 말씀이 "반석 위에 집을 짓는 자와 같은 지혜를 말씀하시는 것인지 아니면 예수님 자신을 가리키시는 것인지에 대하여 이견(異見)들을 가지고 있습니다. 그러나 성경의 여러 곳을 살펴보면 이 반석이라는 것은 곧 예수 그리스도로 해석하는 것이 옳다는 결론을 내리게 됩니다. 이를 위해 특별히 디모데후서 2장 19절 말씀을 보면 "하나님의 견고한 터"라는 표현으로 예수님을 상징하고 있고 또한 고린도전서 3장 11절에서도 기록하기를 "이 터는 곧 예수 그리스도라"고 말씀하고 있습니다. 그러므로 반석 위에 집을 짓는다고 하시는 말씀은 예수 그리스도의 말씀을 그대로 믿어, 그분께 생명을 위탁하고 운명을 맡기며 그 말씀대로 순종한다는 뜻인 것입니다.

그러나 모래 위에다 집을 짓는다는 것은 기초가 없는 것이며 가변적이요, 이는 없는 것이나 마찬가지인 것입니다. 그러기에 누구나 자기의 의와 자기에게 속한 그 모든 것은 모래가 될 것이라는 말입니다.

그러면 이제 "집을 짓는다"는 것은 무엇을 가리키는 말씀이겠습니까? 그것은 순종입니다. 이는 곧 믿음의 근거입니다. 사람은 누구나 무엇인가를 믿고 삽니다. 그런데 세상에서 참으로 불쌍한 것은 못 믿을 것을 믿는 사람! 믿어서는 안될 것을 믿으면서 그 위에 인격을 세우며 사는 사람입니다. 생각해 보면 그것처럼 허무하고 잘못된 일이 어디에 있겠습니까? 특별히 고층 건물일수록 기초가 깊고 튼튼해야 한다는 사실은 더 이상 설명할 필요가 없는 상식의 문제입니다. 그러면서도 이 기초는 보이지를 않습니다.

그런데 한 가지 분명하게 알아야 할 것은 그 기초가 집을 보호한다는 원리입니다. 집의 외형이 아무리 훌륭하고 아름답다 하더라도 그 기초가 든든하지 못하면 어느 순간에 그냥 무너지고 마는 것입니다. 이미 오래 전의 이야기이지만 우리의 귀에 아직도 생생하게 남아 있는 와우아파트 사건도 그 기초에 문제가 있었던 것이 아닙니까? 이와 같이 기초가 매우 중요하고 그 기초가 그 집을 보호한다는 말씀입니다. 나아가 이 말씀은 우리가 주님의 말씀에 순종하면 그 결과는 말씀이 나를 보호한다는 말입니다. 이제 내가 말씀에 나의 생명을 위탁하면 이후에는 그 말씀이 나의 생명을 지켜 주신다는 말씀입니다. 이를 위해 예수님께서는 비유로 말씀하시면서도 매우 극적으로 실감 있는 표현을 하고 계시는 것을 볼 수 있습니다. 이에 말씀하시기를 "비가 내리고 창수가 나고 바람이 불어 그 집에 부딪치매 그 무너짐이 심하니라", 즉 말하자면 비바람에 홍수가 나는 그때에 가면 결과가 드러날 것이라는 말씀입니다. 그러나 비가 내리고 홍수가 나기 전에는 모래 위에 지은 집도 그런대로 그럴 듯하게 보이며 비슷한 자태로 놓여 있을 것이라는 이야기입니다. 그러고 보면 세상살이에 있어서도 예수 믿는 사람이나 믿지 않는 사람이나 특별히 이마에 이름을 써붙이기라도 하듯이 크게 차이가 있는 것 같지는 않습니다. 그러나 장례식이나 엄청난 재난을 당한, 그러한 결정적인 시간에 가서는 믿는 사람과 믿지 않는 사람의 모습이 전혀 다르게 나타나는 것을 보게 됩니다. 그러니까 평안할 때에는 기초가 없는 집도 그럴듯하게 서 있을 수가 있고 쉽게 지을 수도 있지만, 그런 반면에 비가 심하게 내리는 날에는 쉽게 무너지게 마련이라는 것입니다.

그러나 반석의 위력은 그와는 정반대입니다. 그리하여 비가 내리고 창수가 나는 결정적인 순간에도 오히려 늠름한 모습으로 반석 위에 세운 집을 그대로 우뚝 세워 보존케 한다는 것입니다.

그렇다면 여기에서 우리가 생각할 것은 지혜로운 자는 그 기초 선택을 바르게 한다는 것입니다. 결코 보이지 않는 기초! 그러나 이 기초를 바르게 하여 내 믿음의 근거를 분명히 하여야 할 것이란 말입니다. 진정 우리의 기초는 무엇에 근거하고 있는 것이겠습니까? 전적으로 그리스도의 말씀에 터한 것입니까? 아니면 나 자신과 인간철학의 이념에 근거를 두고 있는 것입니까? 분명히 기억할 것은 인간철학의 헛된 이념에 근거한 인생 설정은 어쩌다 한번 비바람이 몰아치고 창수가 나면 그것으로 여지없이 다 무너지고 만다는 사실입니다. 아무리 웅장하고 화려했던 것도 그 앞에서는 더 이상 아무것도 아니란 말입니다.

그러므로 중요한 것은 "이것이 좋은 것이다" 하고서 일단 기초를 선택하였으면 조금 불편하고 괴로워도 반드시 반석인 그 위에다가 세워야 하는 것입니다. 만약 그것이 높은 곳에 있다면 거기까지 올라가서 세워야 하고, 깊은 곳에 있다면 반석이 나올 때까지 땅을 깊이 파고서라도 그 위에다 세워야 할 것이란 말입니다. 이것이 곧 집을 짓는 일에 있어서의 가장 기본적인 원리인 것입니다.

이제 기초를 선택하였으면 그 위에 나의 인격을 세워야 합니다. 든든한 말씀의 반석 위에 나의 지식도 세우고, 철학도 세우며, 나의 가정, 나의 사업도 세워야만 합니다. 그리하여 나의 전 인격이 말씀에 위탁되어질 때 거기에는 무너짐이 없는 견고함이 있는 것입니다. 이와 같이 반석 위에 지은 견고함은 주님이 재림하시기까지, 주의 나라에 들어갈 때까지 결코 흔들리거나 무너짐이 없는 그대로 하늘나라에 이르게 할 것입니다. 그러나 모래 위에 지은 집은 결정적인 어느 시간에 다 무너지고 마는 것이란 말입니다. 그 때문에 주님께서는 마태복음 5장에서 7장까지의 긴 말씀을 하신 후에 이 말씀은 곧 생명이다! 그러므로 너희는 이 말씀에 너의 운명을 걸라는 뜻으로 이 반석 위에 지은 집을 설명하고 계시는 것입니다. 따라서 이제 우리는 이 말씀의 반석 위에 나의 생 전폭을 맡김으로 주님 앞에 서는 그날까지 결코 무너짐이 없는 견고한 믿음의 생활을 할 수 있기를 바라는 것입니다.

여우와 새

예수께서 무리가 자기를 에워쌈을 보시고 저 편으로 건너가기를 명하시니라 한 서기관이 나아와 예수께 말씀하되 선생님이여 어디로 가시든지 저는 좇으리이다 예수께서 이르시되 여우도 굴이 있고 공중의 새도 거처가 있으되 오직 인자는 머리 둘 곳이 없다 하시더라 제자 중에 또 하나가 가로되 주여 나로 먼저 가서 내 부친을 장사하게 허락하옵소서 예수께서 가라사대 죽은 자들로 저희 죽은 자를 장사하게 하고 너는 나를 좇으라 하시니라.
(마태복음 8 : 18~22)

여우와 새

　　예수님 당시의 유대 사회에 있어서는 특별히 서기관과 랍비라고 하는 신분의 지도계층이 있었습니다. 랍비라고 하면 랍비학교를 졸업한 율법에 대한 전문가로서 회당에서 가르치는 선생을 말함인데 지금 우리로 말하자면 목사라고 부르는 그러한 신분의 직입니다. 그리고 또한 서기관이라는 것은 주로 성경을 기록하고, 해석하며 가르치는 일을 맡아 하는 사람들입니다. 그렇기 때문에 서기관과 랍비라고 하는 이 두 신분의 사람들은 모두가 다 성경에 대한 전문가들입니다. 저들은 가르칠 뿐만 아니라 동시에 계속해서 성경을 읽고 배우며 그 뜻을 보다 깊게 재해석하여 실천케 하는 그러한 특권과 의무를 지닌 사람들입니다. 그런 점에서 보면 예수님께서는 언제나 율법에 대한 깊은 이해와 해석으로 그 본래적인 의도를 매우 충격적으로 말씀하시고는 하셨습니다. 그 한 예로써 "안식일은 사람을 위하여 있는 것이요, 사람이 안식일을 위하여 있는 것이 아니니" (막 2:27)라고 하신 말씀을 들 수가 있습니다. 이에 오늘 본문에 나타나고 있는 한 서기관은 이러한 예수님의 율법에 대한 해석과 그 말씀을 들으면서 굉장한 흥미를 갖게 된 것입니다. 그러면서 동시에 예수님을 따르고자 하는 마음이 지금 이 서기관의 마음 속에서 일어난 것입니다. 그래서 자기 나름대로 상당한 결심을 하고서 이제 예수님 앞에 나와 "선생님이여, 어디로 가시든지 저는 좇으리이다"라며 자기의 각오를 말하게 됩니다. 그러나 그의 생각에 아무래도 조금 거리끼는 것이 있었습니다. 그것이 뭐냐 하면 예수님은 참 훌륭하고 놀라우신 분 같은데 함께 다니는 그 제자들이 너절한 게 못마땅하게 보인단 말입니다. 저 갈릴리 촌사람들,

게다가 무식한 어부 출신들, 뿐만 아니라 허락 받은 강도라고까지 하는 세리인 마태, 이런 사람들이 있다 보니 같은 부류의 친구들이 주렁주렁 따라다니는 등, 당시의 서기관이나 바리새인들이 볼 때에는 어느 모로 보아도 개운치 않은 잡스러운 친구들이란 말입니다. 바로 이러한 사람들이 예수님의 주위에 있다는 것이 저들에게는 못마땅하고, 그 때문에 예수님을 따르기가 꺼려지는 것입니다. 그러기에 니고데모 같은 유대인 관원은 밤에 조용히 혼자 예수님을 찾아와 영생의 도리를 묻고 있는 것이 아닌가 하는 것입니다. 그 뜻을 확실히는 알 수는 없지만 왜 하필이면 밤에 찾아 왔느냐는 말입니다. 그렇게 예수님의 말씀을 꼭 들을 의사가 있고, 따르고 싶은 마음이 있는데도 밤에 혼자 찾아왔다는 것은 어쨌든 주위의 시선을 의식한 것이 아니겠느냐는 생각을 낳게 합니다.

그러니까 여기서도 서기관쯤 되는 사람으로서 볼 때에는 그러한 예수님의 제자들과 어울린다고 하는 것이 못마땅했던 것이라고 생각이 듭니다. 내심 그러한 가운데 이제 예수님 앞에 나와 어디로 가시든지 함께 따라가겠다는 자신의 각오를 이야기하는 것입니다. 그러니까 한마디로 말하면 열두 제자 중의 하나인 그런 제자를 삼아 달라는 것인데 이는 실로 대단한 결심이 아닐 수 없습니다. 만약 그렇게만 되어 준다면야 인간적인 생각에서 보면 갈릴리 어부 출신들에 비해 당대의 지도급 인사인 서기관 출신이 하나 따라 준다면 참으로 고마워해야 할 것입니다. 그런데 예수님께서는 이 서기관의 좇음을 허락하시지 않는 것 같습니다. 뿐만 아니라 말씀하시는 그 의도가 오히려 그 길을 막는 것 같은 인상을 주고 있습니다. 그것은 예수님께서는 이미 이 서기관의 마음을 읽고 계셨기 때문입니다.

여기서 이 서기관이 "예수님을 좇겠다"고 하는 말은 대단히 깊은 의미를 가지고 있는 말입니다. 이것은 단순히 배운다는 것만이 아니라 행동으로 함께 한다는 것을 뜻합니다. 따라서 이는 자기 집을 떠나서 예수님과 함께 하여야 하는 것입니다. 적어도 당시에 있어서는 랍비의 제자가 되면 이제는 그 랍비와 함께 살아야 합니다. 그러므로 지식의 습득을 위한 호기심과 존경만으로는 예수님을 따를 수가 없는 것이란 말입니다. 그런 의미에서 예수님은 더욱 높은 경지의 선생님이신 것입니다. 왜냐하면 예수님은 단순히 지식만 전달하는 그런 선생님은 아니시니까 말입니다. 그래서 예수님께서는 나를 따르려면 나와 함께 아주 운명을 같이 할 생각을 하여야지 그렇게 지식만 배우고 돌아가겠다는 생각을 가지고서는 따를 것이 아니라는 뜻에서 하시는 말씀 같습니다. 그리하여 참으로 비상한 결단을 요구하시는 것을 보게 됩니다. 이러한 희생의 각오가 없이는 따를 수가 없으니 그 높은 값을 지불하고 따르라는 말씀입니다.

이러한 관점에서 20세기의 신학자 본 회퍼(Bon Hoeffer)는 "현대의 기독교인들이 너무 값싼 은혜를 구한다"고 지적한 바가 있습니다. 은혜는 물론 쉽게 주어지는 것이기는 합니다만 그러나 내 편에서 너무 쉽게 공짜로 생각하는 데에 문제가 있다는 것입니다. 그렇다고 하여 인간이 공로를 세워야 한다는 이야기는 아닙니다. 그러나 예수를 믿고 구원을 얻는다고 하는 이 하나님의 놀라우신 은혜를 그렇게 값싼 것으로 생각하여서는 아니되는 것입니다. 오로지 이것이 영생의 도리요, 구원의 길이라고 할진대 그 이상의 값어치 있는 것이 있을 수가 없는 것입니다. 그러므로 이를 위해서는 상당한 대가를 지불할 각오가 되어 있어야 하는 것입니다. 예수님께서 말씀하신 바대로 마치 밭에 감추인 보화를 발견한 사람이 자기의 소유를 다 팔아 그 밭을 사는 것처럼 말입니다(마 13 : 44). 다시 말하면 여기에는 엄청난 값을 지불할 만한 가치가 있고, 그렇기 때문에 그 지불 또한 조금도 무리한 것이 안된다는 말입니다.

그리고 오늘 본문 속에서 시험과 동시에 권유하시는 예수님의 말씀은 다른 의도가 아니라 "끝까지 나를 따르겠느냐?"는 말씀인 것 같습니다. 이는 "죽도록 충성하라"는 말씀을 두고 생각하는 것과도 같은 내용의 말씀이라 하겠습니다. "죽도록 충성하라!"는 말씀의 뜻은 시간적으로 죽을 때까지 그리고 질적으로도 죽는 일에까지 충성하라는 말씀이 아니겠습니까? 그렇지 않고 따질 것 다 따지고, 말할 것 다하고서는 진정한 충성이란 있을 수가 없는 것입니다.

이에 예수님께서는 이 서기관을 향하여 "네가 언제까지 나를 따를 것이냐? 이렇게 인기가 좋고 영광스러울 때에는 따라다니다가 인기가 사라지고 위기가 오는 날에는 그만두고 떠날 것이 아니냐?"는 뜻에서 말씀하고 계시는 것입니다. 여러분! 우리의 신앙생활은 죽는 날이 그 끝일 뿐 도중에 졸업식 같은 것은 없다는 사실을 알아야 합니다. 그러므로 한번 시작된 신앙생활은 그것으로 마지막 순간까지 가야 하는 것이지 중간에 왔다갔다하며 달리 생각해 볼 여유가 없는 것입니다. 그러기에 나의 운명을 온전히 맡겨 버리는 결단과 함께 출발해야 합니다. 그렇게 보면 순교를 한다는 것도 어떤 의미에서는 살아가다가 순교한다는 것이 아니라 먼저 순교하고 따른다는 이야기가 되는 것입니다. 혹이 말하여 "내일 죽을 것이다"라고 생각하는 것이 철학이라고 합니다. 그런 사람은 지혜로운 사람입니다. 그러나 믿는 사람은 "어제 죽었다"고 생각하는 사람입니다. 이미 다 죽었어요. 그리고 따라가는 겁니다. 그 때문에 오늘 예수님께서 말씀하시는 의도는 이래도 끝까지 따르겠느냐? 그리고 정말 아무런 대가를 바라지 않고 따를 수가 있겠느냐? 하는 깊은 질문의 제시가 여기에 있는 것입니다. 그러니까 예수님께서 보실 때에 "아무래도 네 마음 속에 무언가 바람이 있고 조건이 있는 것 같으니 그것을 가지고는 아니된다"는 말씀입니다. 예수님께서는 조급한 마음을 금하시고 조건부가 아닌 무조건적인 것, 상대적인 것이 아닌 절대적인 충성을 요구하십니다.

그래서 이제 예수님께서는 오늘 본문을 통하여 여우와 새를 비교하여 말씀하고 계시는 것입니다. 여우도 저들만의 거처가 있어서 잠잘 수 있는 굴이 있고 공중에 나는 새들도 깃들일 곳이 있다. 그러나 나는 머리 둘 곳도 없다! 그저 정처없이 다니는 몸이다라는 말씀입니다. 생각하면 이 얼마나 처절한 이야기입니까? 따라서 주님의 뒤를 따르겠다고 한다면 거처를 생각해서는 아니되는 것입니다. 이제 주님의 뒤를 따르노라면 경제 문제가 해결이 되고 출세도 할 수가 있겠지 하는 그러한 생각은 아예 하지 말라. 인자는 머리 둘 곳도 없다! 참으로 대단한 각오를 필요로 하는 말씀입니다. 그러나 우리는 분명 거기까지 생각을 하여야 합니다. 우리는 지금 너무 쉽고 편하게 예수를 믿고 있습니다. 직장에서도 예수를 믿는다고 하면 신뢰해 주어서 오히려 인정받는 사람으로 지내는 처지이기도 합니다. 그러나 아직도 지구상에는 선교사의 피를 요구하는 곳들이 무수히 있으며 예수를 믿음으로 가정과 소속 공동체로부터 추방이 되어야 하는 무서운 일들이 일어나고 있습니다. 우리 나라의 정성균 선교사도 방글라데시에서 선교를 하던 중 엄격히 금지되어 있는 세례를 어떤 분이 자꾸만 받겠다고 하므로 몰래 세례를 주었는데 이것이 그만 발각이 되어 정 선교사는 그곳으로부터 추방을 당하게 되었고 세례받은 그 사람은 가문과 직장으로부터 쫓겨나게 된 것입니다. 그야말로 머리 둘 곳 없는 방랑객이 되어 버리는 것입니다. 저들에게 있어서 예수를 믿는다는 것은 지금까지 속해 있던 공동체로부터 완전히 추방되어 또 다른 공동체에 속한다는 것을 의미하는 것으로 이것은 실로 얼마나 괴롭고 두려운 일인지 모릅니다. 우리 나라에 있어서도 선교 초기에는 다 그렇게 어렵게 믿어야만 했던 것입니다. 그래서는 한 가정으로부터 쫓겨나는가 하면 아예 한 가문의 족보에서 지워 버리는 일까지도 각오를 해야 했습니다. 저의 할아버지 같으신 분도 3대 독자의 귀한 아들이셨지만 예수 믿는다는 것 때문에 한 달 동안을 집에 들어가실 수가 없었다는 것입니다. 그래도 한 달 후에라도 들어가셨으니 다행이지 그게 그렇게 쉬운 것이 아니었습니다. 완전히 추방을 각오할 수밖에 없는 것이 당시의 상황이었습니다.

인자는 머리 둘 곳이 없다! 이 말씀의 뜻이 무엇이겠습니까? 이는 곧 너도 추방당할 각오를 하라! 집 생각은 하지 말라!는 말씀이 아니겠습니까? 적어도 나를 따르려거든 안주할 생각일랑 하지 말라는 말씀입니다. 뿐만 아니라 환영받을 생각도, 인기를 얻을 생각도 하지 말라! 나는 다만 고독한 길을 가고 있을 뿐이라는 말씀입니다. 이 사람 서기관은 지금 예수님께서 많은 무리들에게 에워싸여 추앙을 받는 것을 보고는 이것이 근사해 보여 나도 따라야 하겠다는 생각을 한 것이란 말입니다. 그러니까 인기를 향한 묘한 심리가 작용하고 있음을 아시는 예수님께서는 이 길은 결코 인기의 길이 아니다. 이제 며칠 후로 다가선 골고다 언덕의 십자가의 길인데 거기에 합당한 각오가 되어 있느냐는 말씀입니다.

그리고 또한 여우와 새로 비유하신 데에는 또 다른 깊은 의미가 있는 것 같습니다. 이제 예수님께서는 이 사람의 과거나 자라온 환경을 조금 아셨던 것으로 짐작이 됩니다. 왜냐하면 이 사람은 사랑해 주는 부모 밑에서 배울 것을 배우며 평안하게 살아 온 사람입니다. 그런데 이렇게 안일하게만 살아 온 사람이 주를 따르겠다고 하는데 이제부터 당할 고난을 생각하면 그 말은 믿을 수가 없어요. 왜냐하면 앞으로 당할 고난이 그가 견딜 수 있는 것이 아니란 말입니다. 가끔 선교사로 가겠다는 사람이 찾아와서는 조언을 구할 때가 있는데 그럴 때면 제가 "가정이 어떠했고, 어떻게 자라 왔는가"를 물어봅니다. 그리고는 아무런 어려움없이 편안하게 살았다는 이야기를 하게 되면 그때엔 "그만 두라"는 말을 합니다. 선교사란 마음만 가지고 할 수 있는 일이 아닙니다. 그저 이 마음만 가지고 갔다가 1년도 못 되어 돌아온 사람들이 적지 않아요. 내내 감기가 걸려서는 죽을 지경인데 무엇이 되겠느냔 말입니다. 흔히들 하는 말대로 고생도 해본 사람이 하는 것이지 마음만 먹었다고 되는 것은 아니란 말입니다.

그러기에 경험도 하나의 은사입니다. 만약 나에게 고생을 많이 한 경험이 있다면 그것은 큰 선물이에요. 그저 아무데나 누워서 잠잘 수가 있고, 아무 음식을 먹어도 소화가 잘되니 이 얼마나 좋은가 말입니다. 그런데 자리만 바뀌면 잠이 안 오고 물만 갈아도 탈이 생긴다면 어떻게 되겠습니까? 그래서 예수님께서는 부잣집 아들로 생각되는 이 사람을 향해 "자네는 아무래도 안되겠다"는 것으로 말씀하시는 것입니다. 이제 사도행전 13장 13절을 보면 사도 바울과 동행하던 마가 요한이 저들을 떠나 예루살렘으로 돌아갔다는 이야기가 있습니다. 그런데 그 떠난 이유를 추론한 것에 의하면 산악지대를 여행하는 고통스러움과 바울이 말라리아를 앓는 것을 보고는 겁을 먹었기 때문이라는 이야기가 나오는 것을 볼 수 있습니다. 아무튼 마가 요한이 이때에 떠난 것은 바울에게 적지 않은 실망을 준 것이 사실이었습니다. 이와 같이 마음만 가지고는 될 수가 없는 것이겠기에 예수님께서는 이 고생해 보지 못한 사람이 단순한 기분으로 따르겠다고 하는 것에 대해 말리시는 것 같습니다.

또 한 가지 여기에서 중요한 것은 자기와의 싸움이 먼저 있어야 한다는 것입니다. 그러니까 이 사람에게는 아직도 허영심이 있어요. 따라서 완전한 희생을 각오하지 못했다는 것을 지적하고 계시는 것으로 봅니다. 운동 선수들이 시합에서 승리를 하려면 적어도 다음 몇 가지의 조건이 있다고 합니다. 그 첫째는 목표를 분명히 하는 것, 둘째는 집중하는 것이며, 셋째는 총력을 기울이는 것이요, 넷째는 인내하는 것, 그리고 다섯째는 절제하는 것이라고 합니다. 기본적으로 이 다섯 가지 과정을 통하지 않고서는 그 누구도 승리할 수가 없다는 것입니다.

이와 같이 예수를 따르는 사람에게 있어서도 목표가 분명할 뿐만 아니라 거기에 집중하여 총력을 기울이며 인내하고, 자기를 다스릴 줄 아는 절제가 없고서는 신앙생활은 호지부지되고 마는 것입니다. 그래 가지고서는 결코 따라갈 수가 없는 것이지요. 로마서 8장 17절 말씀에 보면 이에 사도 바울은 "우리가 그와 함께 영광을 받기 위하여 고난도 함께 받아야 될 것이니라"고 말씀하고 있습니다. 그러므로 예수 믿는 사람들은 정말 단단한 각오를 하고 출발을 해야 될 줄로 믿습니다.

권위있는 해석은 아닙니다마는 어떤 주석가들에 의하면 여우와 새를 두고 말씀하신 것은 이 서기관의 마음 속이 여우같이 간사한 마음과 새같은 허영심으로 가득 채워져 있어서 인자는 네 마음 속에 들어갈 곳이 없다는 뜻에서 비유하신 것이라고 하는데, 한번쯤은 생각해 볼 만한 해석이기도 합니다만 반드시 그런 것이라고 하는 타당성의 지지를 받고 있는 해석은 아닙니다.

이제 여기에서 우리는 이 서기관 외에 또 다른 한 사람에게 말씀하고 계시는 예수님을 보게 됩니다. 먼저 "제자 중에 또 하나가 가로되 주여 나로 먼저 가서 내 부친을 먼저 장사하게 허락하옵소서"라고 하는 것인데, 여기에서 "먼저"라는 이 말이 중요합니다. 이제 가서 부친을 먼저 장사하겠다는 것은 부모에 대한 효도를 말하는 것입니다. 그리고 한 가지 중요한 것은 그 우선성을 말하고 있다는 점입니다. 그러면 무엇을 우선으로 하느냐 할 때에 부모에 대한 의무를 다하고 나서 따르겠다는 이야기입니다. 일이 이렇게 처리될 때에 문제가 있는 것입니다.

바로 이러한 경우에 적합한 매우 좋은 예가 전해지고 있습니다. 언젠가 영국의 옥스퍼드 대학에서 아프리카의 한 학생에게 장학금을 주면서 와서 공부를 하라고 했더니 이 아프리카 학생이 편지로 회답하기를 부모님이 계시는데 이 부모님의 장례를 지낸 다음에 가겠다고 했더랍니다. 그래서 학교측에서는 다시 "그러면 지금 부모님의 나이가 몇이냐?" 하고 물었더니 "지금 40세입니다" 하고 회답이 왔더라는 것입니다. 여러분, 이래서야 이 사람이 언제인들 유학을 갈 수가 있겠습니까? 다행이 일찍 죽는다면 모르겠지만 그러나 그 이후에도 문제는 이어질 것이란 말입니다. 그래서 그 다음 이야기도 매우 재미있게 전해지는 것입니다. 이제 만약 부모가 죽었으면 제사를 지내야 하고, 제사를 지내면 그 후에는 자식을 공부시켜야 하고, 그리고 자식을 키워 놓았으면 이번엔 장가를 보내야 할 것이란 말입니다. 이런 것은 끝이 없는 이야기인 것입니다.

그러기에 오늘 예수님께서는 매우 단호하게 "죽은 자들로 저희 죽은 자를 장사하게 하고 너는 나를 좇으라"고 말씀하시는 것입니다. 또한 누가복음 14장 26절에서도 예수님께서는 "무릇 내게 오는 자가 자기 부모와 처자와 형제와 자매와 및 자기 목숨까지 미워하지 아니하면 능히 나의 제자가 되지 못하고"라는 말씀을 하고 계시는 것을 볼 수가 있습니다. 그런데 여기에서 생각할 것은 사랑의 예수님께서 왜 부모와 처자, 형제와 자매, 내 목숨까지도 미워해야 한다고 말씀하셨는가 하는 문제입니다. 그러나 이것은 사실입니다. 어떤 시점에 가면 해석이 필요 없어요. 진정 예수님을 사랑하기 위해서는 이것들을 미워하지 않고서는 아니되는 것입니다. 여러분! 한번 생각해 보세요. 감옥에 갇히거나 순교하는 분들이 가족을 생각한다면 그렇게 할 수가 있겠습니까? 결정적인 시간에는 가족을 미워해야 함은 물론 이제는 자기 목숨까지도 미워하여야만 된다는 것입니다. 마침내 그렇게 하고야 주님을 사랑할 수가 있어요. 그러므로 주님을 사랑한다는 것을 너무 쉽게 생각해서는 아니될 것입니다. 문자 그대로 다 버리며, 다 미워하지 않고서는 하나님의 뜻을 이룰 수가 없는 것입니다. 만약 그렇지를 못하여 이것도 좋게 저것도 좋게 하다 보면 어느 세월에 무엇이 어떻게 될 것이겠습니까?

그러므로 언제든지 주님을 향한 최우선이 되어지지 않고서는 주님을 사랑할 수도 없을 뿐만 아니라 가족을 사랑할 수도 없으며 결국에 가서는 자기의 생명을 사랑하는 것도 되지를 못합니다. 이는 참으로 깊이 생각하여야 할 문제입니다. 주님을 사랑한다는 것! 그것은 옛것으로부터 완전히 벗어나야 하고, 거기에 대해 전혀 무관한 사람이 되어야 합니다. 그렇지 않고 혈연이나 정에 연연하다 보면 정말 중요한 일은 할 수가 없게 됩니다. 그 때문에 옛날 우리 나라 이야기에도 보면 한 선비가 과거를 보러 떠나려고 할 즈음 아버지가 세상을 떠난 것입니다. 그러자니 과거 시험장에 나가지 못함은 물론 3년상을 치러야 하는 것이지 않겠습니까? 도리가 도리이니만큼 3년상을 치른 후에는 가리라 했는데 이번에는 어머님이 돌아가신 것입니다. 그리하여 또 3년을 지내고 나니 이제는 나이가 많아져서 이상 더 과거를 볼 수가 없었더라는 것입니다. 그렇다면 과연 어떻게 하는 것이 진정한 효자인 것이겠습니까? 그것은 참으로 중요한 문제입니다. 어떤 순간에는 인정을 끊어야 하고 가정에 대한 의무도 초월하여야 합니다. 뿐만 아니라 나의 목숨까지도 미워할 수 있어야 한단 말입니다. 그렇게 될 때에 비로소 주님을 따르는 내가 되는 것입니다.

그러기에 예수님께서는 죽은 자는 죽은 자들로 장사하게 하라고 말씀하시는 것입니다. 이는 우리에게 있어서 보다 실제적인 것으로 깊이 생각해야 할 문제라고 봅니다. 이미 죽은 자에 대하여 너무 그렇게 마음 상해 하지 말 것입니다. 성경에 보면 죽은 자에 관하여 참으로 단호했던 인물이 있는데 그가 바로 다윗왕입니다. 사무엘하 12장에 보면 그는 자기의 어린 아들이 심하게 앓으며 죽을 지경에 이르자 금식을 하고 밤을 새워가면서 땅에 엎드려 하나님께 기도를 드립니다만 그럼에도 그 아이는 앓은 지 7일 만에 죽고 맙니다. 그러자 진작 그 신하들은 차마 이 사실을 다윗왕에게 알리지를 못해 수군거리고만 있을 때에 다윗왕은 그것을 알아차리고 "아이가 죽었느냐?"고 묻고는 그렇다고 하자 당장에 그 자리에서 일어나 몸을 씻고 기름을 바르며 의복을 갈아입고는 하나님의 전에 들어가 경배를 한 후에 음식을 먹고 직무에 임하는 것이었습니다. 이것을 본 신하들이 하도 어리둥절하여 감히 왕께 "아이가 살았을 때에는 위하여 금식하고 우시더니 죽은 후에 일어나서 잡수시니 어찜이니이까?"라고 묻습니다. 이때에 다윗왕이 대답하기를 "아이가 살았을 때에 내가 금식하고 운 것은 혹시 여호와께서 나를 불쌍히 여기사 아이를 살려 주실지 누가 알까 생각함이어니와 시방은 죽었으니 어찌 금식하랴! 내가 다시 돌아오게 할 수 있느냐? 나는 저에게로 가려니와 저는 내게로 돌아오지 아니하리라"고 말하는 것을 보게 됩니다. 이제는 하나님이 데리고 가셨으니, 그것이 하나님의 뜻이요, 이상 더 내가 슬퍼할 것은 아니더란 말입니다. 우리들도 좀 이랬으면 좋겠어요. 죽은 사람 때문에 자꾸만 울고 있는 것은 죽은 사람 자체도 좋아하지 않는 일입니다. 그래서 제가 늘 하는 말이 "죽은 사람이 만일 지금 내려다보고 있다면 이렇게 우는 것을 좋아하겠느냐고, 그리고 빨리 정신을 차려서 자식들을 돌보고 하는 것을 보아야 저도 마음이 편할 것이 아니겠느냐?"는 이야기를 하고는 합니다. 아무튼 죽은 자를 위해서 너무 많이 울지를 마십시다. 더구나 죽은 자를 위해서는 투자하지 말 것입니다. 요즈음 와서 가만히 보면 죽은 사람을 위한 투자가 산 사람에게보다 더 많은 것을 보게 됩니다. 돈도 많이 쓰고, 무덤까지도 매우 사치하게 꾸민단 말입니다. 이 모두가 다 깊이 생각할 문제입니다.

이제 예수님께서는 죽은 자는 죽은 자들로 장사하게 하라! 그리고 너는 나를 따르라!고 말씀하고 계십니다. 이 말씀 속에는 매우 미래 지향적이고, 생명 지향적인, 참으로 엄청난 진리가 있는 것으로 생각합니다. 일단 하나님께서 이미 데려가셨다면 이제는 운다고 될 일이 아닙니다. 그러므로 깨끗이 잊고 일어나야 하며, 그러지 않고서는 하나님의 일을 할 수가 없는 것입니다. 이제는 더 다른 할 일이 없는 것처럼, 죽은 자를 위해 계속 울며 거기에다 온 정력과 마음을 다 쏟고 있다면 하나님께서는 기뻐하시겠느냔 말입니다.

뿐만 아니라 여기에는 시간적인 문제가 있습니다. 지금 먼저 부모를 장사해야 한다면 이후에는 허락치 않을 것이라는 말씀입니다. 그러니까 내 말을 알아들었다면, 내일로 미루지 말고, 다시 말하면 환경이 변화되기를 바라지 말고 지금 여기에서 당장에 나를 따르라는 그러한 결단을 요구하시고 있습니다. 따라서 주님을 따르는 일은 어떠한 경우에도 최우선의 것이 되어야 합니다. 그리하여 내 생명의 끝까지 희생하고도 따를 만한 값어치가 있음을 확신한 자리에서 주님을 따라야 하겠습니다. 그 때문에 이제는 순간도 지체할 수가 없고 더는 아쉬워해야 할 아무것도 없어야 하는 것입니다. 생각해 보면 우리는 자신의 일보다는 남의 일에 더 많은 관심을 쏟고 있는 것을 발견할 수가 있습니다. 그래서 베드로도 보면 부활하신 예수님께서 베드로를 향해 내 양을 먹이라고 하시면서 저가 핍박과 순교를 당하게 되리라는 뜻의 말씀을 하시자 옆에 있는 요한을 가리키면서 그렇다면 이 사람은 어떻게 되겠습니까 하고 묻게 됩니다. 그때에 예수님께서는 너무도 지나치시다는 생각이 들 정도로 아주 냉정하게 내가 다시 올 때까지 그를 살려둘지언정 너와는 무슨 상관이냐며 딱 잘라 말씀하시는 것을 보게 됩니다. 너와 저가 무슨 상관이냐? 너는 나를 좇으라!

가만히 보면 하나님만 믿으며 산다고 하다가도 다른 사람에 대한 생각이 지나쳐서, 저의 진실이 어떻고, 신앙이 어떻고 하다가 결국은 자기 자신이 상처를 입고 다치는 것을 보게 됩니다. 그러므로 남의 이야기할 것이 아닙니다. 앞, 뒤, 옆을 볼 필요가 없어요. 오직 내가 그리스도를 좇을 뿐인 것입니다.

진정 머리 둘 곳도 없었던 그리스도는 오늘도 우리에게 말씀하시기를 죽은 자는 죽은 자들로 장사하게 하고 너는 지금 나를 좇으라고 다시 한번 우리의 결단을 요구하고 계시는 것입니다.

의원과 신랑

　예수께서 마태의 집에서 앉아 음식을 잡수실 때에 많은 세리와 죄인들이 와서 예수와 그 제자들과 함께 앉았더니 바리새인들이 보고 그 제자들에게 이르되 어찌하여 너희 선생은 세리와 죄인들과 함께 잡수시느냐 예수께서 들으시고 이르시되 건강한 자에게는 의원이 쓸데없고 병든 자에게라야 쓸데 있느니라 너희는 가서 내가 긍휼을 원하고 제사를 원치 아니하노라 하신 뜻이 무엇인지 배우라 내가 의인을 부르러 온 것이 아니요 죄인을 부르러 왔노라 하시니라 그 때에 요한의 제자들이 예수께 나아와 가로되 우리와 바리새인들은 금식하는데 어찌하여 당신의 제자들은 금식하지 아니하나이까 예수께서 저희에게 이르시되 혼인집 손님들이 신랑과 함께 있을 동안에 슬퍼할 수 있느뇨 그러나 신랑을 빼앗길 날이 이르리니 그 때에는 금식할 것이니라.
　　　　　　　　(마태복음 9 : 10~15)

의원과 신랑

예수님께서 말씀하고 계시는 비유에는 여러 가지 성향의 비유가 있습니다. 하나님의 나라를 가리키는 비유가 있는가 하면, 우리가 예수님께 나아가는 방법을 가르치기도 하고, 또한 주님을 영접하는 우리의 자세를 가르치는 것 등, 비유에도 여러 가지 성격이 있습니다. 그런데 그렇게 다양한 성격의 비유 중에서도 가장 귀한 비유는 무엇보다도 예수님 자신을 가리키시는 비유입니다. 우리에게 있어서는 뭐니뭐니하여도 예수님을 밝히 알고자 하는 것이 가장 중요한 일입니다. 그 때문에 모든 귀한 말씀 중에서도 예수님 자신을 비유해서 말씀하신 그 비유는 어느 다른 비유보다도 우리에게는 소중한 말씀이 되는 것입니다. 예컨대 예수님께서 친히 말씀하신 나는 선한 목자다! 나는 길이다! 나는 빛이다! 등의 말씀들은 모두 다 예수님 자신을 가리키신 말씀입니다.

이제 오늘 본문에서는 예수님께서 자신을 가리켜 의원과 신랑이라는 두 가지의 비유로 말씀하시는 것을 보게 됩니다. 이렇게 예수님께서 하시는 말씀의 전부가 비유로 연결되는 것이고 보면 예수님의 말씀은 비유의 말씀을 모르고서는 그 의미를 알 수가 없다는 것이요, 이는 곧 예수님을 모른다는 결론에 이르게 되는 것입니다.

예수님께서는 오늘 본문 속에서 두 가지의 질문을 받으시게 됩니다. 이에 예수님께서는 나는 누구라는 것을 단순한 설명이 아닌, 지금 벌어지고 있는 사건과 상황에 대한 응답으로서, 그리고 거기로부터 출발되어지는 비유로써 저들에게 대답하시며 귀중한 진리를 말씀하고 계시는 것입니다. 이제 예수님께서 받으신 첫번째 질문은 당신은 왜 세리와 죄인들과 함께 음식을 잡수십니까? 하는 것이고 두번째 질문은 당신의 제자들은 왜 금식을 하지 않습니까? 하는 질문입니다. 이 두 질문을 받으신 예수님 께서는 나는 곧 의사와 신랑과 같다는 비유로써 자기 자신을 계시하고 계십니다.

그러면 먼저 예수님께서 자신을 의사로 말씀하신 비유의 배경을 잠깐 생각해 볼까 합니다. 가만히 보면 저들 바리새인들은 예수님과 그 교훈은 좋아하며 매력을 느꼈던 것 같습니다. 메시야까지는 생각지 못했더라도 예수님은 어디를 보아도 틀림없이 비범한 사람이요, 훌륭한 랍비며, 하나님께서 보내신 선지자 같다는 생각이 드는 것은 사실이란 말입니다. 거기까지는 생각이 되면서도 예수님을 전적으로 따를 마음이 내키지 않는 것은 여기에 걸림돌이 있었다는 것입니다. 그것은 예수님을 먼저 따르고 있는 그 제자들이 못마땅하다는 것입니다. 이것이 바로 문제입니다. 그러니까 예수는 믿고 싶은데 교인들이 보기 싫어서 교회에 못 나가겠다는 부류와 같은 이야기입니다. 이 얼마나 교만한 이야기입니까? 이러한 생각, 이러한 사람들이 예수님 당시에도 있었다는 것입니다. 저들 바리새인들의 생각으로는 예수님만 보아서는 꼭 따를 마음이 있는데 이 갈릴리 어부들이며, 세리라는 것들이 너절한 옷을 입고 다니면서 예수님 주위를 차지하고 있는 것이 아주 꼴불견이라는 것이지요. 그래서 마음에 들지도 않고 따를 마음도 내키지를 않는다는 것입니다. 그러니까 만약 지금이라도 예수님께서 저 못난 제자들을 떼어 버리시고 의젓하게 계신다면 나도 따를 마음이 있는데 하는 생각입니다.

여러분! 예나 지금이나 이런 마음이 있고, 못된 사람은 언제나 이러한 생각을 먼저 하게 되는 것입니다. 예수님을 따라가는데 있어서도 사람을 보고, 예수님 주위에 관계된 것들을 보면서 상대적으로 교만해지는 마음 때문에 예수님을 따를 수가 없는 거예요. 이를 두고 좀더 깊이 생각해 보면 예수님께 질문을 던진 저들의 내용인즉 죄인들과 함께 한다는 것,

다시 말하면 죄인들과 사귀면서 죄인들의 생활에 동참하는 그것이 못마땅하다는 것입니다. 그러면 이 죄인들과 함께 한다는 것이 무엇을 뜻하는 것이냐 하는 것입니다. 특별히 이스라엘 사람 중에서도 바리새인들은 죄인과 함께 하는 것을 엄격히 금하고 있는데 그 이유는 첫째, 내가 의인으로서 죄인들 속에 들어가 함께 지낸다는 것은 그 죄스러운 생활을 인정하는 것이 된다는 것입니다. 그러니까 죄를 심판해야 될 의인인 내가 오히려 그 속에 들어가 같이 뒹굴며 먹고 마신다는 것은 그 사람들의 더러운 생활을 정당화시키는 것이 되므로 함께 해서는 아니된다는 것입니다. 그리고 두번째 이유는 죄인들과 함께 사귀면 죄에 대한 감각이 둔해진다는 것입니다. 생각해 보면 이 또한 이유가 될 만한 것도 사실입니다. 죄인들 속에서 계속 지내다 보면 나도 모르는 사이에 죄에 대한 감각이 둔해져서는 전에는 이것도 죄고 저것도 죄라고 생각하였던 것이 이제는 자기도 모르는 사이에 그 속에서 동화가 되어 버리고, 판단 의식도 흐려지고 마는 것입니다.

　현대인의 죄 가운데서 가장 무서운 죄는, 죄를 짓고 안 짓고의 문제나 그 상태의 경중에 있는 것이 아니라 죄에 대한 감각이 둔하다는 것입니다. 무섭도록 죄에 대한 불감증 환자가 되어 버리고 말았어요. 그래서는 내가 지금 얼마나 끔찍한 잘못을 저지르고 있다는 사실을 모르고 있는 것입니다. 이것이 바로 문제란 말입니다. 분명히 엄청난 잘못을 범하면서도 자기의 잘못이라고는 생각지 않은 채 그대로 꾹꾹 누르고만 있으니, 그 건방진 생각 때문에 끝끝내 속은 썩어 들어가고 마는 것이지요. 이제 잘못된 줄을 알았으면 그 자리에서 바로 돌이켜야 하겠는데 그러지 못하는 약점이 있단 말입니다. 그리하여 죄에 대한 감각은 점점 더 둔해지게 되는 것입니다. 이는 마치 우리가 탐정소설이나 애정소설 같은 것을 심취해 읽다가 보면 어느 사이에 나 자신이 주인공이 되어 그 줄거리에 동화되어가고 있는 것과도 같은 것입니다. 그 결과 경우에 따라서는 행동은 해본 일도 없이 탕자가 되어 버리기도 하는 것입니다. 그렇기 때문에 이 바리새인들이 죄인들과 같이 하는 것은 나쁘다고 말하는 것입니다.

　세번째 이유는 결국은 죄에 동참하여 죄를 짓게 된다는 것입니다. 근묵자흑(近墨者黑)이라는 말이 있듯이 죄를 짓는 사람들과 가까이 사귀노라면 결국은 같은 죄를 짓게 된다는 것이지요. 그러므로 죄인들과 가까이 해서는 아니된다는 것입니다. 이에 잠언에도 보면 "지혜로운 자와 동행하면 지혜를 얻고 미련한 자와 사귀면 해를 받느니라"(잠 13:20)고 말씀하고 있습니다.

　그리고 더욱 무서운 것은 죄에 대하여 같은 심판을 받게 된다는 것입니다. 그 때문에 매우 엄격한 규율로써 제지를 하고 있는데 첫째, 죄인들과 같이 먹지 말 것. 둘째, 죄인의 물건을 사지 말 것 그러니까 거래하지 말라는 것이지요. 셋째, 저들의 집에 들어가지 말 것, 이 세 가지의 법이 매우 엄격하게 제시되어 있습니다. 그래서 이방 사람들과는 음식을 나누어 먹어도 안되고, 물건을 사도 안되며, 그 집에 들어가서도 안되는 것이었습니다. 문제는 이토록 엄격하게 관계를 끊고 보니 이제는 자기 자신이 점점 더 의롭게 여겨지고, 더욱이 이와 같이 관계를 끊으며 사는 자체가 곧 의(義)인 것처럼 생각하게 되는 것입니다. 그리하여 마치 바리새인의 기도처럼 "나는 다른 사람들, 곧 토색, 불의, 간음을 하는 자들과 같지 아니하고 이 세리와도 같지 아니함을 감사하나이다"(눅 18 : 11)라는 말을 쉽게 하게 되는 것입니다. 나는 저런 사람과는 같지 않다! 이처럼 자기를 점점 특별한 사람으로, 그리고 그 자체를 의로 간주하는 엄청난 과오를 범하게 되는 것이었습니다. 이는 곧 자신의 교만임은 물론 죄인이라고 생각하는 다른 사람을 멸시하게 되는 것입니다.

　이에 예수님께서는 매우 직설적인 표현으로 "내가 긍휼을 원하고 제사를 원치 아니하노라 하신 뜻이 무엇인지 배우라"고 말씀하십니다. 나는 제사를 원치 않고 긍휼을 원한다! 그러므로 이 사람들아 먼저 긍휼을 배우라! 그러한 이후에 나에게로 와야 제자가 될 수 있다는 말씀입니다. 그런데 진작 배워야 할 긍휼은 배우지 못한 채 예수님을 따르려고 보니 이미 따르고 있는 예수님의 주위의 사람들이 못마땅하게 여겨지는 것이란 말입니다. 그러나 우리가 반드시 기억해야 될 일은 자기를 특별하게 생각하는 것처럼 무서운 죄가 없다는 것입니다. 사실을 두고 생각하면 자기가 더 큰 죄인임을 고백할 수 있어야 하겠는데 오히려 다른 사람을 멸시하며 예수님의 제자들을 못마땅하게 여겼던 것입니다. 그런데 더욱 충격적인 일은 예수님께서 세리 마태를 불러 제자를 삼으시고는 아예 그의 집에 들어가 앉으셔서 함께 음식을 잡수시며 즐거워하고 계시는 것입니다. 이러한 광경은 소위 구별되게 산다고 하는 저들 바리새인들의 눈에는 정말 충격적인 장면이요 실망할 수밖에 없는 사건이었습니다. 어쩔 수 없이 제자들이야 그렇다손치더라도 예수님 자신이 이 꼴이 되어서야 되겠는가? 절대로 그럴 수는 없지 않는가? 하는 이러한 생각들 때문에 저들은 매우 충격적이요 그로 인해 지금 수군거리고 있는 것입니다.

이때에 예수님께서는 저들의 그 잘못된 바를 심판하시게 됩니다. 여기에서 먼저 생각해야 할 것은 세리라고 하여 다 죄인은 아니라는 사실입니다, 여러분! 우리는 이 점을 알아야 합니다. 가끔 여자분들 가운데 한 번 남자한테 배신당했다고 하여 모든 남자는 다 도둑이라는 단언을 하는 것을 보게 되는데 도대체 몇 남자를 만나 보았기에 그렇게 "모든 남자"라는 말을 함부로 할 수 있느냐는 말입니다. 이는 또한 남자의 경우도 마찬가지입니다. 어쩌다가 한 여자에게 속았다고 하여 한마디로 여자는 다 나쁘다고 할 수는 없는 것이에요. 가령 어떤 경우에 한 외국 사람을 만나 좋지 못한 인상을 받았다고 하여 그 나라 국민은 모두가 다 나쁜 것으로 생각한다면 이 얼마나 잘못된 편견이겠습니까?

이와 같이 저들 바리새인들은 나쁘게 생각하고 있었으나 이제 예수님의 마음으로 보실 때에는 이 마태는 비록 세리이긴 하였지만 좋은 사람이었습니다. 그러기에 예수님께서 세관 앞을 지나가시는 길에 한마디로 "나를 좇으라" 하시자 그 자리에서 일어나 좇은 것이 아니겠습니까? 이는 실로 보통 사람의 결단이 아닙니다. 그리고 또 한 사람, 우리가 너무도 잘 아는 세리장 삭개오 같은 사람은 뽕나무 위에까지 올라가서 예수님을 보고자 했으며, 뿐만 아니라 "내 소유의 절반을 가난한 자들에게 주겠사오며 만일 뉘 것을 토색한 일이 있으면 사 배나 갚겠나이다" 하는 모습을 보게 됩니다. 여러분! 이 정도의 말을 할 수 있는 사람이라면 과연 이 사람에게 토색한 것이 있을 것 같습니까? 없을 것 같습니까? 세밀히 조사해 보면 있을는지 모르겠습니다마는 벌써 말하는 자세가 이만하면 그런 정도의 부정은 없는 사람입니다. 그래도 자기 딴에는 깨끗하게 살아 온 사람입니다. 그렇기 때문에 남의 물건을 토색한 일이 있으면 사 배나 갚겠습니다 하고 자신있게 나오는 것입니다.

이와 같이 깨끗한 사람들이 세리 중에도 있더란 말입니다. 그러니까 이 변변치 못한 바리새인들보다는 이 세리가 더 나은 사람입니다. 그런데도 세리라면 무조건 다 죄인 취급을 하려는 것은 매우 잘못된 것이요, 나쁜 처사인 것입니다. 특별히 직업에 의해서 사람을 평가하는 것처럼 잘못된 것은 없습니다. 그 때문에 한마디로 장사하는 사람은 어떻고, 정치인은 어떻고 하는 식의 일괄된 표현은 함부로 말할 수 있는 성질의 것이 아닙니다. 한번은 목사들이 모여 세미나를 하는 장소에서 어느 목사님이 이야기를 하는 중에 요즈음 "죽일 놈이 셋이 있다"고 하시는 것입니다. 그것이 누구누구냐 하면 부자는 죽일 놈! 그러니까 부자는 무조건 나쁘다는 것이지요. 그리고 정권 잡은 자는 죽일 놈! 또 하나 큰 교회 목사는 죽일 놈! 이렇게 되어 있다는 것입니다. 그래서 요즈음엔 대교회라고 하면 이유도 없이 욕을 먹게 되는데 가만히 보면 신문이고 뭐고 할 것 없이 이곳저곳에서 아차하면 무조건 때리려고부터 하는 자세입니다. 이렇게 어처구니없는 일이 세상에 어디 있겠습니까?

이제 예수님께서는 이런 식으로 생각하는 바리새인들을 향하여 세리이면 하나같이 다 죄인으로 취급하는 너희들의 생각이나 판단이 잘못되었다는 것입니다. 죄는 어디까지나 개인적인 것입니다. 그러기에 세리 중에도 의인이 있고 대제사장이면서도 백번 죽어 마땅한 가야바 같은 죄인이 있는 것이 아니겠습니까? 그러므로 직업이나, 신분, 지위, 혹은 소유에 의해 사람을 평가하거나 죄인시하는 판단은 크게 잘못되었다는 것입니다. 그런가 하면 예수님께서는 그 깊은 면을 보시고 이제부터 예수님을 따르며 하나님의 일을 위해 함께 해줄 것을 생각하니 그저 대견하고 좋기만 하신 것입니다. 이와 같이 예수님께서는 매사를 언제나 미래적으로 보실 뿐 과거에 매여 말씀하시지 않으십니다. 이미 지나가버린 과거에 매여 거기에 연연하는 것은 참으로 어리석은 일이며 인생을 낭비하는 것이 되고 맙니다.

예수님께서 오늘 본문을 비롯하여 누가복음 5장 31절과 4장 23절 등에서 자신을 의원, 곧 의사로 나타내 보이고 계십니다. 의사라고 하는 것은 병의 원인을 찾는 전문가를 두고 하는 말입니다. 따라서 그의 통찰력은 빈부귀천이나, 나이가 많고 적고의 문제와는 상관없이 병의 원인을 찾고 그 상태를 파악하여 병자를 돕고자 하는데 전력을 다하는 것입니다. 그러다가 보면 경우에 따라서는 환자의 병이 자신에게 옮겨져서 어려운 위험을 당하게도 되는 것도 이 의사라는 직업입니다. 그러나 의사는 계속 환자를 도우며, 그리고 사랑해야 합니다. 바로 이러한 의미에서 예수님은 의사인 것이며, 단순히 세리에게 있어서뿐만 아니라 모든 병든 심령들을 위한 의사로 나타나신 것입니다.

그런데 오늘 본문을 통하여 하시는 예수님의 말씀은 의사란 건강한 자에게는 쓸데가 없고 병든 자에게라야 쓸데 있다는 것입니다. 이 말씀은 참으로 깊은 의미가 있는 말씀입니다. 지금 이 바리새인들은 자기들이 병들었음에도 그 사실을 모르고 있는 사람들입니다. 따라서 저들은 의사의 필요성을 느끼지 못하는 고로 천하 제일의 명의가 있어도 소용이 없는 것입니다. 그러나 자기가 병든 자임을 아는 그 사람, 세리에게는 예수님은 천하 제일의 명의가 되시는 것입니다. 그리하여 그 의사 앞에서 자기의 병적 증상을 숨김없이 다 고하므로 더욱 좋은 치료를 받을 수가 있게 되는 것입니다. 만약 그렇지 못하고 의사 앞에서까지 숨겨 두는 부분이 있다면 그 사람의 병은 결코 치료할 수가 없는 것입니다. 그러기에 부끄럽든, 어떻게 되었든 간에 자기의 과거와 병의 내력을 숨김없이 다 말할 수 있을 때에라야만 비로소 그 병은 정확한 진단과 더불어 치료가 가능하게 되는 것입니다.

그리고 더욱 더 중요한 것은 환자는 의사를 믿어야 한다는 것입니다. 그러니까 모든 증상을 다 털어놓았으면 "이제는 의사 선생님만 믿습니다" 하고서는 살려 달라며 "마음대로 하세요" 하고 나와야 할 것이란 말입니다. 그런데 만약 환자가 의사를 의심하기 시작하면 그 결국이 어떻게 되어지는 것이겠습니까? 이제 이 바리새인들은 자기 의에 도취가 되어 예수님 앞에 자기의 병든 바를 내어놓을 수가 없었습니다. 따라서 저들에게 있어서는 예수님은 상관이 없는 의사요, 반면에 예수님 앞에 나아와 자기의 모습을 그대로 들추어 보이는 그런 사람에게 한해서는 예수님은 참된 의사로 나타나시게 되는 것입니다.

이제 그 두번째 질문은 "어찌하여 당신의 제자들은 금식하지 아니하나이까?" 하는 질문입니다. 예수님께서는 겉이나 형식을 보시는 것이 아니라 그 중심의 깊은 내면을 보시는 것입니다. 그러는 중에 마태는 예수님의 마음에 들었고, 그 때문에 예수님께서는 누가 뭐래도 마태를 제자로 삼으셨고, 그는 역시 좋은 제자였기에 마태복음을 기록하기까지에 이른 것이 아니겠습니까?

그런데 형식과 외모를 보며 판단하고 말하는 저들의 교만이 이와 같은 또 하나의 질문을 만들어 내고 있는 것입니다. 어차피 자기의 의가 아닌 하나님의 긍휼과 그 은혜로 인해 얻어지는 것이 구원이라면 그 긍휼을 힘입을 수 있는 길은 오직 하나, 겸손밖에 없는 것입니다. 우리는 그것을 알아야 합니다. 바로 그 때문에 마태는 예수님의 마음에 들었고 이제 그 집에서 잔치를 하고 있는 것입니다.

이 잔치는 두 가지의 성격을 가지고 있습니다. 먼저는 송별회의 성격으로 이는 전직 세리로서의 마태가 그 자리를 떠나서 이후로는 예수님의 제자가 될 판이란 말입니다. 그래서 지금 옛 동료 친구들이 함께 한 자리에서 "자네는 세관에 올 때부터 우리와는 달랐네. 그래, 예수님을 따르기로 한 것 참 잘했네!" 하면서 예수님을 모신 자리에서 송별 파티를 하고 있는 셈입니다. 그런가 하면 예수님의 제자들 입장에서는 환영회가 되는 것이지 않겠습니까? 세리는 그만두고 이제는 전적으로 예수님만을 따르는 새로운 공동체에 들어오게 된 것을 환영하는 환영 파티란 말입니다. 그러니까 과거적으로 보면 세리의 직을 떠나는 송별 파티요, 미래적으로는 환영 파티가 되는 것입니다.

그런데 예수님께서는 후자를 보면서 미래 지향적인 입장에서 이 잔치와 세리를 보고 계시는 것입니다. 그 때문에 예수님께서도 이 시간이 더욱 즐거우셨던 것입니다. 그래서 하시는 말씀이 "신랑"이 있는 잔칫집을 이야기하시는 것입니다. 우리가 이제 과거를 생각하면 금식하고 고행을 하여야 하겠지만 다가올 미래는 그리스도와 함께 사는 영광스러운 생애뿐이란 말입니다. 뿐만 아니라 그리스도와 함께 한다는 것은 보통 놀라운 일이 아닌 것입니다. 성경은 곳곳에서 예수님을 신랑으로, 그리고 교회를 신부로 말씀하고 있습니다(요 3:29, 마 25:6, 엡 5:25-27, 계 21:2 등). 그렇다면 신부에게 있어서 가장 중요한 것은 신랑이 아니고 무엇이겠습니까? 그러므로 신랑 없는 살림이란 아무리 많은 것이 준비되어 있어도 다 소용없는 것입니다. 왜냐하면, 신랑이 있고야 신부가 있는 것이니까 말입니다.

이렇게 볼 때에 예수님과 함께 있는 생활 속에서 어떻게 금식을 할 수가 있겠느냐는 것입니다. 이에 예수님께서 하시는 말씀이 나는 너희에게 있어서 신랑이라고 하시는 것입니다. 다시 말하면 예수님은 모든 의미의 중심이요, 모든 가치의 기준이며, 모든 행복의 원인이 되신다는 것입니다. 그러기에 이는 마치 신부가 신랑을 맞이하여 그저 즐겁기만 한 그런 잔치와 같은 것이라는 말입니다.

　그 때문에 그리스도인의 생활이란 신랑을 맞이한 잔치와도 같은 것입니다. 이제는 신랑이 그 모든 문제를 해결해 주며 보호해 주고 사랑해 줄 것이란 말입니다.

　이와 같이 그리스도와 결혼한 사이! 그리스도와 함께 하는 사이! 그 행복의 극치를 어떻게 달리 표현할 수가 있겠습니까? 그 때문에 예수님께서는 이렇게 신랑이라고 말씀하시는 것입니다.

　그래서 저는 생각하기를 예수를 믿는다는 것이 무엇이냐? 혹은 잘 믿는다는 것이 무엇이냐?고 할 때에 옛날에는 울고불며 자학하는 식으로 하면 대단한 것으로 알았지만 그런 것이 아닙니다. 예수를 잘 믿는다는 것은 행복한 것입니다. 예수님과 더불어 행복하고 그 행복은 진정 극치의 행복을 누리는 것입니다. 이 행복에는 적어도 두 가지의 행복이 있어야 합니다. 그 하나는 예수님이 함께 계시니 그것으로 인하여 행복한 것입니다. 이 큰 행복이 있음으로 모든 고난과 역경을 다 이길 수가 있고 극복할 수가 있다는 것입니다. 바로 이것이 예수를 믿는 사람인 것입니다. 그리고 두번째는 죄인이 회개하고 돌아오는 것을 보며 기뻐하는 것입니다. 저는 지난주에도 488명에게 세례를 베풀어야 했는데 그럴 때이면 어떤 분들은 "목사님, 그 많은 사람들에게 세례를 주시자니 얼마나 힘이 들고 피곤하십니까?"라고 말씀들을 하시지만 그러나 저의 마음은 그렇지가 않습니다. 이 얼마나 즐거운 일인데 무엇이 그렇게 힘이 들겠어요. 밤새껏 세례를 베풀어도 피곤할 것이 없는 일입니다.

여러분! 한 심령이 회개하고 돌아오는 것! 그리하여 그와 더불어 내가 기뻐하는 것! 그것이 바로 잔칫집이 아니겠습니까? 한 심령이 하나님 앞으로 돌아올 때이면 하늘에서 잔치가 벌어진다고 하셨습니다. 그러므로 우리 먼저 믿은 사람들로서는 처음 믿는 사람 한 분 한 분을 맞이할 때 정말 기뻐야 하고 그를 돕는 일이 즐거워야 합니다. 그런데 이것을 기뻐할 줄 모른다면 그는 예수 믿는 사람이 아니라는 사실을 분명히 알아야 합니다. 진정 한 심령이 회개하는 것을 그렇게도 기뻐하고 예수 그리스도와 함께 하는 기쁨으로 충만한 그것이 신랑을 모신 신부가 아니겠습니까?

예수님은 의사이십니다. 따라서 그 앞에 있는 우리는 모든 것을 아뢰고 믿음으로 건강할 수가 있습니다.

또한 예수님은 신랑이십니다. 그러므로 우리는 그에게 전적으로 위탁할 수가 있으며 무한한 행복에 사는 것입니다. 이것이 진정한 그리스도인의 생활일 것입니다.

예수님은 의원이요, 신랑이십니다.

낡은 옷, 낡은 부대

생베 조각을 낡은 옷에 붙이는 자가 없나니 이는 기운 것이 그 옷을 당기어 해어짐이 더하게 됨이요 새 포도주를 낡은 가죽 부대에 넣지 아니하나니 그렇게 하면 부대가 터져 포도주도 쏟아지고 부대도 버리게 됨이라 새 포도주는 새 부대에 넣어야 둘이 다 보전되느니라.
(마태복음 9 : 16~17)

낡은 옷, 낡은 부대

　　본 비유는 앞장에서 말씀드린 의원과 신랑 비유의 연속으로, 의원이 되시고 신랑이 되시는 그 분을 맞는 자세와 마음가짐에 대하여 생각해야 할 바를 말씀하고 있습니다.

　　이제 아무리 귀한 신랑이 여기에 있다손치더라도 신부가 부정하고 시원치 않으면 그 관계는 행복한 관계가 될 수 없습니다. 좋은 신랑에는 역시 좋은 신부라야 하고 그럴 때에 보다 큰 기쁨과 행복을 느낄 수 있는 것입니다. 만약 그렇지 못하여 어느 한쪽이 영 기울게 되면 그럭저럭 어떻게 사는지는 모르나 결코 행복한 관계는 이루어질 수가 없게 되는 것입니다.

　　뿐만 아니라 의원을 맞는 사람도 그러합니다. 이제 환자가 의사를 맞았다면 그 앞에서 숨김없이 자신을 드러낼 수가 있고, 그리고 전적으로 믿고 맡길 때에 의사의 인술도 충분히 발휘할 수가 있는 것입니다.

　　이렇게 볼 때에 그들을 맞는 자세나 마음가짐은 참으로 중요한 것이 아닐 수 없습니다. 이를 위해 예수님께서는 오늘 본문을 통하여 또 하나의 비유로써 말씀하고 계시는 것입니다. 이제 오늘 본문 말씀의 내용을 보면 여기에는 당시 이스라엘 사람들의 한 생활풍습이 나타나고 있습니다. 지금 우리들은 현대 과학문명의 발달로 인해 화학섬유를 사용하기 시작하면서부터 옷을 기워 입는 일이 없어지다시피 하였습니다마는 제가 어렸을 때에만 하여도 밤이 되기만 하면 어머님은 떨어진 옷과 양말을 기우시는 것이 일이었습니다. 특별히 양말 같은 것은 못쓰게 된 전구 하나를 넣고서는 이리저리 돌리면서 계속 기우시는 것입니다. 당시엔 무슨 옷이든지 떨어지기만 하면 안이든 밖이든 할 것 없이 더덕더덕 기워서 입었던 것입니다. 그래도 사실은 거기에 운치가 있고 정겨움이 있었어요. 그런데 요즈음의 옷은 해지지가 않아서 기울 정도의 옷이 되기까지 입을 수가 없어 아까운 것도 버리게 되는, 정말 좋은 세상에 살고 있습니다. 그러자니 이제 부인들이 할 일이 없어진 것이지요. 아무튼 옛날 부인들은 물레질을 하고 길쌈을 하며 베를 짜는 것에서부터 시작하여 삶은 빨래에 풀질, 다리미질, 깁는 일까지 해야 하는 참으로 굉장한 수고의 힘든 생활을 했습니다.

이제 오늘 본문에 나타난 내용을 보면 아무래도 예수님께서는 옷을 기워 입어 보신 분 같습니다. 그렇지 않고서는 이렇게 실감나는 이야기를 하실 수가 없습니다. 이는 옷을 기워 보지 않은 사람은 모르는 일입니다. 그러나 양말 한 짝만 기워 보아도 당장에 알 수가 있습니다. 해어진 데에다 굵고 튼튼한 천을 대고 깁는다면 그 낡은 부분은 그것을 감당하지 못해 더욱 해어지고 마는 것입니다. 이에 예수님께서는 "생베 조각을 낡은 옷에 붙이는 자가 없다"고 말씀하시는 것입니다. 그러니까 낡은 옷에는 낡은 천을 대고 기워야 하고 부득이 새 옷이 찢어지기라도 하였다면 거기에는 새 천을 대어 기울 수가 있을 것이라는 이야기입니다. 다시 말하면 그 튼튼한 생베 조각을 낡은 옷에다 대고 깁는 사람은 없다. 만약 그렇게 기웠다가는 그 단단한 생베 조각이 낡은 옷을 잡아당기게 되어서 마침내는 둘 다 버리게 된다는 말씀입니다. 그러기에 새 옷은 새 천으로, 낡은 옷은 낡은 천으로 기워야 한다는 것인데 이는 곧 새 포도주는 새 부대에 낡은 술은 낡은 부대에라는 말씀에 이어짐으로 오늘 본문이 연결되어지고 있습니다.

다음으로 말씀하시는 포도주 부대 역시 당시의 이스라엘 사람들의 생활풍습으로 돌아가서 생각해야 하는 의미 있는 말씀입니다. 당시에는 지금 우리들처럼 유리병이나 플라스틱 제품의 그릇들이 있었던 것이 아닙니다. 그저 옹기를 구워서 만든 그릇들이어서 곧잘 깨어지는 데다가 더욱이 이스라엘에는 바람이 심할 때가 있기 때문에 어쩌다 한번 세찬 바람이라도 불어닥치는 날에는 깨어질 수도 있는 것입니다. 그 때문에 포도주를 이러한 질그릇에 담는 것을 꺼려하고, 대신에 우리로 보면 휴대용 물병이라고도 볼 수 있는 가죽 부대를 사용하는 것입니다. 이 가죽 부대란 주로 양이나 염소를 잡을 때 목 부분만 잘라 버린 후 가죽을 그대로 밑으로 벗겨 잘 말리면 그것으로 하나의 부대가 된 것입니다. 이렇게 되면 이제는 여기에다 포도주를 넣고 구멍난 부분을 꼭 묶어 두는 것인데 요즈음 같으면 마치 비닐주머니와도 같이 되는 것입니다. 그래서 늘어나기도 하고, 싣고 다니면서 마시는가 하면, 경우에 따라서는 잠자는 베개가 되기도 했던 모양입니다.

아무튼 이와 같은 가죽 부대가 처음에는 신축성이 좋아서 조금씩 늘어나기도 하고 줄어들기도 합니다. 그 때문에 아직 발효가 다 되지 못한 술을 넣어 더 끓어오르는 일이 있어도 문제가 되지를 않습니다. 왜냐하면 발효가 되는 동안에 이 부대도 같이 늘어나기 때문입니다. 그러나 문제는 몇 년을 두고 오래 써 온 가죽 부대인 경우에는 이제 그 신축성이 없어져서 만약 거기에다 다 발효되지 않은 술을 넣게 되면 어느 순간 이것이 끓어오를 때 펑하며 터지고 마는 것입니다.

이에 예수님께서는 오늘 본문에서 "포도주도 버리고 부대도 버린다"고 말씀하시는 것입니다. 그러므로 새 술은 반드시 새 부대에 넣는 것이 아니냐는 것입니다.

그러면 지금까지 생각해 온 새 옷에는 새 천으로, 낡은 옷에는 낡은 천으로, 그리고 새 포도주는 새 부대에, 낡은 술은 낡은 부대에 넣어야 한다고 하셨을 때 그 말씀의 의미가 무엇인가 하는 것입니다. 여기에서 말씀하시는 예수님의 요점은 두 세계의 만남을 뜻하고 있습니다. 다시 말하여 낡은 옷이란 낡고 헤어진 것, 더러운 것, 때묻은 자국이 있는 것, 신축성이 없는, 이러한 것들을 두고 하는 말입니다. 이에 비하여 새 옷감이라는 것은 힘이 있고 빳빳하며, 깨끗하고 신축성이 있는 것을 의미하는 것입니다. 그리고 낡은 부대란 탄력과 신축성이 없는, 수명이 다 끝나가는 그러한 상태를 두고 하는 말씀입니다. 그런가 하면 새 부대란 신축성과 포용력이 있어서 매우 여유있게 수용의 자세가 되어 있는 것을 의미합니다. 또한 술에 있어서도 낡은 술이란 이미 발효가 다 되어서 맥이 빠진 것을 말하며 새 술이란 아직도 끓어오를 것이 있어서 가만히 있을 수가 없는 움직임과 생명의 상태를 뜻합니다. 생명은 가만히 있는 것이 아닙니다. 계속해서 움직이며, 살아서 생명의 폭발력을 가지고 있음을 이렇게 말씀하고 계시는 것입니다.

여기에서 우리는 좀더 깊이 생각하여야 될 중요한 의미가 있음을 알아야 하겠습니다. 그것은 내용과 그릇에 대한 문제입니다. 여기에 포도주가 있다고 할 때에 이 포도주와 그것을 담은 부대와는 별개의 것입니다. 따라서 그것이 새 것이든 낡은 것이든 간에 이 두 가지는 각각 따로 생각하여야 합니다. 다시 말하면 어떤 진리를 두고 볼 때에도 어떤 진리 자체가 있고 그 진리에 따른 윤리가 있으며, 믿음에 있어서도 믿음의 내용이 있는가 하면 믿음에 따르는 행위가 있는 것입니다. 마찬가지로 겉과 속, 내용과 형식은 언제나 별개의 것으로 생각하여야 합니다. 하지만 그러면서도 연관되어 있다는 것이 대단히 중요한 의미를 주게 됩니다. 그 때문에 낡은 교훈에는 자연히 낡은 윤리가 따르며, 새로운 교훈에는 새로운 윤리가 따르게 되는 것입니다. 따라서 새로운 진리에는 새로운 생활 방법이 따르게 마련입니다. 그럼에도 이것이 그렇게 되지를 못할 때 거기에는 반드시 문제가 생긴단 말입니다.

그러면 이제 낡은 교훈이라는 것이 무엇이겠습니까? 우리가 구약성경으로 돌아가서 보면 대부분의 말씀들이 대체로 하지 말라는 것으로 되어 있습니다. 이와 같이 "하지 말라"는 식의 교훈은 율법적인 낡은 교훈이며 몽학선생과도 같은 것입니다. 그래서 마치 어른들이 아이들이 어렸을 때에는 무엇을 하려고 할 때마다 그저 하지 말라는 말로 일관하다시피 하다가 성장하여 철이 들게 되면 그때에는 "하지 말라"가 아닌 "하라"로 바꾸어 교훈하는 것과도 같은 것이란 말입니다. 그리하여 이제는 진실하라! 부지런하라! 사랑하라! 겸손하라! 고 하게 되는데 이와 같이 "하라"고 하는 것은 새 교훈인 것입니다. 그러고 보면 성 어거스틴의 유명한 "하나님을 사랑하고 네 마음대로 하라!"는 말은 이를 위해 매우 합당하고도 멋있는 말이라 생각됩니다. 하나님을 진정으로 사랑하고 이제는 마음대로 하라! 진정 사랑하기에 되어지는 일이라면 거기에 거칠 것이 무엇이겠습니까? 어쩌다 조금 잘못되었다손치더라도 그게 무슨 상관이 있느냔 말입니다.

그런데 이 낡은 법이다, 교훈이다 하는 것은 옛것임과 동시에 대체로 보아 부정적인 성격을 가지고 있습니다. 그래서는 긍정적이기보다는 부정적이고 제한적이며, 타부(禁忌, taboo)적인 성격을 많이 가지고 있는 것을 보게 됩니다. 여기에서 한 가지 분명하게 기억해야 될 것은 낡은 것이라고 하는 것은 많은 세월이 흘렀다는 것이며, 그 오랜 세월과 더불어 이제는 고정화되었다는 의미입니다. 이렇게 고정된 관념이 생기게 되면 그 후에는 내용과 형식에 혼돈이 오게 됩니다. 내용을 위해서 형식이 있고, 내용물을 위해 그릇이 있는 것이지만 이제는 그릇과 내용이 섞여 하나가 되고 마는 것입니다. 이런 경우는 가정에서도 쉽게 볼 수가 있습니다. 가정에서 하는 일은 어디까지나 사랑하는 마음에서 즐거움으로 하는 일입니다. 그런데 가령 예를 들어 부인이 남편을 위하여 매일 아침 구두를 닦아 주었다고 생각해 보십시다. 이는 결코 종살이한다는 마음에서가 아니라 사랑하는 마음에서 하는 것입니다. 이렇게 몇 년을 두고 하다 보니 이제 와서는 어쩌다 한번 빠지기라도 하면 마치 사랑이 식어진 것 같기도 하고 마음이 변한 것이 아닌가 하는 데까지 생각이 미치게 됩니다.

사실 그런 일이야 하면 할 수도 있는 것이고 안하면 안할 수도 있는 것인데 그것이 고정화되어 왔다는 것이 이렇게 무서운 것입니다. 이런 경우를 두고 우리는 흔히 "만사는 길들이기 탓이다"라는 말을 합니다만 아무튼 처음부터 어떻게 길들여져 왔는가 하는 것은 참으로 중요한 문제입니다.

이와 같은 똑같은 형식을 계속 오랫동안 반복하게 되면 마침내는 그 형식 자체가 내용을 대치하게 되어 내용의 의미를 대치하게 되고 그 자체를 교리화하게 됩니다. 이것은 실로 아주 무서운 일입니다. 예컨대 우리가 모이고 있는 삼일 기도회도 그런 것입니다. 성경 어느 부분을 통하여 주신 규약이거나 율법도 아니요, 반드시 이 저녁에 나와야 한다는 이유가 있는 것도 아닙니다. 그러나 여러분, 이 삼일 기도회는 계속 드려져 왔고 오늘 우리에게는 마치 하나님의 당연성처럼 되어 있는 것입니다. 그렇기 때문에 만약 어느 교회에서든지 간에 당회를 열고 제직회를 열어 요즈음같이 바쁜 세상에서 삼일 저녁 예배까지 드릴 것이 무엇이냐며 그만두자고 한다면 아마도 저 목사님은 돌았나 보다고 할 것입니다. 이는 왜냐하면 그것이 전승이 되었고 교리가 되었기 때문입니다. 그 때문에 만일 이를 없애자고 한다면 거기에는 대단한 어려움이 있게 되는 것입니다. 무언가 잘못된 것 같고, 죄스럽고 허전한 마음이에요. 만일 오늘이라도 삼일 저녁 기도회는 모이지 않겠다고 소문이 난다고 하면 당장에 하는 말이 그 교회는 세속화 다 되었다고 할 것입니다. 그러나 세속화와 삼일 저녁 기도회하고는 상관이 없는 이야기입니다.

그러니까 처음에는 중요한 의미를 가졌던 어떤 형식이 계속 반복되는 동안에 그 자체가 교리화되어 이제는 아무런 의미나 변화도 갖지 못하게 되는 것입니다. 그리고 더욱 무서운 것은 무의식화되는 것입니다. 왜 우리가 삼일 저녁에 모였나에 대한 의식이 없어요. 이것은 언제부터? 왜? 꼭 이렇게 모여야 하나? 성경에 나타나 있는가? 등등 누구도 여기에 대하여 생각해 보지를 않습니다. 그저 삼일 저녁이면 교회에 나가야지 하는 생각뿐 "왜?"라는 생각은 하지를 않는단 말입니다.

우리는 예수를 믿기 때문에 행하는 많은 의식들이 있습니다. 이 의식들은 믿음을 위한 그릇입니다. 그런데 이것이 고정관념으로 바뀌어지게 되면 그때에는 낡은 그릇이 되고 마는 것입니다. 우리 교회는 계절에 관계없이 저녁 예배를 7시 30분에 드립니다마는 요즘에 와서 어떤 교회에는 특별히 주일 저녁 예배 같은 경우는 4시에 드리는 교회도 있고 3시에 드리는 교회도 보게 되는데 어떤 이유에서든 그렇게 고쳐 시행하기까지에는 많은 어려움이 있었을 것으로 생각이 됩니다. 그러나 사실 알고 보면 수요일이 어느 지역에서는 목요일일 수도 있고 주일이 토요일일 수도 있으며 7시 30분이 5시 30분일 수도 있는 것이란 말입니다. 그렇기 때문에 이것들에 대한 여유가 있어야 하는 것입니다. 따라서 진리를 받아들이는 일에 있어서 우리가 어떤 자세로 임하여야 하는가? 하는 것은 매우 중요한 문제가 되는 것입니다.

이에 여기에서 말하고 있는 이 낡은 것은 변화를 감당하지 못하는 것입니다. 그저 옛 풍습에만 매여 철저히 습관화되었기 때문에 이제 거기에는 생명력도 없는 것입니다. 그런데 이와 같이 낡은 자세를 가지고 새로운 진리를 영접하려 든다면 그것은 걸맞지 않은 것으로 어려운 문제가 생기게 되는 것입니다. 그 때문에 당시의 종교 지도자들이 예수님에 대하여 호기심을 가지고 존경과 사랑을 한 것 같으면서도 자기의 고정관념 때문에 그 놀라우신 새 진리를 받아들일 수가 없었던 것입니다.

이와 같은 낡은 관념, 낡은 자세들을 보시면서 오늘 예수님께서는 이 비유를 들어 말씀하시는 것입니다. 생베 조각으로 낡은 옷을 기울 자가 없고, 또한 새 포도주를 낡은 가죽 부대에 넣지 않는다! 그러니까 이 말씀은 당연히 그런 것이 아니냐 하는 이야기입니다. 만약 그런 사람이 있다면 그는 천하에 어리석은 사람일 것입니다.

마찬가지로 우리가 예수 그리스도를 영접하고 따른다고 하면 마땅히 우리의 자세도 새로워져야 합니다. 그리하여 목적에 따라 목적에 알맞은 새로운 방법으로 바뀌어져야 하는 것입니다. 그런데 그렇게 되지 못하고 있을 때에는 아무리 좋은 진리가 있어도 문제만 되는 것입니다. 우리 나라 개화기 초에 있었던 여학생 농구선수들의 사진을 보면 꼭 파자마 같은 유니폼을 길게 입고는 더 이상 살갗이 노출되지 않게 하기 위해 손목과 발목을 비끄러맨 채 공을 따라다니는 그 모양이 참으로 가관입니다. 그러자니 그 수준이나 여타의 문제는 오죽이나 했겠으며 아무래도 국제 선수로 나가기는 틀린 이야기이지요. 그래서 하는 말이 "갓 쓰고 자전거 탄다"는 것이 아니겠습니까? 제대로 자전거를 타려면 갓을 벗어야지 갓을 쓴 채로 자전거를 타겠다니 그것이 얼마나 불편하며 그래가지고서야 갓에 신경쓰느라고 어디 달릴 수나 있는 것이겠습니까? 오늘 본문 말씀은 바로 이와 같은 내용을 두고 하시는 이야기입니다. 그러니까 한마디로 새 교훈에는 당연히 새 마음 그릇을 준비하라는 말씀입니다. 이제는 마음도, 뜻도, 세계관도, 생활 방법도, 전부 개선되어 새로운 관계라 성립되어야 하는 것입니다. 그렇지 않고서는 신랑 되신 주님을 맞을 수가 없을 것이라는 말씀입니다.

　　오늘 본문 말씀은 예수님께 부름 받은 마태가 그 불러 주심에 감격하여 자기의 집에서 잔치를 벌이는 상황에서 주어지는 말씀입니다. 이 잔치는 앞장에서도 말씀드렸듯이 옛 친구들과는 헤어지는 송별의 잔치요, 한편으로는 예수님의 제자가 되어 새로운 공동체에 들어가는 환영과 축하의 잔치입니다. 그 때문에 그는 너무도 즐겁고 행복하기만 하였습니다. 그런데 이것을 보고 있던 바리새인의 눈과 마음으로서는 예수님께서 죄인과 같이 앉아 함께 음식을 나누신다는 것이 아무래도 납득이 가지를 않는 것입니다. 제대로 생각이 돌아가는 것이라면 저 세리인 죄인 한 사람이 예수로 말미암아 구원을 받았구나 하고 함께 기뻐하며 고마워하면 되겠는데 그것을 소화하지 못하고 오히려 이렇게 비난을 하고 있는 것입니다.

여러분! 낡은 생각으로는 새로운 진리를 감당할 수가 없습니다. 그러기에 신랑을 맞이하는 기쁨을 가진 자로서 어떻게 금식을 하며 슬퍼할 수가 있겠습니까? 이는 신랑을 맞이하고도 금식을 하는 윤리관으로서는 진정 신랑을 맞는 그 큰 기쁨을 소화할 길이 없다는 말씀입니다. 때에 따라서 금식도 좋고 절제도 좋은 것이지만 지금 신랑을 맞이하고도 금식을 하겠다고 하면 그것이 제대로 신랑을 맞는 것이 되겠느냔 말입니다. 적어도 신부가 되겠다면 신랑을 향한 신부로서의 격에 맞는 새 마음을 준비하여야지 그렇지 않으면 문제가 되는 것입니다. 자기 딴에는 없는 돈을 가지고도 이것저것 새 살림살이를 많이 준비해 갑니다마는 진작 필요한 것은 새 사람, 새 마음이어야 하는 것입니다. 마음은 여전히 옛 사람 그대로인데 농짝이 새 것이라고 하여 새로운 만남, 새로운 감격이 있어지는 것은 아니란 말입니다.

그러면 이 새로운 세계를 어떻게 맞아야 하는가 할 때에, 이에 대한 예수님의 논법은 새 옷에는 새 천으로 기울 것이며, 그것이 술이라면 새 술은 반드시 새 부대에 넣어야 할 것이라는 말씀입니다. 이것은 이미 낡은 것에 새 것이 주어지게 되면 결국은 둘 다 버리게 되고 만다는 것입니다. 그러므로 옛 율법적 관계와 습관화된 고정관념은 깨끗이 십자가에 못박아 버리고 이제는 새 옷, 새 부대를 준비하라는 말씀입니다. 옛것을 깨끗이 버려라! 이것은 부분적인 수선으로 되는 것이 아닙니다. 전체가 낡아 버린 옷인데 어느 한 부분을 새 천으로 깁는다고 하여 그 옷이 새 옷이 되는 것도 아니요, 오히려 낡은 옷마저 버리게 되는 것이란 말입니다. 따라서 새로운 것에의 요청은 결코 부분적으로는 아니되는 것입니다.

마찬가지로 우리가 예수를 믿는다는 것도 부분적인 참여, 즉 말하자면 생각이나 생활방식은 여전히 옛날 그대로 하면서 그저 주일에 예배드리는 그 정도로만 기독교적으로 하려고 하는데 그게 다 문제가 있는 것임을 알아야 합니다. 기독교의 신앙은 중생을 요구합니다. 따라서 이는 전적으로 전체와 전체의 문제로서 마치 신부가 신랑을 맞이한 후에는 그야말로 출가외인이 되어 친정집은 잊어버리고 이제는 새 마음으로, 당신의 하나님이 내 하나님이요, 당신의 부모가 내 부모님이며, 당신의 형제가 내 형제라는 마음으로 변화되어 살아야 하는 것과 마찬가지인 것입니다. 만약 그것이 되지 않아 시간만 나면 저쪽 생각이요, 얼핏하면 친정에 가는가 하면 남편 형제는 형제 같지 않고 친정 식구만 만나면 눈물이 나고 한다면 그 살림이 며칠이나 갈 수 있겠습니까? 그것은 신랑을 맞이할 수 있는 새 마음이 아닙니다.

그러므로 전적인 새 마음, 항상 새롭게 맞이할 수 있어야 하고, 생명력이 있는 사람이 되어야 한다는 말씀입니다. 그리하여 계속 변화를 일으킬 수 있으며, 능동적이고 융통성이 있을 뿐만 아니라 언제나 창조적이어야 한다는 것입니다.

따라서 이제 우리는 좀더 과감하게 변화를 일으켜야 합니다. 그런데 변화는 변화이되 무의식적인 변화를 세속화라고 하며 능동적이고 창조적으로 변화를 일으킬 때 그것을 개혁이라고 합니다. 똑같은 변화 같으나 하나는 의식적으로 변화를 일으킨 것이며 다른 하나는 무의식적으로 끌려간 것입니다. 오직 우리는 능동적인 자세로서 새로운 진리에 맞는 변화의 생활을 스스로 창조해 나가야 하는 것입니다. 그것은 내가 예수를 믿고 사랑하기 때문에 당연히 있어야 하는 변화인 것입니다. 그렇게 될 때에 비로소 진정한 바른 자세가 이루어지게 되는 것입니다. 그 때문에 사도행전 2장 13절에 보면 "저희가 새 술에 취하였다"는 이야기가 나오는 것을 볼 수 있는데 이는 오순절 교회에 성령이 충만하여 놀라운 변화가 나타나고 있는 것을 보는 낡은 가죽 부대에 속한 옛 사람들이 이것을 감당하지 못하여서 하는 소리인 것입니다. 전적으로 그리스도의 영에 붙들려서 창조적인 역사를 나타내게 될 때 "새 술에 취한 것 같다"고 하는 이러한 별명을 얻게 된 것입니다. 그런데 바울이 선교를 하는데 있어서 계속 문제가 되었던 것이 다름아닌 율법주의자들이었습니다. 그는 저들의 방해와 도전 속에 계속 고민하여 충돌하게 되므로 사도행전 15장을 보면 이로 인해 공의회가 모이기까지 하였습니다만 문제는 여전히 문제로 남아 바울을 괴롭혔습니다. 그러나 바울은 이 낡은 부대의 율법적 관계를 넘어서 새 진리인 오직 믿음으로 구원을 얻는다고 하는 복음과 함께 예수 그리스도를 계속 법적 관계로 설명하는 참으로 위대한 교리적 선언을 로마서를 통하여 선포하고 있는 것을 볼 수가 있습니다.

여러분! 새 술은 새 가죽 부대에 넣어야 하듯이 신랑되신 우리의 주님도 새로운 마음, 새로운 세계관으로 맞아야 할 것입니다. 부분적인 변화가 아닌 전적인 변화로 신랑의 기쁨이 나의 기쁨이 되게 해야 하겠습니다. 새 술은 새 부대에 넣어야 할 것이니라!

목자 없는 양

무리를 보시고 민망히 여기시니 이는 저희가 목자 없는 양과 같이 고생하며 유리함이라 이에 제자들에게 이르시되 추수할 것은 많되 일군은 적으니 그러므로 추수하는 주인에게 청하여 추수할 일군들을 보내어 주소서 하라 하시니라.
(마태복음 9 : 36~38)

목자 없는 양

예수님께서는 오늘 본문 말씀을 통하여 자신을 목자로 비유하시고 그리고 우리 인간들을 양에다 비유하셨습니다. 목자와 양의 관계, 이것이 바로 예수님께서 말씀하고 계시는 그리스도와 우리와의 관계입니다. 이 비유라고 하는 것의 성격은 앞에서도 여러 번 말씀드린 바와 같이 말씀을 듣는 청중들이 쉽게 경험하거나 이해하고 알 수 있는 사건이나 이야기를 소재로 하여 그들이 경험할 수 없는 하나님의 진리를 설명하는 것입니다.

그렇기 때문에 비유에서 말하고 있는 소재가 청중의 편에서 "아니오" 하게 되는 것이라면 이 비유는 사실상 그 의미의 바른 전달을 기대할 수가 없는 것입니다. 예를 들어 해산하는 여인이 해산을 하고 나면 새로운 생명이 태어난 그 기쁨 때문에 열 달 동안 모든 고생과 생명을 걸었던 그 아픔의 마지막 순간도 일시에 다 잊어버리게 된다는 말씀을 하셨는데 과연 이 말씀을 가장 실감나게 받아들일 수 있는 사람이 누구일까 하는 것입니다. 잘 모르긴 하지만 어린아이들을 앞에 놓고는 몇 달을 두고 이것을 설명해 주어도 모르기는 마찬가지일 것입니다. 뿐만 아니라 성인 남자들의 경우에도 아는 것같이 보이기는 하지만 실상 그것도 수박 겉핥기 식으로 아는 것이지 여인들이 직접 체험하며 기뻐하는 것과는 거리가 먼 것입니다. 따라서 그 비유는 해산한 경험이 있는 여인이 아니고서는 그 뜻을 바로 이해하기가 어렵게 되는 것입니다.

이렇게 볼 때 오늘 우리에게 주시는 이 목자의 이야기는 우리의 경험과는 먼 것이므로 많은 설명을 통하여 상상을 해보게 되는 것입니다. 그리하여 이 상상의 농도가 비유의 소재인 경험에 도달하게 될 때 우리는 그 진리를 이해할 수 있는 것입니다. 왜냐하면 우리는 이렇게 낳은 양을 본 일도 없고, 물론 내가 목자가 되어 본 적도 없으며, 또한 목자없는 양이 얼마나 비참한 것인가 하는 것을 모르기 때문입니다. 따라서 그 실상을 설명하기가 참으로 어려운 것이란 말입니다.

   그러나 이스라엘 사람들에게 있어서 목자나 양의 이야기는 긴 설명이 필요치 않는 매우 익숙한 경험이요, 일상생활 속의 이야기인 것입니다. 그렇기 때문에 그저 한마디로 "목자없는 양과 같다!"고 하게 되면 당장에 알아차리고 "그래, 맞았어! 바로 그것이다!"라는 반응을 보일 수가 있는 것입니다. 이는 저들이 조상적부터 유목생활을 하였을 뿐만 아니라 현재에도 그렇게 살고 있으며 자신들 역시 목자이기 때문입니다.

   그러나 우리는 그러한 실질적인 경험을 전혀 가져보지 못한 입장에서 부득불 옛날의 저들에게로 돌아가 오늘 본문에 나타난 상황들을 생각해야 하는 것입니다.

   이제 예수님께서 전도하신 것을 보면 주로 성을 두루 다니시면서 전도하신 것을 보게 됩니다. 갈릴리나 가버나움, 특별히 많은 사람이 모이는 예루살렘의 곳곳에서 전도하신 것이 사실입니다마는 그러나 천천히 이곳저곳의 촌락을 두루 다니시면서 전도하셨고 때로는 들과 바닷가로 나가시어 거기까지 따라온 무리들을 향해 말씀을 전하셨던 것입니다. 그러고 보면 예수님께서는 직접 사람들을 찾아다니신 경우도 있지만 그보다는 오히려 사람들이 예수님을 찾고 따라다녔다는 것을 성경의 여러 기록에서 발견할 수가 있습니다. 그러기에 예수님께서 배를 타시고, 저편으로 가시면 저편으로 사람이 모여들고 이편으로 오시면 이편으로, 들녘에 앉으시면 들녘으로 모여드는 것이었습니다. 바로 이러한 모습을 모시고 예수님께서는 목자없는 양과 같다고 하시는 것입니다. 지금 보아하니 목자가 양을 따라다니는 것이 아니라 양이 목자를 찾아 헤매고 있단 말입니다.

예수님께서는 5천 명이 넘는 청중을 앞에 놓고 말씀을 전하셨는가 하면 어떤 때에는 우물가에 나온 한 여인을 놓고 1대 1의 개인 전도를 하시기도 하셨습니다. 또한 말씀으로만 하신 것이 아니라 오늘 본문에서와 같이 행동으로 한 사람 한 사람을 어루만져 치료해 주심으로 저들을 고통과 놀람으로부터 해방시켜 주셨습니다. 이 모든 기적과 행사 자체도 모두가 다 말씀인 것입니다. 그러니까 예수님께서는 말로만 말씀하신 것이 아니라 행동으로 나타내신 그 모든 행사와 기적이 곧 말씀이었다는 말입니다.

그런데 예수님께서 이렇게 가르치시고 만져 주시며, 치료해 주실 때의 심정이 어떠하셨느냐 하면 목자의 심정이 되셨다는 것입니다. 이제 그러한 마음, 그러한 눈으로 보실 때에 저들 무리들이 마치 목자가 없는 양들과 같아 보인다는 것입니다. 그래서 가엾고 불쌍한 것이지요. 이에 오늘 본문 말씀을 보면 "무리를 보시고 민망히 여기시니"라는 말씀이 있는데 이는 괴로워하셨다는 말씀입니다.

목자없는 양이 얼마나 불쌍한 것인가! 이 불쌍히 여기는 마음이 예수님의 모든 행동의 동기가 되고 근본이 된다는 것이요, 그러한 사랑으로 역사하셨다는 말씀입니다. 조금 더 전문적인 해석을 드린다면 민망히 여기셨다는 말은 헬라 원어로 '에스프랑니스데'라고 하는데 이 말은 창자를 의미하는 '스프랑나'에서 나온 하나의 생리학적인 용어입니다. 그래서 여기에서 민망히 여긴다는 '에스프랑니스데'는 창자가 뒤틀려 아프다는 그러한 뜻입니다. 그러니까 우리가 흔히 말하여 "창자가 끊어지듯이 아프다"고 하는 그러한 아픔을 의미하는 것이 "민망히 여겼다"는 말의 원뜻인 것입니다.

여기에서 우리는 깊이 생각하여야 합니다. 예수님은 어떤 대상을 보실 때에 마음만 아프신 것이 아니었습니다. 그렇기 때문에 예수님의 행동은 매우 즉각적이며 이 사람을 도와주면 나중에 쓸 만한 인물이 될 것인가 아닌가 하는 등에 상관없이 그때그때의 필요에 따라 돌보시고 치료하시는 것이었습니다. 우리가 하는 봉사도 전후좌우를 따지고 살핀다면 이미 봉사의 의미는 없어진 것이며 어디까지나 그런 마음으로서는 봉사할 수가 없는 것입니다. 그 때문에 봉사는 항상 직감적이어야 한다는 것입니다. 그러니까 그저 마음이 뜨거워지는 바로 그 순간에 즉각적인 행동을 함으로 거기에서 무엇이 이루어질 수 있는 것이지 그렇지 않고 "갔다가 내일 다시 오시오, 어디 한번 생각 좀 해봅시다" 한다면, 그것은 이미 못하게 되는 것과 마찬가지란 말입니다.

그런데 지금 예수님께서는 창자가 아프신 것입니다. 이는 눈물의 선지자 예레미야가 범죄한 이스라엘이 멸망으로 치닫는 것을 보면서 "슬프고 아프다. 내 마음속이 아프고 내 마음이 답답하여 잠잠할 수 없으니" (렘 4 : 19) 혹은 "나의 중심이 불붙는 것 같아서 골수에 사무치니 답답하여 견딜 수 없나이다" (렘 20 : 9)라며 하나님과 이스라엘 백성 사이에서 눈물로 부르짖으며 아파하는 모습과도 같은 것입니다. 거기에는 실로 창자가 끊어지는 것 같은 아픈 괴로움이 느껴지고 따르는 것이란 말입니다. 그러나 아파하는 마음이 우리 전도하는 사람의 진정한 마음인 것입니다. 그렇기 때문에 바로 이러한 마음없이는 전도할 수가 없으며, 또한 이 마음없이 전도해 보았댔자 아무 소용도 없는 일입니다. 뿐만 아니라 이 마음없이 봉사할 것도 아닙니다.

그러나 예수님의 마음속에는 이것이 있었어요. 이것은 결코 단순한 기분이나 순간적인 동정이나 사랑이 아닙니다. 여기에는 뜨거운 열정과 함께 영혼이 아프고, 마음이 아프며, 아주 몸까지 아프게 되는 그러한 전체적인 고통이 수반되고 있는 것입니다. 우리가 어떤 경우에 심적인 강한 충격을 받게 되면, 그때엔 육체적인 몸까지도 상하게 되어 소화가 안되는가 하면 때로는 고혈압으로 쓰러지기도 하고 심장이 멎게까지 되는 것을 볼 수가 있는데 이러한 경우들이 다 마음에서 비롯된 아픔이 육체의 고통으로 나타난 결과가 아니겠습니까? 그 때문에 흔히들 보면 어려운 형편을 당한 이후에 그것이 속병이 되어서는 시들시들 앓다가 그 길로 세상을 떠나는 이들을 보게 됩니다.

이처럼 아픔은 마음에서 몸으로 오게 되는 것입니다. 그렇다면 이제 우리가 어떤 상처입은 사람을 보았을 때에 그의 지금 처지가 너무도 불쌍하여 내 창자가 뒤틀리고 끊어지는 것 같은 경험을 해보았느냐 하는 것입니다. 이는 마치 자기의 어린 자식이 앓아 누워 열이 40도를 오르내리며 숨을 헐떡이는 것을 보는 부모의 마음과도 같은 것이라 하겠습니다. 이때의 부모의 심정은 "저것이 잘못되기보다는 내가 차라리 죽는 것이 낫지!" 하는 생각을 하게 마련인데 이러한 마음을 자기 자식뿐만 아니라 다른 사람, 특별히, 육적인 것이 아닌 영적으로 죽어가는 심령들을 볼 때에도 이렇게 뜨겁고 아픈 마음이 있어야 할 것이란 말입니다. 그리하여 예수가 누구인 줄을 몰라 그대로 멸망의 길을 가고 있는 사람을 보는 순간, 그를 향한 안타까운 심정에서 마음이 괴롭고 창자가 끊어지는 것 같은 경험이 있을 때에 그것이 바로 그리스도인이란 말입니다.

예수님께서는 언제 어디서나 이와 같은 마음으로 사람을 대하시고 돌보신 것입니다. 그 때문에 피곤이나 배고픔도 잊으신 채 헌신적인 수고로 병들고 나약한 자들을 치료하시며 위로의 손길을 늦추지 않으신 것입니다.

이에 예수님께서는 이러한 자기 자신을 목자로 비유하시고, 모여드는 많은 사람들은 양으로 보신 것입니다. 그리고 한편으로는 그 많은 사람들을 익은 곡식으로 보셨다는 것입니다. 그래서 "추수할 것은 많되 일군은 적으니"라시며 "주인에게 청하여 추수할 일군들을 보내어 주소서 하라"고 말씀하시는 것입니다.

그러면 이제 "목자없는 양"이란 어떤 상태의 양인가 하는 것입니다. 이에 여기에서 먼저 생각할 것은 목자없는 양은 방향 감각을 잃고 헤맨다는 것입니다. 이런 경우는 그 옛날의 원시 유목문화권에서는 심심찮게 일어나는 일로서 이는 양을 몰고 다니던 목자가 죽게 되는 때문이라고 합니다. 한 사람의 목자가 오랜 기간 동안 수십, 수백 마리씩의 양을 몰고 다니면서 천막을 쳐가며 양을 치게 되는데 그러는 동안에 갑자기 심한 병이 걸리거나 쇠약해지게 되면 속수무책이 되어 그대로 죽게 되는 것이란 말입니다. 그렇게 되면 이때부터 그 양무리들은 갈 곳을 몰라 헤매게 될 뿐만 아니라 이리저리 사방으로 흩어져 나가게 되는 것입니다. 여러분! 이 광경을 한번 상상해 보십시오! 이 얼마나 가엾고도 위험한 상태입니까? 아무도 돌보지 않는 양들! 그래서 사방으로 흩어질 수밖에 없는 양들! 이 양은 착하고 순한 대신에 어리석기도 하여서 불과 얼마 멀리 가지 않았어도 혼자서는 제 집을 찾아오지 못합니다. 그 대신 목자가 있어서 한 마리만 데리고 앞서가면 줄줄 순하게 따라오는 것이어서 목자 혼자서라도 얼마든지 많은 양을 인도할 수가 있습니다. 그 때문에 이 양은 목자가 반드시 있어야 하는 동물입니다. 그런데 목자가 없어졌으니 배는 고프고 먹기는 먹어야겠으니 다 흩어질 수밖에요. 그리하여 이곳저곳으로 먹을 것을 찾아 헤매게 되었으니 이것이 위험하기 그지없는 일이란 말입니다. 이제 어느 벼랑 위에서 풀을 뜯다가 아차 하는 순간에 깊은 골짜기로 굴러 떨어지게 되는지 아니면 맹수의 밥이 될 수도 있는 처절한 신세가 되어 사방으로 흩어지는 것입니다.

그런데 예수님께서는 저들 모인 무리들을 이와 같이 보셨다고 하는 것입니다. 저들에게는 지도자가 없어요. 그래서 지금 어디로 가야 할지 몰라 방향 없이 헤매고 있는 것입니다. 목자없는 양은 주리고 목마른 것입니다. 이제 예수님께서는 저들의 이러한 처지가 너무도 가엾어서 마치 "목자없는 양"과 같다고 말씀하시는 것입니다. 이에 마태복음 14장에서도 보면 예수님께서는 들녘에 모여든 5천 명이 넘는 무리를 목자없는 양과 같이 불쌍히 여기시고 영적으로 배고파하는 저들에게 "너희가 먹을 것을 주어라"며 육적인 굶주림까지 채워 주시는 것을 볼 수가 있습니다. 이와 같이 영적인 눈으로 볼 때 바른 교훈, 곧 생명의 말씀을 찾지 못하여 헤매는 모습이란 참으로 비참한 것입니다. 목이 마르다고 하여 아무 물이나 마실 수 있는 것은 아닙니다. 썩은 물은 물론이요 어쩔 수 없어서 바닷물이라도 마시게 된다면 이제는 그 짠맛 때문에 목은 더욱 갈하게 되는 것입니다. 요즈음에는 청량음료다 뭐다하여 마실 것들이 많습니다마는, 이것저것 다 마셔 보아도 제 경험으로는 냉수보다 좋은 것은 없는 것 같습니다. 이렇게 제일 필요하고 좋은 것이 냉수인데 이것을 마시지 못하고 바닷물 같은 것을 마시게 되면 마셔도 마셔도 목마름은 더해 가는 것이란 말입니다.

그러니까 진리인 하나님의 말씀을 바로 듣지 못하여 이곳저곳을 찾아다니며 철학을 공부하고, 랍비로부터 교훈을 배우며 바리새인의 설교를 들어봐도 거기에서는 아무런 시원함도 찾지 못한 채 계속 헤매고 다녀야 할 뿐 그것으로서는 해결이 되지 않는 것이란 말입니다. 이것이 곧 배고픔으로, 배가 고프기에 이제는 독초라도 먹게 되고 그러다가 마침내는 병이 들어 죽게 되고 마는 것입니다. 이와 같은 목자없는 양의 위험한 여정과 그 불쌍한 모습을 한번 생각해 보십시오. 예수님께서는 바로 눈앞의 무리를 보실 때마다 목자없는 양의 모습을 보고 계시는 것입니다.

목자없는 양은 결국에는 하나하나 흩어져서 고독하고 불안해집니다. 문둥병 환자, 중풍병자, 귀신 들린 자, 그 모든 병자들은 고독합니다. 여러분, 혹시 환자가 되어 병원에 입원을 해보신 적이 있으십니까? 환자로서 침상에 누워 있게 되면 그 때엔 몸만 아픈 것이 아닙니다. 이제는 마음이 아파요. 마음이 아픈 가운데에서도 제일 참기 어려운 것은 고독이라는 아픔입니다. 간혹 건강한 사람들은 병문안을 하면서 이런저런 말로 위로를 한다지만 그 어느 말도 위로가 되지를 않습니다. 위로가 된다면 차라리 옆자리에 있는 환자가 주는 위로가 크지요. 저는 나의 동지이니까 말입니다. 내가 아픈가 하면 저도 아프고 나만 고독한 것이 아니라 저도 고독한 것이기에 그것으로 서로에게 위로가 되는 것입니다. 그러기에 건강한 사람이 병든 사람을 위로하지 못한다는 사실을 알아야 합니다. 이 고독이라는 것은 묘한 것이어서 사람마다 내가 가진 이 고민은 나만이 안고 있는 특별한 경우라고 생각하는 데에서 문제가 되는 것입니다. 그러나 그것을 나 외에도 많은 사람들이 이런 입장에 처해 있다고 생각할 수만 있다면 그 긍정만으로도 이미 고민의 50%는 해결을 볼 수가 있습니다. 게다가 좀더 해결할 수 있는 길은 나보다 더 어려운 문제에 있는 사람들이 더 많다고 하는 긍정입니다. 이렇게만 생각을 하게 되면 이제는 고민의 70%는 해결이 된 것이라는 사실입니다. 그런데 자살하는 사람들이나 고민에 떠는 사람들의 경우에는 하나같이 무슨 생각을 하느냐 하면 "이 마음은 온 세상에서 나 하나밖에 모른다"고 하는, 그리하여 자기의 생이 먼 사막에 홀로 던져져 있는 것 같은 생각으로 몰고 가는 것입니다. 그러자니 그 고독의 아픔은 더욱 커져 가는 것이지요.

요한복음 5장을 보면 예수님께서 참으로 외로운 한 사람을 위로하시는 장면을 보게 됩니다. 자그마치 38년 된 중풍병자가 지금 베데스다못가에 누워 있습니다. 38년을 누워 있었다면 이는 참으로 굉장한 세월을 보낸 것이 아니겠습니까? 이렇게 긴 세월이 흐르는 동안 부모도, 형제도 다 떠나가 버리고 이제는 아무도 돌아보지 않는 몸으로 이렇게 내버려져 있는 것입니다. 이를 보신 예수님께서 "네가 낫고자 하느냐?"고 물으실 때에 저가 하는 부탁의 말이 생각해 보면 그렇게 비참한 이야기일 수가 없습니다. 주여 물이 동할 때에 나를 못에 넣어 줄 사람이 없나이다! 그러니 낫든 낫지 않든 저 못에 물이 동할 때에 나를 좀 끌어다가 한번 들어나 가 보게 해주십시오, 라는 것입니다. 이 베데스다못에 대한 미신 같은 전설을 믿고는 그 마지막 소원 하나를 지금 말하는 것입니다. 이처럼 아무도 그를 도울 사람이 없었어요. 그러자니 이 사람의 고독이 오죽하였겠습니까? 여기에서 나를 못에 넣어 줄 사람이 없습니다라는 것은 헬라 원문으로 표현하자면 '욱 엑코 안드로포스'로 이를 영어로 직역하면 아이 해브 낫 어 맨(I have not a man), 나는 한 사람을 가지지 못했다고 하는 것입니다. 이는 많고 적고의 문제가 아니라 단 한 사람이면 되겠는데 그 한 사람이 없어서 고독해 하는 것입니다. 그런데 예수님께서는 이토록 처절하게 고독해 하는 이 사람을 찾아가시어 만나 주시고 고쳐 주시는 것입니다. 이 사람은 몸만 병신이었던 사람이 아닙니다. 그는 생각도 병신이었어요. 그렇기 때문에 예수님께서 낫고자 하느냐? 물으실 때에 예수님의 얼굴을 똑바로 보면서 "예, 낫고자 합니다. 제발 나를 좀 살려 주십시오," 라는 간단한 애원으로 대답하지 못하고 나도 다른 사람들처럼 기어이 물에 한번 들어가게 해달라는 대답밖에 할 줄을 모른단 말입니다. 그러나 예수님께서는 그러한 미신에 매여 있는 어리석은 그를 조금도 꾸짖지 아니하시고 그 고독한 자에게 필요한 단 한 사람이 되어 주시는 것입니다.

목자없는 양은 흩어지게 마련요, 목자없는 양은 외롭습니다. 이에 예수님께서는 많은 사람들을 보시면서 저들 모두가 하나같이 고독해 하고 있구나! 어느 곳에서도 위로 받을 길이 없는 저 무리들! 그래서 이리저리 헤매며 유리(遊離)하는 양들의 모습이 되었다고 보시는 것입니다. 뿐만 아니라 목자없는 양이라고 하여 가만히 움츠리고만 다니는 것이 아니라 어디엔가 목자가 있기를 바라는 걸음으로 헤매고 다닌다는 것입니다. 그 목자는 결코 삯군이 아닌 목자로서, 나의 길을 전적으로 맡기고 마음놓고 먹으며 따라다닐 수 있는 그런 믿을 만한 목자이어야 하겠는데 그 목자를 찾지 못해 이렇게 헤매며 다니는 것입니다. 여러분, 세상에 이 의심하는 것처럼 괴로운 병도 아마 없을 것입니다. 그 때문에 식사때 마다 독약이라도 넣지 않았나 은수저로 음식을 감별하는가 하면 쇼펜하우어(Schopenhauer) 같은 철인도 개 한 마리를 데리고 다니면서 먼저 개에게 먹어 보게 한 후 괜찮으면 그 때에야 자기가 먹었다는 것이니 그렇게 하고 산다는 것이 얼마나 불행한 일입니까?

우리가 살아간다고 하는 것은 상당한 믿음을 가지고 사는 것임을 전제합니다. 이는 우리가 음식점에서 음식을 먹을 때에도 청결하건 불결하건 간에 적어도 독약은 아니겠거니 하는 생각으로 먹게 되는데 이러한 행위의 모두가 기본적인 이 믿음을 전제하고 있는 것입니다. 이렇게 식생활에 있어서 전적으로 믿고 먹을 수 있다는 것은 생명에 직결되는 매우 중요한 문제인 것입니다. 뿐만 아니라 이러한 관계는 교수와 학생, 교역자와 교인 사이에 있어서도 마찬가지입니다. 앞에서 전하는 자의 말을 액면 그대로 믿고 받아들이는 거기에 성장이 있고 행복이 있는 것입니다. 그러나 이것을 이리저리 따지면 들을 것, 안 들을 것 구분하고 앉아 있다면 그 얼마나 괴로운 일이겠습니까?

그렇다면 이제 우리가 찾고 있는 목자는 어떤 목자입니까? 그는 전적으로 믿을 수 있는 목자이어서 그저 그 분의 말이라면 검은 것을 두고라도 희다하면 희고, 검다면 검은 것으로 일단은 생각을 따르고 보는 것이란 말입니다. 이렇게 전적으로 믿고 따를 수 있는 목자! 바로 그러한 목자를 지금 찾고 있는 것입니다. 양은 목자를 의심하지 않습니다. 만일에 목자를 의심하는 양이라면 그 양은 그 목자의 양이 아닙니다. 그 목자의 양이라면 목자가 인도하는 대로 이리 가라면 이리로, 저리 가라면 저리로 갈 뿐입니다. 그리고 때로는 지팡이로 한 대 때리더라도 "예, 알겠습니다" 하고 더 잘 따라올 것이 아니겠습니까? 이제는 어디로 인도하든, 무엇으로 인도하든 여호와는 나의 목자시란 말입니다.

그런데 참 목자를 찾아 애타게 헤매었으나 못 만나게 되면 이제는 우상을 만나게 됩니다. 어거스틴의 말대로 하나님을 모르는 사람들이 하나님을 찾아 헤매다가 저들대로 기껏 만난 것이 우상인 것입니다. 그래서 우리들이 흔히 보는대로 무슨 큰 행사나, 큰 공장의 준공식 때에 보면 기껏 돼지 머리나 쭉 차려 놓고 그 앞에서 내노라는 사람들을 선두로 어떤 때에는 몇 백, 몇 천 명이 넙죽넙죽 절을 하는 것을 볼 수 있는데 사실 그 사람들이 거기에 대한 어떤 신앙을 가지고 하는 것은 아니에요. 그러나 어쨌든 답답하니까 그렇게라도 하는 것뿐입니다. 이것이 바로 목자없는 양이라는 것입니다.

그 다음으로 예수님께서는 추수할 것이 많다고 하셨는데 이는 영적으로 볼 때 지금 당장에 복음을 전하여야 할 때가 되었다는 것입니다. 그러면 여기에서 영적으로 보아 가장 복음이 잘 전달되어지는 때란 언제인가 하면 그것은 바로 육신적으로 고생을 하고 있을 때입니다. 그래서 예수님께서도 말씀하시기를 "건강한 자에게는 의원이 쓸데없고 병든 자에게라야 쓸데 있느니라"(마 9 : 12)고 하신 것입니다. 지금 병든 몸이에요. 그러기에 아주 겸손해졌습니다. 이제는 손을 들고 주님을 기다리고 있어요. 바로 이러한 순간이 무르익은 곡식이 추수를 기다리는 것과도 같은 시기라는 말입니다. 이러한 때에는 그저 한 마디만 해주어도 알곡으로 추수되어질 수 있는 것입니다. 그러니까 참으로 절박한 순간이 영적으로는 추수가 가능한 무르익은 순간이라는 말입니다. 다시 말하자면 이는 비로소 겸손이 고개가 수그러져서 영적인 갈구를 하고 있다는 뜻이요, 이것을 시간적으로 볼 때에는 추수기가 된다는 말입니다.

특별히 이스라엘 사람들에게 있어서 포도의 추수기란 바로 뒤쫓아오는 우기(雨期)를 의식하면서 시각을 다투어 작업을 하는 것입니다. 포도라는 것은 아시다시피 햇빛을 많이 받아야 하기 때문에 마지막에 가서 햇빛을 몇 시간 더 받느냐 덜 받느냐에 따라 그 맛과 당도에 차이가 생기게 되는 것입니다. 그러니까 포도를 며칠만 더 햇빛을 보게 놓아두면 그 맛이 그렇게도 좋아지게 된다는 것입니다. 그런데 요즈음 우리가 먹는 과일들은 모두가 다 미리 따서 설익은 것이거나 아니면 운반 과정에서 몸살을 하면서 익은 것이어서 결국은 제 맛이 아닌 가짜만 먹고 있는 셈입니다. 그러나 나무에 달려 제대로 완전하게 익은 과일이란 시간을 다투어 처리하지 않으면 그대로 물러 썩어지고 마는 것입니다.

이에 예수님께서는 지금 추수할 때가 왔다고 하시는 것입니다. 따라서 지금 즉시 거두어들이지 않으면 그대로 썩어 죽어지고 말 것이란 말입니다. 그러므로 이 무르익은 것을 보는 순간 빨리 거둬들여야겠다는 것입니다. 이때가 지나면 바로 우기가 오겠으니 그 심판의 때가 이르기 전, 이 마지막 기회에 빨리 거두어들이라는 말씀입니다. 이를 위해 마태복음 20장에 기록되어 있는 한 포도원의 형편을 보면 이제 포도원 주인이 품군을 얻어 포도원으로 들여보내게 되는데 이른 아침에 들여보내는 것은 물론 12시, 심지어 일할 시간이 1시간밖에 남지 않은 오후 5시까지라도 품군을 사서 "너희도 포도원에 들어가라"고 하는 주인의 다급한 모습을 볼 수 있습니다. 우리가 오기 전에 한시라도 빨리 거두어들여야 하겠어요! 이것이 주인의 마음입니다. 그래서 예수님께서는 무리들을 무르익은 곡식에 비유하시어 추수할 일군들을 구한다고 말씀하시는 것입니다.

예수님은 선한 목자이십니다. 우리를 구원하시고 인도하시며, 보호하시고 사랑하시는, 그래서 안심하고 어디까지나 믿고 따를 수 있는 유일한 목자이십니다. 이러한 목자이신 예수님께서는 이것은 양의 문제가 아니라 목자의 문제라고 말씀하시는 것입니다. 지금의 당면 문제는 목자가 없기에 겪는 어려움이니 그것을 담당할 "일군들을 보내어 주소서"라고 하라는 것입니다. 그런데 여기에서 이상한 것은 일군들을 키워라, 가르치라, 혹은 조직하라가 아니고 일군들을 위하여 기도하라는 것입니다. 그러니까 이것은 영감적으로 다시 말하자면 하나님으로부터 오는 선택과 하나님으로부터 오는 구원 역사의 일환이지 교육에 의해서 일군이 나오는 것은 아니란 말입니다. 하나님의 일군이란 어디까지나 하나님께서 보내셔야 하는 것이지 그 외의 어떤 교육이나 조직에 의해서 가능해지는 것이 아닙니다. 오직 하나님으로부터 주어지는 영감으로 일하는 일군인 거기에 카리스마적인 의미가 있는 것입니다. 이에 오늘 우리에게 부탁하시는 주님의 말씀은 그러므로 추수하는 주인에게 청하여 추수할 일군들을 보내어 주소서 하라!"고 하시는 것입니다. 이제 우리는 여기에 기도의 제목이 있고 축복된 새로운 만남이 준비되고 있음을 알아야 하겠습니다.

양과 이리

보라 내가 너희를 보냄이 양을 이리 가운데 보냄과 같도다 그러므로 너희는 뱀같이 지혜롭고 비둘기 같이 순결하라 사람들을 삼가라 저희가 너희를 공회에 넘겨주겠고 저희 회당에서 채찍질하리라 또 너희가 나를 인하여 총독들과 임금들 앞에 끌려가리니 이는 저희와 이방인들에게 증거가 되게 하려 하심이라 너희를 넘겨줄 때에 어떻게 또는 무엇을 말할까 염려치 말라 그때에 무슨 말할 것을 주시리니 말하는 이는 너희가 아니라 너희 속에서 말씀하시는 자 곧 너희 아버지의 성령이시니라 장차 형제가 형제를, 아비가 자식을 죽는데 내어주며 자식들이 부모를 대적하여 죽게 하리라 또 너희가 내 이름을 인하여 모든 사람에게 미움을 받을 것이나 나중까지 견디는 자는 구원을 얻으리라 이 동네에서 너희를 핍박하거든 저 동네로 피하라 내가 진실로 너희에게 이르노니 이스라엘의 모든 동네를 다 다니지 못하여서 인자가 오리라.
(마태복음 10 : 16~23)

양과 이리

　본 비유의 배경을 이해하기 위해서는 본문에 앞서 10장 1절부터의 말씀을 계속 읽어 내려올 필요가 있습니다. 이제 그 내용을 간단히 말씀드리자면 예수님께서 열두 제자를 파송하시면서 특별 훈화를 하시게 되는데 이때에 표현하신 비유 중에 하나가 이제 우리가 공부하고자 하는 양과 이리의 비유입니다.

　예수님께서는 지금 제자들을 파송하시면서 과연 제자라는 것은 어떤 것이며 이렇게 파송되어서는 어떻게 행동하고 살아가야 하는가를 말씀하고 계시는 것입니다. 그런데 마태복음 10장 1절로부터의 말씀을 자세히 보면 여기에는 제자됨에 대한 세 가지 중요한 요점을 말씀하고 있는 세 단어를 발견할 수 있습니다. 그 첫째는 "부르셨다"고 하는 말이요, 둘째는 "주셨다"는 것이며, 셋째는 "보내셨다"고 하는 말입니다. 이 세 가지의 요소는 사도의 기본적 자격일 뿐만 아니라, 그것이 곧 사도됨의 의미라고 생각합니다.

　이제 "부르셨다"고 하는 것은 두말할 나위 없이 부르는 자가 주도권을 가지고 부름 받는 자를 부르고 있다는 것입니다. 그 때문에 여기에 무슨 다른 자격이 필요한 것이 아닙니다. 물론 예수님께서 부르실 때에는 나름대로의 특별한 자격을 보신 바가 있다고는 믿어집니다마는 그러나 무엇보다도 중요한 것은 "불렀다"고 하는 사실 그 자체입니다. 그러므로 제자된 사람의 가장 중요한 자아 의식은 나의 자격, 나의 의, 나의 공로에 의해서 오늘의 내가 있는 것으로 생각해서는 안된다는 것입니다. 오직 단 하나의 중요한 사실, 그것은 주님이 나를 부르셨기에 오늘의 내가 나라는 것임을 알아야 합니다. 그 외에는 어떠한 조건도 여기에 의미를 부여할 수가 없습니다. 우리가 잘 아는 바와 같이 예수님께서 부르신 열두 제자는 거의가 갈릴리 어부 출신들로 그렇게 특출한 사람들이 아니었습니다. 그리고 보면 예수님께서는 그 사람의 지식이나 경험, 그리고 또한 가정환경이나 배경을 보시고 부르신 것이 아니라고 생각합니다. 중요한 것은 어쨌든 주님께서 저들을 부르셨다고 하는 점입니다.

그리고 다음으로 생각할 것은 "주셨다"고 하는 것인데 이는 제자로서 필요한 권능을 주셨다는 것입니다. 그러므로 그 누구도 주님께서 주신 바의 권능없이 나아가 일할 수는 없는 것입니다. 그런데 이 권능을 받았다고 하는 사실과 그 표현이야말로 참으로 받아들이기 힘든 문제이기도 합니다. 그 때문에 구약성경에 기록된 대로 하나님께서 모세에게 권능을 주시면서 나아가 이스라엘을 건져내라고 하시지만 이때의 모세는 굉장한 고민을 하게 되는 것을 볼 수 있습니다. 하나님께서는 권능을 주셨다는데 내가 지금 그 권능을 받았다는 사실을 무엇으로 알 수가 있느냔 말입니다. 흔히 말하는 대로 무슨 마패가 있는 것도 아니요, 증명서를 지닌 것도 아닙니다. 그러기에 이것이야말로 믿음으로 받아들이는 길뿐입니다. 이와 같이 권능을 주셨고, 권능을 받았다고 하는 사실을 확인한다는 것은 매우 어려운 문제요, 또한 믿음으로만 가능한 문제입니다. 그러나 주님께서는 제자들에게 귀신을 쫓아내며 모든 질병과 약한 자를 고칠 수 있는 권능을 주셨습니다. 이제는 이 권능을 받아야 하고, 받은 바 그 사실을 믿고 나아가야 하는 것입니다. 그러니까 말하자면 귀신 들린 사람을 만나게 되면 그를 향해 "귀신아 물러가라"는 소리를 자신있게 외칠 수 있어야 하겠는데 이게 정말 나갈 것인지 아닌지 하고서는 주위를 살필 정도가 되어서는 안된다는 것입니다. 그러므로 나는 분명히 권능을 받았다고 하는 확실한 믿음을 필요로 하게 됩니다.

다음 또 하나의 요점은 "보내셨다"고 하는 말씀입니다. 이제 예수님께서는 제자들을 내보내시면서 이스라엘 집의 잃어버린 양에게로 가라 (10 : 6)고 말씀하고 계십니다. 다시 말해 부르시고, 주시고, 보내시면서 하시는 말씀이 오늘 본문에 나타나 있는 것입니다. 예수님께서는 보냄을 받는 제자들을 보고 "내가 너희를 보냄이 양을 이리 가운데 보냄과 같도다"고 말씀하십니다. 이는 생각하면 매우 절망적이고도 서글픈 말씀이 아닐 수 없습니다. 그럼에도 예수님께서는 저들을 보내시고 또한 가야만 했습니다. 여기에서 우리는 깊이 생각해야 할 중요한 진리가 있음을 깨달아야 합니다.

이미 앞장에서 밝힌 바대로 예수님께서는 무리들을 보실 때에 목자 없는 양과 같다고 말씀하셨습니다. 그런데 오늘 여기에서는 제자들을 가리켜 양이라고 말씀하시면서 그 양을 이리 가운데 파송하고 있다는 것입니다. 따라서 거기에 맞추어 취하여야 할 제자들의 태도와 행동을 세 가지 동물로 비유를 들어서 말씀하고 계십니다. 그 비유는 곧 너희는 양과 같다는 것과 지혜에는 뱀같이, 그리고 순결하기는 비둘기같이 하라는 것으로 예수님께서는 이들 세 동물로부터 주님의 제자들이 무엇인가 배우기를 바라는 마음에서 이 비유를 말씀하고 계시는 것입니다.

그러면 먼저 양이라는 것을 한번 생각해 보겠습니다. 예수님께서는 제자들을 특별히 이리 가운데로 보냄을 받는 양으로 표현하고 계시는데 그 의미는 약하다는 말씀입니다. 양은 이리에 비하면 전혀 상대가 될 수 없는 약한 동물입니다. 최소한 염소라도 되어야 한번쯤은 대항을 해보겠는데 이것은 그야말로 이리 앞에서는 끽 소리도 못할 만큼의 무방비 상태의 약자입니다. 대부분의 동물들을 보면 나름대로 적을 방어할 수 있는 방어력을 가지고 있습니다. 그래서 소는 뿔을 가지고 있는가 하면 말은 뒷발질을 잘하고 어떤 동물은 날카로운 이빨이나 발톱을 가지고 있으며 심지어 토끼같이 약한 동물은 귀라도 커서 먼 곳의 소리를 듣고 일찍 도망갈 수가 있는 것입니다. 하찮은 풀벌레도 보호색을 가지고 있어서 자기 몸을 숨깁니다마는 이 양은 완전히 무방비 상태인 동물입니다. 이것은 곧 전혀 자신을 보호하거나 적을 대항할 만한 아무런 대책도 무기도 없다는 것입니다. 그러고 보면 참으로 초라한 존재가 아닐 수 없습니다.

이제 여기에서 한번 깊이 생각해 보십시다. 너희는 세상에서 양이라! 고 하실 때에 이 말씀의 뜻이 무엇이겠습니까? 이제 복음을 전하고 하나님의 일은 하여야겠지만 너희는 무방비 상태에 있는 양이다. 그러니 그것을 알고 대항하거나 싸워서는 아니된다는 것입니다. 다들 나름대로의 무기들을 가지고 있지만 양에게는 이렇다 할 아무런 무기가 없습니다. 그러면 여기에서 우리는 너희는 세상에서 양이라고 하신 이 말씀을 두고 나는 정말 이리 가운데에 들어가서도 양으로 살아 왔는가? 아니면 염소가 되었는가? 혹은 오히려 저들보다 더 사나운 호랑이나 사자가 된 것은 아닌지 하는 그것을 생각해 보아야 할 것입니다. 우리는 때때로 저쪽이 양이라면 나는 최소한 염소가 되어야겠다거나 저쪽이 이리처럼 나오니 나는 아예 호랑이로 나와야 될 것이 아니겠는가 하는 생각이 들 때도 있습니다. 그러나 예수님께서는 "너희는 끝까지 양이다"라고 말씀하십니다. 따라서 양의 상대로도 양이요, 이리 앞에서도 양입니다. 이리라는 것은 잔인하게 물어 찢고 죽이는 파괴적인 동물입니다. 그 때문에 양과 이리를 비교한다는 것은 상대도 아예 안되는 이야기입니다. 그런데 예수님께서는 왜, 무엇 때문에 양을 이리 가운데로 보내시는 것이겠습니까? 이와 같이 전혀 승산이 없는데도 말입니다. 그러나 중요한 것은 오늘 본문에서 강조되고 있는 바와 같이 "내가 너희를 보냄이 양을 이리 가운데 보냄과 같도다." 즉 내가 보낸다. 내가 너희를 양이라고 부른다. 그리고 세상은 이리일 것이다. 그러나 내가 너희를 보내었으니 어떠한 경우에도 탈바꿈하지 말고 끝까지 양이어라는 말씀입니다. 뿐만 아니라 오늘 본문 말씀은 내가 너희를 보내게 되지만 너희는 그로 인해 미움을 받고 채찍을 맞으며, 여러 가지 능욕을 당하게 될 것임을 예고하고 있습니다. 이는 이리들

속에 양이 들어가는 것이고 보면 당연한 결과이기도 한 것입니다. 어찌 그 속에서 살아남기를 바랄 수가 있겠습니까?

그러나 예수님께서는 기어이 양으로 보내시겠다고 말씀하십니다. 이러한 말씀의 본론은 "염려하지 말라! 즉 두려워하지 말라는 여기에 있습니다. 생각하면 이 얼마나 엄청난 이야기입니까? 너희가 너희를 볼 때에는 양과 같고 세상은 이리와 같겠지만 그러나 염려하거나 두려워하지 말라! 나중까지 견디는 자는 구원을 얻으리라!

또한 본문을 자세히 보면, 관원들에게 끌려갔을 때에도 그때그때에 필요한 말들을 성령께서 가르쳐주실 것이니 무슨 말을 어떻게 해야 할 것인가를 염려하지 말라고 하십니다. 성령이 직접 가르쳐주실 것이다! 이 얼마나 중요한 말씀입니까? 내 앞에 이리가 나타났다고 다른 길로 도망가지 말고 이리 앞에 그대로 서라! 그렇게 하면 무슨 말을 해야 할지를 내가 가르쳐주시겠다고 하시는 것입니다. 이는 한마디로 말해 성령이 함께 할 것이라는 말씀이요, 내가 너희와 같이 있으리라는 약속입니다. 그러니 염려하거나 두려워하지 말라! 내가 끝까지 너희들을 지켜줄 것이라고 하시는 말씀입니다.

그러므로 너희는 양은 양이로되 목자없는 양은 아니라는 그런 말씀입니다. 하나님이 함께 하시는 양! 성령이 함께 하시는 양! 세상 끝날까지 주님이 함께 해주시는 양! 바로 그러한 양이 되라는 말씀입니다. 이렇게 말씀하시는 예수님의 의도는 이제 너희가 공회에 넘겨지고 회당에 끌려가 채찍질을 당하게 될 것이며 총독들과 임금들 앞에 끌려가 저희와 이방인들에게 증거가 되어야 할 것이기 때문이라는 것입니다. 그러니까 간단히 말하자면 정치적으로 핍박을 받을 것과 종교적으로 바리새인들과 서기관들에 의해 고소를 당하게 될 것이라는, 제자들의 앞날에 대한 자세한 말씀을 해주고 계시는 것입니다.

그러나 우리는 여기에서 분명히 한 가지 알아야 할 진리가 있음을 기억해야 합니다. 세상은 그냥 보기에는 약한 자가 먹히는 것 같아 보이지만 실은 그렇지 않다는 것입니다. 그래서 다윈(Darwin)이나 마르크스(Marx)가 여기에서 실패했다는 말을 하게 되는 것입니다. 얼핏 동물의 세계를 볼 때에는 약육강식의 이론이 꼭 맞는 것 같습니다. 그러나 이것을 인간 사회에다 적용을 할 때에는 문제가 되는 것이거늘 바로 그 약육강식의 원리를 인간 사회에다 적용을 하여 추진해 나가는 것이 저들 사회주의자가 말하는 볼셰비키(Bolsheviki)당사(黨史)요, 사회 발전사입니다. 저들은 이러한 원리를 전제로 혁명론을 말하고 있습니다만, 사실은 그 원리가 되는 진화론에서부터 이미 세계관이 빗나간 것이었다는 점입니다. 이치상으로도 그렇고 그냥 생각하기에는 약한 동물은 다 잡아먹히고 강한 동물만 남을 것 같은데 사실은 그와는 정반대의 현상이 나타나고 있는 것입니다. 우리가 쉬운 예로 호랑이와 토끼를 두고 보아도 그렇지 않습니까? 이 토끼는 완전히 호랑이의 밥인데도 이상한 것은 호랑이는 점점 더 멸종되어 가고 토끼는 점점 무서운 숫자로 번식되어 간다는 사실입니다. 이와 같이 오늘날에 와서는 맹수들이 거의 멸종되어 가는 위기에서 오히려 사람들의 보호를 요청하고 있는 실정인 것입니다. 어쩌면 사람들이 특별히 보호를 하지 않으면 맹수라는 자체가 아주 없어지고 말 것 같습니다. 여러분! 이것이 하나님의 세계입니다. 약한 자가 이기는 신비! 우리는 이것을 이해하여야 하는 것입니다. 그러기에 너희는 끝까지 양이어라고 예수님께서는 말씀하시는 것입니다. 따라서 미워하지도 말고 대항하지도 말며 제물인 양의 모습 그대로 말없이 끝까지 온유하게 대하라는 것입니다. 그러나 이러한 양이지만 용감하라! 그리하여 이리 속으로 가라고 말씀하십니다.

  그리고 이제 너희가 취하여야 할 생활 방법은 뱀같이 지혜롭고 비둘기같이 순결하게 하라는 이 두 생활 지침을 말씀하고 계십니다. 그러면 먼저 뱀의 특성을 생각할 때 우리는 여러 가지로 설명을 할 수가 있겠습니다만 성경에 의하면 뱀을 가리켜 간사하고 간교하며, 속이는 것을 그 특징으로 말하고 있는 것을 볼 수가 있습니다. 그러나 오늘 예수님께서 말씀하시는 뱀의 특성은 그러한 간교의 의미가 아닌 지혜를 내용으로 하고 있습니다. 뱀같이 지혜로워라! 이 말씀은 너희가 양과 같이 약하고 순한 것이지만 이리 속에 들어가서 지내게 될 그때엔 뱀같이 지혜로우라는 이야기입니다. 우리가 잘 아는 대로 뱀이라고 하는 동물은 모든 동물 중에서 가장 불행한 동물이라고 생각을 합니다. 이제 저를 생각해 보면 발이 있습니까? 손이 있습니까? 그렇다고 날개가 있는 것이겠습니까? 어디를 보나 그렇게 악조건일 수가 없습니다. 어쩌다가 입만이 뚫려 있을 뿐 아무것도 없는 긴 막대기 같은 것입니다. 그야말로 불쌍하고 불행한 동물이 아닐 수 없습니다. 그런데 다행히 가죽이 예뻐서 뱀은 싫어하면서도 그 가죽은 이상하게 좋아하는 것을 볼 수가 있습니다. 아무튼 예수님께서는 지금 뱀의 지혜를 전제로 그에게서 배우라고 하시는 것입니다.

이스라엘 사람들의 철학을 보면 철저히 지혜에 대한 철학임을 알 수가 있습니다. 그래서 저들이 귀하게 생각하는 전승인 탈무드(Talmud)나 미슈나(Mishnah)에는 모두가 다 지혜에 대한 이야기들로 꽉 차 있습니다. 예를 들면 우리가 흔히 들어온 "물고기를 주지 말고 물고기 잡는 법을 가르쳐 주라"고 하는 이러한 이야기들입니다. 물고기 한 마리를 그대로 주면 한끼 잘 먹고 나면 그것으로 끝나고 말겠지만 직접 고기를 잡을 수 있는 방법을 가르쳐주면 이제는 일생 동안 고기를 먹을 수 있을 것이라는 말입니다. 그 때문에 이스라엘 사람들은 유산을 주는 대신 지혜를 주라고 하는 것입니다. 이와 같이 이스라엘 사람들은 철저히 지혜에 대한 철학을 가지고 있습니다. 저들의 철학에 의하면 지식이란 "무엇이냐?" 하는 것이요, 지혜는 "어떻게"라는 것으로 생각을 합니다.

그러므로 이제 복음을 전해야 하는 뚜렷한 목적을 지닌 입장에서 이것을 "어떻게 하느냐?" 하는 문제는 뱀에게서 그 필요한 지혜를 배우라고 말씀하시는 것입니다. 문제는 이스라엘 사람들이 뱀이라고 할 때에 갖는 독특한 견해, 즉 악의 상징이요, 그렇기 때문에 거기로부터 나오는 지혜는 악한 지혜라는 생각을 가질 수도 있습니다마는 그러나 우리가 해야 할 바를 어떻게 해야 할 것인가 하는 그 문제에 대해서는 오히려 이 뱀에게서 지혜를 배워야 할 것이라는 말씀입니다.

이 뱀은 앞서 말한 바대로 아무것도 밖으로 가진 것이 없는 참으로 불행한 동물입니다. 그러나 이는 배로 기어 다니면서 못 가는 데 없이 다 가는 동물입니다. 물에도 가고, 숲에도 가며, 나무 위의 가장 높은 곳과 땅 속 깊고 어두운 작은 틈바구니에 이르기까지, 어디든지 갈 곳이라면 거침없이 다 갑니다. 여기에서 예를 들어 한번 생각해 본다면 이제 손도 잘리고 발도 없다면 그것은 죽은 것이나 마찬가지 아니겠습니까? 그러나 뱀의 입장에서는 그렇지가 않아요. 그 몸뚱이로도 할 일을 다하며 갈 곳은 다 간다는 것입니다. 이것이 바로 뱀이기에, 그러므로 너희는 뱀같이 지혜로우라고 하시는 것입니다.

이제 너희가 하나님의 말씀을 전함에 있어서 뱀이 그러하듯이 어디든지 가라는 것이에요. 어떤 핍박과 악조건하에서 포로가 되든, 매를 맞든 그것과는 상관없이 복음을 전하여야 할 이 일만은 끝까지 해야 하는 것이란 말입니다. 이에 청교도의 역사에도 보면 바이킹들에게 붙들려 간 여성들이 노예와 같은 생활을 하면서 원치 않는 저들의 애를 낳게 되는데 이제 일단 낳은 다음에는 이 아이들을 기독교인으로 키웠던 것입니다. 이것이 바로 퓨리탄(Puritan) 곧 청교도의 뿌리가 되었다는 사실입니다. 이와 같은 경우는 로마 제국에 있어서도 마찬가지였습니다. 붙들려 갈 때에는 차마 죽지 못해 억지로 끌려갔지만 기왕에 그 집에 들어간 바에는 아이를 낳아서 기독교인으로 키웠고 이들에게서 로마를 소위 신성로마제국으로 만들고자 하는 이상을 가진 기독교인들이 나오게 되는 것입니다. 이는 생각하면 참으로 놀라운 일이 아닐 수 없습니다.

이와 같이 지혜는 뱀같이 하여 그 어떠한 악조건에서도 복음을 끝까지, 충돌없이 잘 전하라고 하시는 것이 오늘 예수님께서 부탁하시는 말씀의 내용입니다.

뿐만 아니라 그러면서도 순결하기는 비둘기같이 하라고 말씀하십니다. 순결은 곧 교회의 생명입니다. 이는 깨끗함과 비타협성을 말하며 특별히 혼합주의에 대한 정면적인 도전을 의미합니다. 우리가 전도하고 선교하는 데에 있어서 참으로 어려운 문제가 바로 적당히 타협하려고 드는 혼합주의입니다. 기독교 2천 년의 역사는 수많은 사람들이 흘린 순교의 피와 함께 흐르고 있습니다. 그 순교는 모두가 다 비타협적인 사람들이 한 것입니다. 한마디로 말하면 신앙의 옹고집인데 이는 우리 나라의 예로 보아도 그러합니다. 특별히 1930년대에 들어서면서 신사참배 문제가 일본의 탄압 속에 더욱 심각해지자 이제 여기에 대한 순결하지 못한 이야기가 나오게 됩니다. 신사참배라면 두말할 나위도 없이 하지 말아야 되는 것이 당연하지요. 그런데 이것은 국가적인 조상숭배다, 혹은 국민의례일 뿐 종교는 아니니 신사참배를 하여도 신앙에는 상관이 없다고들 해가면서 많은 지도급 인사들이 여기에 넘어갔던 것을 볼 수가 있습니다. 그후 그들이 써 놓은 글들을 보면 신사참배했다는 그 일이 그렇게도 부끄러운가 봅니다.

당시 신사참배에 동참했던 모 목사님께 "일생 살아 오시면서 마음 속으로 가장 잘못했다고 생각되시는 것이 무엇입니까?" 하고 여쭈어 보았더니 대뜸하시는 그 분의 대답이 "내가 신사참배 그걸 했거든! 두고두고 그때 죽지 못한 것이 후회라네!" 하는 것이었습니다. 그러면 "그때엔 왜 그렇게 하셨습니까"라고 했더니 국민의례라고 했다는 것입니다. 그러니까 "그것이 뭐 종교문제인가 국민의례이지" 하면서 했는데 그것이 아니더라는 거예요. 처음 한번 했더니 그 다음, 그 다음, 하면서 계속 하게 되는데 마지막에는 신앙을 저버리게 만들더라는 것입니다. 이래서는 안되겠다는 생각에 다시 돌이키려니 돌이킬 수가 없어서 이렇게 부끄러운 생을 살았다며 깊은 후회의 말씀을 하는 것을 들어 보았습니다. 그러므로 어떠한 경우에도 섞이거나 타협하지 말라는 것이며 그러한 혼합주의가 되어서는 아니된다는 것입니다.

순교사(殉敎史)를 보면 신앙 양심을 저울질하는 이야기들이 계속 나오고 있는데 그 중 하나로 우리가 많이 들어 잘 아는 예수님의 초상화에 대한 해석의 문제입니다. 사실 예수님의 그림은 이것이 예수님이라고 생각한 것뿐이지 예수님의 모습과는 상관이 없는 하나의 상상된 인물화에 불과한 것입니다. 그런데 이러한 예수님의 그림을 땅에다 놓고 이제 여기에다 침을 뱉고 발로 밟으면 살려 주겠고 그렇지 않으면 죽인다고 했을 때 이 일로 인해 순교한 자들이 있습니다. 이런 경우에도 쉽게 타협하는 자들의 해석은 "이것이 뭐 어디 예수님인가" 하고 침을 뱉으며 발로 밟고 지나가지만 실은 양심을 속인 것이란 말입니다. 이것이 바로 순결치 못한 것입니다.

너희는 비둘기같이 순결하라! 여러분 순결의 의미가 어디에 있는지를 아십니까? 특별히 비둘기의 순결! 대부분의 동물이 다 그렇습니다마는 비둘기는 반드시 깨끗한 것만 먹고 삽니다. 그래서 창세기 8장을 보면 노아의 방주가 아라랏산에 머문 후에 지면에 있는 물의 정도를 알아보기 위해 방주의 문을 열고 까마귀를 내어보내었더니 그 까마귀는 종내 돌아오지 않았습니다. 그러나 비둘기는 내어보내었더니 접촉할 곳을 찾지 못하고 방주로 돌아옵니다. 이는 까마귀는 썩은 것을 좋아하기 때문에 아마도 물위에 떠다니는 시체들로 인해 접촉할 곳도 많고 먹을 것도 많아서 함께 떠다녔나 봅니다. 그러나 비둘기는 썩은 것을 싫어하기 때문에 아예 발 붙일 곳도 찾지 못하고 다시 돌아왔다는 것입니다. 그러니까 이 비둘기는 깨끗한 동물이어서 깨끗한 것만 먹고, 비록 굶어 죽는 한이 있더라도 먹어야 할 것을 먹지, 먹어서는 안될 것이나, 썩은 것은 결코 먹지 않는다는 말입니다. 이것이 바로 비둘기이기에, 그러므로 너희도 복음을 전할 때에 비둘기처럼 순결하라고 말씀하시는 것입니다. 따라서 이는 곧 혼합주의에 빠지지 말라는 부탁의 말씀이라고 생각합니다.

　이제 생각해 보십시다. 너희는 양이다! 그러나 이리 속으로 가라! 두려워하거나 염려하지 말라! 여기 내가 너희의 목자요 성령이 너희를 친히 인도하실 것이다! 그러므로 믿고 이리가 기다리는 세상으로 가라! 사랑과 희생을 가지고 가며, 말없이 가고, 그리고 끝까지 앞으로 가라! 어느 순간에라도 이리가 될 생각이나, 염소가 되지도 말라! 최후의 순간까지 양의 모습 그대로 순결하고 순결하라!

　여러분 빌라도의 법정에 서신 예수님의 모습이 바로 그것입니다. 예수님은 양이요, 가야바나 빌라도, 바리새인들은 그야말로 정말 이리와 같았습니다. 이와 같이 세상은 이리와 같고 너희는 그 속에서 이리를 만나게 되겠지만 그러나 너희는 양으로 가라는 말씀입니다. 이는 최종 승리는 양에게 있을 것이기 때문입니다. 그러기에 산상 보훈인 마태복음 5장 5절에도 보면 "온유한 자는 복이 있나니 저희가 땅을 기업으로 받을 것임이요"라고 하셨습니다. 잠깐 보기에는 이리가 힘이 있고 이기는 것 같지만 그러나 이 세상에서도 끝까지 온유한 자가 이긴다는 사실입니다. 그리하여 온유한 자가 땅을 차지하게 되는 것입니다.

　양이 이리를 이긴다고 하는 이 신비로운 사실! 여기에 최종 승리가 있고 하나님의 양됨의 의미가 있는 것입니다. 그러므로 이제 우리는 끝까지 양으로서 이리를 향하여 나아가는 그러한 확고한 하나님의 사랑, 하나님의 양들이 되어야 할 것입니다.

참새와 머리털

제자가 그 선생보다, 또는 종이 그 상전보다 높지 못하나니 제자가 그 선생 같고 종이 그 상전 같으면 족하도다 집 주인을 바알세불이라 하였거든 하물며 그 집 사람들이랴 그런즉 저희를 두려워하지 말라 감추인 것이 드러나지 않을 것이 없고 숨은 것이 알려지지 않을 것이 없느니라 내가 너희에게 어두운데서 이르는 것을 광명한데서 말하며 너희가 귓속으로 듣는 것을 집 위에서 전파하라 몸은 죽여도 영혼은 능히 죽이지 못하는 자들을 두려워하지 말고 오직 몸과 영혼을 능히 지옥에 멸하시는 자를 두려워하라 참새 두 마리가 한 앗사리온에 팔리는 것이 아니냐 그러나 너희 아버지께서 허락지 아니하시면 그 하나라도 땅에 떨어지지 아니하리라 너희에게는 머리털까지 다 세신바 되었나니 두려워하지 말라 너희는 많은 참새보다 귀하니라 누구든지 사람 앞에서 나를 시인하면 나도 하늘에 계신 내 아버지 앞에서 저를 시인할 것이요 누구든지 사람 앞에서 나를 부인하면 나도 하늘에 계신 내 아버지 앞에서 저를 부인하리라.

(마태복음 10 : 24~33)

참새와 머리털

앞장에서 우리는 제자들을 파송하시면서 끝까지 양으로서의 승리를 부탁하시는 예수님의 말씀을 생각해 보았습니다. 오늘 본문은 거기에 이어지는 말씀으로 그 내용의 주제는 두려워하지 말라는 것입니다. 어떠한 일을 당하더라도 결코 두려워하지 말라! 그러고 보면 오늘 본문의 내용은 양으로 하여금 이리들이 기다리고 있는 세상을 향하여 담대하게 나아가게 하시기 위하여 주시는 위로와 권면의 말씀이요, 용기를 주시는 말씀입니다.

예수님께서는 오늘 본문을 통하여 두려워하지 말아야 할 이유들을 하나씩 하나씩 말씀하고 계십니다.

그 첫번째 이유는 예고된 고난이기 때문에 두려워하지 말라는 것입니다. 예수님께서는 너희는 양이요 세상은 이리라고 말씀하시면서 앞으로 너희들은 핍박과 고난은 물론 죽음까지도 당하게 될 것이라고 예고된 하고 계십니다. 우리가 경험했거나 아는 대로 그럴 것이라고 예고된 일에는 두려워할 것이 없습니다. 두려움이라는 것은 대체로 보아 전혀 예상치 못했던 일을 갑자기 당했을 때 그 놀라움에서 오는 것입니다. 그러나 미리 이러이러한 일이 일어날 것을 생각하며 마음의 준비를 하고 있었다면 이제는 그저 있을 것이 있어진 것일 뿐 특별히 두려워해야 할 것은 없는 것이란 말입니다. 이에 예수님께서 계속하여 말씀하시는 의도는 환난이 있겠고, 핍박이 있겠으면 너희들은 고난을 당하게 될 것이니 미리 그것을 알고 준비하라는 예고를 하시는 것입니다.

그러므로 이 미리 예고된 사건인 어떤 환난을 당하게 되거든 그것을 당연시하라는 것입니다. 그리하여 무슨 일이 닥칠 때마다 주님께서 예고하신 그대로이구나 하는 마음으로 두려워할 것이 없어야 하고 따라서 으레 그럴 줄 알고 시작해야 하는 것입니다.

그렇다면 왜 이런 일이 있어야 하는 것이겠습니까? 이 문제는 우리가 다시 논할 것이 없는 문제입니다. 왜냐하면, 이는 주님께서 있으리라고 하셨기에 있는 것이니 말입니다. 그 뒤에는 지금 우리로서는 알 수 없는 하나님의 섭리가 있고 하나님의 지혜가 있습니다. 선교 신학상으로 보면 환난과 핍박 없이 선교가 되어진 일이 없음을 발견할 수 있습니다. 혹 어쩌다가 되어져도 그것은 믿을 것이 못되고 따라서 오래 가지를 못합니다. 믿음은 핍박 속에서 진실하며, 핍박 속에서 선교가 가능하고, 핍박 속에서 질적으로 성장합니다. 교회는 핍박없이 세워지지 않습니다. 핍박없이 세워진 교회, 핍박을 모르는 믿음은 선교상으로 보면 훗날 핍박이 오면 다 무너지고 마는 것을 볼 수 있습니다. 그러므로 처음부터 핍박 속에서 이루어진 것이라야 그 복음의 내용이 순수하며 따라서 끝까지 인내할 수가 있는 것입니다.

이를 위해 사도행전 8장을 보면 핍박 속에 쫓겨다니는 사람들이 유대와 사마리아의 여러 지방으로 흩어져서 참으로 어려운 여건 속에서 전도하는 모습이 기록되어 있습니다. 그러면 이렇게 쫓겨다니는 몸으로 복음을 전할 때에 저들은 무슨 말로 어떻게 표현을 하였겠습니까? 만약 "예수를 믿으면 병이 낫고", "예수를 믿으면 복을 받습니다"라고 하였다면 아마도 "당신이나 복 많이 받으시오"라며 코웃음을 쳤을 것입니다. 사실이 그렇지요. 쫓겨다니는 신세에 누가 누구를 보고 복을 받으라는 것이냐 말입니다. 그렇기 때문에 핍박 속에서 전해지는 복음은 언제나 순수하고 종말론적인 의미를 가지고 있습니다. 반면에 아무런 핍박도 없이 좋은 여건에서 편안히 전해지게 되면 오히려 기독교 신앙은 순수하지 못한, 소위 혼합주의에 빠져 그 신학사상 자체가 잡스러워지게 되는 것입니다. 이러한 현상은 성경상에 나타난 복음 전파의 과정이나 선교상의 모든 것을 종합해 볼 때 내려질 수 있는 결론적인 말씀입니다. 따라서 이는 아무리 답답하고 어려우며 많은 희생을 치른다 하여도 별다른 도리가 없는 일이요, 피할 수 없는 과정이라 하겠습니다. 그러기에 오늘날에 있어서도 우선 동구라파와 서구라파를 두고 보아도 잘 알 수 있는 현상입니다. 이제 자유가 있고 교회 건물이 많은 서구라파에는 오히려 교회에 나오는 교인이 적을 뿐만 아니라 대체로 나이 많은 노년층의 교인이요, 질적인 면에서는 다 타락한 실정입니다. 그러나 핍박이 심한 동구라파의 경우에는 오히려 더 많은 교인들이 열심히 모이며 그리고 거의가 젊은이들로 채워지고 있다는 것입니다. 직접 헝가리(Hungary)의 목사님께 들은 바로는 1년에 약 300명씩의 교인들이 순교를 당한다고 하는데 그래도 거기에는 교회가 많으며 특별히 체코슬로바키아나 헝가리 같은 데의 교회에는 거의가 젊은이들로 꽉꽉 찬다고 합니다. 그래서 살기 좋은 나라 덴마크의 코펜하겐보다 모스크바 교회의 주일 예배 참석자가 훨씬 더 많다는 것입니다. 그러고 보면 우리가 일반적으로 생각할 수 있는 것과는 전혀 다른 이야기가 아니겠습니까? 이와 같이 교회는 핍박 속에 자라게 되어 있다는 사실입니다.

그리고 또한 이 핍박은 예수님께서 이미 있으리라고 하신 것이기에 두려워할 것이 없는 핍박입니다. 그러기에 예수님께서는 "제자가 그 선생보다, 종이 그 상전보다 높은 것이 아니다. 그런데 그 주인을 바알세불이라 하였다면," 다시 말하면 "선생이요 주인격인 나를 바알세불이라고 하였다면, 너희들을 보고야 무슨 소린들 못하겠느냐"는 것입니다. 여기에서 바알세불이라는 말은 귀신의 왕자를 힘입었다는 것인데 이는 나쁜 뜻 그대로를 직역하면 미쳐도 크게 미쳤다는 뜻입니다. 그러니까 예수님께서는 나를 보고도 이렇게 미친 사람 취급을 하며 욕을 하는데 너희를 보고야 무슨 짓을 못하겠느냐? 그러니 처음부터 박해를 각오하고 출발할 것이며 무슨 일이 있더라도 새삼스럽게 당황하거나 두려워할 것이 아니라는 말씀입니다.

　이제 두번째로 생각할 두려워하지 말라는 이유는 비밀, 곧 감추인 것이 드러나지 않을 것이 없기 때문입니다. 이에 예수님께서는 "내가 너희에게 어두운 데서 이르는 것을 광명한 데서 말하며, 너희가 귓속으로 듣는 것을 집 위에서 전파하라"고 하십니다. 이는 곧 지금 내가 조용하게 귓속말처럼 전하고 있지마는 언젠가는 온 세계에 전파되리라고 말씀입니다. 사실 그러한 때가 지금 왔어요. 이제 여기에서 이렇게 한번 설교를 하게 되면 이 설교가 녹음이 되고 이것을 방송국에서 전파로 띄우게 되면 전세계에 들려지게 되는 것입니다. 그리하여 사람이 못 가는 곳에도 소리는 전해질 수가 있어서 중공 같은 공산권 국가에서도 이 방송을 들은 후 곧잘 편지를 해 오곤 하는 것입니다. 내가 너희에게 조용하게 전한 복음이 온 세계에 전파되리라! 그러므로 두려워하지 말라!

　사실 그렇습니다. 복음이 이렇게 놀랍도록 온 세계에 전파될 것을 미리 알고 있다면 이를 위해 한두 사람 희생하는 것이 무슨 문제가 되겠으며 비록 내가 무슨 일을 당하게 된다 하더라도 두려워하거나 걱정할 것이 어디에 있겠습니까? 복음의 그 위대한 사역! 이것을 너희가 알고 그 속에 내가 포함되어 있다는 것을 생각하며 두려워하지 말라는 말씀입니다.

　뿐만 아니라 또 다른 의미로서는 인간들의 재주부림 따위, 곧 권모술수 같은 것들이 언젠가는 다 드러나게 될 것이라는 말입니다. 진리는 반드시 드러나는 것인데, 이미 드러나 있음은 물론 앞으로도 드러날 것이요, 최종 승리할 것입니다. 따라서 어떠한 인간적인 계책으로도 진리를 가로막을 수는 없을 것입니다. 그러기에 예수님께서는 너희는 두려워하지 말라고 말씀하고 계시는 것입니다.

　그리고 다음 세번째 이유로서는 거룩한 두려움이기 때문에 속된 두려움을 두려워하지 말라는 것입니다. 이 말씀은 곧 진정 두려워해야 할 자를 두려워하는 사람은 두려워하지 않을 자에 대해서는 두려워하지 않게 된다는 것을 의미합니다. 오늘날에도 가만히 보면, 진정 두려워해야 할 자에 대해서는 두려워하지 않고 오히려 두려워할 필요가 없는 것에게만 두려워하는 모습을 많이 볼 수가 있습니다. 참으로 중요한 문제에 대해서는 그 중요함을 모르는 채 시시한 것 가지고는 대단한 것처럼 생각하는, 전적으로 가치 판단이 잘못된 그러한 생각과 현상들을 자주 보게 됩니다.

여러분! 정말로 중요한 문제란 어떤 것입니까? 이는 우리가 아이들을 대하는 데에 있어서도 그렇습니다. 매양 "공부하라, 공부하라"고만 하다가 어느날 병이라도 덜컥 나서 병원에 입원을 하게 되면 그때에는 "이제 공부는 못해도 좋으니 제발 살아만 다오"라며 애원을 하게 되는데 그렇게 되면 지금까지의 문제는 어떻게 되는 것입니까? 사실은 진작 그렇게 했어야 하는 것이지요. 무엇보다도 건강이 먼저요, 또한 부모와 자식 간의 사랑이 우선 되어야 함이 당연한 것인데도 진정 중요한 것들은 다 끊어버리고 시시한 것을 문제삼아 마음을 쏟다가 뒤늦게 그 잘못을 뉘우치는 경우를 많이 보게 됩니다.

여러분! 진정 두려워해야 할 자가 누구입니까? 무엇을 두려워하여야 되는 것이겠습니까? 오늘 예수님께서는 이 문제에 대하여 명확하게 말씀하고 계십니다. "몸은 죽여도 영혼은 능히 죽이지 못하는 자들을 두려워하지 말고 오직 몸과 영혼을 능히 지옥에 멸하시는 자를 두려워하라!" 결코 인간을 두려워할 것이 아니란 말씀입니다. 인간이 나를 해칠 수 있는 한계가 어디까지겠습니까? 나의 재산을 빼앗고, 명예를 짓밟으며, 마지막에는 나의 목숨을 앗아가는 데에까지는 괴롭힐 수가 있겠지만, 그러나 그것은 어디까지나 내 육체의 범위 내일 뿐 그 이상의 것에는 손을 댈 수가 없는 것입니다. 우리가 흔히 옛날부터 들어 온 이야기 중에 자기의 원수를 갚겠다고 찾아다니던 사람이 뒤늦게 그 원수가 이미 죽었음을 알게 되자 마침내 그 무덤을 파헤쳐 썩어 냄새나는 시체에게라도 보복을 하고자 매질을 하며 행패를 부렸다는 이야기들이 있습니다마는 그렇게 한다고 무슨 소용이 있는 것이겠습니까? 누가 아무리 뭐라고 하여도 결국 사람은 죽는 것으로 다 끝이 나고 마는 것입니다. 목숨이 다함으로 끝나는 인생!

그러나 우리 그리스도인으로 볼 때에는 이것보다 더 중요한 것이 얼마든지 많이 있다는 것입니다. 그래서 하시는 예수님의 말씀이 두려워하지 말라! 몸은 죽여도 영은 죽이지 못한다! 이제 죽인다고 하여도 육신까지일 뿐 그 이상은 못한다는 말씀입니다. 그러므로 이것은 두려워할 것이 없다는 것이요, 그렇다면 진정 두려워해야 할 것이 무엇인가 할 때에 그것은 죄와 지옥이라는 것입니다. 완전히 영까지 죽이는 자! 여기에서 죽음이라는 것은 지옥의 형벌을 말하는 것입니다. 이에 몸도 죽이고 영혼도 지옥으로 보내시는 그분을 두려워하라고 말씀하시는 것입니다. 그리하여 진정 두려워할 분을 두려워하게 되면 작고 시시한 문제들에 대해서는 두려워할 것이 없게 된다는 말씀입니다. 따라서 이제 손해를 좀 본들 어떻게 핍박을 당한들, 무슨 걱정이냔 것입니다. 다만 참으로 두려워할 분만 두려워하게 되면 모든 문제는 그것으로 해결이 되는 것입니다.

그래서 말하기를 "큰 걱정을 하게 되면 작은 걱정은 없어진다"고 하는 것입니다. 사실 아직도 우리에게 걱정거리가 많은 것은 그만큼 시시한 걱정을 하고 있기 때문입니다. 우리가 지금 이 순간, 인류의 존망(存亡) 위기에 대한 실로 엄청난 걱정을 해야 하는 처지에 있다면, 그리하여 인간의 죄악에 대한 하나님의 심판이 이런 모습으로 임하고 있는 것이 아닌가 하여 두려워하게 된다면, 이제는 누가 나에게 관심이 있고 없고의 문제나 남편의 귀가 시간이 이르거나 늦는 것 따위는 신경쓸 만한 아무런 가치도 없는 문제가 되고 마는 것입니다.

하나님의 크신 역사를 보면서, 그 앞에서 나를 세우고 생각하노라면,

도대체 지금 이 세상은 어떻게 되어가고 있는 것이며, 또한 '나'라는 것은 지금 어디로 가고 있는 것입니까? 우리가 만성이 되어서 그렇지 정신을 차리고 생각을 한다면 결코 잠을 잘 수가 없는 것이 오늘 우리 앞에 놓여진 현실이 아니겠습니까? 이제 우리는 진정으로 두려워할 자인 하나님만을 두려워해야 할 것입니다. 하나님을 참으로 두려워하는 그것을 곧 경건이라고 합니다. 하나님을 두려워하고 보면 사람을 두려워할 것이 없습니다. 하나님과 나와의 관계가 너무도 중요하기에 사람과 사람과의 문제는 그렇게 중요하지가 않습니다. 하나님 앞에 내가 어떤 모습으로 서느냐 하는 이것이 너무도 중요하기 때문에 내 앞에 닥치는 물질적인 손해나, 명예훼손, 그리고 소원의 성취 여부 같은 것들은 그렇게 중요하지를 않습니다. 이것이 바로 그리스도인의 자세입니다.

이제 진정으로 두려워할 자를 한번 두려워해 보십시오. 그렇게 하면 이것이 모든 문제의 해결이 될 것입니다. 언젠가 한번은 연세가 많으신 한 부인이 오셔서 자기의 처지를 이야기하면서 지금 이혼을 하겠다는 것입니다. 그래서 제가 "지금까지 오랫동안 살아 오셨는데 얼마 남지 않은 이제 와서 무얼 그러시느냐?"고 했더니 그 부인의 대답이 아주 재미있게도 "얼마 안 남았으니까 그 동안이라도 제대로 살아 보아야 하겠습니다. 그동안 고생한 것이 너무 억울해서요" 하는 것입니다. 그러길래 그것도 일리가 있다는 생각을 하면서 다시 제가 한 마디 해보았습니다. "가령 부인께서 지금 헤어지겠다는 그 남편이 오늘 병원에 가서 진찰을 해본 결과 6개월밖에 못 산다는 진단이 나왔다면 그래도 이혼을 하시겠습니까?" 하고 물어보았더니 "그러면 불쌍해서라도 살아줘야겠지요 뭐" 하는 것입니다. 그래서 그것이 사실이라면 이제 6개월만 같이 산다고 생각하시고 우선 6개월만 살아 보시라고 하였더니 그러고 가서는 지금까지 그럭저럭 살아 가고 있는 것을 봅니다.

여러분! 우리에게 있는 문제들을 좀 더 종말론적으로 생각해 보세요.

이 세상 삶을 얼마나 살겠다고 그렇게 안절부절 못하며 남의 눈에서 피눈물을 흘리게까지 하는 것이냔 말입니다. 이제 곧 예외없이 모두가 다 주님을 만나야 하고 하나님의 심판대 앞에 서게 될 것이에요. 이것을 중요하게 생각하고 나면 그 외에 무엇이 더 그렇게 중요할 게 있겠습니까? 가장 중요한 것! 그러므로 이제 우리는 깊이 생각하여야 합니다. 가장 두려워해야 할 자를 진정으로 두려워하고 문제삼아야 할 것을 문제삼아야 할 것입니다. 문제는 핍박이나 환난이 두려운 것이 아닙니다. 진정 두려운 것은 어느 순간에라도 내가 예수님을 배반하면 어떻게 하나 하는 것입니다. 우리는 다름아닌 이것을 두려워할 줄 알아야 합니다.

 그 다음에 주시는 오늘 본문의 말씀은 하나님께서 보호하시는고로 두려워하지 말라는 것입니다. 이를 위해 이제 예수님의 비유가 나오게 됩니다. 여기에서 하나님의 보호하심이란 하나님의 경륜적인 보호를 말합니다. 하나님께서는 복음을 증거하는 사람들을 특별히 보호하시고 저들을 위해 은총을 베푸신다는 것을 본문을 통하여 말씀하고 있습니다. 이에 예수님께서는 "참새 두 마리가 한 앗사리온에 팔리는 것이 아니냐? 그러나 너희 아버지께서 허락치 아니하시면 그 하나라도 땅에 떨어지지 아니하리라. 너희에게는 머리털까지 다 세신 바 되었나니 두려워하지 말라. 너희는 많은 참새보다 귀하니라"고 말씀하시는 것입니다.

 여러분, 이 말씀의 뜻이 무엇이겠습니까? 예수님께서는 참새 두 마리가 한 앗사리온에 팔린다고 하셨습니다. 그러면 왜 비둘기가 아니고 구태여 참새냐는 의문을 갖게도 합니다마는 이는 참새가 가장 싸구려이기 때문입니다. 여기에서 말하고 있는 한 앗사리온이라는 것은 낮은 단위의 동전 한 닢을 말하는 것입니다. 그래서 누가복음 12장 6절에서는 참새 다섯이 앗사리온 둘에 팔리는 것이 아니냐며 그 값어치의 하찮음을 말하고 있는데 이는 계산상의 차이는 조금 있습니다마는 어쨌든 그 뜻은 가장 천하고 보잘것없는 피조물이라 할지라도 하나님께서는 그를 보호하시고 주관하시는 것이며, 그런 하나님께서 하물며 인간을 그것도 그리스도인을 보호하시지 않겠느냐! 더욱이 직접 복음을 전하는 자들을 보호하시지 않겠느냐는 말씀인 것입니다.

이제 양을 이리 가운데로 보내는 것 같지만 아무렇게나 그저 보내는 것이 아닙니다. 성령이 친히 함께 하시고, 말씀이 함께 하시며 그리스도가 함께 하십니다. 그러므로 너희는 걱정하지 말라! 저 하찮은 참새 한 마리도 하나님께서 친히 주관하시고 지키시거늘 하물며 너희를 지켜 주시지 않겠느냐는 것입니다. 이 말씀은 곧 위로의 말씀이요, 격려의 말씀입니다. 그러기에 예수님께서는 풍랑이 일어나 위험한 지경에서도 고물에 누워 평안히 주무실 수가 있었던 것입니다. 그때에 놀란 제자들이 예수님을 깨우며 구원을 청하자 저들을 향하여 "어찌하여 무서워하느냐? 믿음이 적은 자들아"시며 책망의 말씀을 하시는 것을 볼 수가 있습니다(마 8 : 23~26). 하나님이 보호하시는데 도대체 무슨 걱정이냐? 풍랑이 일어났다고 하여 빠져 죽을 것으로만 생각하느냐? 절대로 그럴 것이 아닌데 왜들 이 모양이냐며 저들의 적은 믿음을 책망하시는 것입니다.

그리고 또한 오늘 본문의 30절 말씀을 보면 "너희에게는 머리털까지 다 세신 바 되었나니"라고 기록하고 있습니다. 그러면 이제 머리털 하나까지도 다 세신 바 되었다고 하는 것은 무엇을 뜻하는 말씀이겠습니까? 참새를 두고 말씀하시는 것은 생명을 지키신다는 것이요, 이 머리털이라는 것은 그 생명의 부분을 말하면서도 가장 작은 부분을 말하는 것입니다. 여러분, 여러분의 신체 부분 가운데에서 가장 소홀한 부분이 무엇입니까? 이제 한번 생각해 보십시오. 발가락을 다쳐도 아프고 손톱을 뽑아도 아프며 몸의 그 어디를 다쳐도 아프지 않은 곳이 없고 소중하지 않은 것이 없습니다. 그러나 이 머리카락 하나쯤은 뽑을 때 조금 따끔한 순간이 있기야 하지만 그것은 고통이라 할 것도 없고 또한 몇십 개쯤 없어져도 아무런 상관이 없습니다. 실은 다 없어진다고 하여도 생명 자체의 고통과는 무관한 것이 이 머리털이라는 것입니다. 그런데 하나님께서는 이와 같이 우리 몸의 그 수많은 부분 중에서 가장 작고 하찮은 이 머리카락 하나까지도 다 헤아리셨다고 하는 것입니다. 기록에 의하면 보통 사람에게 있어서 머리카락은 사방 1인치 내에 600~700개가 되므로 이를 전체적으로 생각하면 보통 한 사람의 머리카락은 3만~5만개가 된다고 합니다. 그리고 또한 하루에 30개 정도 빠지는 것이 정상적이라고 합니다. 그러니까 조금 빠진다고 걱정하거나 염려할 것이 아닙니다. 빠지면 그만큼 또 나니까 말입니다.

그런데 중요한 것은 "다 세신 바 되었다"고 하는 이 점입니다. 이 말씀의 뜻은 몸의 어느 작은 부분 하나가 상하는 것도 하나님의 뜻 밖에서는 이루어지지 않는다고 하는 말씀입니다. 그렇기 때문에 내가 어디에서든 핍박을 받아 매를 맞으며 팔다리가 부러졌다 하더라도 그것이 공연히 되어진 일이 아니라는 것입니다. 이는 우리의 머리털 하나가 빠져 없어지는 것까지도 하나님께서는 헤아리고 계시기 때문입니다. 그러므로 하나님께서 다 알아서 해주실 것이니 몸이 다칠까봐 걱정하지 말라는 것입니다. 하나님께서는 우리의 생명뿐만 아니라 그 소유와 몸에 관계된 모든 지체의 가장 작은 부분에까지 주관하시고 보호하십니다. 이것이 곧 하나님의 섭리요, 여기에 하나님의 사랑이 있습니다.

이에 여기에서 말씀하시는 바의 가장 중요한 의도는 전도자의 걱정 제1호가 되는 죽음에 대한 염려를 하지 말라고 하시는 것입니다. 양으로서 이리 가운데로 들어가야 하겠으니 이제 비참하게 죽을지 아닌지 하는 걱정이 됩니다마는 정말 해야 할 걱정은 내가 핍박과 환난 속에서 예수님을 모른다며 배교를 할 것이냐 아닌지, 그리고 복음을 본질 그대로 바로 전하여야 되겠는데 혹시라도 잘못 전하게 되면 어쩌지 하는 것을 걱정할 것이란 말입니다. 따라서 "죽을 것인지, 살 것인지?" 하는 걱정은 하지 말라는 말씀입니다. 왜냐하면 이는 참새 한 마리까지라도 하나님의 허락없이는 땅에 떨어지지 않기 때문입니다.

그리고 두번째 의도는 육체적인 고통, 즉 상처가 나고, 사지백체가 참기 어려운 고통을 당하게 될 것이나 아닌지, 또한 나와 관계된 가족과 재산 등은 어떻게 될 것인지 하는 걱정을 하게 되겠는바 거기에 대하여 주시는 말씀이 곧 "너희에게는 머리털까지 다 세신 바 되었다. 그러므로 두려워하지 말라!"고 하시는 거입니다. 여기에서 우리는 깊이 생각하여야 할 신학적인 중요한 문제가 있음을 알아야 합니다. 예수님께서는 작은 참새 한 마리도 지키시고 머리털 하나까지도 다 세신 바 되신 하나님께서 너희도 지키신다고 말씀하셨습니다. 그리고 사건은 계속 전개되어 나가면서 전도자의 처지는 이런 저런 모습으로 나타나게 됩니다. 이에 사도행전 12장을 보면 감옥에 갇혀 쇠사슬에 매여 자고 있는 베드로 곁에 주의 사자가 나타나서는 베드로를 깨워 쇠사슬을 벗겨진 상태로 감옥 문을 나오게 하는 기적의 현장을 기록하고 있으며 또한 바울과 실라도 모진 매를 맞은 후에 빌립보 감옥에 갇혀 있으면서 기도하며 찬송을 부르는 중에 옥문이 열리고 매인 것이 풀어지는 기적이 나타났던 것을 볼 수가 있습니다 (행 16 : 19~26).

그러나 문제는 언제나 그렇게만 된 것은 아니라는 점입니다. 우리가 잘 알다시피 사도 야고보는 순교를 하였고, 집사 스데반은 돌에 맞아 죽어야만 했습니다. 그렇다면 참새의 생명도 주관하시고 머리털 하나까지도 세신 바 되셨다는 하나님께서 저들을 보호하시지 않아서 그토록 비참한 모습으로 순교를 하게 한 것이겠습니까? 우리가 그 점을 알아야 하고 그것이 바로 오늘 이 시간 우리가 깨달아야 할 진리인 것입니다. 왜? 무엇 때문에 매를 맞아야 하고, 목베임을 당해야 하며, 돌에 맞아 죽어야 하는 것이겠습니까? 문제는 하나님이 보호하시는데도 매를 맞았다고 하는 것인데, 분명한 것은 하나님이 알고 계실 뿐만 아니라 충분히 보호하셨으며 또한 그 모두를 기억하고 계신다는 점입니다. 그 때문에 사도 바울의 여정에서도 보면 어떤 때에는 감옥이 열리기도 했었지만 그와는 반대로 일이 자꾸만 꼬여서는 로마에서까지 호송을 당하는가 하면 "내 몸에 예수의 흔적을 가졌노라!"(갈 6 : 7)고 하는 그의 고백은 아마도 그의 몸 어딘가에 큰 상처 자국이 남아 있음을 상상케 하는 말씀이라 생각됩니다.

그러면 하나님께서는 왜 이러한 것들을 허락하신 것이겠습니까? 죄송한 말씀이 될지 모르겠습니다만 그 상처는 하늘나라에 가서의 훈장이겠기에, 그래서 허락하셨는지도 모르는 일입니다. 저는 그럴 때마다 생각나는 한 이야기가 있습니다. 우리 나라에 선교사로 오셔서 오랫동안 수고하시던 마포삼열 목사님이 계시는데 그분은 그렇게 말재주가 좋으신 분이 아니라고 합니다. 그런데 그 분이 한국 교회를 위해서 미국 각지를 다니면서 모금을 할 때면 놀랍게도 어디를 가든지 강당에 서기만 하면 선 그것만으로도 모금이 잘되었다고 합니다. 그 이유는 이 목사님의 얼굴에 큰 상처 자국이 있기 때문인데 그것이 왜 생겼느냐 하면 평양에서 전도를 할 때 어떤 불량배가 유리병을 깨어서는 목사님의 얼굴을 마구 찔러 깊은 상처를 내게 된 것으로 아무리 수술을 해도 그 자국이 그대로 깊게 남아 있다는 것입니다. 그래서 이 마포삼열 목사님을 보러 오는 것이 아니라 이 상처를 보러 오는 사람들이 많아서 "한국에 가서 복음을 위해 수고하다가 그랬다는데" 하고서는 그 상처 자국을 한번 쳐다보고 나면 헌금이 잘되는 것이란 말입니다. 여러분! 이것도 분명 그분에게 준 훈장입니다. 이를 두고 만약 하나님을 향하여 머리털 하나까지 세신다고 하셨는데 하필이면 왜 이렇게 얼굴에다 상처를 내게 하셨느냐고 묻는다면 아마 예수님께서는 "내가 훈장으로 준 것이 아니냐?"며 대답하실지 모릅니다.

여러분! 우리는 이것을 잊지 말아야 합니다. 이제 복음을 전하면서도 때에 따라서는 매를 맞고 재산을 몰수당하며 상처를 입어 몸에 흔적을 남기게 될 수도 있습니다마는 그러나 분명히 잊지 말아야 하는 것은 우리의 생명이나, 몸의 지체, 그 전부를 하나님께서 지켜 보호하고 계신다는 사실입니다. 그 모두가 하나님의 손에 있기에 하나님의 허락이 아니고서는 가장 작은 것 하나도 잃어버리지 않을 것입니다. 이와 같은 돌보심! 여기에 하나님의 섭리가 있고 하나님의 사랑이 있으며 하나님의 충분하신 은혜가 있는 것입니다. 그러길래 요한 웨슬레(John Wesley)는 "내게 향하신 하나님의 뜻을 다 이루기까지는 절대로 죽지 않는다"고 말했던 것입니다. 이 말은 곧 어느 시각에 내가 죽었다면 그것은 내게 향하신 하나님의 뜻을 다 이루었기 때문이라는 말과 같습니다.

우리가 인간적으로 생각하다 보면 구원받을 때도 있고, 구원받지 못할 때도 있으며, 보호받을 때도 있고, 보호받지 못하는 때도 있으며, 어느 때에는 기도의 응답을 듣는 것 같기도 하고 어느 때에는 아무런 응답도 듣지 못하는 것 같기도 합니다.

그러나 오늘 이 시간 예수님께서 주시는 말씀의 의도는 우리의 생명, 우리 몸의 그 많은 지체의 가장 작은 부분과 그리고 재산까지도 하나님께서 친히 보호하시며 주관하고 계신다는 것입니다. 따라서 그 어느 것도 하나님의 경륜이 아니고서는 이루어지지 않는 것이 없는 것입니다. 그러므로 그 경륜과 그 사랑을 믿으면서 두려워하지 말아야 할 것입니다.

오늘 이 시간 우리에게 들려주시는 분명하신 주님의 음성은 두려워하지 말라! 양을 이리 가운데 보내는 것 같다마는, 그러나 결코 두려워하지 말라!고 하시는 부탁의 음성입니다.

검과 원수

누구든지 사람 앞에서 나를 시인하면 나도 하늘에 계신 내 아버지 앞에서 저를 시인할 것이요 누구든지 사람 앞에서 나를 부인하면 나도 하늘에 계신 내 아버지 앞에서 저를 부인하리라 내가 세상에 화평을 주러 온 줄로 생각지 말라 화평이 아니요 검을 주러 왔노라 내가 온 것은 사람이 그 아비와 딸이 어미와 며느리가 시어미와 불화하게 하려 함이니 사람의 원수가 자기 집안 식구리라 아비나 어미를 나보다 더 사랑하는 자는 내게 합당치 아니하고 아들이나 딸을 나보다 더 사랑하는 자도 내게 합당치 아니하고 또 자기 십자가를 지고 나를 좇지 않는 자도 내게 합당치 아니하니라

(마태복음 10 : 32~38)

검과 원수

우리 믿는 사람에게 있어서 가장 중요한 일을 말하자면 그것은 신앙을 고백하는 일입니다. 그렇기 때문에 예수를 나의 주라고 분명하게 고백한다는 것은 무엇보다도 선행되어야 하는 매우 중요한 일인 것입니다. 따라서 예수를 비밀로 믿는다고 하는 것은 하나님 앞에서는 통하지 않는 것으로, 이는 인간의 심리상태를 두고 보아도 그렇습니다. 이제 어떤 일을 생각하고는 마음에만 두고 있으면 그저 그러다가 사라져 버리고 맙니다. 그러나 이것을 말로 표현하여 고백함으로써 다시 확인이 되어짐과 동시에 강해지는 것입니다. 흔히 말하는 사랑을 두고 보아도 사랑한다는 것을 마음에만 품고 있다면 그것은 소위 말하는 짝사랑으로 상대에게는 아무런 관계가 없는 상태이기에 문제 또한 될 것이 없는 것입니다. 그러나 어느 순간, 내가 당신을 사랑한다는 말을 직접 본인에게 고백하게 되면 그 순간부터 마음에 가졌던 사랑이 3배로 더해진다고 합니다. 그러니까 희미하게 좋아하는 정도로 있다가도 어느 계기에 "사랑합니다"라는 한 마디의 말을 함으로써 그것이 굳어지고 확실해지는 것이라는 말입니다. 그래서 심리학에서는 말이라고 하는 것은 생각의 액센트(accent)라는 이야기를 하기도 하는 것입니다. 이처럼 말로 표현한다고 하는 자체가 얼마나 중요한 것인지 모릅니다. 만약 이 말이라고 하는 언어적 표현을 나쁜 결과를 초래하는 면으로 생각해 본다면 이제 어떤 경우에 상대방으로부터 받은 마음의 섭섭함이나 불쾌감을 가졌다손치더라도 그대로 혼자 삭여가면 괜찮은 것을 어느 순간에 한번 이것을 투덜거리며 말로 내뱉거나, 더욱이 본인에게 직접 표현을 하고 나면 이제는 지워버리기 힘든 나쁜 감정이 되어 증오하는 마음이 되어버리고 마는 것입니다.

　더욱 중요한 것은, 오늘 본문에 나타난 의미로도 그렇습니다마는 특별히 이스라엘 사람들에게 있어서 이 말이란 하나님께서 전부 듣고 계시는 것으로 생각한다는 점입니다. 이제 말은 사람에게 하고 있는 것이지만 그것은 곧 하나님께 향한 기도가 된다는 것입니다. 그래서 민수기 14장이나 20장 등 여러 곳에서 광야 생활에 힘들어 하는 이스라엘 백성들이 하나님을 원망하는 장면들이 나오고 있습니다. 이때의 원망하는 말은 실은 자기들끼리 서로 주고받은 말들입니다. 그런데도 하나님께서는 "너희 말이 내 귀에 들린 대로 내가 너희에게 행하리니!"(민 14:28)라고 말씀하십니다. 단 한 마디의 말! 그러나 이 말이 이렇게도 중요한 것입니다.

　특별히 우리의 믿음의 신앙고백은 공개적으로 되어져야 한다는 점에서 이 언어적 수단인 말은 매우 중요한 것입니다. 이에 로마서 10장 9~10절에 보면 "네가 만일 네 입으로 예수를 주로 시인하며 또 하나님께서 그를 죽은 자 가운데서 살리신 것을 네 마음에 믿으면 구원을 얻으리니, 사람이 마음으로 믿어 의에 이르고 입으로 시인하여 구원에 이르느니라"고 기록하고 있습니다. 여기에서 입으로 시인한다는 말은 공개적으로 고백한다는 것입니다. 또한 이렇게 함으로써 이제는 하나의 분명한 소속이 생기게 됩니다. 그리하여 "나는 예수 믿는 사람입니다"라는 고백을 하는 그 순간, 지금까지는 우상에 속했던 사람일지라도 이 고백을 계기로 그 관계를 끊어버리게 되는 것입니다. 드러나지 않는 마음으로는 두 가지의 고백이 있을 수도 있습니다마는 말로 정리되어 표현되어지는 순간에 어느 하나를 포기하게 됩니다. 그렇기 때문에 우상과의 관계를 끊는 행위가 바로 고백이 되는 것입니다. 그리고 이와 같이 공개적으로 고백함으로 말미암아 이것이 믿음의 고백이 됨은 물론, 그만큼 그리스도에 대한 지식이 있음을 증거하는 것이며 나아가 그리스도를 영접하는 것이 되고, 이제는 그분께 내 운명을 위탁하여 그분께만 충성을 약속하는 것이 됩니다.

이와 같이 이 고백은 그리스도를 알고, 그리스도를 믿으며, 그리스도에게 속했다고 하는 자기 정체를 확고하게 하는 것입니다. 바로 여기에 이 고백의 중요함이 있습니다.

이제 오늘 본문 말씀을 보면 예수님께서는 "누구든지 사람 앞에서 나를 시인하면"이라고 하셨는데 이 말씀을 직설적으로 풀이해 본다면 어떤 사람이 재판정에 섰을 때 재판장이 묻기를 "너 예수를 아느뇨?" 그리고 "예수를 믿느뇨?" 할 때에 "예, 알고 있습니다" "예, 믿습니다" 하는 바로 그런 순간을 말하는 것입니다. 그러니까 다시 말하면 이 고백은 "예수를 알고 있습니다." "예수를 믿습니다" 하는 고백과 더불어 이에 따르는 모든 책임을 진다는 것을 의미합니다. 따라서 이 고백과 함께 모든 고난을 받아야 하고 저만큼 넘어서는 최후의 영광도 얻게 되는 것입니다. 그래서 그리스도인이요, 그 때문에 이 신앙고백은 생명과도 같이 중요한 것입니다. 이에 예수님께서 말씀하신 "사람 앞에서 나를 시인하면 나도 하늘에 계신 내 아버지 앞에서 저를 시인할 것이요"라고 하신 이 말씀은 매우 종말론적인 말씀입니다. 다시 말하면 모든 인간들이 하나님의 심판대 앞에 서서 벌벌 떨고 있을 때에 예수님께서는 증인이 되셔서 저들이 사람 앞에서 고백한 그대로 저 사람은 그리스도인, 곧 내가 아는 자라며 한 사람, 한 사람을 시인하시리라는 것입니다. 여러분! 이 말씀이 얼마나 중요한 말씀인가를 깊이 한번 생각해 보십시오. 그런데도 이 고백이 쉽지를 않고, 이렇게 되기 위해서는 여기에 따르는 많은 부수적인 문제가 있습니다.

그것이 뭐냐 할 때에 가장 중요한 의미로는 이 신앙고백은 절대화되어야 한다는 점입니다. 이 신앙고백은 어디까지나 절대적인 고백일 뿐 어떠한 경우에도 상대적인 고백이 될 수는 없는 것입니다. 차라리 내 몸, 내 생명을 희생하며 물질을 빼앗기는 것은 가능하여도 신앙의 고백을 양보하거나 고치며 타협할 수는 없는 것입니다. 이와 같이 신앙고백, 이것 하나만은 절대화되어야 한다는 것이 오늘 본문에 나타난 가장 귀중한 주제입니다.

여러분! 잘 아시는 대로 힘이라는 것은 바로 이러한 데에 있는 것입니다. 단순하고 공개적이며 그리고 순수하고 절대적일 때에 힘이 생기게 되는 것이 옳습니다. 이 절대라는 것이 바꾸어 말하면 상대를 배격한다는 것을 의미합니다. 그렇기 때문에 우리 기독교인들이 많은 핍박을 받게 되는 이유도 바로 거기에 있는 것입니다. 기독교인의 신앙은 절대적인 신앙이어야 합니다. 언젠가 한번 계룡산 신도의 집엘 가보았더니 집 2층을 넓은 다락처럼 목조로 지어 놓고는 거기에다 커다랗게 그린 하얀 할아버지의 초상화 다섯을 모셔 놓았는데 그 중 하나는 맨 위에 걸려 있고 나머지 넷은 그 아래에 나란히 걸려져 있었습니다. 그래서 제가 이것이 무엇이냐고 하였더니 맨 위에 있는 분이 하나님이시고 아래 이 넷은 석가, 공자, 야소(예수), 모하메트라는 것입니다. 그러길래 제가 한마디 더 "이게 무슨 짓이오?" 하고 물었더니 그 분 대답인 즉 "아 그저 다 좋은 것 아닙니까?" 하고 나오는 것입니다. 그때 제가 농담삼아 "그러면 그 중에 어느 것이 좀 나은 것 같소?" 하고 물었더니 사람마다 자기 나름대로 더 나은 길이 있다며 그 모두가 하나님께로 가는 길이 아니겠느냐는 것입니다. 여러분! 이런 식으로 믿는 사람은 핍박을 받지 않습니다. 아무것이나 다 좋다는데 핍박이나 순교가 무슨 필요가 있는 것이겠습니까? 예수님도 거기에서는 야소라고 하는 한갓 부처님으로 모셔져 있는 것이란 말입니다.

이러한 상대주의적인 신앙, 이것은 우리의 신앙고백에는 어떠한 경우에도 통하지 않는 것입니다. 그렇기 때문에 기독교 2천 년의 역사는 피로 얼룩진 핍박의 역사로 이어져 왔고 오늘날에도 그리스도인에 대한 핍박은 끊이지 않고 있는 것입니다. 다른 것은 다 양보할 수 있으나 이 신앙고백 하나만은 단 한 치도 양보할 수 없는 것이기에 예수를 알지 못하는 일반적인 사람들은 기독교인을 향해 독선적이요, 고집불통의 저만 잘났다고 하는 위선자라고들 합니다마는 우리가 믿는 복음은 절대적인 것이므로 따라서 우리의 신앙고백도 절대적이어야 하는 것입니다. 이와 같이 절대적 고백이 있는 사람! 그가 기독교인인 것입니다.

오늘 예수님께서는 바로 이러한 것을 두고 말씀하고 계시는 것입니다. 그러므로 여기에는 싸움이 있고, 이를 위한 검, 곧 칼이 있습니다. 이 검은 싸움을 상징하는 것이며, 나아가 죽음을 상징하는 것입니다. 절대가 있는 곳에는 상대적인 것이 통하지 않는 것이기에 결국은 싸움이 있을 수밖에 없는 것입니다. 이에 예수님께서는 "화평이 아니요, 검을 주러 왔노라"고 하셨는데 우리는 먼저 이 말씀의 개념부터 잘 이해하여야 될 것으로 생각합니다. 세상에 뭐니뭐니하여도 말귀를 잘 알아듣지 못하는 것처럼 답답한 일이 없을 것입니다. 그런데 예수님의 제자들도 3년 동안이나 예수님을 따라다녔지만 예수님께서 말씀하시는 바 그 진의를 파악하지 못하므로 수제자인 베드로마저도 결정적인 순간에 실수를 하는 것을 볼 수 있습니다.

오늘 본문에 의하면 내가 화평을 주러 온 것이 아니라 검을 주러 왔노라고 하시는데 이제 누가복음 22장 36절을 전후하여 보면 예수님께서 제자들과 함께 겟세마네 동산을 향하여 가시면서 하시는 말씀이 "검 없는 자는 겉옷을 팔아 살지어다"라고 하십니다. 당시의 상황에서 느닷없이 하시는 예수님의 이 말씀이 제자들의 차원에서는 아무래도 이해하기가 힘들었으리라는 생각이 들기도 합니다. 아무튼 그 말씀을 들은 제자들은 "여기 검 둘이 있나이다"라는 보고를 하게 되는데 이때에 예수님께서 "야, 이녀석들아 그 소리가 아니다"라며 제대로 알아듣게 설명을 좀 해주셨으면 좋으련만 그러시지를 않고 그저 "족하다"는 한 마디를 해주시고 맙니다. 그랬다가 이제 예수님을 잡으러 오는 사람들이 밝게 불을 켜 들고 다가오자 "옳다구나, 바로 이때다" 하고서는 검을 빼어 저들을 향해 내리쳤던 것입니다. 그런데 이를 보신 예수님께서는 "네 검을 도로 집에 꽂으라. 검을 가지는 자는 다 검으로 망하느니라"(마 26 : 52)고 말씀하시는 것이었습니다. 그렇다면 도대체 베드로는 어떻게 해야 된다는 말이겠습니까?

그러나 이제 우리는 예수님께서 무슨 의도로 겉옷을 팔아서 검을 사라고 하셨는지 그 의도를 알만도 합니다. 이는 곧 마음의 무장을 하라는 말씀입니다. 지금은 사느냐? 죽느냐의 시간이요, 아무렇게나 적당히 넘어가도 되는 그러한 시간이 아니란 말입니다. 그러기에 오늘 이 시간에 검을 주러 왔노라! 우리는 이 말씀의 뜻을 깊이 잘 이해하여야 합니다. 예수님께서는 분명히 이 세상에 화평을 주러 오신 분이십니다. 첫번 크리스마스의 메시지가 그렇고 오늘도 우리는 평화의 왕으로 믿고 있습니다.

그런데 어찌하여 오늘 본문 속에 예수님께서는 "내가 세상에 화평을 주러 온 줄로 생각지 말라. 화평이 아니요 검을 주러 왔노라"고 말씀하시는 것이겠습니까? 여기에서 우리는 기독교의 가장 중요한 절대적 교리, 양보할 수 없는 신앙고백이 있음을 다시 한번 분명히 알아야 하는 것입니다. 그러니까 하늘의 평화가 이루어지기 위해서 땅의 거짓된 평화는 무너져야 한다는 말입니다. 문화 신학적인 측면에서 보면 외국 사람들의 경우 대체로 보아 한 가정의 종교는 하나입니다. 만일의 경우 종교가 둘이 되면 그것으로 인해 갈라서게 되고 맙니다. 이혼율 가운데에 보면 기독교와 유대교의 각각 다른 신앙을 가지고 만났을 경우에는 현재까지의 통계로 보아 99%가 이혼을 하게 된다는 것입니다. 이와 같이 종교문제란 참으로 어려운 것이며 종교가 다르고서는 결코 무사히 살아 넘길 수가 없다는 것이 종교에 대한 일반적이고도 세계적으로 나타나고 있는 실태입니다. 그런데 이러한 사실에도 불구하고 유독 우리 한국만은 예외입니다. 그것은 왜냐하면 조선왕조 5백년 간을 그런 식으로 살았기 때문입니다. 우리가 잘 아는 대로 조선왕조 5백년 간은 남성 위주의 유교적인 가치관 위에 사회나 가정이 틀을 잡게 되므로 여성이 설 자리란 구조적으로 상실되어 있었던 것입니다. 유교란 오직 남성의 종교요, 봉건주의적 종교며, 귀족의 종교입니다. 그 때문에 당시의 여성들에게는 이름도 주어지지 않은 채 김씨, 이씨, 아니면 지역 이름을 붙여 무슨무슨 댁이라고 하거나 아무개 누나, 아무개 어머니 하는 식으로 불려졌던 것입니다. 뿐만 아니라 글도 가르치지 않았음은 물론 그 출입도 극히 부자유하여 부득이한 경우 쓰개치마를 쓰고야 외출을 할 수 있는 것 외에는 그대로 안방에 갇혀 있어야만 했던 것입니다. 그러자니 얼마나 답답했겠으며 쌓이는 한인들 오죽했겠습니까? 이렇게 쌓여만 가는 한을 어떻게 해서라도 좀 풀어가야 하겠는데 그 재간이 없어요. 그래서 마침내 뒷문으로 몰래 끌어들인 것이 바로 이 무당이라는 것입니다. 이제 이것을 보는 남편은 아내를 사랑하는 여유 있는 마음에서 오죽이나 답답했으면 저런 짓을 하겠느냐 하는 생각에서 그런대로 넘겨 보아 주었던 것입니다. 그렇게 되고 보니 조선왕조 5백년 동안에는 어느 집이든 예외없이 종교가 둘이었던 것입니다. 그러니까 안방에서는 무당종교요 밖에서는 유교를 했던 것입니다.

사실 유교에 골똘한 분들은 무당은 미신이요, 천박한 것이라 해서 대단히 나쁘게 생각하는 처지입니다만, 그럼에도 불구하고 너그러운 남편들이 아내의 답답한 마음을 헤아려 주는 것으로 해서 어느 집이든 이중의 종교가 자리하게 되었던 것입니다. 본래 이 샤머니즘(shamanism)이라는 것은 다신론적인 데가 있는 것이긴 합니다만 특별히 조선왕조 5백년 간은 유교와 무속종교, 게다가 불교까지 끼어 어쨌든 가정마다 이중 종교 내지 복합 종교로 자리가 잡혔고, 따라서 이러한 종교적인 체질로 여러 백년을 흘러왔다는 말입니다. 그러한 결과 요즈음도 보면 한국 가정은 묘한 종교적인 분위기를 가지고 있어서 어떤 가정에서는 남편이 교회에는 나가지 않으면서도 자기 부인보고는 집은 내가 보아 줄 터이니 교회에 갔다오라고 하는가 하면, 자신은 안 나가면서도 아이들보고는 교회에 나가는 것은 좋은 것이라며 챙겨 보내는 것을 볼 수가 있습니다. 생각해 보면 한 가정에서 신앙의 문제를 두고 이런 식의 사고, 이런 식의 생활을 한다는 것은 있을 수가 없는 일입니다. 우리 교회에서 결혼식을 할 때에도 보면 앞자리에 나와 앉아 달라는 부탁을 아무리 하여도 기어이 저멀리 뒤에 섰는 사람들이 있는데 사실 알고 보면 그럴만한 이유들이 있습니다. 그것은 지금 이 예배당은 하나님이 계시는 굉장한 집인데 어찌 감히 무당을 섬기던 사람들이 두려워서 들어올 수가 있겠느냐는 것입니다. 이제 여기 하나님의 집에 와서 한번 앉았다는 그 자체가 굉장한 문제가 되는 것이란 말입니다. 그래서는 뒤에서만 빙빙 돌다가 "나오세요"를 거듭하게 되면 그 때에는 아주 나가버리고 마는 것입니다.

아무튼 한 가정에서 두 종교, 세 종교를 가지고도 무사히 넘어가는 것이 종교에 대한 한국적 체질임을 우리는 알아야 합니다. 그렇기 때문에 흔히들 불교도 좋고, 유교도 좋고, 무당도 믿을 만하고, 기독교는 더 좋고 하는 식으로 나오는 것을 볼 수가 있는데 이것은 결코 하나님 앞에서 통할 수 있는 이야기가 아닙니다. 바로 그 때문에 지금 예수님께서는 화평을 주러 온 것이 아니라 검을 주러 왔노라고 말씀하시는 것입니다. 예수님께서는 그저 무턱대고 좋은 것이 좋다는 식의 그따위 화평 때문에 오신 것이 아니라는 말씀입니다. 어떠한 경우에든 인본주의와 신본주의자는 만날 수가 없는 것이며, 복음이란 그 자체가 절대로 양보할 수 있는 성질의 것이 아님을 우리는 알아야 합니다. 이에 오늘 예수님께서 화평을 주러 온 것이 아니라 검을 주러 왔다고 하시는 말씀의 그 배경은 그리스도에 대한 신앙고백은 절대화되어야 한다는 것을 강하게 표현하고 있는 말씀인 것입니다. 따라서 땅 위의 거짓 화평은 이 싸움에 의해 반드시 무너져야 한다는 것입니다.

다시 말하지만 이 검이라는 것은 싸움과 죽음을 의미합니다. 그러기에 누가복음 2장 35절에 보면 마리아의 품에 안긴 아기 예수가 할례를 받게 되는데 이때 시므온이 축복의 말을 하는 것에 이어 그 모친 마리아에게 "칼이 네 마음을 찌르듯 하리라!"며 그로 인한 미래의 고통을 예언해 주고 있는 것을 볼 수 있습니다. 인간적인 혈육의 정으로 볼 때 십자가상에 매달려 죽어가는 아들의 모습을 바라보는 어머니의 심정은 진정 칼로 가슴을 도려내는 것 같은 아픈 고통을 당했을 것이 아니겠습니까? 예수님께서는 정말 검을 주러 오셨습니다. 싸움과 그리고 죽음이 있게 마련인 이 검! 그리하여 살기 위해서는 저를 죽이고서야 내가 살 수 있는 양자 택일의 길이 있을 뿐입니다. 따라서 타협이나 양보 같은 것은 통하지 않는 그런 상태를 가리켜서 검이라 말씀하고 계시는 것입니다. 이 싸움은 진리를 받아들이기 위하여 거짓을 버리는 싸움이어야 하고 최후의 순간까지 계속해야 하는 싸움입니다. 예수 그리스도를 긍정하고 그 진리가 진리되게 하기 위해서는 비진리를 부정하고 없애야 하는 싸움을 계속해야 하는 것입니다. 그 때문에 신학을 공부하는 한 학도의 입장에서도 보면 어떤 때에는 "이거 온통 싸움판이로구나!" 하는 생각이 들 때가 있는 것입니다. 이는 왜냐하면, 신학이란 결국 복음을 수호하기 위하여 거짓된 진리에 대항하여 싸우는 학문이기 때문입니다. 그야말로 비복음적인 것과 싸우면서 계속 칼질을 하는 것이란 말입니다. 그러고 보면 "검을 주러 왔노라!"고 하신 이 말씀은 매우 실감나는 이야기가 아닐 수 없습니다.

뿐만 아니라 이것은 또한 하나의 과정이기도 합니다. 끊임없는 싸움을 통하여 세속적이고, 자기중심적인 요소를 제거함으로써 비로소 순수한 진리와 순수한 고백이 지켜지며 나아가서는 참된 화평이 이루어지게 되는 것입니다. 그러므로 이러한 싸움은 필요불가결한 것으로 반드시 있어져야 한다는 뜻에서 "검을 주러 왔노라!"고 하시는 것입니다. 그런데 마태복음 9장 16~21절에 보면 이 싸움에서 실패한 사람의 이야기가 나오고 있습니다. 거기에 보면 한 청년이 예수님께 와서 "내가 무슨 선한 일을 하여야 영생을 얻을 수 있겠느냐"고 물을 때에 예수님께서는 "계명을 지키라"고 하시게 되는데, 이 청년이 계명은 다 지켰다는 말을 하게 되자 그러면 "가서 네 소유를 팔아 가난한 자들을 주라. 그리고 와서 나를 좇으라!"고 말씀하십니다. 하지만 이 말씀을 들은 청년은 이 싸움에서 그만 넘어지게 되어 재물이 많으므로 근심하며 돌아갔다고 하였습니다. 이는 참으로 유감스러운 일이 아닐 수 없습니다.

이제 오늘 본문 말씀 중에 보면 특별히 "불화하게 하려 함이니"라는 말씀이 있는 것을 보게 되는데 여기에서 말하고 있는 이 "불화"에는 그렇게 할 수밖에 없는 과정이 있습니다. 여러분! 화목함이 좋은 것이라고 하여 세상 욕정과 화목할 수가 있는 것이겠으며, 미신이나 유물주의 따위와 화목해서야 되겠습니까? 그렇기 때문에 예수님께서도 "하나님과 재물을 겸하여 섬기지 못하느니라"고 말씀하고 계시는 것이 아니겠습니까?

그리고 또한 오늘 본문에는 "사람의 원수가 자기 집안 식구리라"며 원수에 대한 말씀을 하고 있습니다. 우리는 앞에서 인간간의 화목이 먼저가 아니라 참 믿음, 참 고백이 먼저이기 때문에 부득불 불화한 과정을 거칠 수밖에 없음을 이야기했는데 이제 그 불화 중에서도 가장 어렵고 급한 것이 어디에 있느냐 하면 바로 자기집 안에 있다고 하는 말씀입니다. 그러니까 인간적으로 가장 친하고 가장 가까운 곳에 보다 큰 어려움이 있을 것이라는 이야기입니다. 그 때문에 가족들에게 전도하는 이야기를 들어보아도 그저 화목하게 해야지 하고 화목 위주로 생각하는 사람들은 대체로 보면 남편이나 아내에게 교회로 인도해내기가 어려움을 알 수 있습니다. 당장은 조금 핍박이 있고 불화의 소리가 나더라도 처음부터 신앙을 똑바르게 지켜 나갈 때에 여기에서 무엇이 이루어지는 것이지 무조건 화목해야겠다고 하여 오늘은 산으로 갑시다 하면 그리로 끌려가고, 다음에는 또 어디어디로 하는 식으로 같이 다니다가 어쩌다 남편이 출장이라도 가고 나면 그때에 가서 몰래 교회에 나오고 한다면 그런 상태로서는 10년이 지나도 남편 하나 인도해 내지를 못하는 것입니다. 우리는 신앙고백 자체를 양보해 가면서까지 화목을 하여 무엇이 되어질 줄 아는 것은 크게 잘못된 생각임을 알아야 합니다.

그런데 문제는 왜 원수가 자기 집안 식구냐 하는 것입니다. 이는 누구보다도 자기 집안 식구를 사랑하기 때문이지 집안 식구 자체가 곧 원수라는 말은 아닙니다. 그러고 보면 이 말씀의 깊은 뜻은 원수를 사랑하는 내 마음이 원수라는 이야기입니다. 가정을 사랑하고 가족을 사랑하는 이 마음 때문에 그만 신앙을 바로 지키지 못하고 오히려 저들에게 끌려가며 양보하는 경우가 많으니까 말입니다. 이제 몇십 년 목회를 하면서 보노라면 열심히 바른 신앙생활을 할 수 있는 분인데도 자식을 너무 사랑한 나머지, 그 자식에게 연연하느라고 다른 일은 아무것도 못하는 것을 볼 수가 있습니다. 심지어는 "내 죽은 다음에 저 자식들 어떻게 하나!" 하는 생각으로 좀 많이 벌어 놓고 가겠다고 이것저것 열심히 해 왔는데 진작 마지막에 자식이 잘못되고 나면 이제는 "이럴 줄 알았더라면 그렇게 하지 않았을 것을" 하는 탄식과 함께 "이것은 자식이 아니라 원수!"라고 하며 나오는 것입니다.

자식이 원수라!는 이 말은 새삼스러운 말도 아니요, 뒤늦게 깨달아야 할 말도 아닙니다. 이는 이미 예수님께서 예언적으로 분명하게 "사람의 원수가 자기 집안 식구니라!"고 하신 말씀에 따른 응답이요 고백일 뿐입니다. 그러므로 누구든지 결정적인 어느 순간에는 이 자식, 이 가정이 원수라는 말을 문자 그대로 고백할 때가 오는 것입니다. 왜냐하면 여기에는 육정에 끌리는 인정이 있기에 그러는 동안에는 그리스도를 사랑하고 그에게 충성하는 것보다는 가족을 사랑하고 저들을 위한 마음과 책임이 더욱 앞서게 되는 것이란 말입니다. 그 때문에 심지어 선교사로 가는 사람에게 있어서도 이 가족문제, 특별히 자녀의 문제는 매우 심각한 장애의 요소로 나타나고 있는 것입니다. 언젠가 한번 저의 제자되는 청년이 찾아와서는 선교사로 가겠다는 것입니다. 그래서 제가 결혼했느냐 하고서는 아이가 몇이냐고 물었더니 셋이라고 하는 것입니다. 그러길래 제가 "그러면 자네 선교사로 가지 말게, 자식들 그렇게 데리고 선교사로 가서는 큰 일을 할 수가 없어. 꼭 자네가 가야 될 것도 아닌데 다른 사람 보고 가라고 하지 뭐" 했더니 "아 그래도 목사님, 제가 굳은 결심을 하고 준비를 하였는데요"라며 섭섭해하기에 그러면 마음대로 하게나 하고 보냈는데 선교사로 간 지 3년만에 돌아와서는 저의 사무실로 찾아와 울면서 고백을 하는 것입니다. 막상 가서 보니 아이들 때문에 아무것도 할 수가 없었다는 것입니다. 학교가 없기 때문에 아이들은 초등학교도 다닐 수가 없고 그렇다고 선교비가 넉넉한 것도 아니고 하여 이리저리 하다보니 아이들 밑에 선교비가 다 들어가도 모자랄 지경이니 도대체 자식들 때문에 아무것도 못하겠더랍니다. 그래서는 겨우 3년을 버티다가 결국은 본부에 이야기를 하여 돌아왔다는 것입니다. 그러고 나니 그간의 3년 세월은 완전히 공을 친 것이 되었고 자기의 마음에는 큰 상처를 입게 되었다고 합니다. 그러면서 하는 말이 있을 수도 없는 이야기이긴 합니다만 "제가 다시 태어난다면 선교사가 되겠습니다. 그런데 그때엔 장가가지 않겠습니다." 하는 것입니다.

여러분! 우리에게는 이와 같은 참으로 결정적인 시간이 있습니다. 제가 이름은 밝히지 않습니다마는 지금 브라질에 가 있는 모 선교사님 내외분은 자녀가 없습니다. 그런데 제가 보기에는 아무래도 못 낳은 것이 아니라 낳지 않은 것 같아요. 그런 가운데 브라질의 오지, 아주 벌거벗고 사는 원주민들 속에 들어가서 전도를 하게 되었는데 거기에서 부모를 잃고 불쌍하게 된 아이들을 데려다가 양자로 삼았다고 합니다. 이렇게 하면서 전도를 하다보니 이제는 그 마을에서 아주 성자 취급을 받고 있을 뿐만 아니라 복음이 어떻게 잘 전해지는지 그곳을 떠나 돌아올 생각이 나지를 않는다고 하는 것입니다. 통계에 의하면 선교사로 갔다가 제 몫의 일을 제대로 하지 못하고 돌아오는 이유 중 거의 대부분이 다 자녀 때문이라고 합니다. 이는 내가 고생하는 것은 참을 수 있으나 자식이 멍청하게 바보가 되는 것은 볼 수가 있겠느냐는 것입니다. 여러분, 이것을 아셔야 합니다. 결정적인 순간! 이제 순교를 하려는 그 순간! 이런 때에는 자식도 가정도 원수입니다.

그러기에 오늘 예수님께서는 아비나 어미를 나보다 더 사랑하는 자도 내게는 합당치 않다고 하시는 것입니다. 다시 말하면 비록 부모 자식간이라 하더라도 하나님보다 더 사랑하는 것들이 있는 한 예수님을 바로 믿는다는 것과는 거리가 먼 이야기라는 말입니다. 거기에서는 바로 신앙 생활도, 바른 신앙고백도 나올 수가 없는 것입니다. 뿐만 아니라 예수님께서는 자기 자신까지도 주님보다 더 사랑해서는 아니된다고 말씀하십니다. 오직 그리스도를 내 생명보다 더 사랑한 이후에라야 내가 예수를 알고, 예수를 믿으며, 예수를 사랑한다고 하는 바른 고백을 할 수가 있으며 그 고백을 따라 살 수가 있겠다는 말입니다. 이에 자기 십자가를 지고 따라야 한다는 것은 다르게 말하면 자기 사랑이 주님을 따르는 길에 원수가 된다는 것입니다. 그러므로 이러한 것을 극복하고서야 비로소 바른 신앙고백, 바른 신앙생활을 할 수 있다는 것입니다.

그러나 여러분! 염려하지 마십시오. 분명히 예수님께서는 "나라 및 복음을 위하여 집이나 형제나 자매나 어미나 아비나 자식이나 전토를 버린 자는 금세에 있어 집과 형제와 자매와 모친과 자식과 전토를 백 배나 받되 핍박을 겸하여 받고 내세에 영생을 받지 못할 자가 없느니라"(막 10 : 30)고 말씀하셨습니다. 이제 자식을 더 사랑한즉 그리스도를 버리게 되고 결국은 자식까지도 잃게 됩니다. 그러나 그리스도를 더 사랑하고 보면 마침내는 그리스도뿐만 아니라 자식도, 부모도 더 사랑하게 된다는 사실입니다. 실상은 그리스도를 사랑하는 것이 진정으로 자녀를 사랑하는 것이요, 부모를 사랑하는 것이 되며 나아가서는 자기 자신을 사랑하는 것이 되는 것입니다. 그러므로 그리스도 없이 사랑하는 그 모든 것의 결국은 파멸과 죽음뿐임을 기억해야 할 것입니다.

이제 우리는 진정한 신앙고백에 따르는 불화와 원수, 그리고 검이라고 하는 이 싸움의 문제가 있음을 알고, 이것을 넘어섬으로써 진정한 화평과 참 사랑의 사람이 되어야 할 것입니다. 그럴 때에 종말적으로 하나님 앞에 선 나를 향해 내가 너를 아노라고 하시는 주님의 음성을 들을 수 있는 축복이 있게 될 것입니다.

바람에 흔들리는 갈대

예수께서 열두 제자에게 명하시기를 마치시고 이에 저희 여러 동네에서 가르치시며 전도하시려고 거기를 떠나 가시니라 요한이 옥에서 그리스도의 하신 일을 듣고 제자들을 보내어 예수께 여짜오되 오실 그이가 당신이오니이까 우리가 다른 이를 기다리오리이까 예수께서 대답하여 가라사대 너희가 가서 듣고 보는 것을 요한에게 고하되 소경이 보며 앉은뱅이가 걸으며 문둥이가 깨끗함을 받으며 귀머거리가 들으며 죽은 자가 살아나며 가난한 자에게 복음이 전파된다 하라 누구든지 나를 인하여 실족하지 아니하는 자는 복이 있도다 하시니라 저희가 떠나매 예수께서 무리에게 요한에 대하여 말씀하시되 너희가 무엇을 보려고 광야에 나갔더냐 바람에 흔들리는 갈대냐 그러면 너희가 무엇을 보려고 나갔더냐 부드러운 옷 입은 사람이냐 부드러운 옷을 입은 자들은 왕궁에 있느니라 그러면 너희가 어찌하여 나갔더냐 선지자를 보려더냐 옳다 내가 너희에게 이르노니 선지자보다도 나은 자니라 기록된 바 '보라 내가 내 사자를 네 앞에 보내노니 저가 네 길을 네 앞에 예비하리라' 하신 것이 이 사람에 대한 말씀이니라 내가 진실로 너희에게 말하노니 여자가 낳은 자 중에 세례 요한보다 큰이가 일어남이 없도다 그러나 천국에서는 극히 작은 자라도 저보다 크니라 세례 요한의 때부터 지금까지 천국은 침노를 당하나니 침노하는 자는 빼앗느니라 모든 선지자와 및 율법의 예언한 것이 요한까지니 만일 너희가 즐겨 받을찐대 오리라 한 엘리야가 곧 이 사람이니라 귀 있는 자는 들을지어다.

(마태복음 11 : 1~15)

바람에 흔들리는 갈대

오늘 본문 속에서 "바람에 흔들리는 갈대"라고 하시는 예수님의 이 비유는 무엇을 가리키고 있는 것인지 그 문화적 언어 속에서 예수님의 깊은 뜻을 읽을 수 있어야 하겠습니다.

오늘 본문의 내용은 세례 요한이 감옥에 갇힌 사건을 배경으로 하여 나타나게 된 문제의 장면입니다.

세례 요한은 예수님보다 6개월 먼저 태어난 사람으로 제사장 사가랴와 엘리사벳의 아들입니다. 그는 일찍부터 광야의 사람으로 알려져 왔습니다. 그에 대한 학자들의 공통적인 견해로서는 모름지기 세례 요한은 에세네파(Essenes)에 이끌리어 광야에서 은둔 생활을 하며 하나님의 말씀과 기도와 명상으로 시간을 보내며 살았을 것이라고 하는 것입니다. 아무튼 이 세례 요한은 몸과 마음을 하나님께만 다 바친 신비롭고도 극기적인 생활을 하였으며 마침내는 예수 그리스도에 대한 예언과 증거를 함으로 선지자의 직무를 다하게 됩니다. 그는 특별히 다른 선지자들이 몇백년 후에 되어질 일들을 예언한 것과는 달리 그리스도를 바로 앞에 세워 놓은 자리에서 이 분이 메시야라고 증거하게 됩니다. 이렇게 진정한 메시야를 세워 놓고 증거함에도 불구하고 세례 요한의 제자들은 극소수가 예수님의 제자가 되었을 뿐(요 1 : 40) 여전히 그를 따를 만큼 그는 훌륭한 선지자였습니다. 온 이스라엘, 아니 온 인류가 기다리는 메시야를 이렇게 분명하게 목격하면서 확실하게 증거하게 된 그는 가장 종말적이고 가장 구체적이며, 가장 위대한 선지자입니다.

그러기에 오늘 예수님께서도 세례 요한을 일컬어 "여자가 낳은 자 중에 세례 요한보다 큰 이가 일어남이 없도다"고 하셨고 또한 "오리라 한 엘리야가 곧 이 사람"이라며 그의 중요함과 대단함을 이렇게 인정해 주고 있습니다. 바로 그런데 그가 지금 감옥에 갇힌 몸이 되어 세월을 보내고 있는 것입니다. 이러한 처지에서 상당한 시간이 흐르고 보니 이제는 마음에 고통이 생긴 것입니다. 그리하여 마침내는 자기의 제자들을 예수님께로 보내어 질문을 하게 되는데 그 내용을 보면 참으로 어이가 없는 질문입니다. 오늘 본문의 3절 말씀을 보면 "예수께 여짜오되 오실 그이가 당신이오니이까? 우리가 다른 이를 기다리오리이까?"라고 묻는 것으로, 이는 처음부터 있을 수도 없는 질문을 하고 있는 것입니다. 도대체 어쩌자고 이런 질문을 하고 있는 것이겠습니까? 그것도 다른 사람도 아닌 예수님 본인에게 직접 가서는 당신이 메시아입니까? 아닙니까? 우리가 다른 사람을 기다릴까요? 하고 있는데 생각해 보면 참으로 어처구니없는 노릇이요, 이 질문 자체가 예수님께는 굉장한 모독과 굴욕이었다고 생각됩니다.

이와 같이, 있어서는 안될 질문을 받으신 예수님께서 그에 대한 대답을 세 가지 방향에서 말씀하고 계십니다.

그 첫째는 본 대로 말하라고 하는 대답입니다. 이제 5절 말씀을 보면 "소경이 보며, 앉은뱅이가 걸으며, 문둥이가 깨끗함을 받으며, 귀머거리가 들으며 죽은 자가 살아나며 가난한 자에게 복음이 전파된다 하라." 이렇게 보고 들은 바를 가서 그대로 말하라! 이 내용들이 무엇을 말하고 있는 것이냐? 메시아인 것을 한번 알았으면 되었지 이제 와서 무슨 흔들리는 소리를 그렇게 하고 있느냐는 말입니다. 예수님께서는 굳이 구구한 설명을 하시거나 세례 요한의 나약하고 희미한 상태에 대하여 심판하시지도 않았습니다. 그저 참으로 담담한 표현으로, 그러면서도 매우 확실한 대답으로 "본 대로, 그리고 들은 대로 말하라"고 하신 것입니다.

그리고 두번째 대답은 조금 더 비판적인 내용으로 6절에 기록된 "누구든지 나를 인하여 실족하지 아니하는 자는 복이 있도다"고 하신 말씀입니다. 바꾸어 말하면 예수님께 대하여 만족한 사람은 복이 있다는 말입니다. 병들어도 만족하고, 실패해도 만족하며, 감옥엘 가도 만족하고, 굴욕을 당하더라도 예수로 인해 만족한 그 사람은 복이 있다는 것입니다. 어떠한 상황에서도 예수님만 바로 발견할 수가 있다면 그것으로 만족하고 행복한 것이란 말입니다.

우리 주위를 보면 어떤 분은 건강을 잃어버렸기에 예수님을 발견하게도 되고 또 어떤 경우에는 사업에 실패함으로 그리스도께 가까이 나아가게 됩니다. 이제는 그리스도만 얻으면 그만이에요. 그래서 저 유명한 토마스 아 켐피스(Thomas A Kempis)의 이야기가 있지 않습니까? 그가 여러 달 동안 기도한 끝에 하나님의 음성을 듣게 되었는데 "너는 내게 구하라, 내가 무엇을 줄까?" 하는 물음의 음성이었다고 합니다. 실로 이 얼마나 좋은 질문이며, 또 얼마나 좋은 기회입니까? 그런데 토마스 아 켐피스는 이렇게 대답했다고 합니다. "나는 그리스도 외에는 바라는 것이 없습니다"라고. 이것을 주제로 하여 소위 〈그리스도를 본받아〉라고 하는 책이 쓰여진 것입니다. 오직 그리스도만을 얻고 싶고, 그리스도만을 닮고 싶으며, 그리스도 한 분만으로 만족해 하는 사람! 바로 그러한 사람들을 내다보시면서 예수님께서는 "나를 인하여 실족하지 아니하는 자는 복이 있도다"고 말씀하시는 것입니다. 어떤 경우에 처한다 하더라도 나를 인하여 실족치 않는 자! 다시 말하면 나를 인하여 어떠한 지경에서도 만족해 하는 그 사람은 복 있는 사람이라는 말씀입니다.

따라서 이는 곧 세례 요한에 대한 일단의 비판이기도 한 것입니다. 지금 예수님의 심정으로서는, "그래, 너는 나로 인해서 만족하지 못하는구나! 감옥 밖에 있을 때에는 만족해하다가 감옥에 들어가고 나니 생각이 달라지는 게로구나! 언제는 나를 향하여 그는 흥하여야 하겠고 나는 쇠하여야겠다고 했는가 하면 나는 그의 신을 들기조차 감당치 못하겠노라 만족한 확신 속에 나를 증거하더니, 감옥에 들어가고 보니 이제는 생각이 좀 바뀌었느냐?"며 직접 세례 요한의 의중을 지적하고 있는 것으로 압니다.

이제 그 세번째 대답은 "무엇을 보려고 광야에 나갔더냐?" 하는 말씀입니다. 이 말씀은 세례 요한의 제자들이 떠난 다음에 세례 요한에 대하여 하시는 말씀입니다. 그러니까 여기에서 말하고 있는 "흔들리는 갈대"라든가 "부드러운 옷 입은 자"라는 이 말씀을 하시게 되는 대상은 바로 세례 요한과 그를 중심으로 한 사람들입니다.

그리하여 예수님께서는 "바람에 흔들리는 갈대냐? 고 말씀하시게 됩니다. 이 갈대라는 것은 특별히 요단강가와 그 언덕에 많이 자라고 있는 것으로, 우리에게는 아기 모세가 갈상자에 담겨 하숫가 갈대 사이에 놓여졌다는 것으로 익숙해져 있는 것이기도 합니다. 갈대는 그 몸통은 가늘지만 길이로 치면 3~4미터가 되는 것으로 비교적 많은 잎을 가지고 물이 많은 곳에서 빽빽하게 자라고 있는 것을 볼 수 있습니다. 그런데 이것이 워낙 가늘면서도 3~4미터씩이나 길게 자라는 것이고 보니 조그만 바람결에도 흔들거리며 소리를 내게 됩니다.

그렇다면 이제 갈대라고 하는 이 말은 무엇을 의미하고 있는 것이겠습니까? 가늘면서도 높이 자란 갈대! 이것에게는 두 가지의 특징이 있는데 그 하나는 약하여서 잘 부러진다고 하는 점입니다. 그래서 성경에도 보면 상한 갈대를 꺾지 아니하며(사 42:3)라는 말씀을 하고 있는데 아무튼 이 갈대는 잘 상하고 잘 부러지는 약한 식물입니다. 그리고 두번째는 쉽게 흔들린다고 하는 점입니다. 그래서는 조그마한 바람에도 이리 흔들리고 저리 흔들린단 말입니다. 그러다가 태풍이라도 한번 지나가게 되면 이 갈대는 그대로 다 사라지고 마는 것입니다.

따라서 갈대에게 있는 이 두 가지의 특징을 지금 말하고 있는 것입니다. 분명히 뿌리가 있고 수분도 좋아요. 그리고 속히 잘 자라기도 합니다마는 이것은 약합니다. 그 때문에 약한 자를 가리켜서 갈대와 같다고 하는 것입니다. 그러나 우리가 여기에서 기억하고 지나가야 하는 것은 약하다는 것과 악하다는 것은 같은 것이 아니라고 하는 점입니다. 예를 들어 베드로가 예수님을 모른다고 한 것은 악했기 때문이 아니라 약했기 때문인 것입니다. 베드로가 예수님을 배반하려고 계획했던 것도 아니고 팔아먹은 것도 아닙니다. 그는 예수를 사랑했어요. 그러나 약했기에 그렇게 된 것이란 말입니다. 그러기에 부활하신 예수님께서 "네가 나를 사랑하느냐?"고 물으실 때에 "내가 주를 사랑하는 줄 주께서 아시나이다"라는 대답을 할 수 있었던 것입니다. 물론 예수님께서는 '아가페'의 희생적인 사랑을 하느냐고 물으신 것과 달리 '필로스'인 친구의 사랑을 한다고 함으로 사랑의 질이 다르긴 합니다만 어쨌든 사랑하기는 하는 것이란 말입니다. 여기에서 베드로의 설명이 약간 붙는다면 "제가 비록 예수님을 모른다고 하기는 했습니다만 제가 예수님을 사랑하는 것은 사실이 아닙니까?"라며 자신의 심정을 밝힐 수도 있을 것입니다. 이제 그렇다면, 그러한 사랑이 어떤 사랑이냐 할 때에 그것은 갈대와 같은 사랑이 아니겠습니까? 이것은 마음으로는 사랑합니다는 것으로 통할 수 있는 것이 아니란 말입니다. 순교를 두고 생각하더라도 순교 못한 사람들이라고 하여 믿음이 전혀 없는 것이 아닙니다. 있긴 있되 약한 믿음이어서 그 순간을 감당치 못하고 쓰러지고 마는 것입니다. 이러한 것은 어디까지나 약한 것이지 악한 것은 아닙니다. 근본적으로 그 뿌리는 분명히 있어요. 그러면서도 나약해서 바로서지를 못하고 흔들린단 말입니다. 그렇기 때문에 아주 빠져나가거나 멀어지는 것은 아니면서 이리 흔들리고 저리 흔들려서는 바른 길을 가지 못하고 갈짓자(之) 걸음의 신앙생활을 하게 된단 말입니다. 그래서는 어떤 때에 보면 천사 같다가도 어떤 때에 보면 악마 같고, 또 어떤 때에는 굉장히 열심히 무슨 일이든 감당해 낼 것 같은데 어떤 때에는 또 싸늘하게 식어서 예수 믿는 사람인 것조차 알아보기가 힘들어지는, 이러한 것이 바로 약한 것이요 흔들리는 것입니다.

그래서 예수님께서는 이어 말씀하시기를 무엇을 보려고 광야에 나갔더냐? 바람에 흔들리는 갈대냐? 부드러운 옷 입은 사람이냐?며 야유의 성격이 짙은 말씀을 하고 계시는 것입니다. 광야에는 무엇하러 나갔더냐? 갈대를 보러 나갔더란 말이냐? 할 때 이것도 일단은 한번 비웃는 이야기입니다만 특별히 "그러면 부드러운 옷 입은 사람이냐?"는 표현은 부드러운 옷 입은 사람은 왕궁에 있으니 그럴려면 왕궁으로 가야지 왜 광야로 나갔더냐 하시는 뜻으로 그 야유성의 농도가 더욱 짙은 것이라 봅니다. 여기에서 말하고 있는 "갈대"나 부드러운 옷이라고 할 때의 "부드러운"이라는 말은 헬라 원어로 읽노라면 마치 시구와 같은 운율을 느끼게 해주는 말입니다.

이는 갈대라는 헬라말은 '칼아모스'이고 부드럽다는 헬라말은 '말아코스'이기 때문에 예수님의 말씀으로 표현하자면 칼아모스를 보러 나갔더냐? 말아코스를 보러 나갔더냐는 것으로 칼아모스든 말아코스든 둘 다 흔들리는 것이요, 시원치 않은 것이라는 말입니다.

그렇다면 이와 같이 흔들리는 갈대란 무엇을 두고 하시는 말씀이겠습니까? 이것은 일단 세 단계로 나누어 그 대상을 생각해 볼 수가 있습니다.

먼저 이 흔들리는 갈대란 군중을 가리켜 하시는 말씀입니다. 많은 사람들이 뜻하는 바의 주관이나 확실한 신앙도 없이 그저 이리 몰리고 저리 쏠리며 왔다갔다하는 것이 꼭 갈대가 움직이는 것과 같더란 말입니다. 다른 사람들이 광야로 간다니까 그리로 갔다가, 오늘은 또 예수님을 따라서 여기에 있고, 그러다가 감옥에 갇히고 보니 모르겠다며 돌아서는 이러한 군중들의 모습이 마치 물거품과도 같고 갈대의 흔들거림과도 같다는 것입니다. 이제 세례 요한을 두고 생각해 본다면 그의 영향력과 인기는 대단한 것이어서 그를 따르는 많은 사람들이 주위에 끊이지 않았고 그에게 죄를 자복하고 세례를 받겠다는 자들이 곳곳에서 몰려들었던 것입니다 (마 3 : 5~6). 뿐만 아니라 세례 요한을 보는 많은 사람들이 저가 곧 우리가 기다리던 그리스도가 아닌가 하는 생각들을 갖게 되므로 나는 결코 그리스도가 아니며 오히려 그의 신들메를 풀기도 감당치 못할 자라는 자기 확인을 시켜야 되기도 하였습니다(눅 3 : 15~17, 요 1 : 19~23). 그러나 그럴 때의 세례 요한의 기분은 심리학적으로 보자면 우쭐했으면 하였지 결코 나쁘지는 않았을 것입니다.

그런데 오늘 이렇게 감옥에 갇힌 몸이 되고 보니 이제는 그 누구도 방문 한번 와주는 자가 없을 정도로 세례 요한에 대한 사람들의 인심이 깡그리 사라지고 만 것입니다. 일이 이렇게 되고 보니 세례 요한이 지금 낙심을 하고 있는 것입니다. 이에 예수님께서는 그렇다면 네가 무엇을 하려고 나갔더냐? 진정 네가 하늘로부터 오신 메시아를 증거하고 하나님의 말씀을 전하기 위한 것이 목적이었다면 사람들이야 오든 안 오든, 너의 인기가 있든 없든, 그런 것들이 무슨 상관이냐? 사람들이 따라주던 한때에는 위대한 선지자같이 느껴졌고, 감옥에 갇힌 채 고생이 계속되는 지금에는 마음이 변하더냐는 말입니다. 도대체 무엇을 보러 나갔더냐? 군중! 그 흔들리는 갈대! 그것을 보러 나갔더냐는 말입니다. 다시 말하면 세례 요한의 본래 의무는 하나님의 말씀에만 의지하면서 그리스도를 증거하는 것이지 흔들리며 왔다갔다하는 군중들을 보러 나간 것이 아니었다는 것이며 이에 예수님께서는 이를 지적하여 말씀하고 계시는 것입니다.

이제 두번째 단계의 해석은 세례 요한의 제자들을 두고 생각할 수 있습니다. 지금 저들 제자들의 마음이 흔들리고 있는 것입니다. 지난날의 세례 요한은 비록 약대털옷을 입고 광야에서 메뚜기나 잡아먹으면서 흉한 모습으로 지내기는 하였으나 그 영적인 권위는 놀라운 것이어서 메시야로 착각이 되어질 정도였건만 이제 감옥에 갇힌 후에 보니 초라하기가 그지없단 말입니다. 그 정도에서 이렇게 되었다면 무슨 능력이 좀 나타나서 옥문이라도 열려지고 해야겠는데 속수무책으로 세월만 가고 있으니 이런 상태에서 우리가 계속 세례 요한의 제자로 자처하고 다녀야 할 것인지, 말아야 할 것인지? 도대체 이것이 어떻게 되는 건가 하는 회의와 의구심 속에 있기에 그 흔들리는 마음을 읽으시는 예수님께서 "이 사람들아 너희들의 마음이 흔들리는 갈대가 아니냐?"고 하시는 것입니다.

다음 세번째 단계는 세례 요한 자신을 가리키는 것으로 생각해 봅니다. 다른 대상보다 여기에 초점을 맞추어 해석하는 경우가 가장 많습니다. 간혹 어떤 분들은 세례 요한을 두둔하는 입장에서 세례 요한은 예수님께서도 분명히 훌륭한 선지자로 인정하시어 여인이 낳은 자 중에 가장 큰 자며, 또한 오리라고 한 엘리야가 바로 그 세례 요한이라고까지 하셨고 보면, 세례 요한의 마음이 지금 흔들린다고 하여 그를 지적해서 하신 말씀 같지는 않다고 하는 견해를 펼치기도 합니다만 그러한 입장과 이 문제와는 다른 것입니다.

그가 그리스도를 증거하러 온 선지자인 것만은 사실입니다. 그러나 문제는 선지자의 마음도 흔들릴 수 있다는 데에 있습니다. 그는 분명 예수님의 길을 예비하기 위해 먼저 왔을 뿐만 아니라, 예수님에게 세례를 베풀었으며 직접 보는 바의 그리스도를 증거한 사람입니다. 하지만 불의를 지적한 탓으로 이렇게 감옥에 갇혀 고생을 하게 되고 보니 이제는 의인의 고난이라는 문제에 부딪히게 된 것입니다. 그가 이와 같이 감옥에 갇히게 된 이유는 당시의 분봉왕인 헤롯 안티파스가 자기의 동생 빌립의 아내인 헤로디아와 불륜의 관계를 맺은 후 끝내는 자기의 아내로 취해 버리고 맙니다. 역사적으로 보면, 그렇지 않아도 그런 면에서는 실로 헤아리기 힘들 정도로 복잡한 집안임을 세상이 다 아는 처지였습니다. 이에 세례 요한은 왕인 헤롯의 처사가 너무도 잘못되었음을 보고는 직접 왕을 책망하며 그 옳지 못함을 직언하게 되자 이를 못마땅하게 생각한 헤롯 왕이 세례 요한을 감옥에 가두어 버리고 만 것입니다.

그런데 문제는 이런 처지가 계속되는 가운데 시간만 흐르다 보니 세례 요한의 마음속에 여러 가지 의구심이 생기게 되었다는 것입니다. 그래서는 왜 의인이 이런 고생을 하여야 하는가? 더구나 메시아가 오기 전이라면 앞서간 많은 선지자들이 고난을 당했듯이 나 또한 당할 수도 있겠지만, 이제 분명 메시아가 왔으니 그렇다면 옥문이 열려야 될 것이 아니냐? 이렇게 억울하게 고난을 당하고 있는데 어찌하여 메시야는 말이 없는 것인가? 하는 등의 갖가지 복잡한 생각들이 세례 요한의 마음을 흔들고 있는 것입니다. 바로 이러한 때에 예수님께서는 세례 요한에게 전달되기를 바라시는 회답의 말씀으로 "소경이 보며, 앉은뱅이가 걸으며, 문둥이가 깨끗함을 받으며, 귀머거리가 들리며, 죽은 자가 살아나며, 가난한 자에게 복음이 전파된다 하라"고 하신 것입니다. 그렇다면 궁금한 것은 이 말씀을 전해 들은 세례 요한은 무슨 생각을 하였겠는가 하는 점입니다. 그저 "아멘" 하고서는 그렇다면 메시야는 오셨구나! 하고 말았을 것인지, 아니면 그것이 사실이라면 이 옥문까지도 열어 주셔야지 하는 생각을 한 것이나 아닌지 그것이 궁금하단 말입니다.

문제는 바로 거기에 있는 것입니다. 예수님께서 죽은 자를 살리시든, 문둥이를 깨끗게 하시든 간에 그것은 그쪽 이야기이지 나와는 관계가 없지 않느냐 말입니다. 지금의 나로서는 그것보다는 이것이 더욱 중요하고 절실한 것입니다. 만일 옥문이 열려지지 않은 채 이대로 있다가 여기에서 불의를 책망한 죄로 목베임을 당하여 죽게 된다면 과연 하나님은 계신 것인가, 안 계신 것인가 말입니다. 문둥병자 몇 사람이 깨끗해지고, 소경이 보게 되며, 죽은 사람들이 살아난다 하더라도 하나님의 공의가 무너지고 땅에 떨어지는 판국인데 무엇보다도 의인이 고난받고 있는 옥문이 열려야 할 것이 아니냔 말입니다. 이래서 지금 예수님께서는 바람에 흔들리는 갈대냐고 말씀하신 것입니다.

많은 학자들이 세례 요한이 제자들을 예수님께 보낸 그 이유를 이렇게들 이야기하고 있습니다. 그것을 종합해 보면 대략 셋으로 구분해 볼 수가 있는데 그 첫째는 세례 요한 자신의 믿음을 확인하고 싶었다는 것입니다. 그러니까 세례 요한의 마음이 완전히 잘못되었거나 흔들린 것이 아니라 제자들을 보내어 아직도 메시야가 활동하고 계신가를 알아봄으로 지금까지 확신해 온 바 자기의 믿음과 신학 등을 재확인하고 싶은 뜻에서 이렇게 제자들을 보냈다는 이야기입니다. 그리고 두번째 이유는 세례 요한의 마음속에 인내의 한계가 왔기 때문이라는 것입니다. 모든 고난이 다 그렇듯이 잠깐 겪는 고난은 그래도 쉬운데 고난이 오래 계속되다 보면 거기에 문제가 있습니다. 우리 몸에 병이 났을 때에도 보면 병이 난 처음에는 아무리 큰 병이 발견되었을지라도 곧 낫겠지요 하고 위로를 할 수도 있고 받을 수도 있습니다. 그러나 이것이 몇 개월이 지나고, 1년, 2년이 되고 보면 그때에는 위로할 말도 없고 환자 또한 어떠한 말에도 위로를 받지 못합니다. 오히려 이쯤 되면 대체로 무슨 말을 하느냐 하면 "하나님이 안 계시는 것 같아요!"라고 하는 것을 볼 수 있는데 바로 그것이 문제란 말입니다. 길어지는 고통과 고난! 여기에 문제가 있습니다. 그 때문에 순교를 당하는 것도 순간적으로 아차하는 순간에 생명을 빼앗아간다면 간단할 수도 있겠으나 두고두고 사람을 괴롭힐 때, 그 고통을 감당하기란 죽음보다 힘든 것이란 말입니다. 그 때문에 지금까지 잘 참아오다가도 끝내는 순교하지 못하는 인간의 한계를 드러내게 되는 것입니다.

세례 요한의 입장에서는 마태복음 3장 7~12절의 내용에서 밝혔듯이 임박한 심판을 묘사하여 이미 도끼가 나무 뿌리에 놓여 있다고 한 것이 비추어 이제 메시야가 오셨으니 당장에 무서운 하나님의 심판이 있으리라는 생각을 하고 있는 것입니다. 인간적인 생각으로는 그렇게 되면 자기가 갇혀 있는 이 옥문이 열려지면서 "요한아 오랫동안 고생했구나" 하는 이런 뭐가 있을 줄 알았는데 시간만 계속 흐를 뿐 그것이 아니더라는 이야기입니다. 바로 여기에서 이 세례 요한이 지금 흔들리고 있다는 것입니다.

　다음 세번째는 그의 인간성의 문제에 있었다고 하는 것입니다. 세례 요한 역시 자기중심적인 생각을 한 것입니다. 지금 예수님께서 말씀하시는 내용인 문둥이가 깨끗함을 받으며, 죽은 자가 살아나고, 가난한 자에게 복음이 전파된다고 하는 이런 문제들은 세례 요한에게 있어서 이제 와서 새삼 들어야 할 이야기들이 아닙니다. 이미 그러한 것들은 다 알고 있으면서도 내가 당하는 고난을 중심으로 메시야를 이해하려 했기 때문에 메시야인 예수를 바로 이해할 수가 없었던 것입니다.

　여러분, 우리가 어떠한 고난을 당하든 간에 내 중심, 내가 당하는 고난의 문제를 중심으로 그리스도를 보고 성경을 보아서는 결코 알 길이 없음을 아셔야 합니다. 어디까지나 성경은 성경대로 하나님의 말씀으로 듣고, 기도는 기도대로 하십시오. 그런 다음에야 나의 문제를 해결할 수가 있을 것입니다. 그러나 기어이 내 문제를 먼저 붙들고 그것을 중심으로 역사를 보고 현실을 본다면 하나님의 말씀은 절대로 풀려지지를 않습니다. 그렇기 때문에 예수님께서는 "나를 인하여 실족하지 아니하는 자는 복이 있다"는 경고의 말씀을 하고 계시는 것입니다.

　여러분! 흔들리는 갈대입니까? 나약합니까? 이사야 26장 3절에 보면 "주께서 심지가 견고한 자를 평강에 평강으로 지키시리니 이는 그가 주를 의뢰함이니이다"라고 기록하고 있습니다. 심지가 견고한 사람! 마음의 뜻이 굳은 사람! 끝까지 흔들리지 않는 사람! 처음부터 고난의 메시야를 이해하고 가는 길이기에 내가 당하는 고난쯤은 아무런 문제가 되지를 않아요. 오직 그분 그리스도만 영광을 받으시면 되는 것입니다. 내가 당하는 고난이 어떠하든지 간에 나는 그리스도께 나아가는 것으로 족하고, 그리스도를 소유하는 것만으로 행복한 것입니다.

　계속되는 고난! 그러나 죽도록 충성하라! 그리하면 생명의 면류관을 네게 주리라!

춤추지 않는 아이

 이 세대를 무엇으로 비유할꼬 비유컨대 아이들이 장터에 앉아 제 동무를 불러 가로되 우리가 너희를 향하여 피리를 불어도 너희가 춤추지 않고 우리가 애곡하여도 너희가 가슴을 치지 아니하였다 함과 같도다 요한이 와서 먹지도 않고 마시지도 아니하매 저희가 말하기를 귀신이 들렸다 하더니 인자는 와서 먹고 마시매 말하기를 보라 먹기를 탐하고 포도주를 즐기는 사람이요 세리와 죄인의 친구로다 하니 지혜는 그 행한 일로 인하여 옳다 함을 얻느니라.
(마태복음 11 : 16~19)

춤추지 않는 아이

　이 본문은 앞장에 이어지는 말씀으로 당시 세례 요한의 말을 듣지 않은 무리와 백성들을 향하여 주시는 말씀이 되겠습니다. 그 절박한 세례 요한의 위엄있는 외침을 듣고도 회개할 줄 모르는 불신의 세대, 그러한 사람들을 가리켜 힐책하시는 내용이요, 비유입니다.
　이에 오늘 본문 말씀은 "이 세대를 무엇으로 비유할꼬"라는 표현으로 시작되고 있습니다. 이 완악하고 거짓된 세대! 회개치 않는 구제불능의 이 세대를 무엇으로, 어떻게 비유하여야 되겠느냐고 하시면서 오늘 이 비유를 말씀하신 것입니다. 그런데 이 비유는 잠깐 지나가는 짧은 말씀이지만 신학적이면서도 깊은 의미를 주는 신비로운 말씀일 뿐만 아니라 이 세대를 심판하시는 무서운 말씀이라고 생각됩니다. 예나 오늘이나 인간 세태에는 비슷한 문제가 많이 있습니다. 그것은 여전히 불신적이고 여전히 회개하기를 싫어하는 세대로 살아가기 때문입니다.
　흔히들 현대를 가리켜 단절의 세대라고들 합니다. 그 단절에는 먼저 언어의 단절이 있다고 하는 것입니다. 어른의 말이 젊은 세대들에게 전해지지를 못하고, 또한 젊은이들의 말이 어른들에게 전해지지를 않습니다. 뿐만 아니라 남성의 말이 여성에게, 여성의 말이 남성에게, 그리고 친구와 친구 사이에도 말이 통하지를 않는다고 하여 말은 많은데 대화는 없더라는 말을 하게 되는 것입니다.
　그리고 또 하나는 가치관의 단절이라는 점입니다. 이제 이 사람에게는 옳다고 하는 일이 저 사람에게는 옳은 일이 아닙니다. 때로는 이 사람은 애국적인 일이라며 열심히 한 일이 저쪽에서 볼 때에는 애국이 아닌

매국과 반역이 되기도 합니다. 여러분! 가만히 보십시오. 우리 세대가 그래서 이런 것이 아니겠습니까? 이편에서는 절대로 잘못되었다는데 저편에서는 절대로 옳은 것입니다. 이처럼 전혀 가치관이 다르고, 그러기에 판단 또한 다를 수밖에 없는 것입니다.

다음 또 하나는 도덕의 단절입니다. 인간과 인간과의 관계를 이해하는 옳고 그름에도 생각의 일치를 볼 수 없는 엄청난 괴리와 단절이 있다는 것입니다.

이제 또 하나, 그것은 학문의 단절입니다. 요즈음에 와서는 각 분야마다 세분화된 전문적인 시대가 됨으로 자기의 연구 분야 외에는 알 수가 없고 물론 관계할 수도 없습니다. 언젠가 한번 미국 병원 잡지에 실린 논문을 읽고는 혼자 웃었던 적이 있습니다. 그 내용인즉 심지어 사람의 생명을 책임지고 있는 의사라 할지라도 너무나 세분화된 영역, 즉 예를 들면 내과에서도 무슨 내과 무슨 내과 하는 식으로 연구를 해왔기 때문에 환자가 와도 진찰을 할 수가 없다는 것입니다. 그래서 "저리 가시오" "저리 가시오" 하다 보면 이제는 결국 환자 자신이 의사를 찾아가는 길밖에 없게 되었으니 어디 이래서야 되겠느냐며 의사들에게 일반적인 의학을 보다 많이 가르쳐야 되겠다는 자성의 소리였던 것입니다. 가장 소중한 인체를 다루는 의학의 세계가 그렇다면 다른 세계야 더 말할 나위가 있겠습니까? 그래서 저는 요즈음 "공부를 하나 안하나 무식하기는 매일반이다"라는 생각을 해봅니다. 어차피 무식하기는 마찬가지니까 말입니다. 그러므로 어느 누가 공부 좀 많이 했다고 하여 특별히 유식하게 보아야 할 이유가 하나도 없는 것입니다. 나의 작은 분야 외에는 모르는 세대! 이러한 문제의 세대에 오늘 우리가 살고 있습니다.

아무튼 오늘 본문을 통하여 말씀하시고자 하는 하나님의 의도는 마음이 통하지 않는다고 하는 것입니다. 내 마음이 다른 사람에게 그대로 흡수되지 않을 때 그것은 참으로 견디기 힘든 답답함이 아닐 수 없습니다. 그 때문에 누구든지 그런 경우가 되면 "미치겠다"라는 말을 하게 되는 것입니다.

그런데 문제는 여기에 있습니다. 너나 할 것 없이 왜 이렇게 통하지 않느냐며 밖을 향해 이해를 촉구하고 있을 뿐이지 어느 누구도 내가 다른 사람의 마음을 이해하겠다는 생각은 하지 않고 있는 것입니다. 내가 이해할 생각은 없고 이해해 달라고만 하니 이것이 문제라는 말입니다. 세상이 나를 이해 못한다면 내가 세상을 이해하려고 해야 할 것이 아니겠습니까? 그러기 위해서는 무엇보다도 먼저, 듣는 마음이 있어야 하는 것입니다. 부모님으로부터 듣고, 자식으로부터 들으며, 스승으로부터 듣고, 제자로부터 들으며, 젊은이로부터, 어른으로부터 듣는 그런 마음, 그런 자세가 먼저 있어야 할 것이라는 말입니다.

그런데 오늘 예수님께서 하시는 말씀의 내용은 세례 요한의 외침에도, 예수님의 가르침에도 듣고 받아들이는 바가 전혀 없는 답답한 저들 세대를 비유하여, 생각해 보면 매우 장난기 섞인 비유를 지금 말씀하고 계시는 것입니다. 다시 말하면 철없는 어린애들의 노는 모습 그대로를 옮겨 진리 앞에 무감각한 세대를 설명하고 있는 것입니다. 이제 아이들이 장터에 앉아 저희들끼리 놀면서 하는 말이 우리가 피리를 불면 너희들은 춤을 추어야 하는데도 왜 춤을 추지 않고 있으며, 우리가 애곡을 하면 너희들은 가슴을 치며 따라 울어야 하는데도 그렇게 가만히 있기만 하느냐며 답답해하는 것과 같이 너희들, 이 세대가 마치 그와 같으니라!

여러분, 아이들의 놀이라는 것은 언제나 어른들을 모방한다는 사실을 알아야 합니다. 따라서 아이들의 모습을 보면 곧 어른을 알 수가 있고, 나아가 그 세대를 알 수 있는 것입니다. 그렇기 때문에 아들을 위해 이곳저곳으로 거처를 옮겨 다녔다는 맹모삼천지교의 이야기가 두고두고 자녀교육을 위한 귀감으로 전해지고 있는 것이 아니겠습니까? 아이들은 어른을 보며 자라고 어른을 모방하게 마련입니다. 현대의 어린이들은 여러 가지 장난감에다 텔레비전이다 뭐다하여 보고 노는 것도 복잡합니다만, 그 옛날 2천여 년 전 당시로 돌아가 생각해 본다면 그렇게 보고 놀만한 것들이 없었던 것입니다. 그 때문에 당시에 있어서 저들이 볼 수 있고 흥미있는 가장 큰 구경거리는 장례식과 결혼식이었던 것입니다. 이에 그 두 가지 예가 오늘 여기에 나오게 되는 것입니다. 그런데 오늘 우리의 어린이들은 밤낮 권총만 차고 다니면서 전쟁놀이만 하고 있으니 생각해 볼 문제요 그러자니 장난감의 종류도 총이나 탱크, 비행기 등 전부가 그런 것들입니다.

이제 예수님께서는 이러한 일반적인 현상을 관심있게 보아 두셨다가 다 아는 사실인 그것을 내어놓고 말씀하시는 것입니다. 이제 아이들이 놀면서 하는 이야기가 "우리가 춤을 추며 피리를 불었으면 너희들은 춤을 춰 주어야 되지 않아? 그리고 장례식 흉내를 내자고 울면 너희들도 가슴을 치며 따라 울어야 될 것이 아니냐? 그런데 왜 너희들은 아무것도 하지 않고 그러고만 있느냐?"며 정말 답답해하더니 이 세대가 꼭 그와 같다고 하시는 말씀입니다. 다시 말하면 이는 곧 진지함이 없다는 이야기입니다. 예나 지금이나 이 마음이 열리지 않는 데에는 자기 자신의 기준이 되는 자기 우월감을 가지고 있기 때문입니다. 어디까지나 자기 경험이나 지식을 절대화하여 내가 더 낫다고 생각하기 때문에 마음의 문이 열려지지 않는다는 말입니다.

당시의 이스라엘 사람들이 예수님을 받아들이지 않는 이유, 특별히 세례 요한의 말을 믿지 않고 받아들이지 않는 그 이유는 먼저 자기 공로를 부인하기 때문입니다. 다시 말하면 바리새인들이나 서기관들이 나오면 "당신들은 참으로 훌륭하오, 정말 대표적인 종교인들이오, 하늘나라야말로 바로 당신들과 같은 사람들을 위한 것이오"라고 일단 인정해 놓은 다음, 일반 사람들을 향하여 이 독사의 자식들이라고 하든지 속물이라고 하든지 했으면 당시의 종교 지도자들이 기분이 좋았겠는데 그것이 아니었단 말입니다. 세례 요한은 하나같이 죄인 취급을 하며 "독사의 자식들아 누가 너희를 가르쳐 임박한 진노를 피하라 하더냐?"(마 3:7)며 마구 호령을 쳐대니 이것이 못마땅한 것입니다. 저들이 생각할 때에는 나는 저 사람들, 저 속물들하고는 달라도 보통 다른 것이 아닌데 왜 같이 취급하느냐는 것이지요. 그 때문에 한편으로는 세례 요한을 훌륭하게 보면서도 훌륭하게 받아들일 수가 없었던 것입니다.

이것이 바로 문제입니다. 오늘 우리에게 있어서도 나는 저 사람들하고는 다르다는 생각 때문에 교회에 나오면서도 특별 대우를 받기 원하는 것을 볼 수가 있습니다. 그 때문에 예수님께서도 바리새인과 세리의 기도(눅 18 : 9~14)를 비유하신 것이 아니겠습니까? 아무튼 오늘날에도 나를 저들과는 달리 특별 취급을 해준다면 예수를 믿고 그렇지 않으면 안 믿겠다는 태도가 있습니다만 세례 요한은 그가 누구든 그의 종교적인 신분도, 그의 의도 인정하지 않았습니다. 모두를 다 독사의 자식이라며 같은 죄인으로 취급해 버리고 만 것입니다. 이 때문에 저들은 세례 요한을 받아들이지 않았습니다.

그리고 또 하나의 이유는 저들의 외식주의입니다. 저들의 위선과 그 외식주의에 세례 요한이 동참해 주지 않았다는 점입니다. 이는 당시의 종교 지도자들은 매우 화려한 옷을 길게 입고는 점잖은 걸음걸이로 다녔으며, 길거리의 한복판에서도 "오 하나님" 하면서 큰 소리로 기도를 할 만큼 눈에 띄는 굉장한 종교적인 생활을 하였던 것에 비해 세례 요한의 생활이란 약대털옷에 허리에는 가죽띠의 험상궂은 모습에 막대기 하나를 들고는 광야에서 소리를 지르고 있으니 이것은 자기들의 생활과는 전혀 거리가 먼 것이란 말입니다. 사람의 심리가 고약해서 이렇게 되면 곧잘 상대방을 고발하게 됩니다. 그 때문에 가만히 보면 사치한 사람은 검소한 사람을 비난하고, 게으른 사람은 부지런한 사람을 비난합니다. 이는 왜냐하면 나의 이 게으름도 다 같이 게으르고 보면 그대로 괜찮은데 부지런한 몇 사람이 있음으로 이제는 별수없이 나의 게으름이 노출되게 마련인 것입니다. 그러므로 서로가 감추어지기도 어렵고 받아들여지기도 어려운 것입니다. 따라서 다른 사람들이 모두 거짓되다고 하면 나 또한 함께 거짓되어야 저들이 받아 주게 되는 것입니다.

그런데 지금 저들 위선자인 바리새인과 서기관들이 세례 요한 앞에서 그 위선과 거짓이 다 노출된 채 꼼짝을 못하고 있는 처지입니다. 그러자니 못마땅한 것은 물론이요, 그를 받아들일 수가 없는 것입니다.

이제 다시 본문 말씀으로 돌아가 그 순서를 조금 바꾸어 생각해 보십시다. 먼저, "우리가 애곡하여도 너희가 가슴을 치지 아니하였다" 함과 같으니라! 내가 이렇게 "아이고 아이고" 하며 애곡을 하면 너희들도 따라 울어야 무엇이 좀 될 것이 아니냐? 그런데 같이 놀면서 나는 우는데 너희들은 왜 울지 않느냔 말입니다. 바꾸어 말하면 이는 곧 세례 요한의 모습을 가리키는 것입니다. 지금 세례 요한은 종교의 두 형태 중의 하나인 금욕적인 종교를 내어놓고 있는 상태입니다. 적어도 종교적인 생활을 제대로 하려면 먹을 것, 입을 것 등 제반 생활에 있어서 절제하고 극기하는 금욕적 생활을 해야 하는 것이 아니겠느냐는 것이지요. 그리하여 세례 요한은 자신은 금욕적인 생활을 하면서 당시의 모든 사람들을 심판했던 것입니다.

그는 "회개하라! 회개하라!"고 계속 외치면서 저들의 통곡을 재촉하고 있습니다. 그러나 저들은 진정으로 회개해 주지를 않았던 것입니다. 이에 예수님께서 하시는 말씀이 "우리가 애곡하여도 너희가 가슴을 치지 아니하였다 함과 같으니라!"고 하시는 것입니다. 그러니까 세례 요한 자신이 철저한 금욕생활을 하는 가운데 하나님의 말씀을 전했으나 아무런 반응이 없었다는 이야기입니다.

이제 다음으로는 "너희를 향하여 피리를 불어도 너희가 춤추지 않고"하는 것으로 이는 잔칫집을 말하는 이야기입니다. 그러고 보면 세례 요한의 종교생활은 상갓집 같은 것이고, 예수님께서 말씀하시는 것으로 보아서는 잔칫집 같은 것이란 말입니다. 그러기에 예수님의 주된 메시지는 언제나 기쁨과 평화, 그리고 잔치로 일관되고 있음을 알 수 있습니다. 그 유명한 잃은 양을 찾은 잔치를 비롯하여 심지어는 당신의 제자들은 왜 금식까지 않느냐는 질문을 받으시고도 "혼인집 손님들이 신랑과 함께 있을 동안에 슬퍼할 수 있느냐?"(마 9 : 15)며 메시야인 당신이 함께 하고 계심을 혼인집 잔치에 비유하고 있습니다.

언젠가 한번은 매우 대조적인 체격의 동기동창인 목사님 두 분이 앉아 농담을 하시는데 그 내용이 우습기도 하고 둘 다 일리가 있다는 생각을 해본 적이 있습니다. 두 분 중 한 분은 아마도 90kg은 쉽게 나가 보일 정도로 몸집이 크고 굉장한 분입니다. 그래서는 목이 굵고 배가 앞으로 나왔는가 하면 그야말로 기름이 번들번들합니다. 그런가 하면 한 분은 또 너무 여위어서 조금만 더 살이 빠지게 되면 정말 문제가 될 정도로 빈약하게 생긴 분입니다. 이제 이 두 분이 앉아서 하시는 농담으로 좀 비대한 목사님이 여윈 목사님을 향하여 "목사가 저렇게 말라서야 무슨 은혜가 있겠나! 목사가 자기 마음에도 은혜가 없어서 저렇게 삐삐 말랐으니 어떻게 되겠냐?"고 하는 것입니다. 그러니까 여윈 목사님이 하시는 말이 "세상에 이렇게 죄악된 것을 알면서도 살이 피둥피둥 찌다니 어디 저게 목사인가!" 하고 나오는데 가만히 들어보니 둘 다 옳은 말입니다. 사실 이 험한 세상을 보노라면 우리가 이렇게 안일하게 살 수만은 없는 일이지요. 정말 금식하고 통곡하며 기도만을 일삼아도 부족할 것이겠지요. 그런가 하면 우리가 하나님의 은혜로 살아가기에 육체의 살도 풍성한 모습으로 찌워져야 염려될 정도로 마르고 빈약해서도 안될 것이란 말입니다.

오늘 본문 말씀이 바로 그런 뜻의 말씀입니다. 분명 세례 요한은 금욕적인가 하면 예수님은 그것이 아닙니다. 먹고, 마시고, 심지어는 금식을 요구하는 자리에서도 혼인집 잔치임을 말씀하실 정도로 기쁨과 잔치의 즐거움을 이야기하고 계시는 것입니다. 잃어버린 한 마리의 양을 찾은 기쁨! 죄인 하나가 돌아옴으로 모든 것을 동원하여 잔치를 벌이고 기뻐하는 모습! 이것이 바로 기독교입니다. 그러므로 기독교는 돌아온 탕자의 집이요, 나아가 잔칫집입니다. 따라서 진정 예수 그리스도를 영접한 황홀한 감격으로 기쁨과 찬송과 감사가 넘치는 계속적인 잔치의 집이 되어야 하는 것입니다.

그런데 오늘 본문에서의 문제는 당시 저들이 이 둘 모두를 거절한다는 것입니다. 그리하여 세례 요한은 떡과 포도주를 마시지 않고 금욕생활을 하였더니 마침내는 "귀신이 들렸다"며 미치광이 취급을 하였고, 이제 예수님은 먹고 마시며 죄인들과 친하다 하여 "먹기를 탐하고 포도주를 즐기는 사람이요, 세리와 죄인의 친구로다"며 아주 세속주의자로 몰아버리는 것입니다. 참으로 어려운 이야기가 아닐 수 없습니다. 요즈음은 중국에도 교회의 문이 열렸기 때문에 미국 영주권을 가지고 있는 한국인 목사님들도 자주 출입을 하고 있는 실정입니다. 그런데 어느 목사님에게 중국 현지의 교인들이 솔직히 하는 말이 "미국 목사님들 이제 그만 왔으면 좋겠다"라고 하더랍니다. 그 이유인즉 미국에서 오는 목사들을 보니 하나같이 왜 그렇게 배가 나왔는지 도대체가 뚱뚱하고 번들번들한 게 보기가 싫다는 것입니다. 가만히 한번 생각해 보십시오. 거기 사는 사람들은 모두가 다 제대로 먹지도 못하고 지친 모습으로 삐삐 말라 있는 처지인데 살이 피둥피둥한 사람들이 좋은 옷에 여유 있는 모습으로 왔다갔다하니 그것을 보는 마음이 좋을 수가 없지요. 게다가 그 사람이 목사님이라니 문제가 되는 것이란 말입니다. 그래서 처음 몇 번은 반가웠으나 이제는 그렇지를 못하니 오지 않았으면 좋겠다고 하더라는 것입니다.

보라 먹기를 탐하고 포도주를 즐기는 사람이여! 금욕주의자들의 눈으로 볼 때에는 이것이 못마땅한 것입니다. 바꾸어 말하자면 무슨 종교생활이 저 모양이며 무슨 메시야의 생활이 저러느냐는 것이지요. 게다가 좀 구별되고 깨끗하게 지내야지 세리와 창기, 죄인들과 함께 먹고 마시며 지낸다는 것이 어디 말이나 될법하느냐는 것입니다. 이러한 것들이 저들에게 문제가 된 것입니다. 그러나 믿는 자에게는 이 모두가 다 아름다운 것이 아니겠습니까? 금욕적인 것도 신앙생활에 귀한 것이요, 또한 먹고 마시는 것도 기쁨에 동참해 주시는 것이니 영광스럽고 좋은 것입니다. 그런데 믿음 없이 보는 사람에게는 이래도 나쁘고 저래도 나쁘니 거기에 문제가 있는 것입니다. 그렇게 되면 어쩔 수 없이 스스로 불가능해지고 마는 것입니다.

그렇기 때문에 지금 예수님께서 말씀하시는 내용이 저들의 그 오해를 막을 길이 없다는 것입니다. 이렇게 하면 금욕적이라 비난이요, 저렇게 하면 세속적이라 비난이니 도대체 어떻게 하란 말이냐? 이래도 저래도 오해는 오해대로 따르고 있었더란 말입니다.

여러분! 무슨 일이나 믿음으로 받아들이는 자에게는 다 귀한 것이 되지만 믿음없이 받아들이는 자에게는 언제나 오해가 되는 것입니다. 흔히 교회에서도 보면 교회를 짓는다거나 값나가는 물품을 마련하게 되는 경우 믿음의 눈으로 보면 그것이 다 교회를 위한 것이요, 하나님의 영광을 위한 것으로 감사하게 생각되게 마련인데 그렇지를 못하고 나쁘게만 보는 사람은 교회가 어쩌자고 그렇게 큰 돈을 낭비하느냐며 당장에 이의를 제기하고 나오는 것입니다. 매사를 믿음이 없는 눈으로 보는 사람은 아무리 귀한 것을 보고, 은혜로 내려진 것을 대하여도 이를 소화할 길이 없으며 중용을 취할 능력도 없는 것입니다.

그래서 오늘 예수님께서는 피리를 불어도 춤추지 않고 애곡을 하여도 가슴을 치지 않는 이러한 무반응과 불신의 세대를 역력히 비판하시면서 동시에 심판하고 계시는 것입니다.

이제 오늘 본문의 마지막 부분을 보면 "지혜는 그 행한 일로 인하여 옳다함을 얻느니라"는 말씀이 있습니다. 이는 역시 지혜있는 사람은 지금 이것이 무엇을 말하고 있는가를 알 것이라는 말씀입니다. 지혜있는 사람은 세례 요한의 외침을 들으면서 회개할 뿐만 아니라 예수님의 복음을 들으면서 세리들과 함께 그 잔치에 참여하여 기뻐하는 것입니다. 그러나 어리석은 사람은 그 둘 다가 마음에 걸려서는 이리 하여도, 저리 하여도 거치는 것으로만 다가오게 됩니다.

지혜는 바른 응답에 있습니다. 독사의 자식들이라고 외치며 회개와 금욕을 촉구하거든 거기에 따른 바른 응답으로 하나님 앞에 재를 무릅쓰는 회개가 있어야 하겠지요. 또한 주께서 우리를 구속하신 은혜를 생각하며 영광을 돌릴 때에는 과거의 것이든 현재의 것이든, 어둡고 괴로운 것은 다 잊어버리고 오직 주님의 은혜만을 생각하며 감사와 찬양을 마음껏 드릴 수 있어야 할 것입니다.

여러분! 주님께서 우리에게 원하시는 바른 응답이 무엇입니까? 신앙이란 곧 그리스도에 대한 바른 응답을 의미하는 것입니다. 그렇다면 우리의 응답은 어떤 모습으로 나타나야 하고 또한 지금 어떻게 응답되어지고 있는 것입니까?

오늘 예수님께서는 이 세대를 향하여 자기의 의를 완전히 버린 진정한 회개가 있어지기를 바라시면서 피리를 부십니다. 그렇다면 이제 우리는 지난날 지었던 자신의 죄나 오늘의 근심 걱정은 다 잊어버리고 어린 양 잔치에 초대받은 기쁨으로 춤을 추어야 할 것입니다. 이 기쁨의 축제에 참여하는 이것이 곧 오늘 주님께서 우리에게 원하시는 바른 응답이라고 생각합니다.

구덩이에 빠진 양

한편 손 마른 사람이 있는지라 사람들이 예수를 송사하려 하여 물어 가로되 안식일에 병 고치는 것이 옳으니이까 예수님께서 가라사대 너희 중에 어느 사람이 양 한 마리가 있어 안식일에 구덩이에 빠졌으면 붙잡아 내지 않겠느냐 사람이 양보다 얼마나 더 귀하냐 그러므로 안식일에 선을 행하는 것이 옳으니라 하시고 이에 그 사람에게 이르시되 손을 내밀라 하시니 저가 내밀매 다른 손과 같이 회복되어 성하더라.
(마태복음 12 : 10~13)

구덩이에 빠진 양

　　마태복음 12장은 마태복음 중에서도 특별히 안식일에 대한 문제를 취급하고 있는 부분입니다. 그리고 그 내용상의 특징을 보면 예수님의 안식일에 대한 독특하면서도 본래적인 해석에 의해 유대 사람들이 잘못 지키고 있는 안식일에 대한 그 위선을 비판하는 말씀으로 일관되어 있음을 볼 수 있습니다. 따라서 기회만 있으면 문제삼고자 하는 안식일의 시비에 대해 바른 대답을 주신 귀중한 말씀이라 생각합니다.

　　우리는 율법주의, 즉 다시 말하면 성경에서 이스라엘 백성을 향하여 말하고 있는 것과 같은 그러한 율법주의에 빠졌던 경험을 가지고 있지는 않습니다. 그러나 신학적인 측면에서 우리의 사상적인 배경을 보노라면 거기에는 유교적인 사상이 다분히 자리하고 있으며, 그것은 또한 은연중에 율법주의적 방법론을 동반하고 있어서 거기로부터 비롯되는 율법주의적 성향과 자세가 우리의 의식구조 속에 깊이 뿌리박고 있다는 생각을 하게 됩니다. 그런 의미에서 우리는 당시의 율법자들이 범하고 있는 위선과 외식을 비판하시는 예수님의 말씀을 깊이 이해하는 가운데 매우 중요하게 받아들여야 함은 물론 우리의 온전한 구원을 이루기 위해 이러한 외식주의에 빠지거나 젖어들지 않도록 삼가 조심하여야 할 것입니다.

　　이제 본문 말씀으로 돌아가 그 배경을 살펴보면 12장 서두에 기록된 대로 예수님과 제자들이 밀밭 사이로 지나가고 있었다는 것입니다. 그런데 예나 오늘이나 자식을 잘못 두면 부모가 망신을 당하고, 제자를 잘못 두면 선생님이 고달픕니다. 저는 여기에서 아무리 생각을 해보아도 이 제자들이 시원치 않았다는 생각이 듭니다. 그것은 안식일에 밀밭 사이로 지나가면서 그 밀이삭 하나 비벼 먹었다고 하여 시장기를 끌 것도 아니고 굶어 죽을 사람이 살 것도 아닐텐데 그것을 왜 생각없이 비벼 먹어서는 예수님의 입장까지 곤란하게 만들었나 하는 그런 생각입니다. 그러니까 이 제자들이 시원치 않아서 예수님의 입장을 곤란하게 만들어 드렸다는 말입니다.

어쨌든 안식일에 저지른 일입니다. 지금 바리새인들과 서기관들이 까다롭게 예수님을 따라다니면서 한편으로는 배우기도 하지만 어떻게 해서라도 예수님을 책잡아 시비를 벌이고 송사를 하고자 잔뜩 눈에 불을 켠 채 쫓아다니고 있는 터에 어쩌자고 이런 멍청한 짓을 하겠습니까? 그저 아무런 생각도 없이 시장한 본능에서 밀이삭을 잘라 비벼서는 그냥 입에 다 넣었단 말입니다. 그런데 따지고 보면 이것은 타작을 한 것이란 말입니다. 이제 바리새교인들은 이것을 트집잡아 왜 안식일에 타작을 하느냐는 것이지요. 그래서 당신의 제자들이 안식일에 하지 못할 일을 하나이다"(12:2)라며 시비를 벌이는 것입니다. 생각해 보면 시비를 벌이는 사람도 나쁘지만 시비를 당하는 사람도 시원치 않은 것입니다. 아무튼 이렇게 문제가 되자 예수님께서는 다윗이 사울 왕에게 쫓겨 다닐 때에 있었던 일을 들어 설명하시므로 이 일에 답하고 계시는 것을 볼 수 있습니다. 그런데 언뜻 생각하면 이러한 내용으로 말씀하시는 예수님의 대답은 마치 대답을 위한 대답같다는 생각이 들기도 합니다. 그것은 왜냐하면, 다윗 왕에게 있었던 일은 사울 왕을 피해 도망을 치는 신세로 사흘길이나 굶주려 배가 고파 죽을 지경이 되어서 제사장 아히멜렉에게 찾아갔을 때에 제사장으로서도 달리 줄 것이 없자 생각다 못해 성전에 들어가서는 하나님께 제사 드렸던 거룩한 떡인 진설병을 주어 먹게 한 것으로 이것은 본래 제사장 외에는 어떠한 경우도 절대 먹어서는 아니되는 떡입니다. 그런데 이 떡을 제사장은 주었고 다윗은 그와 함께 하는 자들과 더불어 먹었으나 무사하였던 것입니다. 그 진설병은 제사장 외의 다른 사람이 먹게 되면 죽는 것이어서 그렇게 하고서는 결코 무사할 수가 없는 일이었습니다. 그런데도 다윗의 일행이 그것을 먹고도 무사하지 않았던가 하는 이야기를 들려주심으로 진정 하나님께서 원하시는 바가 무엇인가를 설명하고 계시는 것입니다. 그러면서 이어서 하시는 말씀이 "나는 자비를 원하고 제사를 원치 아니하노라 하신 뜻을 너희가 알았다면"이라고 하심으로 하나님께서 원하시는 것은 형식적이요, 외식적으로 지키는 그런 율법이 아니라 바로 자비임을 강조하시면서 저들의 시비에 답하고 계십니다.

그런데 가만히 생각해 보면 이제 예를 드신 다윗 일행의 상황과 예수님의 제자들의 상황과는 그 비교상에 문제가 있습니다. 그것은 다윗 일행은 사흘이나 굶어 정말 죽은 지경이 된 처지에서 먹었으니 용서받을 만도 하거니와 당시 저들의 심정으로 돌아가 생각을 해본다면 두렵고 경건한 마음으로 용서를 빌며 참으로 죄송한 마음으로 먹었을 것이 아니겠느냐 할 때, 그렇다면 용서받을 만도 합니다. 그러나 지금 예수님의 제자들이 밀이삭을 잘라 먹은 것은 굶어서 죽을 지경이 된 것도 아니고 특별히 경건한 마음을 가진 것도 없이, 그저 아무 생각없이 저지른 일이란 말입니다. 그렇기 때문에 이 두 상황을 엄격히 비교한다면 동일한 의미로 처리될 수 없는 문제가 있다는 것입니다. 하지만 예수님께서는 하나님이 원하시는 바는 자비이니 그런 형식주의에 빠지지 말라는 것으로 이 말씀을 들어 답하고 계시는 것입니다.

이 권위 있고 지혜로운 예수님의 대답 앞에 저들 바리새인들은 다시 공격적인 대답으로 응수할 말을 찾지 못한 채 "어디 두고 보자"는 심사로 언젠가는 반드시 문제로 삼으리라는 생각으로 잔뜩 벼르고 있는 중입니다. 이제 그 기회가 왔습니다. 안식일이 되어 모두들 예배를 드리기 위해 회당으로 들어가고 있는데 그 안에 들어가 보니 한편 손 마른 사람, 요즈음 말하는 소아마비였는지는 모르지만 어쨌든 한편 손이 말라 시들어진 신체 장애자 한 사람이 있는 것입니다. 이것을 보는 순간 저들은 적어도 두 가지는 생각을 한 것입니다. 그 하나는 예수라는 이는 저렇게 불쌍한 사람을 보고는 그냥 참지 못하는 분이니 분명히 이제 고쳐 줄 것이라는 생각이고 두번째 생각은 당장 생명에 관계되는 화급한 병도 아닌데 이 하루를 못 참아 굳이 안식일을 범해 가면서까지 고쳐야 하느냐는 생각입니다. 이에 누가복음 13장 10절 이하에도 보면 18년 동안이나 귀신이 들려 앓고 꼬부라진 한 여인을 예수님께서 안식일에 고쳐 주셨다 하여 회당장이 분을 내어하는 말이 "일할 날이 엿새가 있으니 그 동안에 와서 고침을 받을 것이요, 안식일에는 말 것이니라"고 하는 것을 볼 수 있습니다.

오늘 여기에서도 그와 같은 생각을 하면서 이 사건을 놓고 예수님을 송사하려는 것입니다. 그리하여 예수님께 묻는 말이 "안식일에 병 고치는 것이 옳으니이까?"라는 것입니다. 병을 고친다는 자체는 선한 일이니까 치유하는 일에 대해서는 이의가 없어요. 그러나 그날이 안식일이라는 데에 문제가 있는 것이며 게다가 지금 말은 안하고 있지만 이 병은 급한 병도 아니란 말입니다. 이렇게 하여 지금 예수님께 "안식일에 병 고치는 것이 옳으니이까?"라는 질문을 하고 있는 것입니다. 이럴 경우 이 문제 자체를 놓고 이야기를 하게 되면 시비가 벌어지고 맙니다. 그러기에 예수님께서는 그 문제 자체를 이야기하시지 않고 한 비유를 들어서 말씀하셨으니 바로 여기에 비유의 좋은 점이 있고 중요함이 있는 것입니다. 저들은 지금 낡은 율법적인 지식과 습관화된 고정관념에 붙들린 규례에 따라 "안식일을 지켜야 하는데" 하는 생각이 앞서고 보니 병을 고친다는 문제에까지도 시비를 하게 된 것입니다. 이들은 무엇이 먼저요, 무엇이 중요한가를 지금 잊어버리고 있는 상태입니다. 그래서 예수님께서는 이 시간에 저들과 함께 문제를 두고 말싸움을 벌이려 들이지 않고 비유를 들어 말씀하시는 것입니다. 앞서 말씀드린 대로 만약 이 문제를 직접 놓고 따지기를 시작한다면 안식일이 아닌 날이 엿새나 따로 있는데, 내일 고쳐 주면 되지 않는가 등 여러 가지 문제가 나옵니다. 그러나 이렇게 비유를 들어 말하게 되면 이야기가 달라지게 됩니다. 그러므로 한마디로 말하면 시비를 피하는 것이요, 그러면서도 근본적인 문제를 이야기하게 되는 것입니다.

아무튼 지금 예수님께서는 이 사건 자체를 놓고 이것이 옳으냐, 그르냐의 논쟁을 벌이지 않으시려 합니다. 세상에 변론처럼 어리석은 짓은 없습니다. 이것은 끝이 없는 말놀림이요, 마침내는 자기 감정, 자기 체면의 개입으로 사건 자체에 대한 객관적 안목이나 객관적 비판력이 완전히 흐려져 버리고 맙니다. 그렇기 때문에 이런 상황에서는 냉정을 되찾아야 합니다. 이를 위해 예수님께서는 사건 자체를 논하는 대신 한번 돌리시어 비유를 들어 말씀하시는 것입니다.

그리고 또한 이론으로 싸우자는 것을 이론으로 대하는 것처럼 어리석은 일이 없습니다. 이론은 이론으로 끝내지를 못합니다. 왜냐하면, 이 세상 어떤 이론이든지 모순과 함정이 없는 이론은 없기 때문입니다. 그 때문에 이렇게 질문하면 저렇게 답할 수가 있고, 또 저런 면으로 논리를 전개하게 되면 이런 면으로 도전해 올 수가 없습니다. 이와 같이 이론적인 공박이란 끝없이 이어지게 되어 있습니다. 그렇다면 이에 대한 결론은 어떻게 지을 수 있는가 할 때에 그것은 곧 실제 문제를 대두시킴으로써 가능해진다는 사실을 우리가 알아야 합니다.

예를 들어 공산주의가 옳으냐, 민주주의가 옳으냐? 하는 문제를 두고 이론적으로 생각하자면 두고두고 말이 많습니다. 공산주의에도 훌륭하고 옳은 점이 있는가 하면 민주주의에도 잘못된 것이 있는 것이기에 말로, 이론으로 하자면 얼마든지 서로를 공박할 수가 있을 것입니다. 그러나 그 나타난 실제적인 결과에 대해서는 더는 부인할 수가 없는 것입니다. 언젠가 한번 어느 외교관으로부터 이런 이야기를 들은 적이 있습니다. 이제 외교관으로서 공산권내의 사람들과 마주앉아 이야기를 하게 되는 경우 저들이 시비를 걸더라도 아무 대꾸를 하지 않는다고 합니다. 이 때에 저들과 말싸움을 벌여 어떤 놀라운 이론을 설명한다고 하여도 저들이 "당신들이 그 민주주의가 역시 옳소!" 하고 나올 것은 아니란 말입니다. 그렇기 때문에 시비를 벌인다 해서 절대로 그 시비에 말려들어 혈전을 벌이거나 하지 않고 가만히 있다가 딱 한 마디 "공산주의자는 세계 어디를 보아도 다 가난하오" 그렇게 이야기한다는 것입니다. 그러면 저들이 이쪽을 가리켜 하는 말이 "너희는 계급차도 많고 빈부의 차도 너무 심하다"고 한다는 것이지요. 그 말에는 또 농담조로 "그런데 우리 가난한 사람이 너희 부자보다 나으니 어쩌면 좋으냐?"고 대답을 해버리고 만답니다. 이론이야 어떻게 되었든 실제 문제에 있어서 당장에 못살고 있는데에야 어떻게 하면 좋으냐? 이론이야 너희 이론, 우리 이론 다 들추어 이야기할 수 있겠으나 문제는 가난이요, 못사는 것이란 말입니다. 그렇다면 이론상의 문제와 실제상의 문제는 다르다는 사실입니다. 오늘 우리가 이 점을 분명히 알아야 합니다.

지금 예수님께서는 이 실제 문제를 가지고 대답하시는 것입니다. 그것도 특별히 먼 이야기가 아닌 자기 자신들이 매일매일 경험하는 일상생활 이야기를 비유로 들어 말씀하고 계십니다. 이에 비유하시는 이야기의 내용인즉 양 한 마리가 구덩이에 빠졌는데 안식일이라 하여 건져주지 않고 그대로 두겠느냐는 말씀입니다. 이는 너무도 실제적인 문제이기에 이것을 두고 논할 사람은 아무도 없습니다. 양이야 죽든 말든 안식일이나 지켜야지 하는 그런 말은 못하게 되어 있단 말입니다. 유대 사람들도 이러한 것은 타당한 것으로 알고 있기에 양이 죽게 되었을 때에 건지는 것은 죄가 아니라는 생각을 하고 있는 것입니다.

이 율법이라는 것은 세 가지 측면에서 해석이 됩니다. 첫째는 율법 자체, 즉 살인하지 말라, 간음하지 말라 할 때 그 율법 자체가 원본으로 그대로 살아 있는 것입니다. 두번째는 율법에 대한 해석입니다. 법에는 그 해석이 따르게 마련입니다.

따라서 법 자체보다 해석이 더 중요할 때도 있는 것입니다. 다시 말하면 살인하지 말라고 하였을 때에 그러면 살인이란 어떠어떠한 것이냐 하는 법적인 풀이가 있어야 한다는 것입니다. 그러니까 율법 자체를 놓고 볼 때에도 반드시 해석을 해야 하는 것입니다. 예를 들어 도적질이란 어떤 것이냐 했을 때 저 아프리카 사람들은 형제 관계가 너무 좋아서 형님의 옷을 동생이 입고 나갈 때에라도 "형님 나 이 옷 좀 입고 나갑니다"라는 이야기를 하게 되면 그 보고 자체를 오히려 좋아하지 않는다고 합니다. 그것은 너와 나 사이에 그런 것을 왜 정없이 물어보고 그러느냐 해서 그렇다는 것입니다. 그렇기 때문에 형의 것을 동생이 입을 때에는 그냥 입고 나가야 된다는 것입니다. 여기에 비해 서양 사람들의 법은 그렇지가 않습니다. 아무리 형제간이라 하더라도 동생이 형의 것을, 또한 형이 동생의 것을 말없이 입고 나가면 그것도 도둑질이란 말입니다. 이렇게 되면 도대체 어디까지가 도둑질입니까 하는 이야기입니다. 그러므로 모든 법은 그 해석을 필요로 하게 되는 것이며, 나아가 그 해석은 가장 합리적인 것이어야 합니다.

세번째는 법을 해석한 범위내에만 국한시키는 것이 아니라 그 정상을 참작하여야 된다는 것입니다. 가령 사람을 죽였다 하더라도 그 정상에 따라 취중에 저지른 사건일 경우에는 고의적인 것과는 죗가가 달라지게 되고, 더욱이 전혀 악의가 없는 상태에서 상대로부터 자신을 보호하기 위하여 부득이 빚어진 정당방위의 결과라면 비록 사람을 죽였다 하더라도 그것은 무죄가 되는 것입니다. 이와 같이 동일하게 나타난 범법행위를 두고도 그 정상을 참작하는 일이 있을 수밖에 없는 것입니다.

마찬가지로 이 사람들의 안식일 법에 대해서도 정상 참작이 이루어집니다. 그리하여 안식일에 일을 하는 것은 분명 죄이기는 하지만 그러나 합리적으로 생각하는 것입니다. 이에 여기 구덩이에 빠진 이 양 한 마리를 두고 생각하는 경우에도 안식일이 지나서 건져 내어도 될 수 있는 것을 안식일에 건져 내면 그것은 죄가 됩니다. 하지만 오늘 이 안식일을 지나게 되면 죽게 될 것 같은 그런 경우에는 건져 내어도 죄가 되지 않습니다. 여기까지 말하는 것으로 보면 이론적으로는 꼭 맞는 매우 합리적인 이야기 같습니다. 그런데 문제는 안식일을 지날 때까지 이 양이 죽을는지 살는지 알 수가 있어야지요. 그렇다고 양에게 "하룻밤은 무사하겠느냐?"고 물어 대답을 얻을 수 있는 것도 아니고 하여 건져 놓고 보면 여기에서 시비가 벌어지기 시작합니다. 상황이 어떻게 되었느냐 하면 구덩이에 빠져 있는 양을 발견하고는 다 죽어가기 때문에 건져 내었더니 획하고 도망을 가버린단 말입니다. 이제 그렇게 되면 이틀을 두어도 죽지 않을 양을 왜 안식일에 건졌느냐며 시비가 벌어지게 되는 것입니다. 그러니까 건져 내어 놓은 양의 모습이 숨을 헐떡이며 곧 다 죽어가는 상태이면 "오! 그런 것은 괜찮다"고 판단할 참인 것입니다. 그 까다로움이 얼마나 심한지! 만사가 다 이렇게 취급된단 말입니다.

그래서 요한복음 5장에도 보면 38년 된 베데스다 못가의 환자를 예수님께서 낫게 해주심으로 자기의 누웠던 자리를 들고 기쁨으로 걸어가게 될 때에 이것이 문제가 되어서 유대인들이 시비를 벌이기를 "안식일인데 네가 자리를 들고 가는 것이 옳지 아니하니라"고 하는 것을 볼 수가 있습니다. 저들에게 있어서 안식일에 환자가 지팡이를 짚고 다니는 것은 죄가 아닙니다. 그러나 건강한 사람이 지팡이를 짚으면 그것도 죄가 됩니다. 따라서 여기 이 사람이 환자로서 자리를 들고 갔다면 죄가 아닐텐데 병이 나은 상태에서 들고 가니 죄가 된다는 것이요, 그 때문에 시비가 난 것입니다.

오늘 예수님께서는 바로 이러한 것에 대해 대답하십니다. 이에 하시는 말씀이 양이 구덩이에 빠졌으면 불쌍히 여겨서 건져 내는 것이 중요한 것이 아니냐며 건진다는 문제에 우선적인 관심을 두고 계십니다. 그리고 이어서 하시는 말씀이 사람이 양보다 얼마나 더 귀하냐며 양도 그렇게 생각하고 건져야 한다면 사람이야 당연히 건져야 하는 것이 아니겠느냐는 것입니다. 또한 두번째 관점에서 하시는 말씀은 안식일에 선한 일을 하는 것이 옳으니라! 다시 말하면 안식일에 선을 행하는 것이 하나님의 뜻이 아니겠느냐? 그런데 왜 이 문제에 대하여 그렇게 시비를 벌이느냐는 것으로 대답하신 것 같습니다.

이제 오늘 본문 말씀을 자세히 보면 바리새주의가 무엇인가를 말해 주고 있음을 보게 됩니다. 지금 예수님께서는 저들의 철저한 형식주의에 대해 이론적인 반박이 아닌 실제를 들어서 충분히 알아들을 수 있도록 설명을 하고 계시는 것입니다. 왜 그렇게 형식주의에 빠지고 있느냐? 하나님께서 원하시는 것은 내적인 진실이지 형식적인 것은 아니라는 말입니다. 또 하나 저들은 위선에 빠지고 있음입니다. 하나님께서는 진실을 원하시는 분이시지 위선을 원하시지 않는다는 것입니다. 더 깊은 문제는 저들은 안식일을 지키면서도 지키는 그 목적이 자기 의를 내세우는 데 있다고 하는 점입니다. 수다한 법조문을 까다롭게 만들어 놓고 그것을 형식적으로 다 지키고는 나는 안식일을 잘 지켰다고 하는 것입니다. 그래서 예수님 앞에 나와 영생의 도리를 묻던 사람도 "내가 어려서부터 다 지키었나이다"(막 10:20, 눅 18:21)라며 자신있게 말할 수 있었던 것입니다.

율법대로, 규례대로 다 지켰나이다! 이러한 자부심과 이런 교만을 가지고 그렇게 철저히 지키지를 못하는 사람들을 멸시하고 정죄하는 것입니다. 사실 알고 보면 이 율법을 못 지키는 데에는 숙명적으로 지킬 수가 없는 불쌍한 사람들이 많이 있는 것입니다. 미처 알지를 못해서도 못 지키고, 환경 때문에, 때로는 부득이한 사건으로 제대로 지키지를 못하게 될 수도 있겠으나 그럼에도 이는 멸시와 정죄의 대상이 되게 마련인 것입니다. 그러니까 이러한 결과는 율법을 지키는 그 자체를 자기 자랑으로 삼는 외식주의자들의 무자비한 소치인 것입니다. 이에 저들의 위선을 고발하는 이야기들 중 하나를 소개해 보면 그 내용이 매우 재미가 있습니다. 이제 어느 유대인 한 사람이 자기 집 바람벽에 못이 빠져 꼭 박아야 되겠는데 이날이 안식일이라 이 못을 박게 되면 안식일을 범할 처지란 말입니다. 그래서는 생각 끝에 이웃에 사는 이방 사람을 좀 와 달라고 하여 못을 박아줄 것을 부탁했다고 하는 것입니다.

이러한 위선은 오늘날 우리의 주위에도 있음을 실감할 때가 많이 있습니다. 너무 직선적인 이야기가 되어 죄송한 감이 없지 않습니다만, 지난번 주일 저녁 중국에서 오신 김성하 목사님을 모셨을 때의 일입니다. 며칠 예정으로 오셨다가 주일을 지내시고 곧장 월요일에 떠나시게 되어 있었는데 그렇게 하여 주일 아침이 되고 보니 이래저래 받은 선물들도 있고 하여 짐이 많아져서 항공용 가방이 하나 필요하게 된 것입니다. 그래서 김목사님께서는 아무 생각없이 어느 젊은 목사님 한 분을 불러서는 미안하지만 내가 어디 가서 살 줄도 모르는데 당장 내일 떠나기는 해야겠으니 가방을 하나 마련해 주었으면 좋겠다고 하신 것입니다. 그랬더니 이 목사님이 저의 사무실 비서에게 전화를 걸어서는 자기가 돈을 줄터이니 가방을 하나 사서 김성하 목사님께 드려 달라고 하더랍니다. 그러면서 하는 말이 "나는 평생에 주일에 물건 사본 일이 없거든" 하더라는 것이지요. 그래서 이것이 문제가 되자 비서가 어떻게 처리해야 될 줄을 몰라서 전화를 바꾸어 주길래 받았는데 저에게도 그 설명을 또 하면서 "돈을 제가 낼께요" 하는 것입니다. 저는 그 목사님이 누구이신지도 모르고 묻지도 않았습니다. 그러길래 "목사님 그렇게 말씀하실 것 없습니다. 죄는 제가 짓지요. 돈 내시지 않아도 됩니다" 하고서는 가방을 사다가 저녁에 드렸습니다. 그리고 저녁식사를 하실 때에 김 성하 목사님은 이 일을 어떻게 생각하실까 하여 이러한 일이 있었다고 말씀드렸더니 목사님께서 껄껄 웃으시면서 "예나 오늘이나 바리새교인은 많거든요" 하시는 것이었습니다. 여러분! 외식주의라는 것이 이런 것입니다. 이렇게 빠져들어가기 시작하면 걷잡지를 못하게 됩니다. 도대체 무엇이 근본이요. 무엇이 직접적인 문제가 되는 것이겠습니까?

그러면 이제 예수님께서 말씀하시는 그 의도는 무엇인가 할 때에 그 깊은 뜻을 7절 말씀에 기록된 대로 "나는 자비를 원하고 제사를 원치 아니하노라!"는 것입니다. 하나님의 뜻은 어디까지나 자비와 긍휼이란 것입니다. 우리는 먼저 하나님께서 원하시는 것이 무엇인가 하는 그것을 알아야 합니다. 결코 우리의 생각이나 우리의 방법대로 하나님께 나아가서는 아니되는 것입니다. 언제든지 하나님께서 원하시는 그 근본 뜻이 무엇인가를 깊이 생각하여 거기에 따르는 자기 실천이 있어야 합니다. 그 때문에 이사야서 1장을 보면 유대와 이스라엘의 외식주의, 그 가증한 제사에 대해 여지없이 책망하시고 심판을 선포하시는 하나님의 음성을 들을 수가 있습니다. "너희의 무수한 제물이 내게 유익하뇨?" 내 마당만 밟을 뿐이니 헛된 제물을 다시 가져오지 말라! 그리고 내 이름으로 모이는 것조차도 하지 말라는 것입니다. 그렇게 모인다고 해결이 되느냐는 것입니다. 진실이 없는 외식! 그 위선을 무섭게 심판하고 계십니다. 이에 이사야 선지자는 하나님의 원하시는 바는 정결과 거룩이며 선행과 공의임을 계속해서 외치고 있습니다. 우리는 무엇보다도 먼저 하나님의 마음에 있는 뜻이 무엇인가를 깊이 생각해야 합니다. 그리하여 하나님께서 우리에게 요구하신 바에 바르게 응답할 수 있어야 할 것입니다.

하나님께서 요구하시는 것! 이를 위해 신명기 10장 12절 말씀을 보면 "이스라엘아 네 하나님 여호와께서 네게 요구하시는 것이 무엇이냐? 곧 네 하나님 여호와를 경외하여 그 모든 도를 행하고 그를 사랑하며 마음을 다하고 성품을 다하여 네 하나님 여호와를 섬기고 내가 오늘날 네 행복을 위하여 네게 명하는 여호와의 명령과 규례를 지킬 것이 아니냐?"고 기록하고 있습니다.

그리고 또 하나 기억할 것은 하나님의 법도를 지킬 때에는 믿음으로 지켜야 하는 것입니다. 그 명하신 바를 다 이해하거나 충분히 납득하기에 지킨다고 생각할 수는 없는 것입니다. 완전히 납득해서 지키는 것도 있지만 때로는 납득이 가지 않아도 믿음으로 지키는 겁니다. 어린 아이들이 부모님이 무슨 말씀을 하게 될 때에 그때마다 모두 납득이 되기에 순종하는 것이겠습니까? 공부를 하라고 하면 하지만 공부는 꼭 하여야 된다고 하는 사실을 깊이있게 납득했기에 하는 것이겠느냐 말입니다. 가라면 가고 오라면 오는 그 모든 순종이 그때마다 부모님의 뜻을 다 알고 헤아림으로 있어지는 것은 아니란 말입니다. 그러면서도 순종하는 것은 부모님의 말씀이기 때문인 것입니다. 부모님은 나를 사랑하시고 나를 위해서만 말씀하시는 분이기에 이를 믿고 순종하는 것입니다. 마찬가지로 하나님께서도 사랑으로 대하며 순종하는 그것을 원하고 계시는 것입니다. 하나님께서는 어디까지나 나를 사랑하셔서 하신 것이라는 말입니다.

오늘 본문에 앞서 주신 8절 말씀에 보면 "인자는 안식일의 주인이니라!"는 말씀이 있습니다. 안식일의 주인! 이는 참으로 엄청난 말씀이 아닐 수 없습니다. 뿐만 아니라 마가복음 2장 27절에 의하면 "안식일은 사람을 위하여 있는 것이요, 사람이 안식일을 위하여 있는 것이 아니니"라고 말씀하고 계십니다. 이는 하나님께서 우리를 위하여 안식일을 주셨다는 말씀입니다. 그러므로 안식일은 고맙고 감사한 마음으로 지켜야 하는 것입니다. 그러기에 어떤 분들은 "이렇게 바쁜 날들 속에서도 주일을 주셔서 하루를 편안히 쉬게 하여 주시니 우리 하나님 얼마나 감사하신가!"라며 말하는 것을 볼 수가 있습니다. 한번은 55세가 넘으신 분이 자진하여 교회에 나오셨다기에 어떻게 그런 결단을 내리셨느냐고 물어보았더니 아주 재미있는 이야기를 하는 것이었습니다. 그분의 말씀인즉 같이 자란 친한 친구가 하나 있었는데 그가 예수를 믿는 것을 보고는 1주일을 다 일하며 살아도 모자랄텐데 1주일, 그 7일 중에 하루를 놀고 살겠다고 하니 저 친구 참 한심하다는 생각을 하며 20년을 그렇게 살아 왔다는 것입니다. 그런데 오늘에 와서 보니 그 친구의 경제 수준이 자기의 것이나 별 차이가 없이 비슷하다는 겁니다. 그래서 가만히 생각하니 자기만 손해보았다는 것이지요. 왜냐하면 나는 1주일 다 일하고도 요모양이고 저 친구는 1주일에 하루씩 꼭꼭 쉬고 저 정도라면 결국 자기만 멍청한 생활을 해왔더라는 것입니다. 그러면 이제부터라도 쉬어야지 하고서는 교회에 나왔다고 하는 것이었습니다. 그분은 참으로 지혜로운 분입니다.

여러분! 안식일은 누구를 위한 안식일입니까? 하나님께서 안식일을 주실 때에 우리는 백 번, 천 번 감사해야 하는 마음으로 지켜야 합니다. 우리로 하여금 쉬라고! 내 영혼을 소생시키기 위하여 주신 것이란 말입니다. 그러므로 안식일은 물론 모든 율법은 감사한 마음으로 지켜야 하고 억지로 지켜서는 아니되는 것입니다. 이것이 곧 주님께서 원하시는 바라는 사실을 기억해야 합니다.

따라서 오늘 본문을 통하여 생각해야 하는 가장 핵심적인 의미는 하나님께서 말씀하시는 대로, 하나님의 안목으로 자기를 보고 이웃을 보아야 된다는 것입니다. 그러기에 예수님께서 하시는 말씀이 무엇입니까? 구덩이에 빠졌으면 붙잡아 건져 내지 않겠느냐? 구덩이에 빠진 양을 건져 내어라 말입니다. 여러분, 이 말씀의 의도가 무엇이겠습니까? 이것은 곧 구원이 최고의 목적이요, 최우선적이어야 하며, 최고의 가치라는 의미입니다. 구덩이에 빠진 양을 건져내듯이 죄의 구덩이에 빠진 사람을 건지는 일이 최우선적 급선무요, 그것이 최고의 일이라는 말입니다. 지금까지 너희들이 수천 년을 두고 대대로 안식일을 지켜 내려온 방법이든, 나의 생각, 나의 주의, 나의 이상, 나의 규례든 간에 그것들이 문제가 아니라 구원이 최고다. 그러므로 영혼을 구원하는 일, 생명을 구원하는 일에 최고의 가치를 두라! 그리고 이것을 위해서라면 나의 의견, 나의 전통적인 가치관도 다 포기하며, 나아가 협소하고 잘못된 생각을 버리고 생명을 구원하는 일에 나서야 될 것이 아니겠는가 말입니다. 적어도 생명을 구원하는 일은 어떤 이유, 어떤 규례로도 시비를 받아서는 안된다는 그런 말씀입니다. 지금 양이 구덩이에 빠져서 신음을 하고 있다면, 이것을 건지기 위해서라면 무슨 짓을 못하겠습니까?

　여러분, 우리 교인 중에 그런 분이 있는 것을 보았습니다. 어떤 부인이 믿지 않는 집에 시집을 가서는 많은 고생을 하며 15년을 살아 왔는데 이제 더는 못 견디겠다며 아무래도 이혼을 해야겠다는 것입니다. 그러기에 이해를 하면서도 이런 이야기를 해보았습니다. 이제 사랑을 못 받는다고 걱정하거나 섭섭해하지도 말고 내가 이 집 가문을 구원하기 위해 이 집안에 선교사로 파송되었다는 생각을 해보라고 하였습니다. 저의 이 말을 가만히 듣고 있다가 "그리하면 될 것 같네요" 하고 돌아가서 그렇게 지냈습니다. 그런데 6개월만에 그 남편을 교회로 인도하고 그 후 온 가정이 교회에 나오게 된 것입니다. 그 부인이 하는 말이 "나는 선교사"라는 생각을 하며 집으로 돌아간 그날, 이제는 벌써 들어갈 때부터 마음도 자세도 다르더라는 것입니다. 그래서는 무슨 시비가 나더라도 나는 선교사이니까, 내가 이 가문을 구원하기 위해서라면 무슨 일을 못하겠으며 보다 더한 것인들 못 참겠느냐는 말입니다.

　오늘 우리에게 주시는 주님의 말씀은 구원을 위해서라면 십자가라도 질 것이거늘 이제는 마땅히 구원을 제일의 목적으로 하여 나머지 시비들은 다 포기하고 거기에 최고의 가치를 두라는 것입니다. 그리고 이를 위해 구덩이에 빠진 양을 건져내라고 하십니다.

좋은 나무 좋은 열매

　나무도 좋고 실과도 좋다 하든지 나무도 좋지 않고 실과도 좋지 않다 하든지 하라 그 실과로 나무를 아느니라 독사의 자식들아 너희는 악하니 어떻게 선한 말을 할 수 있느냐 이는 마음에 가득한 것을 입으로 말함이라 선한 사람은 그 쌓은 선에서 선한 것을 내고 악한 사람은 그 쌓은 악에서 악한 것을 내느니라 내가 너희에게 이르노니 사람이 무슨 무익한 말을 하든지 심판날에 이에 대하여 심문을 받으리니 네 말로 의롭다 함을 받고 네 말로 정죄함을 받으리라.
(마태복음 12 : 33~37)

좋은 나무 좋은 열매

오늘 본문을 통하여 주시는 비유의 말씀은 가장 평범하고도 보편적인 말씀입니다. 한 그루의 나무가 계절을 따라 잎을 내고 열매를 맺는 것을 보면서 우리는 많은 것을 배우며 생각하게 됩니다. 어떤 나무는 무슨 나무인지를 몰랐다가도 열매가 맺혀진 것을 보고야 그런 나무였구나 하는 것을 알게 되기도 합니다. 이와 같이 열매는 그 나무가 어떤 나무인가를 정확하게 밝혀 주기 때문에 열매를 보면 누구나 다 그 나무를 알 수 있게 되는 것입니다.

지금 예수님께서는 이런 평범한 이야기, 즉 나무와 열매는 언제나 하나라는 말씀을 하고 계시는 것입니다. 다시 말하면 사과나무에서 배가 열리거나 배나무에서 사과가 열리는 그런 일은 없다. 사과나무이기에 사과가 열렸고 배나무이기에 배가 열린 것이 아니냐는 말씀입니다. 이 얼마나 간단한 이야기입니까? 이는 "심은 대로 거둔다"는 것과 같은 이야기가 됩니다마는 그러나 그 성격이 조금은 다르다고 하겠습니다. 오늘 본문을 통하여 예수님께서 "그 실과로 그 나무를 아느니라!"고 말씀하신 것은 이제 열매가 맺혔으면 그것으로 솔직하게 그 나무됨을 인정하여야 된다는 실로 무서운 말씀입니다. 그러기에 생각해 보면 이것이야말로 도저히 부인할 수 없는 완벽하고도 깨끗한 진리입니다.

그러면 여기에서 오늘 본문의 배경을 한번 살펴봄이 좋을 것 같습니다. 그 배경은 22절 말씀으로 거슬러올라가 그 이하의 내용을 읽어봄으로써 예수님께서 어떤 경우에 오늘 본문의 말씀을 하시게 되었는가를 알 수 있습니다. 거기에 보면 귀신이 들려서 눈이 멀고 벙어리가 된 한 사람이 있었다는 이야기입니다. 그러니까 이 사람은 신체 구조상으로 보아 눈이 잘못되었거나 벙어리가 되었다는 이야기가 아닙니다. 따라서 요즈음 말하는 개안수술이나 청각장애, 입의 구조를 치료하고 교정하는 등의 의술을 필요로 하는 정도의 문제가 아니라, 귀신이 들려서 그 귀신의 놀음에 의해 눈도 멀고 벙어리도 되었다는 말입니다. 이토록 불행한 사람을 예수님께로 데리고 오자 예수님께서는 이를 깨끗하게 고쳐 주십니다. 그러니까 이는 곧 귀신이 쫓겨나가면서 입이 열리고 눈도 뜨게 되었다는 것입니다. 저는 성경에서 이 일을 볼 때마다 우리에게도 이러한 능력이 있다면 얼마나 좋을까 하는 생각을 하게 됩니다. 더구나 교역자로서 어려운 질병도 질병이지만 특별히 귀신이 들린 상태에서 목사가 찾아가 기도 한번 하고 나면 귀신이 싹 나가주면 그 얼마나 좋겠습니까? 그런데 그것이 잘 안되는 것이란 말입니다. 여러 해 목회를 하는 가운데 몇 번 있기는 했습니다마는 기도를 해도 귀신이 나가 주지를 않으면 무척 답답합니다. 그래서 그럴 때이면 으레 어떻게 좀 신통한 능력이 있었으면 좋겠다는 생각을 하게 됩니다.

성경에도 보면 이런 경우 때문에 변화산 아래에서 망신을 당한 내용이 마가복음 9장 14절 이하에 기록되어 있는 것을 볼 수 있습니다. 거기에 의하면 어떤 사람이 벙어리 귀신 들린 자기 아들을 예수님의 제자들에게 데리고 와서는 이 귀신을 좀 내어쫓아 달라는 부탁을 하였다는 것입니다. 그리하여 뭐라고 하였는지는 모르지만 여기 남아 있는 아홉 제자들이 아마도 저마다 한번씩 무엇이라고 해본 모양인데 이 귀신이 안 나갔다는 것입니다. 이렇게 되면 이것은 정말 큰 망신이 아닐 수 없습니다. 그런데 바로 이러한 때에 예수님께서 오셔서 간단한 한마디로 "내가 네게 명하노니 그 아이에게서 나오고 다시 들어가지 말라"고 하시자 그 아이가 깨끗해지는 것입니다. 이 장면을 본 제자들이 너무도 신기하여 우리는 어찌하여 능히 귀신을 쫓아내지 못하였나이까라고 묻게 됩니다. 왜냐하면 며칠 전에는 자기들도 했던 일인데 오늘은 못했단 말입니다. 그래서 왜 우리는 못합니까? 어찌하여 이렇게 되었습니까라고 묻는 것입니다. 이때에 예수님은 그 대답으로 "기도 외에 다른 것으로 이런 유(類)가 나갈 수 없느니라"고 말씀하시는 것을 볼 수 있습니다. 기도 외에는 되지 않는다! 내가 변화산에 올라가 기도하고 있는 동안 너희들이 산 아래에 머물면서 한 일이 무엇이냐? 그렇게 잡담이나 하고 잠만 자고서는 무슨 능력이 나올 수가 있겠느냐? 네 자신의 능력이 아니라 하나님으로부터 오는 능력인데 어찌 믿음의 기도가 없이 그런 능력이 나타날 수가 있겠느냐는 말씀입니다.

그런데 오늘 주시는 본문의 배경이 되는 말씀에도 보면 귀신이 들려 장님이 되고 벙어리가 된 사람을 예수님께서 즉석에서 깨끗하게 완치시켜 주시게 됩니다. 만약 이러한 장면에 우리 자신이 함께 하고 있었다고 생각한다면 이 얼마나 놀랍고도 신통한 일이겠습니까? 그렇게 되면 이것을 보는 모든 사람들이 진정 하나님의 아들다운 역사라며 하나님께 영광을 돌리고 저들 이스라엘 사람들의 풍속대로 할렐루야로 찬양을 드리게 되는 것이란 말입니다. 따라서 여기에서도 그렇게 하나님께 영광을 돌렸더니 오히려 옆에 있던 바리새인들은 또 마음이 비뚤어져서는 귀신의 왕 바알세불을 힘입은 것이라며 어처구니없는 말을 하는 것입니다. 마음이 비뚤어진 사람은 언제나 매사를 비뚤어지게만 보게 되니 그야말로 배냇병신이 아닐 수 없습니다. 그 가엾던 한 불구의 인간이 완전히 새로워지는 놀라운 역사를 보면서 "이것 정말 하나님의 능력이구나!" 하고 같이 하나님께 영광을 돌리자고 하면 좋지 않겠습니까? 그런데 이럴 때에도 여전히 마음이 비뚤어져서는 저렇게 된 것은 귀신의 왕 바알세불을 힘입은 것이라고 말하는 것입니다. 이는 곧 하나의 힘의 대결을 이야기하는 것으로 귀신의 왕, 즉 보다 큰 귀신이 작은 귀신을 보고 나가라고 해서 나갔다는 것입니다. 그러니까 결국은 예수님을 귀신 들린 자로 몰아붙이고 있는 것입니다. 그것도 아주 왕귀신이 들린 자로 말입니다. 정말 이렇게 매도해 버릴 수가 있는 것이겠습니까? 정 믿기 싫으면 그저 모르겠다고 하든지, 아니면 하나님의 역사인지 아닌지 두고 보아야 알겠다고 하면 또 모르겠습니다만, 이것을 억지로 부정하기 위해서 예수님을 귀신 들린 자로 몰아붙여 귀신 중에서도 가장 큰 귀신인 바알세불이 들려서 이제 작은 귀신을 나가라고 함으로 쫓겨나간 것으로 이렇게 이야기를 하는 것입니다.

이것은 정말 언어도단의 이야기로 도저히 용납할 수가 없는 문제입니다. 그래서 예수님께서는 이 순간 "성령을 훼방하는 죄는 사함을 얻지 못한다"고 하는 결정적인 말씀을 하셨습니다. 다시 말하면 이런 죄는 사함을 받지 못한다! 왜냐하면 지금 분명하게 손으로 만질 수 있고, 눈으로 볼 수 있는 하나님의 놀라운 역사가 환하게 나타나는 것을 보고도 이것을 부인하기 위해 고의적으로 예수님을 귀신 들린 자로 몰아치는, 이렇게까지 억지로, 악의로 성령을 부인하는 이러한 죄는 절대로 사함을 받지 못한다고 하는 것입니다. 이런 마음은 회개하지도 않아요. 따라서 앞으로 보다 더한 어떠한 기적이나 사건이 나타나더라도 믿지 않을 것이란 말입니다. 어떤 확실한 증거가 있어도 아무런 소용도 없이 계속 딴소리만 할 터이니 그 때문에 이런 죄는 사함받지 못한다고 말씀하십니다.

여기에서 말하는 성령의 역사라는 것은 구약적인 개념에서 생각할 수 있습니다. 그것은 왜냐하면 이 말씀을 하신 당시가 오순절 성령이 임하시기 전인 때문입니다. 그런 의미에서 저들이 알고 있는 성령의 역사라는 개념은 먼저 진리 자체에 나타나는 그것이 성령의 역사요, 두번째는 그 진리를 받아들이도록 마음을 감동시키시는 이것이 구약적인 의미에서의 성령의 역사입니다. 그러니까 진리 자체가 나타나고 그 나타난 진리를 내가 받아들이고 믿도록 내 마음을 감동시켜 주신다는 말입니다. 그런데 이와 같이 이미 이것은 하나님의 역사다 하고 받아들이게 하는 이런 성령의 역사를 받고도 지금 억지로 부인을 하는 것입니다. 이렇게 완악한 마음! 이것은 정말 고칠 수 없는 구제불능의 마음이요 인간입니다. 그 때문에 우리 주변의 인간사에서도 이런 경우를 흔히 보게 되는 것이 아니겠습니까? 그렇게 한번 나쁘게 마음먹은 사람은 참으로 도리가 없습니다. 이제 칭찬하면 아첨한다고 하고 또 바른 말로 일러주면 비판한다며 분을 냅니다. 도대체 이래도 걸리고 저래도 걸립니다. 그러기에 옛말에도 며느리가 미우니 며느리 발뒷축이 계란같더라고, 발뒤축도 미운 것이란 말입니다. 그저 머리에서부터 발뒤축까지 다 나쁘게만 보여 전혀 좋게 볼 여지가 한 군데도 없다는 것이지요. 여기 이 바리새인들의 마음이 바로 그러한 상태에서 악의에 차 있는 것이란 말입니다. 그래서 지금 이렇게 바알세불을 힘입었다는 말까지 하게 된 것입니다.

    이러한 상황에서 이제 예수님께서는 나무와 열매에 대한 비유의 말씀을 하시게 되며 이 비유는 여러 가지로 설명되어지는 복합적인 비유입니다.

    여기에서 첫째로 생각할 것은, 선한 열매를 보았느냐? 그렇다면 그 나무도 선하다고 말하라는 이야기입니다. 지금 더러운 귀신 들렸던 사람이 깨끗해진 것을 보았으면 이것은 선한 열매가 아니겠습니까? 이 선한 열매를 보았으면 이것은 선으로부터 온 것이다. 즉 하나님의 선하신 역사라고 인정하며 왜 하나님께 영광을 돌리지 못하느냐는 그러한 말씀입니다. 선한 열매를 보았으면 그것을 통하여 선한 나무를 볼 줄 알아야 하는 것은 당연한 이치인데 이렇게 분명한 선한 열매를 보면서도 왜 악한 나무라고 말하느냐 말입니다. 이것은 분명 하나님의 역사가 아니고서는 있을 수 없는 일인데 왜 그렇게 억지를 부리고만 있느냐는 것입니다. 지금 여기 한 열매가 있고 그리고 이것이 하나님의 역사라고 믿어지게 되면 이제는 이것이 하나님 역사라는 것을 믿으며 따라가야 하는 것입니다. 그러나 하나님의 역사인 줄을 뻔히 알면서도 계속 딴소리하고 또 딴소리하니 이것은 끝이 없는 것이란 말입니다. 그 때문에 여기에서 주시는 예수님의 말씀이 선한 열매를 보았느냐? 그렇다면 나무도 선하다고 말해야 될 것이 아니냐고 하시는 것입니다.

　이러한 표현은 사실 예수님의 입장으로 돌아가 생각해 보면 얼마나 가슴아픈 이야기입니까? 도대체 이렇게 악한 자들을 무슨 방법으로 설득시킬 수가 있느냐는 말입니다. 그러기에 오늘 이 말씀은 심판적인 의미가 있는 매우 심각한 말씀입니다. 이제 여기에 나타난 선한 열매를 보았으면 지금까지는 어떤 잘못된 생각을 했었더라도 이 순간 마음을 고쳐 선한 나무로 받아들이라! 그것이 당연한 처사가 아니겠느냐? 다시 말하면 하나님의 역사를 하나님의 역사로 받아들여야 할 것이 아니겠느냐 하는 것이 오늘 본문 말씀에 나타난 내용입니다. 이에 예수님께서는 "나무도 좋고 실과도 좋다 하든지, 나무도 좋지 않고 실과도 좋지 않다 하든지 둘 중에 어느 편이든 말해야 할 것이 아니겠느냐"고 말씀하시는 것입니다. 그러므로 우리는 선한 열매를 볼 때면 그 선한 열매를 통하여 선한 나무를 보고 그 나무를 선한 것으로 인정하여 받아들여야 하는 것입니다. 마찬가지로 어떠한 사건을 놓고도 여기에 분명히 하나님의 역사가 나타나고 있으며 이것이 하나님의 일이라고 느껴질 때에는 지난날에 품었던 잘못된 생각이나 지금 이 순간 마음에 못마땅한 일이 혹 있다손치더라도 지금 여기 나타나고 있는 이 하나님의 역사는 그대로 받아들이는 마음의 자세가 있어야 한다는 이야기입니다. 예수님께서는 지금 저들 바리새인들에게 이 말씀을 하고 계시는 것입니다. 저들은 예수를 믿지 않으려 했고 따라서 예수가 하나님의 아들임을 부정하려 했습니다. 그러나 오늘 이 엄청난 사건을 보았으면 이제는 "주여, 당신은 메시야입니다" 하는 고백이 나와야 하고 하나님께 영광을 돌려야 하는 것이 아니겠습니까? 그럼에도 불구하고 이것을 기어이 부정하려 드니 이와 같이 엉뚱한 결과로 나타나게 된다는 말씀입니다.

이제 두번째로 생각할 것은 34절에 기록되어 있는 "독사의 자식들아 너희는 악하니 어떻게 선한 말을 할 수 있느냐?" 하는 말씀입니다. 그리고 이어서 "이는 마음에 가득한 것을 입으로 말함이니라"고 하셨습니다. 이를 바꾸어 말하면 네 입에서 바알세불이라는 말이 나오는 것을 보니 너야말로 진짜 바알세불이로구나! 네 입에서 악한 말이 나오고 있는 것은 네 자신이 악한 자임을 증명하고 있는 것이라고 하는 그런 뜻의 말씀인 것입니다. 그러니까 말을 열매로 그 나무를 알 수가 있다는 것입니다. 따라서 행동만이 열매가 아니요, 기적만이 열매가 아니라 입으로 나오는 말도 열매라는 이야기입니다. 이것은 대단히 중요한 말씀입니다. 말이라고 하는 열매! 우리는 이 열매를 통하여 그 사람의 인격을 보게 됩니다. 그렇기 때문에 그 사람의 말하는 것을 보면 그 사람의 교양, 그 사람의 세계관, 그 사람의 신앙을 다 알 수 있는 것이 아니겠습니까? 제가 아는 한 처녀는 어떤 청년과 1년 동안 연애를 잘해 나갔습니다. 그러길래 제 생각에 그대로 결혼을 하는가 보다 하고 있는 중인데 어느날 갑자기 결혼을 안하겠다는 것입니다. 그러길래 왜 그러느냐고 물었더니 어느날 찻집에서 만나 둘이 이야기를 나누고 있는 중 한 꼬마가 껌을 팔러 와서는 우리들도 경험하는 대로 자꾸만 조르더라는 것입니다. 그럴 때면 흔히들 하는 대로 잔돈이 없다든지, 아니면 다음에 사줄게 하고 미안하다며 돌려보내려고 할 수도 있겠는데 자기 애인인 이 청년이 그러지를 않고 그 껌팔이 아이를 보고 입에 담지도 못할 욕을 마구 하더란 것입니다. 그래서 이 처녀 아이가 아주 지혜로운 결단으로 "너는 틀렸다"하고서는 1년 동안이나 사귀어 온 것을 딱 끊어버리고 말았다는 것입니다. 그 이야기를 들은 후 제가 칭찬을 해주었습니다. 그 지혜와 용기가 대단하지를 않습니까? 본래 총각들이 아가씨 앞에서 보통 하는 말은 거짓말이 대부분인 것이고 보면 이것이 진짜란 말입니다. 이렇게 진짜말을 한번 듣고 보면 이제는 그 속에 무엇이 있는지를 알 수가 있는 것이란 말입니다. 그래서 그만두었다는 것은 참으로 중요한 이야기입니다.

 왜냐하면 말은 인격의 열매이기 때문입니다. 먼저 인격이라고 하는 나무가 있고 그 나무의 열매로 말이 나오는 것입니다. 그러므로 말은 말대로, 인격은 인격대로 따로 나뉘어질 수가 없는 것입니다. 예수님께서 친히 말씀하신 대로 악한 사람이 어떻게 선한 말을 할 수 있겠느냐! 그렇습니다. 악한 사람은 결코 선한 말을 할 수가 없어요. 그런가 하면 귀신의 왕을 운운하는 것을 보니 이는 분명 악한 사람이란 말입니다. 따라서 악한 사람이라면 악한 말을 하는 것이 당연하다는 것으로 이는 매우 논리적인 이야기입니다. 여기에서 예수님은 너희들이 지금 악한 말을 하는 것을 보니 너희 속에 악독이 있고 악령이 있다며 심판하고 계시는 것입니다. 저들 바리새인들의 악한 말은 예수님의 판단에 의하면 우연이 아니라는 이야기입니다. 오늘 어쩌다가 예수님을 질투하게 되었다거나 그 일을 못마땅하게 생각하여 이 사건 앞에서 우연한 실수로 이 말이 튀어나온 것이 결코 아니라는 것입니다. 그 깊은 뿌리가 너희 속에 근본적으로 있어서 그것이 이 놀라운 하나님의 역사 앞에서도 거침없이 나온 것이라는 말씀입니다. 근본적인 뿌리! 그것이 무엇인가가 가장 중요한 것입니다.

 우리는 간혹 좋지 않은 말을 불쑥 해놓고서는 뒤에 누가 지적을 하기라도 하면, 나는 본래 그런 사람이 아닌데 어쩌다 실수해서 그렇게 되었다는 변명을 하게 됩니다만, 오늘 본문 말씀은 그것을 비판하고 있는 것입니다. 그 말이 어디에서 나온 것이냔 말입니다. 그 마음 깊은 곳에 그런 무엇이 있었다가 이제 나온 것이겠기에 그것을 시인하라는 말씀입니다. 그러기에 어떠한 말도 결코 우발적이나 일시적이며 우연한 것이었다고 변명하지 말라! 그리고 예수님께서는 그 변명을 듣지 않으신다는 것입니다. 여기 이 바알세불을 힘입었다고 하는 말은 이미 저희들이 써온 말입니다마는 어쨌든 이 어처구니없이 악독한 말을 비록 한번만 했다손치더라도 그것은 저희들의 본래적인 뿌리 깊은 악한 마음이 이 사건 앞에서 나타난 것이라는 말씀입니다. 그러고 보면 다윗 왕은 참으로 위대한 데가 있습니다. 여러분이 잘 아시는 대로 다윗 왕은 밧세바를 취하고 그의 남편 우리아를 죽이는 엄청난 죄를 짓게 됩니다. 그러나 그 후에 다윗이 회개하는 내용을 보면 어느 부분에서도 당시의 자기 처지나 상태를 설명하지 않을 뿐만 아니라 어쩌다가 내가 그만 큰 실수를 하였습니다 하는 한 마디의 변명도 하지를 않습니다. 그의 말은 계속 주의 인자를 간구하는 중에 "내가 죄악 중에 출생하였음이여 모친이 죄 중에 나를 잉태하였나이다"(시 51 : 5)라고 자기의 본체를 고백하고 있습니다. 이 말의 히브리적 의미는 나는 날 때부터 그런 죄인이라는 말입니다. 본래가 죄인인 나! 그 동안도 어쩌면 기회가 없었고 용기가 없었던 것뿐이지 처음부터 나쁜 놈이었습니다. 그러다가 오늘 이 사건이 터진 것입니다. 그렇기 때문에 이것은 우연한 일이 아니었습니다라고 다윗은 이렇게 회개하고 있는 것입니다. 여러분! 이것이 진정한 회개입니다. 지금 예수님께서는 바로 이러한 회개를 촉구하고 계십니다. 그러므로 내가 어쩌다가 실수하여 그런 말을 했노라고 하는 것은 다 쓸데없는 소리일 뿐입니다. 나타난 열매가 있으면 그 열매로 알아볼 것이지 이제 와서 무슨 변명이 있으며 열매를 놓고도 변명할 작정이더냐는 말입니다. 이는 매우 평범한 이야기이지만 무서운 심판의 말씀입니다.

그리고 세번째로 생각할 의미는 말의 소중함을 가르쳐 주고 있습니다. 이에 예수님께서는 친히 결론을 내리시어 "사람이 무슨 무익한 말을 하든지 심판날에 이에 대하여 심문을 받으리니 네 말로 의롭다 함을 받고 네 말로 정죄함을 받으리라"고 말씀하고 계십니다. 특별히 히브리적인 개념으로 보자면 말은 전부가 기도입니다. 따라서 때로는 저주가 될 수도 있습니다. 그 때문에 이름도 잘 지어야 하고 아이들을 꾸중할 때 쓰는 말도 조심해야 하는 것입니다. 이제 아이들이 말썽을 부린다고 하여 나쁜 놈, 나쁜 놈 하고 부르다 보면 결국 그 아이는 나쁜 놈이 될 수밖에 없는 것이 아니겠습니까? 왜냐하면 그 소리밖에 들어 온 것이 없으니까 말입니다. 제가 어렸을 때에 말 조심을 하라는 교훈으로 어른들로부터 수없이 들어 온 이야기가 하나 있습니다. 그것은 요즈음 생활과는 거리가 먼 옛날 이야기로 많은 이불을 사용하면서도 이불장이 따로 없어 뒤주나 반닫이 같은 것 위에 이불을 얹어 놓게 되는데 그랬다가 저녁이 되어 잠자리를 위해 이불을 내리게 되면 거기가 비게 되는 것입니다. 그렇게 되면 꼬마 녀석이 냉큼 거기에 올라가서는 "에헴" 하고 앉아 익살을 부리는 것입니다. 이럴 때에 한 집에서는 자기 아이의 그런 모습을 보고 "오, 정승 같구나" 이렇게 말을 했더니 그 아이는 뒤에 정승이 되었고 다른 한 집에서는 똑같은 모습으로 거기에 올라가 "에헴" 하는데 도둑 고양이 같다고 하였더니 그 아이는 커서 정말 도둑놈이 되더라는 것입니다.

여러분, 이것을 보세요! 아이들이 노는 것 하나만 보아도 이것을 귀하게 여겨 칭찬을 하고 높이면 거기에 의미가 있는 것입니다. 그런데 하필이면 제일 나쁜 말로 저들을 구속하려고 하니 그 결과가 어떻게 되겠습니까? 우리는 진정 말대로 되어진다는 사실을 알아야 하겠습니다. 그리고 그대로 이루어지는 기도가 되는 것이 말이기에 참으로 조심스레 말해야 할 것입니다. 저는 이 말에 대하여 말씀드릴 때면 늘 생각나는 이야기가 있습니다. 그것은 이스라엘 사람이 아랍 사람을 자기 동족으로 잘못 보아 "샬롬"이라고 인사를 했다가 조금 후에 그가 원수인 아랍 사람인 것을 알고는 이스라엘 사람이 뒤쫓아가 돈을 내면서 조금 전에 "샬롬" 한 것 물리자고 하더라는 것입니다. 왜냐하면 내가 한 마디 샬롬이라고 하였으니 저가 원수임에도 분명 복을 받을 것이라는 겁니다. 그래서 물리자고 했다는 것인데 이만큼 말 한 마디를 소중히 여겨야 하는 것입니다.

그런데 오늘 본문 말씀에 보면 특별히 "사람이 무슨 무익한 말을 하든지" 하는 말씀이 있습니다. 여기에서 "무익한 말"이라는 것은 헬라 원문으로는 '레마 알곤'이라는 말로서 이를 영어로는 케어리스 워드

(Careless Word)라고 번역을 합니다. 그러니까 아무런 관심이나 별 생각이 없이 그냥 아무렇게나 내뱉는 말을 무익한 말이라고 한 것입니다. 그렇다고 무슨 특별히 책임질 말도 아닙니다. 그런데 이와 같이 아무 뜻없이 그대로 내뱉은 그 말에 의해서 심판날에 심문을 받게 될 것이라고 말씀하십니다. 왜냐하면 이는 그것이 진실이기 때문입니다. 이를 위해 프로이트의 이론까지 빌리지 않더라도 술 취했을 때에 지껄이는 말과 맑은 정신에서 하는 이야기를 두고 볼 때 어느 것이 진짜입니까? 또한 무의식중에서 잠꼬대로 하는 말과 잠에서 깨어났을 때에 하는 말을 비교할 때에 어느 것이 진짜냐 말입니다. 아시다시피 무의식 속에서 하는 말이 정직한 말이요, 돌발적인 사건 앞에서 튀어나오는 말과 우발적인 언어가 진정 그 자신의 모습과 일치하는 말인 것입니다.

그렇기 때문에 예수님께서는 그 열매를 보아서 그 나무를 안다고 말씀하십니다. 이는 곧 예수님의 심판 기준이 이러함을 말하는 것입니다. 물론 심판의 기준은 그 사람이요, 그 인격이며, 그 영혼입니다. 그런데 그 인격과 그 영혼을 무엇으로 판단하느냐 할 때에 그것은 말로 판단하겠다는 것입니다. 이제는 행동만 가지고 심판받을 것이 아니에요. 무슨 무익한 말을 하든지 심판날에 그 말에 대하여 심문을 받으리라! 나의 나됨, 내 진실의 무게를 내 말에 의해서 평가받겠다는 것입니다. 이 얼마나 중요한 문제입니까? 그러므로 우리는 이제 조금 섭섭한 마음이 있거나 생기는 경우가 있더라도 그것을 밖으로 나타내어 말하지 마십시다. 심리학에서도 과거에는 언짢은 생각 같은 것은 밖으로 다 발산을 해버려야 치료가 되는 것으로 생각을 했습니다마는 요즈음에 와서는 그렇게 말하지 않고 오히려 말하지 말라고 합니다. 왜냐하면 말을 하면 그것이 자꾸만 더 격해진다고 하는 것입니다. 그러고 보면 사실이 그렇습니다. 그래서 슬픈 마음도 가만히 있다 보면 사라지게 되지만 소리내어 울기 시작하면 자꾸만 더 슬퍼지게 되고 게다가 옆에서 무엇이라고 한 마디 건네게 되면 중얼중얼하면서 그때부터 또 다시 슬픈 이유를 만들게 됩니다. 이것이 무서운 것이에요. 그 때문에 오늘 예수님의 말씀은 절대로 핑계대지 못한다고 하시는 것입니다. 무익한 말! 생각없이 아무렇게나 내뱉는 말! 그 말에 대하여 심판을 받으리라!

그러므로 우리는 회개를 하되 나의 진실을 찾는 기준은 체면을 차려 점잖게 있는 그런 때가 아니라 오히려 내 말에 기준을 두고 불쑥불쑥 잘못 나오는 말이 있을 때에 그것을 통하여 내 실상을 보며, 거기에 나타난 것이 나의 진실이기에 그것을 인정하고 거기에서부터 진정한 회개를 할 수 있어야 할 것입니다.

그 때문에 오늘 예수님께서 말씀하시기를 "사람이 무슨 무익한 말을 하든지 심판날에 이에 대하여 심문을 받으리니 네 말로 의롭다 함을 받고 네 말로 정죄함을 받으리라"고 하십니다.

말은 열매입니다. 주님께서는 분명 말이라고 하는 그 열매에 따라서 그 인격의 나무됨을 심판받게 될 것이라고 하셨습니다. 이 준엄한 말씀 앞에서 오늘 우리의 자신을 볼 수 있어야 하겠습니다.

요나의 비유

　그 때에 서기관과 바리새인 중 몇 사람이 말하되 선생님이여 우리에게 표적 보여주시기를 원하나이다 예수님께서 대답하여 가라사대 악하고 음란한 세대가 표적을 구하나 선지자 요나의 표적 밖에는 보일 표적이 없느니라 요나가 밤낮 사흘을 큰 물고기 뱃속에 있었던 것같이 인자도 밤낮 사흘을 땅속에 있으리라 심판 때에 니느웨 사람들이 일어나 이 세대 사람을 정죄하리니 이는 그들이 요나의 전도를 듣고 회개하였음이어니와 요나보다 더 큰 이가 여기 있으며 심판 때에 남방 여왕이 일어나 이 세대 사람을 정죄하리니 이는 그가 솔로몬의 지혜로운 말을 들으려고 땅 끝에서 왔음이어니와 솔로몬보다 더 큰 이가 여기 있느니라.
　　　　(마태복음 12 : 38~42)

요나의 비유

　이 비유의 말씀은 앞장에서 살펴본 좋은 나무 좋은 열매의 배경이 되는 그 사건에 뒤이어 주신 말씀으로 생각합니다. 아시다시피 귀신이 들려 눈도 멀고 벙어리가 되어버린 한 불쌍한 사람을 예수님께서 깨끗이 고쳐 주심으로 보고 들으며 말할 수 있는 놀라운 역사적인 사건이 일어나게 되는데 이 분명한 하나님의 역사를 보면서도 바리새인들은 이것을 하나님의 역사로 보지 않고 오히려 바알세불을 힘입었다고 하는 크게 왜곡된 반응을 보이게 됩니다. 이러한 일이 있은 후에 예수님께서는 사람의 모든 죄와 훼방은 사하심을 얻되 성령을 훼방하는 것은 사하심을 얻지 못할 것이라고 하는 무서운 선언을 하시면서 동시에 나무와 실과는 언제나 하나라는 것을 비유로 말씀하시게 됩니다. 그러자 또다시 서기관과 바리새인 중에서 예수님을 향하여 특별한 요청을 하게 되는 그것이 오늘 본문에 나타나고 있습니다. 그 요청이란 다름아닌 "하늘로부터의 표적을 보여 주소서" 하는 것입니다. 오늘 본문에는 그저 "우리에게 표적 보여 주시기를 원하나이다"라고 기록되어 있지만 누가복음에 의하면 같은 내용의 표현을 "하늘로서 오는 표적을 구했다"고 기록하고 있습니다.

　하늘로부터의 표적을 보여 주소서! 이러한 요청은 대단히 중요한 의미가 있는 요청입니다. 왜냐하면 이미 표적은 주어졌기 때문입니다. 귀신이 나가는 표적, 그리하여 장님이 눈을 뜨게 되고 벙어리가 말을 하는, 하나님의 능력과 영광이 나타나는 참된 표적이 바로 눈앞에 전개되었음에도 불구하고 이 표적의 뜻은 받아들이지 않고 지금 다른 표적을 구하며 나오는 것입니다. 이때에 예수님께서는 본문에 말씀하신 대로 요나의 표적 밖에는 보일 표적이 없다고 하십니다. 생각해 보면 이 말씀은 대단히 슬픈 탄식의 말씀이 아닐 수 없습니다. 더 다른 표적은 보일 것이 없다! 다르게는, 너희들 같은 사람들에게는 달리 더 할 이야기가 없다고 하는 그런 말씀도 되겠습니다. 이제 더 이상 다른 설명, 다른 사건, 다른 기적을 보여 줄 필요가 없다는 말씀입니다. 오늘 우리는 하늘로부터 오는 표적을 구하는 사람들의 그 구하는 의도가 어디에 있으며 그들에게 대답하시는 예수님의 말씀의 뜻이 무엇을 의미하는가를 깊이 생각하여야 하겠습니다. 지금 저들은 "표적을 보여 주소서"라고 했으나 표적을 보면서도 모르는 사람들입니다. 바로 눈앞에 충분한 표적이 있음에도 그 표적을 이해하지 못하고, 아니 억지로 이해하지 않으면서 또 다른 새로운 표적을 요구하고 있는 것입니다. 우리는 요즈음 참으로 많은 사건 속에서 살아가고 있습니다. 직접 경험하는 사건은 물론 매일같이 신문을 통하여 보게 되는 사건, 더욱이 요즈음에는 텔레비전이라고 하는 괴물이 있어서 가만히 앉아서도 많은 사건을 직접 대하듯이 계속 볼 수가 있습니다. 그런데 이러한 사건들을 영적인 지혜가 있어서 잘 분석만 하게 되면 그 사건 하나하나에서 하나님의 사건을 접할 수가 있고 나아가 하나님의 음성을 들을 수 있다고 생각합니다. 그러나 영적인 마음의 눈이 어두워진 사람은 아무리 엄청난 사건 속에서도 하나님의 음성을 듣지 못하는 것입니다.

마찬가지로 예수님 당시에는 더더욱 그러했던 것 같습니다. 예수님을 따라다니는 사람들이 얼마나 많은 얼마나 놀라운 표적들을 보았습니까? 죽은 자가 살아나고, 문둥병이 깨끗해지며 벙어리가 말을 하고, 장님이 눈을 뜨며, 수천 명을 한꺼번에 먹이시는 등 그 많은 사건들이 때를 따라 계속 일어나고 있었던 것입니다. 그리고 보면 사실 표적을 보여 달라고 부탁할 필요도 없는 일입니다. 왜냐하면 가만히 기다리면 보게 될테니까 말입니다. 그럼에도 불구하고 저들은 재촉하여 하늘로부터의 표적을 보여달라는 요청을 하고 나오는 것입니다. 그러니까 당신이 하나님의 아들이요? 당신이 메시야라고 하는 표적이 무엇이냐는 뜻에서의 질문과도 같은 요청을 하고 있는 것입니다. 그런데 이런 뜻에서 나온 그 요청 자체가 예수님의 마음을 아프게 했으며 또한 저들 자신의 완악함을 노출시키는 그러한 요구와 계기가 되었다고 생각합니다.

그렇기 때문에 예수님께서는 이러한 무리들을 향해 "너희가 나를 찾는 것은 표적을 본 까닭이 아니요, 떡을 먹고 배부른 까닭이로다"(요 6 : 26)라고 말씀하고 계시는 것입니다. 너희가 나를 찾는 것은 표적을 보았기 때문이 아니라 떡을 먹고 배가 부른 까닭이라! 이는 매우 중요한 의미가 있는 말씀입니다. 표적을 못 본 것이 아닙니다. 보았기에 먹었지요. 떡 다섯 개와 물고기 두 마리로 오천 명을 먹이고도 남는 놀라운 기적에 참여하여 그 떡을 손에 쥐고 배가 부르도록 먹었는데 왜 표적을 못 보았다는 것입니까? 분명 표적은 있었고 기적은 나타났던 것입니다. 그러나 여기에서 우리가 알아야 할 것은 저들은 떡을 먹었을 뿐이지 표적은 보지 못했다고 하는 점입니다. 이 말은 곧 기적은 보았으나 표적은 보지 못했다는 말입니다.

이 표적이라는 말은 헬라 원어로 '세메이온'이라 하는 것으로 영어로 말하자면 사인(sign)입니다. 그런데 여기에서 기억해야 할 것은 이 표적이라고 하는 것과 기적이라고 하는 것은 다른 것이라고 하는 문제입니다. 이제 같은 사건을 놓고도 "초자연적이다" "놀랍다" "있을 수 없는 일이다" 하는 식의 나타난 현상 자체만을 두고 거론할 때 이것은 기적이요 이적입니다. 그러나 그 사건의 의미를 알면 그것은 표적인 것입니다. 그러니까 보이지 않는 신령한 진리가 보이는 사건으로 나타나는 이것이 표적이라는 말입니다. 그러므로 떡 다섯 개로 오천 명을 먹이는 장소에서 그 떡을 친히 보며 먹었다 하더라도 "아! 그것 참 희한하구나!" 하는 거기까지만 아는 사람은 기적을 본 사람이지 그 사건에서 표적을 본 것은 아니라는 이야기입니다.

여러분! 표적으로서의 사건을 볼 줄 알아야 합니다. 어떤 사건이든 사인(sign), 징조로 볼 줄 알아야 한단 말입니다. 알고 보면 우리가 당하는 사건들도 그 하나하나가 모두가 다 표적인 것입니다. 다가오는 심판의 표적이요, 내게 향하신 하나님의 말씀의 표적이며 더 큰 사건의 표적입니다. 그럼에도 그 표적됨의 의미를 모르면 그는 표적을 못 본 사람이요, 따라서 표적을 모르는 사람입니다. 이를 말씀으로 설명하자면 어떤 현상으로 눈에 보이게 나타난 말씀이 있는데 그것을 알아야만이 그 표적을 본 사람이 된다는 말씀입니다. 다르게 말하면 말씀에는 사건으로 나타난 말씀, 귀에 들리는 말씀, 우리가 손에 들고 읽는 기록된 성경 말씀, 성령으로 내 마음을 감화시키시는 말씀, 성찬식이 보여 주는 상징적인 말씀 등, 그리고 보면 말씀은 참으로 여러 모양, 여러 현상으로 나타나게 됩니다. 따라서 우리는 그 모든 표적들을 통하여 주시고자 하는 말씀의 내용을 이해하고 받아들여야 한다는 말씀입니다.

그런데 이와 같이 이미 주신 말씀이 충분히 있음에도 그것은 모르고, 때로는 아니라고 부정하면서 다른 것만 찾는 것이라는 말입니다. 그 때문에 요즈음에도 보면 여기 성경이 있고 매일매일 전해지는 설교 말씀이 있음에도 불구하고 그것을 보고 들으려고도 하지 않고 꼭 이상한 환상을 보거나 꿈꾸기만을 좋아해서 그 희한한 것 한번 보았으면 하고 소원하는 분들이 많이 있음을 보게 됩니다. 그러다가 어떻게 별난 꿈이라도 한번 꾸게 되면 그것으로 무엇이 다 되는 줄 알고 야단인데 이런 것이 다 표적을 구하는 마음입니다.

그래서 지금 예수님께서는 이러한 사람들을 앞에 놓고 "요나의 표적 밖에는 보일 표적이 없느니라"고 말씀하고 계시는 것입니다. 이 요나의 문제는 대단히 중요한 의미가 있습니다. 왜냐하면 이스라엘 사람들은 구약성경에 기록된 말씀을 모두 다 하나님의 말씀으로 읽기는 하지만 그 중에서도 특별히 모세 오경을 가장 중요하게 생각합니다. 그리하여 어떤 사람들은 모세 오경만이 하나님의 말씀이라는 고집을 부리기도 합니다. 그리고 선지서에 기록된 선지자들의 이야기는 그렇게 중요하게 여기지를 않는데다가 특별히 이 요나서 같은 경우는 이방 사람의 이야기이기도 하여 사실은 소중하게 생각지를 않는 터입니다. 그런데 예수님께서 이렇게 요나서를 인용하심으로부터 이 요나서의 가치가 높이 올라가게 되었고 더욱이 선교학적 의미로서의 요나서는 매우 중요한 의미를 지니게 됩니다. 그 이유는 이방 사람들에게 전해진 복음이었기 때문입니다. 선민 이스라엘 사람들이 아닌 이방의 나라 앗수르의 수도 니느웨에 그것도 변변치 않은 선지자에 의해 전해진 것입니다. 굳이 비교를 하자면 예레미야나 이사야, 에스겔 같은 선지자들에 비하면 이 요나 선지는 저만큼 아래에서 아예 등급에 들지도 못할 정도로밖에 보이지를 않습니다만 예수님께서는 이 요나를 크게 높여 말씀하신 것입니다. 그러고 보면 이 점 또한 깊이 생각해야 할 요점으로 보여집니다.

그러면 이제 예수님께서 "요나의 표적 밖에는 보일 표적이 없느니라"고 하신 그 말씀의 뜻이 무엇이겠습니까? 여기에는 우선 요나의 표적 그것으로부터 이해하여야 한다는 의미가 있습니다. 그 이유는 오늘 본문에 기록된 대로 밤낮 사흘을 큰 물고기 뱃속에 있었던 것같이 인자도 밤낮 사흘을 땅 속에 있으리라고 하는 데에 있습니다. 이는 곧 지난날 요나가 큰 물고기 뱃속에 들어가서 사흘 동안 죽었다가 살아난 사건과 이제 예수님께서도 십자가에 달려 죽으시고 사흘 동안 땅 속에 묻히셨다가 부활하실 그 사건을 연결지어 하시는 말씀인 것입니다. 사실을 알고 보면 이 비유는 비유 자체가 예수님께는 굉장한 희생이 되고 있음을 발견하게 됩니다. 왜냐하면 예수님의 십자가의 죽음과 부활을 어떻게 이 요나 같은 사람에게 비유할 수 있는 것이겠습니까? 그 동기도, 과정도, 결과도 아예 감히 비교될 만한 내용의 것이 못됩니다. 그럼에도 불구하고 예수님께서는 자기를 낮추시어 역사적 한 작은 사건인 요나의 사건과 자기를 동일시해서 비유하고 계십니다. 원래 비유는 이렇게 자기를 낮추고 비하시킴으로 비로소 그 의미가 통하게 되어 있는 것입니다.

이제 이 비유에 대한 이해를 위해 요나의 문제를 보다 구체적으로 생각해 보면 요나가 탔던 배는 니느웨로 가는 배가 아니라 다시스로 가는 배입니다. 그런데 거센 풍랑을 만나 배가 파선이 될 지경에 이르자 이 재앙이 누구 때문인지를 알고자 하여 제비를 뽑게 되고, 이때에 그 제비가 배 밑층에서 잠자고 있던 요나에게서 뽑히게 됩니다. 그러자 배에 타고 있던 사람들이 "이 재앙이 무슨 연고로 우리에게 임하였는가 고하라"며 지은 죄를 묻게 됩니다. 당시에는 너무 답답하다보니 제비는 뽑아 보았지만 사실 그 사람을 물 속에 던져 넣을 결심까지는 없었던 터입니다. 그런데 이때에 요나 자신이 먼저 "나를 들어 바다에 던지라. 그리하면 바다가 너희를 위하여 잔잔하리라"고 말하는 것을 볼 수 있습니다. 이는 매우 중요한 이야기입니다. 말을 하자면 이 배에 타고 있는 다른 모든 사람들은 죄가 없다는 이야기가 아닙니다. 엄격히 따지면 저들도 다 죄인이요, 어쩌면 그 속에는 도둑이나 강도도 있을 수도 있고 요즈음 말로는 밀수범이나 간첩도 있을 수 있는 것입니다. 아무튼 그 배에는 의인들만 탄 것이 아니라 죄인들도 있습니다마는 오늘 이 배가 거센 풍랑을 만나게 된 원인은 그 속에 요나가 있기 때문입니다. 하나님의 뜻을 거역하고 니느웨가 아닌 다시스로 도망가는 요나 때문이란 말입니다. 이것이 요나에게 있어서의 다른 점입니다. 그러므로 다시 한번 기억할 것은 그 배에 타고 있는 다른 사람들은 의인이라는 말이 아닙니다. 한 마디로 말하여 어느 배가 무사히 건너갔다고 한들 다 의인이 탄 것이겠습니까?

오늘 이 풍랑이 일어난 것은 하나님께서 반드시 이루고자 하시는 그 뜻을 이루시기 위해 있어야 했던 풍랑입니다. 그러기에 요나 자신이 말하기를 "너희가 이 큰 폭풍을 만난 것이 나의 연고인 줄을 내가 아노라"며 바다에 던질 것을 부탁합니다. 그러나 거기 있는 선원들은 차마 던지지를 못하고 주저할 때에 바다는 더욱 흉용해지게 됩니다. 그렇게 하여 더는 견딜 수 없는 상황에서 마침내 요나를 바다에 던지게 되자 그 즉시로 바다가 고요해지게 됩니다. 우리는 여기에서 생각해야 할 것이 있습니다. 그것은 요나에게 있어서는 그 순간 잠깐이지만, 사실은 그 배에 타고 있던 모든 사람의 생명을 한손에 쥐고 있는 것입니다. 그렇게 보면 이는 하나의 대속물인 것이며, 그러기에 요나가 바다에 던져짐으로 그 배는 무사하게 된 것입니다. 이 사건이 곧 예수님께서 우리를 대신하여 십자가에서 죽어 주심으로 우리가 무사해지고 평강을 얻게 되는 것과 같은 의미가 있는 것입니다. 그래서 요나는 사흘 동안을 물고기 뱃속에 있다가 사흘 후에 그 물고기가 요나를 육지에 토해버림으로써 본래 가야 했던 니느웨를 향해 가게 됩니다. 바로 이러한 일련의 과정에 부활적인 의미가 있다는 것입니다. 이미 대신 죽었고, 그리고 그 후에는 또 하나님의 뜻을 이루기 위해 니느웨성에 도착하게 되는 것이 아니겠습니까?

아무튼 지금 예수님께서는 요나가 사흘 동안 큰 물고기 뱃속에 있다가 살아나온 사건과 이제 예수님께서 십자가에 달려 죽으시고 무덤 속에 장사지낸 바 되었다가 사흘만에 살아나실 사건이 유사한 점이 있다 하여 말씀하시는 것입니다. 그런데 여기에서 우리가 생각해야 할 것은 예수님께서 "요나의 표적 밖에는 보일 표적이 없느니라"는 말씀에 오늘의 맥락을 이어 보면 이는 곧 예수님께 십자가에 죽으시고 부활하신 후에야 비로소 이 표적을 이해하게 될 것이라고 하는 말씀입니다. 먼저 예수 그리스도의 죽음과 부활사건! 그것을 이해하지 않고는 결코 오늘 나타나신 사건의 표적됨이 이해할 수가 없는 것입니다. 이것이 첫째되는 진리입니다. 오늘 여기에서 분명히 귀신 들렸던 사람이 깨끗해졌음에도 저들은 이것이 무엇을 의미하는가를 모르고 있는 것입니다. 그러다가 마침내 예수님께서 십자가에 죽으시고 부활하신 다음 그 귀한 진리를 받아들이고 중생한 후에야 비로소 오늘 이 귀신 들린 사람이 깨끗해졌던 사건도 이해할 수가 있을 것이라는 말씀입니다. 이 얼마나 중요한 말씀인지 모릅니다.

이 문제에 대한 예수님의 증거는 요한복음 2장 19절에서도 매우 강한 표현으로 나타나고 있습니다. 거기에 보면 예수님께서 예루살렘 성전을 깨끗이 한 다음에 "무슨 표적을 우리에게 보이겠느냐?"고 묻는 유대인들을 향하여 "너희가 이 성전을 헐라 내가 사흘 동안에 일으키리라"고 하는 유명한 말씀을 하시는 것을 볼 수 있습니다. "이 성전을 헐라. 내가 사흘 동안에 일으키리라! 유대인들이 가로되 이 성전은 46년 동안에 지었거늘 네가 3일 동안에 일으키겠느뇨 하더라. 그러나 예수는 성전된 자기 육체를 가리켜 말씀하신 것이라. 죽은 자 가운데서 살아나신 후에야 제자들이 이 말씀하신 것을 기억하고 성경과 및 예수님의 하신 말씀을 믿었더라." 여러분! 참으로 오묘한 말씀이 아닙니까? 예수님께서 십자가에서 죽으시고 부활하신 후에야 비로소 예수님께서 "이 성전을 헐라"고 하신 그 말씀의 뜻이 무엇인지를 알게 되었다는 것입니다. 비단 그것만이 아니에요. 예수님의 그 모든 말씀, 그 모든 이적의 표적된 의미를 예수님께서 죽으시고 부활하신 다음에야 사람들이 알게 되었습니다. 이와 같이 표적의 의미는 예수 그리스도의 죽음과 부활 사건 이후에 알게 되더라는 이야기입니다.

이제 다음으로 생각할 좀 더 깊은 의미는 예수 그리스도의 십자가의 사건에 나 자신이 연합하여 그리스도와 함께 죽고 사는 신령한 체험이 있고야 표적의 의미를 알 수 있는 것입니다. 다시 말하면 나의 육적이고 옛 사람적인 요소가 예수와 함께 십자가 상에서 완전히 죽어버려야만이 비로소 신령한 눈이 열리게 됩니다. 지금 이 바리새인들이 예수님의 표적을 못 알아보는 것은 바로 이 영적인 눈이 어두워졌기 때문입니다. 그 때문에 기이한 사건을 보고도 모르며 매일같이 만나도 몰라요. 죽은 사람을 살리는 엄청난 기적을 보고도 몰라요. 그러면서 또 다른 표적, 또 다른 표적 하며 계속 표적만 찾고 있는 것이란 말입니다. 이렇게 된 이유가 어디

메에 있느냐고요? 이것은 영적으로 장님이기 때문입니다. 저들은 신령한 면에 대해서는 완전히 무식한, 그러면서도 완고한 사람들입니다. 그러므로 저들에게는 말씀의 고통이 있을 수가 없었고 따라서 알 수도 없었다는 이야기입니다.

그러나 오늘 우리들도 똑같은 경험을 하게 되듯이 영적인 안목이 있고 영의 눈이 뜨인 사람은 모든 사건을 통하여 주님의 음성을 들을 수가 있습니다. 그리하여 풀 한 포기, 꽃 한 송이를 보아도 그것으로부터 하나님의 음성을 들을 수가 있고 신문을 펴고 끔찍한 사건을 대할 때에도 거기로부터 들려오는 하나님의 경고의 말씀을 들을 수가 있는 것입니다. 하지만 중생하지 못한 자, 예수와 함께 옛사람이 완전히 죽어버리지 못한 사람은 그와는 정반대로 보아도 모르고 들어도 모릅니다. 죄송한 이야기이지만 아무리 교회를 들락날락하여도 그것으로 알게 되어 있지를 않습니다. 저는 간간이 교인들로부터 "목사님 사실 저는 예수를 10년이나 믿었습니다마는 그 동안은 그저 이러저러한 이유로 들락날락했는데 요즈음에 와서 제가 하나님의 말씀에 재미가 나기 시작했습니다" 하는 이야기를 들을 때가 있습니다. 이제 들리는 말씀이 내게 주시는 말씀으로 받아들여지고, 성경을 읽을 때에도 그 의미를 알게 되며, 기도를 하여도 내 마음에 응답이 오는, 그리하여 예수 믿는 것이 정말 재미가 있는 그때부터가 비로소 예수를 믿는 것이 됩니다. 그 이전의 것은 교회에 다닌 것에 불과합니다. 교회에 다닌다는 것과 예수를 믿는 것하고는 결코 같은 것이 아닙니다. 아무리 많은 말씀을 들어도 그 마음에 이해되는 바가 하나도 없어요. 그러고서도 어떻게 예수를 믿었다고 할 수 있는 것이겠습니까? 진실로 옛사람인 내가 예수와 함께 십자가에서 죽고 새사람이 사는 이 역사, 이 사건이 있은 다음에야 예수님의 표적을 이해할 수 있는 것이란 말입니다.

그리고 좀더 나아가 오늘 본문을 깊이 생각해 보면 그리스도가 나를 위해 죽었다고 하는 사실을 안 다음에야 표적을 이해한다는 말씀입니다. 죄 없으신 예수님께서 십자가에서 죽으시고 사흘 동안 무덤에 계셨던 것은 나의 죄를 위한 것이요, 그리고 그 무덤에서 부활하신 것은 나의 의를 위한 부활이었다고 하는 것에 대한 확실한 믿음을 갖게 된 후에야 예수님께서 보여주신 표적의 의미를 알게 된다고 하는 내용입니다. 따라서 이렇게 된 후에야 성경을 이해할 수가 있고, 이제는 어디를 읽어 보아도 내게 주시는 말씀이요, 시간시간 들려주시는 말씀의 전부가 내게 주시는 고마운 말씀들로 들려진단 말입니다. 이것이 바로 오늘 본문에 나타난 말씀의 내용인 것입니다.

이제 오늘 본문에서 다음으로 생각하여야 할 중요한 문제는 심판 때에 "니느웨 사람들이 일어나 이 세대 사람을 정죄하리라"고 하시는 예수님의 말씀입니다. 요나의 사건을 비유로 말씀하실 때에는 요나가 사흘 동안 물고기 뱃속에 있었다고 하는 사건 자체에 대한 이야기가 하나 있고, 그리고 두번째는 니느웨 사람들이 심판날에 일어나 이 세대 사람을 정죄할 것이라고 하는 말씀인데 이는 매우 중요한 말씀입니다.

이제 왜 니느웨 사람이 정죄할 것이냐 하면 저들은 요나의 말을 듣는 즉시 곧 회개하였으므로 회개치 않은 사람들을 정죄할 권리가 있는 것입니다. 게다가 더욱 그럴만한 것은 요나의 전도가 별 시원한 것도 아니었는데 그런 전도를 듣고도 회개하고 하나님의 말씀을 받아들였으니, 하나님의 아들 예수님의 귀한 말씀을 듣고도 회개치 않는 자들이라면 니느웨 사람들에게 정죄를 받아 싸지 않겠습니까?

그러면 여기에서 왜 요나의 말을 듣고 회개한 니느웨 사람들이 훌륭하냐 할 때 가만히 보면 요나의 심보가 좋지를 못합니다. 역사적으로 본래 이 앗수르 사람은 이스라엘 사람들에게 있어서는 원수의 관계에 있어 왔습니다. 따라서 원수의 나라 수도 니느웨성에 사는 사람들이 망하게 된다면 그것은 요나의 생각에도 잘된 것이란 말입니다. 그런데 하나님께서는 요나를 명하여 거기에 가서 전도하라고 하십니다. 이때에 요나는 전도하여 회개하게 되면 40일 후에 망한다고 하신 그 말씀이 취소될 것이 아니냐! 그렇다면 가만히 두면 그대로 망할 것을 왜 전도할 것인가! 하고서는 도망을 갔던 것입니다. 이 얼마나 고약한 심사입니까? 그런데 이제는 그러다가 물고기 뱃속에 들어갔다 나왔기 때문에 다시 도망했다가는 아주 죽을 판이라 할 수 없이 전도를 해야 하는 신세입니다. 여러분! 한번 생각해 보세요. 이런 심정의 요나가 무슨 말로 어떻게 전도를 하였을 것 같습니까? 진정 애절한 음성으로 "여러분, 하나님께서 이 성읍을 심판하시려고 합니다. 빨리 회개하고 구원을 받으세요" 하고 다닌 것이 아닙니다. 오직 한 마디 40일 후에 망한다고 그것도 상상해 보면 크게 외치지도 않았으리라는 생각이 듭니다. 사람들이 듣고 회개할까봐 조용조용히 돌아다니면서 그리고 하나님의 눈치를 보아 가면서 그저 "40일 후에 망한다" "40일 후에 망한다" 하고 다니다가 이제 그 날짜가 다가오자 성에서 나가 성 동편에 초막을 짓고는 그 아래 앉아서 저 성읍이 어떻게 되나 하고 기다리고 있는 것입니다.

그런데 하나님께서는 니느웨 사람들이 요나의 말을 듣고 회개할 때에 그 재앙을 내리지 않기로 하십니다. 이때에도 요나는 내가 이래서 안 오겠다고 하지 않았습니까? 아예 이러실 줄 알았다는 식으로 항의를 하면서 이제는 차라리 죽는 것이 낫겠다는 말까지 하는 것을 볼 수 있습니다. 그리고 보면 요나의 심사는 분명 아주 고약한 데가 있습니다. 그러나 이 말을 듣고도 니느웨 사람들은 회개를 하였으며 그로 인해 구원을 받아 온 성읍이 무사하게 되었다는 사실입니다.

저는 선배 목사이신 황은준 목사님께서 일러주신 말씀을 늘 생각하고는 합니다. 목사로서 말씀을 전하게 될 때 성령에 사로잡혀서 할 때도 있지만 일을 하다 보면 1년 열두 달을 항상 좋은 마음으로 하는 것은 아닙니다. 때로는 마음에 상처를 입을 때도 있는 것이어서 그런 때에는 사실

설교할 마음이 없으면서도 억지로 할 수도 있는 것입니다. 그런데 황은준 목사님의 말씀에 의하면 이렇게 마음이 원하지 않는 상태를 극복하려면 그때엔 요나를 생각하면 된다고 하는 것입니다. 이는 매우 중요한 말씀이라고 생각합니다. 전할 용기도 없고, 전할 마음도 없어요. 그럴 때에는 어떻게 하느냐? 저 요나를 생각하라! 요나는 처음부터 전할 마음이 없었어요. 그래도 그 요나의 말을 듣고 니느웨는 구원을 받았더란 말입니다. 만약 니느웨 사람들이 요나를 두고 생각했다면 회개하지 않았을 것입니다. 그렇게 못된 사람의 이야기를 듣고 그 누가 회개를 하겠습니까? 그러나 그가 전함에도 말씀 자체는 중요한 것이었기에 듣는 순간 가책을 느끼고 하나님을 두려워하며 곧 회개를 한 것이란 말입니다. 그러니 이 니느웨 사람들이 얼마나 훌륭한 사람들입니까?

그런데 예수님의 말씀을 들었을 뿐만 아니라 그 많은 표적을 보고도 회개할 줄 모르는 너희들! 심판날에 니느웨 사람들이 일어나서 너희를 정죄하리라!

그리고 이어 또 하나의 예로써 남방 여왕을 말씀하고 계십니다. 이 남방 여왕은 곧 시바 여왕을 말하는 것으로 그는 멀리 에디오피아로부터 여기 이스라엘까지 와서 하나님의 말씀을 듣고 지혜를 배워가지 않았는가! 그런데 오늘 이렇게 찾아와서 하나님의 말씀을 전해 주어도 믿지 않는 사람을 놓고 보면 심판 때에 시바의 여왕이 저들을 심판하리라는 말씀은 당연한 말씀이 아니겠습니까?

이제 여기에서 다시 한번 생각해 볼 때 예수님께서 자기를 요나에 비유하셨다는 것은 참으로 엄청난 희생이 아닐 수 없습니다. 하찮은 선지 요나와 하나님의 아들 그리스도 예수! 그러나 예수님의 말씀을 들은 사람들은 회개하지 않았고 요나의 말을 들은 사람들은 회개를 하였으니 니느웨 성읍의 사람들이 참으로 훌륭하지 않습니까? 그리고 또한 시바 여왕의 겸손과 그 인격이 얼마나 아름답고 훌륭합니까?

여러분! 오늘 이 세대에도 표적은 충만합니다. 이를 보기 위해서는 영의 눈을 떠야 하고 마음의 문을 열어야 하는 것입니다. 그리하여 십자가의 사건, 부활사건을 통하여 주님을 바라보며 그리고 은혜 속에 살게 될 때 이제는 우리 귀에 들리는 것이나, 내 눈에 보이는 모든 사건 속에서 친히 말씀하시는 주님의 표적을 읽을 수 있을 것입니다. 또한 나아가 바른 응답을 하게 될 것입니다.

빈 집의 비유

　더러운 귀신이 사람에게서 나갔을 때에 물 없는 곳으로 다니며 쉬기를 구하되 얻지 못하고 이에 가로되 내가 나온 내 집으로 돌아가리라 하고 와 보니 그 집이 비고 소제되고 수리되었거늘 이에 가서 저보다 더 악한 귀신 일곱을 데리고 들어가서 거하니 그 사람의 나중 형편이 전보다 더욱 심하게 되느니라 이 악한 세대가 또한 이렇게 되리라.
　　　　(마태복음 12 : 43~45)

빈 집의 비유

비유에 있어서는 언제든지 맨 마지막에 주시는 말씀이 그 주제이거나 결론인 경우가 많은데 오늘 본문 말씀이 바로 그러합니다. 이에 예수님께서는 "이 악한 세대가 또한 이렇게 되리라!"며 아주 심판적인 말씀을 하고 계십니다. 여기에서 이 악한 세대라고 하시는 말씀의 뜻은 지금의 현실적인 죄, 혹은 요즈음 흔히 말하는 도덕적으로 타락했다는 개념에서 악한 세대라고 하는 것 같지는 않습니다. 물론 윤리나 도덕적으로도 타락을 했기에 그런 면에서도 그렇게 깨끗하다는 이야기는 아닙니다. 그러나 예수님께서 "이 악한 세대"라고 지적하시는 말씀의 배경은 회개하지 않는 세대를 말합니다. 아무리 말씀을 전하고 확실한 증거를 보여 주어도 믿지 않고 받아들이지 않는 불신의 세대! 회개하지 않는 세대를 가리켜서 이 악한 세대라고 말씀하고 있습니다.

그리고 여기에서 나아가 더욱 악한 상태가 될 것이며 마지막에는 멸망으로 치닫는 걷잡을 수 없는 결과가 되어 심판을 받게 될 것이라고 하는 매우 종말적인 말씀이 오늘 본문에 나타나 있습니다. "이 세대가 또한 이렇게 되리라!"는 것은 예수님께서 하신 심판의 말씀입니다.

이제 오늘 본문 말씀을 살펴보면 엑소시즘(Exorcism), 곧 무당 푸닥거리 같은 그러한 이야기입니다. 가끔 어떤 분들로부터 "목사님께서는 귀신이 있는 것을 믿습니까?" 하는 질문을 받을 때가 있습니다. 이럴 때면 아마 여러분께서는 귀신이 있다고 해야 할 것인지 없다고 할 것인지가 아리송해질 것입니다. 그러나 그 문제로 아리송할 것이 없는 것은 예수님께서 있다고 하셨으니 있는 겁니다. 그러므로 그렇게 복잡하게 생각할 아무런 이유가 없습니다. 단지 내가 아직 못 만났고 모르는 것뿐이지 귀신에 씌여 잘못된 경우가 많이 있습니다. 귀신에 씌인 사람이 어떻게 자기가 귀신에 씌인 것을 알 수가 있겠습니까? 그러기에 무엇인가 악령에 사로잡혀서는 제 정신으로서는 할 수 없는 실수를 하게 되는 것입니다. 그 실수는 그 사람으로서는 할 실수가 아닌데 그 속에 있는 악령이 이와 같은 일을 저지르는 것입니다. 그렇기 때문에 귀신은 확실히 있으며, 그 귀신에 씌여 본의 아닌 악으로 기울어지기도 하고 때로는 회개할 기회도 얻지 못하고 마는 그런 예가 얼마든지 있다고 하는 것을 일단 믿고 생각해야 합니다. 다른 무엇은 두고라도 성경에서 "군대 귀신", "일곱 귀신" 하면서 귀신에 대한 이야기를 여러 모양으로 많이 하고 있음을 보게 됩니다. 그런데 이것을 어떤 이들은 자기 딴에는 과학적이라는 입장에서 전적으로 부정하려 들지만 그것이 그렇지를 않습니다. 지금은 귀신론을 이야기하는 시간이 아니므로 거기에 대한 언급은 그만두겠습니다마는 아무튼 귀신이 신통한 데가 있는 것만은 사실입니다. 그래서는 사람보다도 훨씬 지혜롭고 간사하며 여간 재주를 부리지 않습니다.

그런데 예수님께서는 지금 이런 귀신을 놓고 하나의 비유의 예를 들어 말씀하시는 것입니다. 그리고 이 말씀 바로 직전에 된 사건만 보더라도 귀신 들려 벙어리되고 장님된 사람을 귀신을 내어쫓아 온전케 해주심으로 그 일로 인해 오히려 시비가 벌어지게 되는 것을 볼 수 있습니다. 오늘 비유는 그 시비의 끝에 결론으로 주시는 말씀입니다.

이제 오늘 본문을 통한 예수님의 말씀을 보면 어떤 사람이 귀신이 들렸다가 귀신이 나감으로 깨끗해졌다는 것입니다. 한편 여기 바리새인들은 자기들은 귀신이 들리지 않았음을 자처하고 있는 터입니다. 그러나 문제는 그 빈 집이 더욱 위험하다는 것입니다. 그래서 일단 귀신이 나가서 돌아다니다가 머물 곳을 찾지 못하자, 본문에 의하면 "내가 나온 내 집으로 돌아가리라" 하고서는 다시 전에 있던 집으로 돌아와 보니 그 집이 청소를 깨끗이 해놓은 빈 집이더라는 것입니다. 그래서는 아! 잘되었구나 하고 이번에는 다시 쫓겨나지 않기 위해 저보다 더 악한 귀신 일곱을 데리고 와서 함께 거하게 되었으니 이제는 전보다 더욱 포악하고, 더욱 더럽게 일그러진 그런 모습의 귀신 들린 사람이 되어버렸다는 것이지요. 그래서 나중 형편이 전보다 더욱 심하게 되느니라! 그리고 이어 결론적으로 하신 "이 악한 세대가 또한 이렇게 되리라"는 말씀은 우리에게 많은 중요한 의미를 가르쳐주고 있습니다.

    이스라엘 사람들은 일반적으로 우상숭배를 정죄할 뿐만 아니라 우상을 섬기지 않는다고 하는 것을 자기들의 자랑으로 삼고 있습니다. 당시에 있어 헬라와 로마에서 성행하던 우상 섬기는 예식을 자기들은 하지 않는다는 것으로 자부하고 있습니다. 따라서 귀신놀음도 하지 않습니다. 그리하여 우리는 우상도 귀신도 섬기지 않는, 그러니까 우상으로부터도 자유하고 귀신으로부터도 자유한다는 그것을 자처하며 자랑하고 있다는 말입니다. 그리고 소극적인 의에 만족하고 있어서 우리는 살인하지도 않았고, 간음도 않으며, 도둑질도, 거짓말도 하지 않았다는 이런 것으로 크게 자부하고 있는 것입니다. 그래서 예수님 앞에서도 내가 어렸을 때부터 계명을 다 지켰나이다 하는 말을 스스럼없이 하고 있는 것입니다. 내가 어려서부터 다 지켰나이다! 이 얼마나 대단한 자부심입니까? 그러나 이것은 빈 집이란 말입니다. 우상도 섬기지 않고 귀신도 섬기지 않아요. 거기까지는 좋았으나 참된 믿음과 하나님의 사랑으로 그 심령을 충만히 채운 바가 없기 때문에 그들은 또 다른 죄를 범하고 있어요. 또한 하나님의 사람으로 마땅히 하여야 할 일을 하지 아니함으로, 다시 말하면 기피적이고 소극적인 신앙을 가짐으로 결국은 더욱 악한 귀신에 말려들어가게 되었다는 것입니다. 이것이 다름아닌 교만죄입니다. 귀신이나 우상은 섬기지 않는데 교만한 사람이 되었어요. 그리고 남을 멸시하고 있으니 이것이 또 다른 죄가 아니고 무엇이겠습니까? 귀신을 섬기는 사람은 이제 회개하면 되겠으나 이 교만한 사람은 회개할 자유를 갖지 못했어요. 그러므로 일곱 귀신과 같다는 말입니다.

그리고 또한 저들은 외식주의에 빠져 겉으로 나타나는 종교적인 생활로 볼 때에는 매우 훌륭한 신앙생활을 하고 있는 것입니다. 그러면서 스스로 잘한다는 자부심을 가지고 있는 사람들입니다. 따라서 회개는 물론 반성이나 뉘우침 같은 것을 할 저들이 아닙니다. 그러기에 저들에게는 다시 구원의 기회가 없는 것이 아니겠느냐는 말씀이며 그렇다면 이는 일곱 귀신과 같은 것이라는 이야기입니다. 이와 같이 저들이 강퍅한 가운데서 자기 의를 내세우고 있는 동안 마침내는 예수를 십자가에 못박는 데까지 이르게 됩니다. 그러고 보면 저들은 차라리 우상이나 귀신을 섬기는 사람보다 훨씬 더 악한 것이 아니더냔 말입니다. 그래서 지금 예수님께서는 이 악한 세대가 또한 이렇게 되리라는 것입니다. 그리고 아주 직설적으로는 바로 앞에 있는 서기관과 바리새인을 상대로 하시는 말씀입니다. 회개하지 않는 너희들은 귀신에 사로잡히지 않은 것 같으나 회개하지 않음으로 결국은 일곱 귀신에 사로잡힌 것과 같은 너희들의 처지라는 비판의 말씀입니다.

예수님께서는 귀신에 매인 사람을 그 고통에서 풀어 자유케 해주셨습니다. 그런데 여기에서 한 가지 알아야 할 것은 이렇게 풀려난 사람이 그 귀한 자유와 새생활을 얻었습니다마는 어딘가 모르게 다시금 귀신에게로 돌아가고자 하는 마음이 있다는 것입니다. 그렇기 때문에 귀신에 매여 있는 상태를 즐기고 있는 것입니다. 이리하여 한편으로는 풀려나기를 바라면서도 한편으로는 귀신을 계속 끌어들이고 있는 이상 심리가 되는 것입니다. 예를 들자면 병중에 있는 환자가 건강을 찾기 위해 여러 가지로 많은 노력을 하는 한편, 묘한 것은 동시에 그 병든 상태에 계속 머무르고자 하는 심리현상이 있다는 것입니다. 그래서 특별히 어린이들을 두고 보면 앓게 되어 이 약 저 약 싫은 것 먹으며 놀지도 못할 때에는 빨리 나아야겠다며 애를 쓰지만 그렇게 하여 다 나은 다음에 가만히 보면 다시 앓고자 하는 마음이 있는 것을 볼 수가 있습니다. 이는 왜냐하면 앓고 있을 때에 잘해 주었기 때문입니다. 그때에는 공부하라는 소리도 없었고, 때리거나 꾸중하는 일 없이 그저 위해 주기만 하니 병에 걸리는 것이 제법 재미가 있고 괜찮더라는 것이지요. 거기에서부터 묘한 이상 심리적인 현상이 생기는 것입니다.

마찬가지로 죄의 매력도 그렇고 귀신의 매력도 그러합니다. 그래서는 거기에 대한 연연한 마음을 가지고 다시 그쪽을 향해 문을 연다는 것입니다. 저는 그러한 사람과 직접 상담을 해본 적이 있습니다. 그분의 말에 의하면 접대부로 고생하며 지내다가 이제 예수를 믿고 회개하여 모처럼 깨끗한 생활을 하게 되었다는 것입니다. 그런데 문제는 그런 생활을 할 때에는 많은 남자들로부터 매냥 시달리기 때문에 너무도 지긋지긋하여 내 일생 다시는 남자 같은 것은 거들떠보지도 않겠다 하고서는 그 생활을 청산했었는데 지금 자기가 기도하면서 애쓰는 것이 무엇이냐 하면 다시금 그 생활이 그립다는 것입니다. 그러길래 제가 그런 분들을 위하여 나라에서 기술 훈련도 시키고 직업도 알선해 주면서 손수 벌어 독립적인 생활을 할 수 있도록 돕고 있으니 그런 기술 하나만 있으면 살아갈 수 있지 않는가라고 하였더니 그 분이 받아 하는 말이 "밥만 먹으면 사나요?" 하는 것이었습니다. 우리가 밥 못 먹어서 그러는 것이 아니라는 거예요. 시달린 그때에는 그렇게도 괴로웠지만 한번 떠나와 보면 다시 그 생활을 그리워하게 된다는 묘한 심리가 있는 것이란 말입니다.

그러므로 우리가 "깨끗이" "깨끗이" 하고 이렇게 이야기하지만 그 결백하고자 하는 뜻 하나만으로서는 도저히 결백할 수 없음을 알아야 합니다. 이렇게 깨끗하고자 할 때가 오히려 다른 귀신을 영접해 들이는 기회를 만들어 주는 결과가 되므로 진정한 문제의 해결은 적극적인 대책에 있는 것입니다. 그 때문에 우리는 흔히 스포츠 중계석의 해설자를 통하여서 듣는 말 가운데 "최대의 수비는 공격이다"라는 말을 자주 듣게 됩니다. 특별히 요즈음은 월드컵 축구의 열기로 온 국민의 마음이 흥분되어 있는 때인데 비단 축구나 권투 등의 스포츠뿐만 아니라 인생 철학에 있어서도 이는 매우 중요한 이야기입니다. 최대의 수비는 공격이다! 공격함으로 수비가 되는 것이다! 이 얼마나 훌륭한 진리입니까? 이제 나쁜 버릇을 끊겠다는 그 마음만 가지고서는 결코 나쁜 버릇을 이길 수가 없는 것입니다. 그보다는 적극적으로 좋은 버릇을 들여야지요. 그럴 때에 나쁜 버릇으로부터 해방될 수 있는 것입니다. 그러므로 우리는 나쁜 습관으로 끊겠다는 생각이나 노력만으로는 절대로 그것으로부터 자유할 수 없다는 사실을 알아야 합니다.

마찬가지로 생각도 그렇습니다. 간혹 좋지 못한 생각이 자꾸만 들어서 그것을 지워버리겠다고 애를 쓰지만 그렇게 애를 쓴다고 잊어버려지는 것이 아니에요. 그것이 아닌 다른 좋은 생각을 하도록 힘써야지요. 좋은 생각! 그리하여 하나님의 말씀을 읽고 많은 기도를 함으로 우리의 생각, 우리의 마음이 하나님의 말씀으로 꽉 채우게 될 때에 비로소 다른 생각을 안하게 되는 것입니다. 그런데 이것이 빈 집이 되어 있는 동안은 또 어느 귀신이 들어올는지 몰라요. 그래서는 지나가던 잡다한 귀신들이 들어와서는 또 다시 망치게 된단 말입니다. 이와 같이 생각하는 자체의 문제에 있어서도 도피적이고 소극적인 생각만 가지고는 결코 정결하게 지켜 나갈 수가 없다는 것입니다.

뿐만 아니라 말에 있어서도 그렇습니다. 언어생활에 실수가 많고 부덕한 말에 젖어 있다면 이제는 선한 말을 하도록 힘써야 합니다. 좋은 말, 칭찬하는 말, 덕스러운 말을 하려고 애를 쓰다 보면 자연히 나쁜 말은 안하게 될 것입니다. 그러나 이제부터 내가 나쁜 말은 안해야지 하는 결심이나 맹세만 가지고는 거듭거듭 다짐을 하여도 아무런 변화도 얻지 못하는 것입니다. 그렇기 때문에 우리는 좋은 말을 생활 속에서 익힘으로써 나쁜 말로부터 자유할 수 있는 것입니다.

이제 행동함에 있어서도 그렇습니다. 우리에게 나쁜 습관이 있을 경우 안하겠다고 하는 그것만 가지고 되는 것이겠습니까? 그러고만 있다가는 오히려 더 잘못되기가 쉬운 것입니다. 이에 이스라엘 사람들이 안식일을 지키는데 있어서도 안식일을 깨끗이 거룩하게 지키겠다 하여 안식일에는 일을 안하겠다는 것으로만 애를 쓰다보니 그 다음에 오는 문제가 많았던 것입니다. 그래서 예수님께서는 안식일에 오히려 선한 일을 하라고 말씀하시는 것입니다. 선한 일을 함으로 안식일을 지키는 것이지 일을 안하려고 안식일을 지키는 것이 아니라는 말씀입니다. 이것이 예수님께서 적극적으로 안식일을 지키시는 방법입니다.

그러므로 우리는 새로운 선한 주인을 영접함으로써 과거의 악한 주인으로부터 벗어날 수가 있게 되며, 만약 선한 새 주인을 영접하는 일에 실패한다면 여전히 옛죄의 노예상태에서 벗어날 수가 없는 것입니다. 따라서 좀더 적극적인 차원에서 일을 처리해야 하고, 적극적인 행동으로부터 해결하여야 한다는 말씀입니다. 사람이 게을러도 안되지만 한가해서도 아니됩니다. 아주 바쁘게 꽉 차게 살아야 합니다. 가만히 보면 대개는 가장 무서운 죄의 대부분이 한가한 때에 저질러지고 있음을 알 수 있습니다. 흘러가는 물은 썩지 않듯이 바쁘게 일하며 사는 사람에게는 부정한 것이 스며들 여유가 없습니다. 그런데 문제는 정지상태에 있게 될 때 악으로 기울어진다는 사실을 알아야 합니다. 그렇기 때문에 우리가 자녀들을 교육하는 일에 있어서도 생각하고 반성해야 될 것이 참으로 많은 것으로 보아집니다. 아이들을 향한 부모들의 언어가 그저 하지 말라는 것에 일관되어 있어서 거기 앉지 말라, 서지 말라, 만지지 말라에서부터 계속 하지 말라고만 하였지 무엇을 하라는 것은 없어요. 그렇다면 도대체 저들은 무엇을 하란 말입니까? 그러나 지혜로운 어머니는 그렇게 가르치지 않습니다. 이것을 하려므나, 저것은 어떻니? 하고서는 적극적으로 "하라"

는 방향에서 이끌어 가는 것이지 결코 하지 말라는 것으로 끝내지를 않습니다. 이제 만약 어린애의 손에 쥐고 있는 것을 이리 내어놓아라 할 경우에도 무조건 내어놓으라 해서 어린이의 마음을 상하게 하는 것보다는 자기가 좋아하는 것을 하나 갖다 주면 어련히 내어놓지 않겠느냔 말입니다. 이것이 지혜로운 가르침이요, 적극적인 처사입니다.

　이는 우리의 마음도 마찬가지입니다. 더 좋은 것으로, 더 은혜스러운 것으로 꽉 채우게 되면 자연히 이 악한 것은 물러가게 될터인데 단순히 그것으로부터 벗어나겠다고 애쓰는 소극적인 방법으로서는 깨끗한 심령을 지켜 나갈 수가 없다 하는 말씀입니다. 이에 사도 바울이 말한 것에도 보면 "도적질하는 자가 다시 도적질하지 말고 돌이켜 빈궁한 자에게 구제할 것이 있기 위하여 제 손으로 수고하여 선한 일을 하라"(엡 4:28)로 한 것입니다. 이 말씀에서 적어도 세 가지를 생각할 수가 있겠습니다. 먼저는 도적질하지 말라는 것으로 이는 당연한 이야기입니다. 그러나 도적질 않겠다는 결심만 가지고는 되지를 않습니다. 여기에서 나아가 일을 해야지요. 이제는 나의 생활은 내가 벌어서 하겠다는 생각을 하고 열심히 일을 해야 하는 것입니다. 그러기에 이스라엘 사람들의 탈무드에도 보면 "자녀에게 벌어 먹을 수 있는 기술을 가르치지 않는 것은 자녀에게 도둑질을 가르치는 것과 같다"는 말이 있습니다. 먹긴 먹어야겠는데 벌어 먹을 수 있는 기술이 없다면 어떻게 살아나가라는 말입니까? 그러니 결국은 도적질을 하라는 것과 마찬가지가 아니냐는 것이지요. 도적질을 하지 않으려면 어쨌든 일을 해야 합니다. 그런데 자기가 먹기 위해서 일하는 것만 가지고는 부족하다는 것입니다. 그러면 무엇을 어떻게 할 것이냐 할 때에 좀더 나아가 적극적인 입장에서 "구제할 것이 있기 위하여" 일하라는 것입니다. 도적질하던 사람도 도적질하지 않으려면 구제해야 된다는 말씀입니다. 나 먹기 위해서가 아니라, 또한 지난날에는 내가 남의 것을 가져왔으니 이제는 남을 도와주어야 겠다는 마음에서 일을 하고 돈을 번다면 그는 도둑질을 안할 뿐만 아니라 누구보다 건전한 사람이 될 수 있을 것입니다. 여러분! 한번 생각해 보세요. 다른 사람에게 구제할 것이 있기 위하여 부지런히 일하는 사람이 어느 한 구석엔들 도둑질을 생각할 수 있겠습니까? 그런데 도둑질을 안하겠다는 그 마음 하나만 가지고는 도둑질을 안할 수가 없어요. 왜냐하면 먹어야 하겠으니 말입니다. 그러므로 좀더 적극적인 의식의 생활을 해야 할 것입니다.

우리가 사도행전을 볼 때면 "충만"이라는 말이 여러 번 나오는 것을 볼 수 있습니다. 그런데 사도행전을 전문으로 연구하는 성서 학자의 말에 의하면 사도행전에 나타난 대로는 충만 자체를 위해서 충만을 구한 기도는 없다고 하는 것입니다. 생각해 보면 이는 매우 중요한 이야기입니다. 그러니까 우리가 흔히 말하고 보는 대로 "성령을 충만하게 해주세요" 하는, 다시 말하면 충만을 위해서 충만을 구하는 그런 기도는 없다는 말입니다. 그러면 대체로 어떻게 되어 있느냐 하면 하나님의 말씀을 담대히 전하게 해 달라는 기도를 하고 보니 여러 가지로 충만한 역사가 나타났더라는 것입니다. 한번은 어떤 분이 부흥회 기간 중에 철야기도를 하면서 계속 손을 맞잡고는 "충만" "충만" 하면서 밤새껏 그 기도만 하더랍니다. 그래서 옆에 있던 분이 물어보기를 "아니 그 정도면 성령이 충만한 것 같은데 아직도 모자랍니까?" 하고서는 "그렇게 충만해서 무엇하시렵니까?" 하였더니 그 분의 대답인즉 "충만해야 돈을 벌지요" 하더랍니다. 그러니 어찌 충만이 되겠습니까? 그렇게 충만 자체를 위하여 충만을 구하는 것이 아니에요. 그저 "하나님의 말씀을 담대히 그리고 많이 전하게 해주세요" 하고 이렇게만 기도하면 필요한 충만은 뒤따라 오게 되어 있는 것이란 말입니다.

그런데 가만히 보면 우리는 충만을 기다리다가 끝나는 셈입니다. 속담에 망건 쓰자 파장된다는 말이 있듯이 충만할 때까지 기다리다 보니 세월 다 가고 말았어요. 그러나 이제 "담대하게 하나님의 말씀을 전하게 해

주세요" 하고서는 그리고 나가서 전하세요. 전하면 충만해질 터이니까 말입니다. 이는 주님께서 친히 말씀하신 바이기도 합니다. 이에 마태복음 10장 19~20절에 보면 "너희를 넘겨줄 때에 어떻게 또는 무엇을 말할까 염려치 말라. 그때에 무슨 말할 것을 주시리니 말하는 이는 너희가 아니라 너희 속에서 말씀하시는 자 곧 너희 아버지의 성령이시니라"며 말씀하고 계십니다. 이제 가서 전하면, 저들 앞에 서게 되면 무슨 말을 할는지 주의 성령이 가르쳐 주마고 하시는 적극적인 예수님의 말씀입니다. 제가 인천에서 목회를 할 때의 일인데 한번은 서울을 오르내리는 기차를 타고 보니 나의 바로 뒷좌석에 고등학생들이 앉아 있는데 가만히 보니 어느 장로님의 아들이 함께 하고 있었습니다. 이 아들이 고등학교 3학년생인데 교회에 잘 나오지를 않아 아버지이신 장로님께서 늘 마음 아파하시는 터입니다. 그런데 이날은 이 학생의 친구가 교회를 핍박하자 그 친구를 향해 교회를 변호하면서 전도를 하는데 참으로 대단한 열정을 가지고 하는 것이었습니다. 저는 못 본 척하고서는 뒤에 앉아 다 들었지요. 그런 후에 기차에서 내리면서 옆구리를 쿡 찌르면서 "야! 너 전도 잘하더구나" 하고 한 마디를 해주었습니다. 그랬더니 "다 들으셨어요?" 하고서는 그 다음에 하는 말이 "내가 예수를 이렇게 잘 믿는 줄 미처 몰랐습니다"라는 것입니다. 자기 자신도 몰랐어요!

여러분! 그러므로 충만해 가지고 전도한다는 생각은 하지 마십시오. 먼저 담대하게 전도를 시작하세요. 그러노라면 충만을 체험하게 될 것입니다. 이제 빈 집을 가지고 충만을 기다리는 것이 되어서는 아니됩니다. 꽉 채워진 집으로, 그리하여 시간도 채우고 정력도 채우며, 우리의 마음도 하나님의 말씀으로 채우고, 그리고 우리의 행위도 하나님의 역사로 꽉 차게 되는 그때에 필요한 모든 은사를 주시며 하나님의 역사가 나타나는 것입니다. 그러므로 미리 걱정할 것이 없습니다. 위험은 언제나 빈 집에 있고 진공 상태에 있습니다. 따라서 우리의 마음이나 생각과 뜻, 그리고 우리의 활동이 게으르고 한가하다는 것은 위험한 것입니다. 이 위험으로부터 벗어나기 위해서는 하나님의 말씀으로 채우고 선한 일, 하나님의 일들로 바빠야 합니다. 저는 목회 25년 동안에 참 묘하다고 생각되는 한 경험을 하고 있습니다. 교회에는 구역장이 있게 마련인데 가정 살림을 하면서 이 구역장의 책임을 다한다는 것이 그리 쉬운 일만은 아닙니다. 그런데 요즈음은 가정마다 자녀들을 적게 낳아서 어린애들이 많지를 않습니다마는 10년, 20년 전만 하여도 한 가정에 넷, 다섯은 보통이고 심지어 여섯, 일곱되는 가정도 많이 있었습니다. 문제는 어떤 경우에 더 많은 일을 하는가인데 일반적으로 생각하여 자녀가 다 컸거나 없으며 경제적인 면에서도 좀 여유가 있는 분이 구역장을 했으면 좋으련만 그렇지를 않고 애들이 몇이고 줄줄이 있는가 하면 경제적으로도 어려워서 한 몸으로 여러 가지의 수고를 해야 하는 분이 구역장을 맡아서는 심방까지 하느라 애를 쓰는 것을 보게 됩니다. 그러고 보면 일하는 자에게는 더 일할 거리가 생겨지며 그것을 위해 더 힘이 나고 더 바빠지는 것이란 말입니다. 반면에 한가한 사람은 이것도 안하고 저것도 아니하며 손톱이나 매만지고 앉았다가 병원 출입이나 하고 있으니 생각해 보면 양쪽 다 이상하다 할 것입니다.

문제는 빈 집이요, 그것은 언제나 큰 위험을 안고 있습니다. 여러분! 짧은 인생입니다. 가만히 생각해 보세요! 얼마를 살았고 얼마가 남은 것 같습니까? 어차피 절반은 꺾였고 그나마 남은 것은 사향길이라서 조금 있으면 일하고 싶어도 일할 수 없는 날이 불원간에 오는 것입니다. 그래서 어떤 분이 말하기를 새벽기도회에 열심히 나오는 것도 며칠이나 더 나올지 몰라서 나온다고 하는 것이었습니다. 그것도 옳은 이야기이지요. 우리의 건강이 항상 보장되는 것이 아니지 않습니까? 이 얼마 남지 않은 인생! 꽉 채우십시오. 그저 열심히 뛰세요. 그렇지 않으면 곧 후회하게 됩니다. 만일 우리가 그러지 않을 경우에는 어떻게 되느냐 하면 이제는 하나님께서 빼앗아가시는 것입니다. 쓰지 않는 건강, 필요치 않은 건강은 주어서 무엇하겠습니까? 오히려 그 건강이 있으므로 많은 죄를 짓는 것이라면 하나님께서는 결코 그러한 건강을 허락하시지 않습니다.

그렇기 때문에 하나님의 사랑으로 채우고, 참된 믿음으로 채우며, 성령으로 충만해져서 열심히 일하여야 합니다. 특별히 기회를 얻든지 못 얻든지 간에 열심히 전도하십시오. 그리하여 하나님을 위하여 내 마음의 집을 꽉 채워 나갈 것이면 이제는 의심이나 나약함도 다 이기게 될 것입니다. 달리 의심을 없애겠다며 애쓰지 마십시오. 그래서 무디(Moody) 같은 분은 그의 기록에 의하면 대부분의 사람들이 의심이 있으면 기도한다는 것에 비해 자기는 의심이 나게 되면 나가서 전도를 한다고 합니다. 그리하여 성경을 읽다가도 의심이 나게 되면 나가서 예수 믿으라고 한번 소리를 지르고 와서 다시 성경을 보게 되면 의심이 없어진다는 것입니다. 이 얼마나 좋은 이야기입니까? 참으로 일리가 있는 말이 아닐 수 없습니다. 그러므로 우리는 빈 집을 마련해 놓음으로 귀신을 영접하는 어리석음에 빠지는 일이 절대로 없어야 하겠습니다. 이를 위해 우리는 하나님의 말씀으로 충만한 심령이 되어서 귀신도 이기고 죄악도 이기며 모든 좌절과 허무함도 이길 수 있는 승리자가 되어야 할 것입니다.

소경을 인도하는 소경

이에 제자들이 나아와 가로되 바리새인들이 이 말씀을 듣고 걸림이 된줄 아시나이까 예수님께서 대답하여 가라사대 심은 것마다 내 천부께서 심으시지 않은 것은 뽑힐 것이니 그냥 두어라 저희는 소경이 되어 소경을 인도하는 자로다 만일 소경이 소경을 인도하면 둘이 다 구덩이에 빠지리라 하신대.
(마태복음 15 : 12~14)

소경을 인도하는 소경

모든 비유가 다 그러하듯이 비유는 눈에 보이는 것을 가지고 보이지 않는 것을 설명하는 데에 그 의미가 있는 것입니다. 이제 예수님께서는 소경을 비유로 하여 영적인 진리를 말씀하고 계십니다. 예수님께서 사용하신 비유는 하찮은 동·식물에서부터 우리 몸의 기능에 이르기까지 그 소재가 참으로 무궁무진하면서도 실제적으로 익숙한 것이어서 당시의 사람들은 물론 2천여년이 지난 오늘을 사는 우리들까지도 이해할 수 있도록 쉽게, 그러면서도 깊은 진리를 말씀하고 있는 그 지혜와 말씀의 권위에 놀라지 않을 수 없습니다.

성경에는 예수님과 소경의 만남을 여러 번 이야기하고 있습니다. 거기에 따르면 나면서부터 소경된 사람을 고쳐 주셨는가 하면 귀신 들려 벙어리 된 사람 등 어쨌든 앞 못 보아 고생하는 장님들을 만나실 때마다 눈을 뜨게 해주신 것을 볼 수가 있습니다. 예나 지금이나 이 소경은 신체적으로 매우 불행한 사람들 중의 하나로 우리가 많이 볼 수 있는 그러한 시각 장애자인데 오늘 예수님께서는 이 소경을 비유로 하늘나라 진리를 말씀하고 계십니다.

그러면 먼저 이 장님에 대하여 조금 생각할 필요가 있습니다. 이제 사람이 지식을 얻으려고 할 때에 필요한 기능의 첫째는 본다고 하는 눈이 아니겠습니까? 먼저 눈으로 본 다음에 나머지 오관으로 냄새를 맡아보기도 하고 만져보기도 하여 지식을 얻게 됩니다. 그런데 여기에서 우리가 한번 깊이 생각해 보면 가령 맛을 본다고 하는 것은 매우 중요한 것이지만 그것은 입 안에 들어가야만 알 수 있는 것이기에 완전한 것이 못됩니다. 또한 코로 냄새를 맡는다 하더라도 그 냄새가 코에게까지 옴으로 맡게 되는 것입니다. 손으로 만지는 감각도 내 손이 직접 닿아야만 그 촉감을 알 수 있는 것이지 그렇지 않고는 전혀 알 수가 없는 것입니다. 따라서 손으로 만져서 알 수 있는 것은 손을 통하지 않고는 알 수가 없으며 그러기에 어떤 의미에서는 이 손에 닿으므로 벌써 늦어지는 문제가 생기게도 됩니다. 그것은 아주 위험한 것이 손에 닿았을 때에는 이미 끝난 일이 되어버리고 만다는 것입니다. 그렇게 위험한 것은 손에 닿기 전에 알았어야 하는데 그렇지를 못하면 엄청난 결과를 가져오게 됩니다. 그러면 보다 먼 것에 대한 감각기능이 무엇이냐 할 때에 그것은 귀로 듣는 청각입니다. 귀로 듣고 가까이 오는 것과 멀어져 가는 것을 알 수가 있습니다. 그러나 이 귀로 아는 것도 역시 내 인식의 대상으로부터 그 소리가 내 귀에까지 와서 닿아 울림으로 가능해지는 것입니다.

그렇다면 우리의 오관 중에서 인식의 대상은 움직이지 않고 자체의 기능만을 발휘하여 지식을 얻게 하는 것은 많은 것 같지만 따지고 보면 두 가지밖에 없습니다. 그 하나는 손으로 만지는 것이요, 다른 하나는 눈으로 보는 것입니다. 그러니까 인식의 대상과 나 사이를 두고 생각할 때 예를 들어 여기 이렇게 마이크가 있지만 이 마이크가 마이크의 냄새를 풍겨 주지 않는한 내 코는 이것을 알아보는 데에는 아무런 소용이 없습니다. 또한 이 마이크가 소리를 내어주지 않으면 귀는 여기에 대하여 있으나마나 한 것이 됩니다. 그러므로 대상의 작용에 관계없이 능동적이고 일방적으로 알 수 있는 길은 손으로 만지는 것과 눈으로 보는 것밖에 없다는 것입니다. 이것은 우리가 인식활동을 하는 데에 있어서의 기본적인 논리가 됩니다.

이제 이렇게 볼 때에 무엇보다도 이 눈이라는 것은 가장 멀리 있는 것을 알아볼 수 있는 유일한 감각기능입니다. 그러면서도 또한 다른 오관에 비해 가장 완전하다고 볼 수가 있습니다. 다른 것을 보면 거의가 다 불

완전합니다. 자! 눈을 감고 손으로 만진다고 생각해 보세요. 그 얼마나 알 겠습니까? 또한 코로 냄새를 맡는다지만 눈을 감고야 얼마나 정확하게 알 수가 있겠습니까? 그 때문에 눈으로 아는 것이 제일 많이 아는 것이요, 또한 가장 먼 것까지 알 수가 있는 것입니다. 우리의 눈으로서 가장 먼 곳의 것을 알아보는 것이 있다면 그것은 태양보다도 먼 거리에 있는 별을 바라보는 것입니다. 물론 이것은 별빛에 의하는 것이라는 다른 점이 있기는 합니다마는 어쨌든 이 눈으로 엄청나게 먼 곳까지를 볼 수 있다는 이야기가 됩니다. 그래서 이와 같은 기능을 상실한 시각 장애자를 보게 되면 시각이 무능해진 대신 대체로 다른 오관이 매우 발달된 것을 볼 수 있습니다. 우리 교회에 나오시는 분 중에도 그런 분들이 몇 분 있습니다마는 잘 아시는 대로 손끝의 감각이 얼마나 예민한지 점자로 된 성경 찬송가를 손끝으로 더듬어 읽는 것입니다. 그런가 하면 보통 건강한 사람들보다 귀가 발달하여 놀랍도록 잘 듣고 섬세하게 분별하는 것을 볼 수 있습니다. 그럼에도 불구하고 시각장애자가 가장 불행한 것은 아무것도 볼 수가 없다는 것입니다.

　　그래서 지금 예수님께서 소경이라고 말씀하시는 것은 다 갖추었으나 가장 중요한 것 한 가지가 없게 되면 나머지는 다 합친다 해도 절반의 역할을 못하고 비참해지는 것이라는 이야기입니다. 그러니 결국은 본다는 문제가 얼마나 중요한 것인지 모릅니다. 이에 오늘 본문 말씀에도 보면 "소경이 소경을 인도하면 둘이 다 구덩이에 빠지리라!"고 하시는 것입니다. 그런 처지라면 어느 순간에 가서는 구덩이에 빠지는 결정적인 큰 실수를 하게 된다는 말씀입니다.

　　그리고 보면 더 발전시켜서 생각해 볼 때 이것은 경험없이, 즉 손으로 만지지도 않고, 입으로 맛을 보지도 않으며 소리로 들은 바도 없이 알 수 있는 감각이 눈이란 말입니다. 따라서 이 시각기능이 없다면 경험하지 못한 것은 다 모른다는 말이 됩니다. 한마디로 말하여 내가 눈으로 볼수 없는 처지에서 내가 만지는 것밖에 알 수 없다고 한다면 못 만진 것은 다 없는 것이 되고 마는 것입니다. 그렇게 되면 세계가 얼마나 좁아지느냐 하는 것입니다. 아주 깜깜해져서는 이렇게 넓은 세상이 그에게는 아주 작고 좁은 세상이 되고 맙니다. 우리가 세상을 넓게 보고 넓게 인식한다는 것은 본다는 데에 기인하고 있는 것입니다. 봄으로써 이 세계가 넓고 아름다우며 먼 거리에 있다고 하는 사실을 안다는 것! 이 얼마나 중요하고도 즐거운 일입니까? 그런데 우리 주위에는 이것을 완전히 보지 못하는 사람들과 또한 보기는 보면서도 많은 장애를 받고 있는 사람들이 많이 있습니다. 저의 친구 중의 한 사람도 어렸을 때에 약을 잘못 먹었기 때문이라고 하는데 아무튼 책을 보면서도 20센티만 멀어져도 잘 보이지를 않아서 아예 코밑까지 바짝 대어놓고 읽는 것입니다. 그러니까 안경을 껴도 그저 조금 나을 뿐이지 그 이상은 안된다고 합니다. 그래서 옆에서 보노라면 안됐다는 생각을 하게 되는데 그러나 그 본인은 그렇게 안되었다는 자체를 모르고 있어요. 왜냐하면 온 세상을 뽀얗게 그러니까 대충 보고 사는 것이란 말입니다. 아무리 경치 좋은 곳에 갔어도 그저 그렇게 뽀얗게 보는 것으로 그 세계에 만족하며 익숙해져 있는 것입니다.

사실을 두고 생각해 볼 때 환하게 잘 볼 수 있었던 눈이 어느 순간 갑자기 그 시력을 잃고 깜깜해졌다면 이 얼마나 비참한 일이겠습니까? 반면에 시력이 나빠서 약간의 먼 것도 제대로 볼 수가 없어서 눈앞의 것만 대충 보며 살다가 어느날 한 순간에 밝은 눈으로 환하게 볼 수 있게 되었다면 그 얼마나 기쁘고 놀랍겠습니까? 그런데 고마운 것은 잘 길들여져서 그 이상은 모른다는 것이지요. 그리고 자기 세계가 이러니 다른 사람들도 그렇거니 하고 사는 것이란 말입니다.

그런데 예수님께서 지금 말씀하시는 의도는 그 사람의 시각의 능력에 따라서 넓고 멀리 살 수도 있고 아니면 좁고 답답하게, 비참하게 살 수도 있다고 하는 말씀인 줄로 압니다. 이렇게 볼 때에 여기에서 본다고 하는 것은 단순히 육체의 시각만을 이야기하는 것이 아닙니다. 여기에는 더 중요한 시선이 있습니다. 그것이 바로 영적인 눈입니다. 그러면 이 영적인 눈을 생각하기 전에 먼저 지식의 눈을 한번 생각해 보십시다. 안다는 면에서 지식을 놓고 볼 때에도 아는 것과 모르는 것, 좀더 알고 보는 것과 모르고 보는 것 사이에는 그 결과에 있어서 엄청난 차이가 있는 것입니다. 사실 생각해 보면 모르고 본다는 것은 아무것도 못 보는 것이나 다름이 없습니다. 이와 같이 지식이나 지혜에 있어서도 장님이 있는 것입니다. 그러므로 앞 못 보는 사람만이 장님인 것은 아닙니다.

　제가 늘 생각하고 자주 하는 이야기입니다마는 우리 나라 고속도로를 다니다가 보면 중심부에 분리대를 만들어 거기에 잔디를 심었었는데 근년에 와서는 그것을 파내느라고 벌써 몇 년째 공사를 하고 있어서 차량 소통에 여간 불편을 주고 있지 않습니다. 그 많은 돈을 들여서 심을 때는 언제이고 이제는 그것을 일일이 파내고 콘크리트를 하느라고 또 많은 고생을 하니 돈도 돈이지만 왜 이렇게 되었느냐 말입니다. 이 콘크리트 분리대가 구미 각국에서는 이미 오래 전에 설치된 것이고 보면 이러한 현상은 우리에게 많은 것을 생각하게 하는 문제입니다. 이제 내 스스로 못하겠으면 남이 하는 것을 보고라도 했어야 할 것이 아니겠습니까? 이 모두가 다 지혜가 부족한 탓입니다. 그 때문에 아스팔트 길을 잘 만들어 놓았다가도 얼마 안 가서 또 다시 그것을 파내는 장면을 대도시 한복판에서도 얼마든지 볼 수가 있는 것입니다. 이는 곧 앞을 내다보는 지혜를 갖지 못했기 때문에 그저 만들었다, 뜯었다 하며 불편만 더하게 하는 것입니다. 우리는 무슨 일을 하든지 간에 좀 멀리 바라보는 생각을 할 수 있어야 합니다. 그런데 그런 안목이 없이 10년, 20년 후 꼭 당하고 부딪힌 다음에야 아이고 이럴 줄 알았으면 그렇게 할 걸하고 나오니 이거야말로 비참한 사람이 아니겠습니까? 이것은 공부하는 문제에 있어서도 그렇고 물질을 쓰는 씀씀이에 있어서도 그렇습니다. 그 때문에 이럴 줄 알았으면 공부할 걸 한다든지, 돈 있을 그때에 절약할 걸 하고 후회하는 생각을 하게 되는데 이것이 다 멀리 보지 못한, 지혜의 장님이었기 때문입니다.

그런데 오늘 예수님께서 말씀하시는 가장 귀중한 핵심적인 진리는 무엇보다도 영적인 장님을 말씀하는 데에 있습니다. 그래서 요한복음 9장 40절 이하에 보면 앞서 예수님께서 장님에 대한 거론을 하시자 이에 대하여 바리새인들이 "우리도 소경인가" 하는 질문을 하게 됩니다. 이때에 예수님께서 하시는 대답이 "너희가 소경되었더면 죄가 없으려니와 본다고 하니 너희 죄가 그저 있느니라"고 말씀하십니다. 차라리 육체적으로 장님이 되었더라면 예수님 앞에 나와서 "나를 불쌍히 여겨 주십시오" 함으로 눈을 뜨게 되었을지도 모르겠으나 육적으로 눈을 뜨고 본다고 하니 죄가 그대로 있는 것이란 말입니다.

여러분, 이 말씀은 문자대로 사실인 경우가 많습니다. 그 때문에 돈이 있다고 인격이 있는 것은 아니에요. 그런데도 돈이 몇 푼 있다고 인격이 있는 것으로 스스로 착각하고 있는 것을 볼 수가 있습니다. 알고 보면 사실은 그 돈 때문에 그 앞에 와서 존경하는 양 굽신거리는 것이지 그 인격 앞에 굽신거리는 것이 아닙니다. 그럼에도 자신의 인격이 대단한 것처럼 생각하는 것은 누가 보아도 착각입니다. 요즈음 젊은이들의 유행어에 "착각은 자유"라는 말도 있습니다마는 그것은 분명 문제입니다.

그런가 하면 세상 지식을 풍부히 가졌다 하여 그것이 영적으로도 지식이 있는 것으로 되는 것은 아닙니다. 사실 신령상의 지식은 영점이에요. 우리는 그것을 알아야 합니다. 이 세상 지식에 대한 공부는 그렇게 많이 하지 못했어도 영적인 많은 지식을 가진 사람이 있습니다. 이에 예수님께서는 세상 지식 좀 가졌다고 하여 이것 때문에 교만해져 있는 동안 어느 사이에 영적으로는 아주 비참한 소경이 되고 만다는 것을 말씀하고 계시는 것입니다. 그러기에 차라리 너희가 소경이었으면 좋을 뻔하였다. 그러나 본다고 하니 죄가 그대로 있느니라! 이 얼마나 귀중하고도 두려운 말씀입니까?

여기에서 오늘 본문 말씀의 사실상의 시작이 되는 15장 1절 이하에 보면 "바리새인과 서기관들이 예수께 나아와 가로되 당신의 제자들이 어찌하여 장로들의 유전을 범하나이까?" 하면서 장로의 유전에 대한 질문을 하는 것을 볼 수가 있습니다. 그럴 때에 예수님께서는 이 외식주의자들을 앞에 놓고 "소경이 소경을 인도하면 둘이 다 구덩이에 빠지리라"는 말씀을 하시게 된 것입니다. 그러고 보면 이 바리새인과 서기관들은 영적으로 완전히 장님인 것입니다. 왜냐하면 이는 15장 1절로부터의 문맥에 잘 나타나 있는 대로 유전과 계명에 있어서 사람의 유전을 지키느라고 계명을 저버린 것입니다. 이것이 장님이 아니고 무엇이겠습니까? 중요한 것은 계명이지 유전이 아닙니다. 다시 말하면 중요한 것은 하나님의 말씀이지 인간적 지식이 아니란 말입니다. 그럼에도 인간적 지식과 합리주의를 따라가는 동안에 가장 중요한 하나님의 말씀을 거역하고 있으며 어느 사이에 다 잊어버렸으니 이게 바로 장님이란 말입니다. 중요치 않은 것을 중요하게 여기느라고 오히려 중요한 것은 중요치 않게 여기게 되었다는 것입니다. 이러한 현상은 요즈음에도 많습니다마는 이것은 분명 가치관에 있어서의 소경입니다. 무엇이 중요한 것인지를 분별할 줄 모르는 정도라면 이 얼마나 비참한 존재입니까?

그렇기 때문에 지금 예수님께서는 저들의 외식주의와 교만이 마침내는 저들로 하여금 영적인 장님이 되게 하였다는 것을 지적하고 계십니다.

그리고 오늘 본문에 의하면 "소경이 되어 소경을 인도하면"이라고 하셨는데 여기에서 소경을 인도하는 그 소경은 직설적으로는 바리새인과 서기관들을 가리키는 말씀입니다마는 전체적인 흐름으로 볼 때에 일단은 유대 사람들의 교만을 책망하는 말씀이기도 합니다. 이에 로마서 2장 17~24절 말씀을 보면 "유대인이라 칭하는 네가 율법을 의지하며, 하나님을 자랑하며, 율법의 교훈을 받아, 하나님의 뜻을 알고, 지극히 선한 것을 좋게 여기며, 네가 율법에 있는 지식과 진리의 규모를 가진 자로서 소경의 길을 인도하는 자요, 어두움에 있는 자의 빛이요, 어리석은 자의 훈도요, 어린아이의 선생이라고 스스로 믿으니 그러면 다른 사람을 가르치는 네가 네 자신을 가르치지 아니하느냐? 도적질 말라 반포하는 네가 도적질하느냐? 간음하지 말라고 말하는 네가 간음하느냐? 우상을 가증히 여기는 네가 신사 물건을 도적질하느냐? 율법을 자랑하는 네가 율법을 범함으로 하나님을 욕되게 하느냐? 기록된 바와 같이 하나님의 이름이 너희로 인하여 이방인 중에서 모독을 받는도다"고 말씀하고 있습니다. 우리는 이 말씀의 뜻을 알아야 합니다. 저들 유대 사람들은 자기들이 소경을 인도하는 사람으로 자부하고 있습니다. 이는 왜냐하면 이방 사람들은 모두 소경이라는 것이지요. 소경이기 때문에 하나님을 모르고 우상을 섬기며, 도덕적으로 타락한 것이라는 말입니다. 사실 지신이 짓고 있는 죄가 얼마나 무서운 것인가를 안다면 그렇게 죄를 지을 수가 없는 것이기에 이방사람들이 종교적으로 도덕적으로 타락한 모습을 장님이라 전제하고 있는 것입니다. 그러면서 상대적으로 우리 유대 사람들은 눈뜬 사람이라는 것이지요. 따라서 우리는 소경을 인도하는 사람이라는 자부심을 갖고 있더라는 말입니다. 그런데 이들을 보는 사도 바울의 말은 너희도 꼭 같은 소경이더라 하는 판단과 책망을 하고 있는 것이 아니겠습니까?

오늘 예수님의 대답도 그와 같은 말씀입니다. 유대 사람들은 분명히 종교적인 차원에서 이방 사람들을 인도해야 할 책임이 있는 사람들입니다. 즉 말하자면 소경을 인도해야 할 책임 있는 사람들이란 말입니다. 그런데 오늘 본문에 의하면 소경이 소경을 인도하는 것으로 말씀하고 있으니 이는 곧 바리새인과 서기관들을 지적하고 계시는 것입니다. 적어도 소경을 인도하는 자라면 그 자신은 소경이 아니어야 하지 않겠습니까? 무엇보다 빛이 있어야 하고 빛을 보아야 인도하는 일이 가능합니다. 만약 그렇지 못하면 그는 소경을 인도할 자격이 없는 것입니다. 저는 한 12년

전 미국 캘리포니아 주에 있는 비모스 비치라는 경치 좋은 마음에 있는 한 교회에 가서 결혼 주례를 한 적이 있습니다. 그때에 주례를 하면서 가만히 보니 오르간을 반주하는 분이 소경인데 아주 잘하는 솜씨였어요. 그리고 이 오르가니스트를 큰 셰퍼드 개가 인도하고 다니는데 얼마나 영리한지 목에 매인 줄 하나만 쥐고는 집에 가자 하고 출발하게 되면, 신호등 앞에 가면 쉬어 가고, 오르간 연습을 하거나 할 때엔 "여기 앉아 있어" 하고 한마디 하면 끝날 때까지 앉아 있는 겁니다. 이 개는 훈련을 많이 한 개로 값으로도 굉장히 비싸다고 합니다. 그러나 중요한 것은 그 개가 볼 수 있는 눈이 있기 때문에 이 소경을 인도하는 것입니다. 문제는 소경을 인도하려면 비록 개라 하더라도 볼 수 있는 눈이 있어야 할 수 있는 것이지 소경이 소경을 인도해서는 아니된다는 것입니다. 이 얼마나 중요한 이야기입니까?

    그러므로 다른 사람을 인도하는 지도자가 되려면 우선 자기 지식에 대한 확신이 있어야 합니다. 그 때문에 대부분의 지도자들이 고집스럽다는 말을 듣기도 하는 것은 이는 자기 지식, 자기 의견에 대한 확신이 있기 때문입니다. 그저 이것도 좋고 저것도 좋습니다 하는 식이 되어서는 지도자가 될 수 없습니다. 지도자는 언제 어디서든지 자기 확신을 가지고 임하는 것입니다. 그러나 소경은 그렇게 되어질 수가 없는 것입니다.

    그리고 또 한 가지 지도자로서 중요한 것은 자기가 먼저 경험한 바가 있어야 한다는 것입니다. 지금 이렇게 따라가면서 뒤늦게 경험을 하느라 엎치락뒤치락할 수 없는 것이란 말입니다.

    다음 또 한 가지 지도자로서의 필수 조건은 멀리 내다보는 환상이 있어야 합니다. 소위 말하는 비전(Vision)이 없이는 아무것도 아니됩니다. 그러므로 적어도 10년, 20년 후, 가능하면 100년 후에까지라도 멀리 내다볼 수 있을 때에 지도자가 되는 것입니다. 아예 1년 앞의 일도 생각지 못한 채 그때그때 닥치는 대로 엎치락뒤치락한다면 어떻게 그것을 믿고 따라갈 수가 있겠습니까? 지도자로서 또 지도자와 마찬가지로 그저 눈앞에 놓인 현실의 일만을 하고, 경험한 일만 알 수 있는 정도에 그친다면 그에게는 결코 지도자의 자격은 없는 것입니다. 만약 그런 지도자가 있다면 그의 지도를 받는 자나 하는 자나 다 함께 구덩이에 빠질 수밖에 없을 것입니다. 결국은 둘이 함께 멸망으로 떨어지고 말 것이라는 이야기인데 우리는 결코 이렇게 끝을 맺어서는 아니되는 것이며 그러기 위해서는 지도자만은 눈을 뜨고 있어야 합니다. 물론 다 뜨고 있으면야 오죽이나 좋겠습니까마는 설령 다는 못 뜬다 하더라도 지도자만은 눈을 떠야 그를 따르는 눈 못 뜬 사람도 눈을 뜬 것과 같은 것이 된다는 말입니다. 여러분! 지혜자와 동행하면 지혜를 얻게 됩니다. 설령 우리가 지금은 눈을 뜨지 못했다 하더라도 하나님의 말씀을 따라가게 되면 거기에서 눈을 뜨게도 되고 또한 눈을 뜬 것이 되는 것입니다.

그러기에 영적인 안목이 필요한 것입니다. 세상적 지식으로 판단할 것이 아니라 어디까지나 영적인 안목이 있어야 합니다. 그러면 영적인 안목이란 어떤 것이냐 할 때에 무엇보다 중요한 것은 첫째, 종말을 보는 눈을 가져야 합니다. 마지막, 곧 이 세상 끝을 볼 수 있어야 하고 그리하여 하나님의 나라를 볼 수 있어야 합니다. 예수님께서 위대한 지도자가 되시는 것은 바로 영원한 나라를 보고 계셨기 때문입니다. 예수님께서는 2천여 년 동안 우리를 인도해 오셨고 앞으로도 계속 인도하고 계실 것입니다. 그를 따라가는 일은 절대로 후회스럽지 않을 것입니다. 왜냐하면 예수님께서는 종말을 다 아시고 우리를 인도하고 계시기 때문입니다. 때로는 우리도 훌륭한 지도자가 되고 싶고 특별히 자녀들을 바로 인도하고 싶지마는 우리는 앞날을 알 수가 없어요. 그렇기 때문에 쉬운 예로 대학 진학을 앞두고도 어느 과에서 무엇을 전공해야 미래에 유용한 공부가 될 수 있을 것인지를 이리저리 간절하게 물어보지만 자신있게 대답할 선생은 아무도 없는 것입니다. 왜이겠습니까? 그 누구도 미래의 일을 모르기 때문입니다. 그러기에 오래 전부터 전해 내려오는 유행가 가사의 한 마디인 "케세라 세라"가 아직도 우리 입에서 "될대로 되라"는 말을 대신해 주고 있는 것이 아니겠습니까? 어떻게 할 것이냐 할 때에 그것은 될대로 되는 것뿐 아무도 거기에 대해서는 모른다니 이 얼마나 답답한 이야기입니까? 그래서 오늘 본문 말씀은 소경이 되어 소경을 인도한다는 것입니다.

그렇다면 이 소경됨을 어떻게 면할 수 있느냐 할 때에 그 길은 하나님의 말씀을 그대로 따라가는 것밖에 없습니다. 그것이 소경을 면할 수 있는 길이요, 눈을 뜰 수 있는 길입니다. 내가 곧 길이다! 여기에 길이 있으니 이제 주님의 뒤를 따라가는 그 생활이 눈뜬 생활이 되는 것이며 만일 어느 순간에라도 하나님의 말씀을 등지는 날이면 그 순간으로부터 그는 장님이 되어 마침내는 구덩이에 빠지는 걷잡을 수 없는 결과를 초래하게 되는 것입니다. 그러므로 우리는 어느 순간, 한시라도 하나님의 말씀에서 떠나서는 아니된다는 사실을 잊지 말아야 합니다.

다음으로 이 영적인 안목이란 하나님의 섭리를 볼 줄 알아야 합니다. 하나님의 섭리! 곧 하나님의 심판이 어디에 있고 하나님의 구원이 어디에 있는지를 볼 수 있어야 합니다. 하나님의 심판은 조용한 것 같으나 무섭게 나타납니다. 정말 심는 대로 거두게 되는 것입니다. 그러므로 말 조심하여야 합니다. 말이 씨앗이 되어 그대로 이루어지게 됩니다. 이제 내가 남을 저주했다면 그가 저주받을 사람이 아닐 경우에는 결국은 그 저주가 나에게로 돌아옵니다. 내가 남을 업신여긴 적이 있습니까? 그랬다면 반드시 내가 그 업신여김을 받을 때가 돌아옵니다. 그러기에 우리는 하나님의 심판에 대한 민감한 영적인 감각이 있어야 하는 것입니다. 그럼에도 불구하고 이래도 저래도 괜찮으며 죄를 짓고도 잘만 살더라는 심사가 된다면 그것은 이미 장님이 된 것입니다. 진정 영적으로 눈을 뜬 사람은 개인적으로나, 가정적으로, 그리고 국가적인 차원에서도 하나님의 심판이 훤히 나타나 있는 것을 보며 두려워하는 것입니다. 영적인 감각이 예민한 사람은 작은 한 사건을 보고도 거기에서 하나님의 심판을 읽으며 두려워하게 됩니다. 그러나 영적인 감각이 둔해진 사람은 진작 발등에까지 왔어도 모르는 것이기에 두려움 또한 없는 것입니다. 그러다가 결정적으로 딱하고 부딪히고 나면 그때에 가서야 이걸 어쩌나 하지만 그때엔 이미 늦었어요. 이제는 회개할 기회도 없는 것입니다. 그러므로 하나님의 심판과 구원을 보는 민감한 감각을 가지고 하나님의 깊은 섭리를 볼 줄 알아야 하는 것입니다. 이제 사도 바울은 "하나님을 사랑하는 자 곧 그 뜻대로 부르심을 입은 자들에게는 모든 것이 합력하여 선을 이루느니라"(롬 8 : 28)고 말합니다. 이 얼마나 중요한 말입니까? 여러분은 매사가 합동하여 선을 이룬다는 것을 믿으십니까? 그렇다면 오늘 무슨 어려운 일이 있더라도 기다려 보십시오. 하나님께서는 이후에 분명히 보다 좋은 일을 성취하실 것입니다. 하나님은 결코 실패하심이 없으십니다. 이와 같은 하나님의 깊고도 넓은 섭리, 그 경륜을 아는 사람은 어떠한 좌절과 위험의 처지에서도 당황하지 않습니다. 이는 실로 눈을 뜬 사람입니다. 그러나 이와는 반대로 이러한 감각, 이러한 눈이 없는 사람은 이 일을 당하면 이것대로 당황하고 저 사건을 당하면 또 그것대로 당황하여, 밤낮 죽겠다며 벌벌 떨고만 있는 것입니다.

　　이와 같은 사람! 그가 곧 소경을 인도하는 소경이요, 소경에게 끌려가는 소경인 것입니다. 당연히 예수님을 메시야로 알아보는 눈이 필요했습니다마는 저들에게는 그러한 눈이 없었어요. 기적을 보고도 알 수가 없었고, 말씀을 들어도 알 수가 없었습니다. 끝까지 표적을 읽는 눈이 없었기에 저들은 불행했던 것입니다. 그러므로 밝은 눈을 뜰 수 있어야 하겠고 나아가서는 앞 못 보는 소경을 인도할 수 있어야 하겠습니다. 여러분, 한번 상상해 보세요! 소경이 소경을 인도하는가 하면, 또한 소경에게 끌려가는 소경! 그러다가 마침내는 둘 다 구덩이에 빠지는 모습이 얼마나 비참한가를 말입니다. 그런데 어쩌면 우리의 모습이 거기에 있는 것은 아닙니까? 이제 우리는 밝은 빛에게로 나와서 눈을 뜨고, 나도 구원에 이름과 동시에 다른 사람, 곧 소경된 자를 인도하는 밝은 눈의 소유자가 되어야 하겠습니다.

부스러기와 개

　예수님께서 거기서 나가서 두로와 시돈 지방으로 들어가시니 가나안 여자 하나가 그 지경에서 나와서 소릴질러 가로되 주 다윗의 자손이여 나를 불쌍히 여기소서 내 딸이 흉악히 귀신들렸나이다 하되 예수는 한 말씀도 대답지 아니하시니 제자들이 와서 청하여 말하되 그 여자가 우리 뒤에서 소리를 지르오니 보내소서 예수님께서 대답하여 가라사대 나는 이스라엘 집의 잃어버린 양 외에는 다른 데로 보내심을 받지 아니하였노라 하신대 여자가 와서 예수께 절하며 가로되 주여 저를 도우소서 대답하여 가라사대 자녀의 떡을 취하여 개들에게 던짐이 마땅치 아니하니라 여자가 가로되 주요 옳소이다마는 개들도 제 주인의 상에서 떨어지는 부스러기를 먹나이다 하니 이에 예수님께서 대답하여 가라사대 여자야 네 믿음이 크도다 네 소원대로 되리라 하시니 그 시로부터 그의 딸이 나으니라.
　　　　　　(마태복음 15 : 21~28)

부스러기와 개

오늘 본문 말씀은 비유와 이적이 함께 나타나 있는 특징을 가지고 있습니다. 다시 말하면 예수님께서 말씀을 하시는 중에 비유로 말씀하신 것이 아니라 흉악하게 귀신 들린 여자 아이를 고쳐 주시게 되는 과정에서 본 비유를 말씀하시게 됩니다.

그러면 여기에서 먼저 마태복음 10장 5절 이하의 말씀에 기록되어 있는 제자들의 첫 파송 장면을 보면 "예수님께서 이 열둘을 내어보내시며 가라사대 이방인의 길로도 가지 말고 사마리아인의 고을에도 들어가지 말고 차라리 이스라엘 집의 잃어버린 양에게로 가라"는 말씀이 있습니다. 이는 물론 일시적인 말씀인 줄 압니다만 우선 경험 없는 첫출발을 하는 제자들에게 하시는 예수님의 말씀은 이방인들과 사마리아인에게는 가지 말고 잃어버린 양, 다시 말하여 유대인에게 먼저 가라는 것입니다. 그러나 뒷날 부활신앙을 체험하고 성숙해진 다음에는 "예루살렘과 유대와 사마리아와 땅끝까지 이르러 내 증인이 되리라"는 말씀을 하시게 됩니다. 그리고 보면 아마도 그 당시의 제자들은 미숙한 상태여서 처음부터 이방인의 지역으로 가는 것을 허락치 않으신 것 같습니다. 아무튼 제자들을 향하여 이방인의 땅으로는 가지 말라고 당부하시던 예수님께서 오늘 본문에 의하면 이것은 가나안 땅이요 완전히 이방인의 땅인 시돈 지방으로 가셨습니다. 그리고 같은 내용의 기록인 마가복음 7장 24절을 보면 "예수께서 일어나사 거기를 떠나 두로 지경으로 가서 한 집에 들어가 아무도 모르게 하시려 하나 숨길 수 없더라"는 말씀이 있습니다. 이렇게 미루어 볼 때 오늘 본문에는 그저 길가에서나 되어진 일로 표현되고 있습니다만 마가복음에는 예수님께서 이방 사람의 집에 들어가시어 적어도 필요한 휴식을 취하시며 유숙하신 것으로 되어 있습니다. 잘 아시다시피 일반적으로 이스라엘 사람들은 사마리아 땅은 더러운 땅이라 하여 밟는 것조차 싫어했으며 이방 사람들과는 상종도 하지 않았습니다. 그런데 예수님께서는 지금 이방 사람의 집에 가서 유숙을 하신 것입니다. 이처럼 예수님께서는 이방 사람도 사랑하였으며, 저들과 함께 거하시면서 저들에게 긍휼을 베푸시고 여러 가지 어려운 병들을 고쳐 주신 것을 볼 수 있습니다. 따라서 그리스도의 사랑이 거기에서도 계시되었음을 생각할 수 있습니다.

이제 오늘 본문의 내용은 가나안의 한 여인이 예수님께 나아와 흉악한 귀신이 들린 자기 딸을 고쳐 달라고 하는 간절한 애원으로 시작이 됩니다. 고고학자들의 말에 의하면 당시의 이 가나안 사람들은 주로 아스도렛(Ashtoreth)이라고 하는 풍요의 여신을 섬긴 것으로 이야기하고 있습니다. 하긴 어디 이 여신 하나뿐이었겠습니까? 잡다한 많은 우상을 섬기던 사람들입니다. 그러고 보면 이 여인이 자기의 불쌍한 딸을 위해 이 우상, 저 우상 앞에서 얼마나 열심히, 그리고 많이 빌었겠습니까? 그러나 종내 고침을 받지 못한 채 지내오다가 이제 예수님의 소식을 듣고, 예수님께로 달려와 많은 어려움과 방해가 있었음에도 불구하고 마침내는 예수님으로부터 "네 믿음이 크도다" 하시는 말씀과 함께 딸이 나을 것을 허락받게 됩니다. 여기에서 "믿음이 크도다" 하실 때의 크다는 뜻의 헬라 원어는 '메가스'라는 말로 이는 "대단히 큰, 위대한"이라는 뜻을 가지고 있습니다. 그래서 요즈음 흔히 쓰는 말 가운데 보면 아주 큰 규모의 어떤 것들을 메가톤급이라고 표현하는 것을 볼 수가 있습니다. 큰 것 중에서도 가장 큰 것! 그러니까 마치 부자들 중에서도 큰 부자들 거부라고 하고 그 거부들 중에서도 제일 부자를 갑부라 하는 것과 마찬가지라 하겠습니다.

이제 예수님께서는 여자야, 네 믿음이 참으로 크고 위대하도다! 하시는 칭찬에 이어 우리 모두가 듣고 싶어하는 귀한 말씀을 들려주십니다. 그것이 무슨 말씀이냐 하면 "네 소원대로 되리라"는 참으로 귀한 말씀입니다. 믿음은 분명 하나님의 축복을 받는 그릇임에 틀림이 없습니다. 따라서 믿음을 떠나서 이야기할 것이란 아무것도 없습니다. 사도 바울도 "믿음으로 좇아하지 아니하는 모든 것이 죄니라"(롬 14:23)며 말하고 있습니다. 그러므로 우리는 언제나 믿음으로 생각하고 믿음으로 말하며, 믿음으로 행함으로 그 믿음이 하나님의 축복을 받는 그릇이 되게 해야 하는 것입니다. 모든 은혜의 축복은 믿음을 통하여서만 받는다고 하는 것이 우리 그리스도인의 신앙이요, 고백입니다.

그런데 우리가 믿음이라고 할 때에는 두 가지의 구분된 개념을 생각해 볼 수가 있습니다. 그 중 하나는 구원받을 만한 믿음으로 우리가 일반적으로 말할 때 주 예수를 그리스도로 받아들이는 그러한 믿음을 말하는 것입니다. 이에 예수님께서는 많은 사람들을 대하시면서 믿음의 성격을 두 가지로 나누어 말씀하고 계십니다. 그러기에 어떤 때의 믿음을 보시고는 "네 죄 사함을 받았느니라"(마 9:5) "네 믿음이 너를 구원하였다"(마 9:22고 말씀하시는 것을 볼 수 있는데 이것은 구원에 이르는 믿음을 말함입니다. 네 죄 사함을 받았느니라! 죄 사함을 받으면 동시에 구원을 받는 것이 아니겠습니까? 또한 십자가 위에 달리신 고통의 순간에 일생 동안 죄를 짓고 살아 왔으나 그 마지막 순간에 예수님께 참된 회개와 신앙을 고백하는 한편 강도의 믿음을 보시고 "오늘 네가 나와 함께 낙원에 있으리라"고 하시는 귀한 허락을 하시게 되는 이 또한 구원 얻는 믿음인 것입니다.

그런가 하면 엄격히 따져 구원과는 관계가 없는 은사에 속한 것들이 있습니다. 가령 병 고침을 받는다고 하였을 때 그것을 곧 구원받은 것으로 말할 수는 없습니다. 그것은 어디까지나 병을 고침받은 것입니다. 한 마디로 말하자면 소원 성취한다는 이야기가 되겠지요. 그러니까 우리가 죄사함받고 하늘나라에 간다고 하는 그런 궁극적 의미에서의 구원이 아니라 현실 여기에서 병 고침을 받는 것을 비롯하여 내 소원이 이루어지는 것, 즉 말하자면 은혜보다는 은사를 받게 되는 그러한 그릇으로서의 믿음이 있습니다. 이러한 믿음에 대하여 예수님께서 말씀하시기를 "네 소원대로 되리라"고 하시는 것입니다. 이 얼마나 멋있는 이야기입니까? 네 소원대로 될 것이다!

이와 같이 믿음에는 구원을 얻기에 필요한 그릇으로서의 믿음과 은사, 곧 축복의 소원을 성취하는 그릇으로서의 믿음이라는 두 개념이 있으며 이는 다 같이 필요한 믿음입니다.

그런데 이 믿음이 문제입니다. 이제 믿음을 은혜와 축복을 받는 그릇이라고 할 때에 우리는 간단하게 세 가지로 정리하여 말할 수가 있습니다. 그 하나가 겸손한 믿음입니다. 하나님께서는 진정으로 겸손한 믿음을 원하시며 그 믿음을 기쁘게 받으시고 그 믿음 위에 소원을 허락하시는 것을 볼 수가 있습니다. 그것은 "주여 주실 줄로 믿습니다" 하는 그런 차원의 믿음을 두고 하는 이야기가 아닙니다.

그리고 또 다른 하나는 지혜로운 믿음입니다. 흔히들 하는 대로 다른 데 가서 구할 수도 있고 거기에 마음을 쏟을 수도 있겠지만 꼭 예수님께로 나와야 되겠다고 생각하며 그 일이 가장 귀한 일인 줄로 아는 이것이 지혜로운 믿음입니다. 하나님의 뜻을 알 수 있고 주님께 나오는 것을 소중히 여기는 지혜! 예를 들면 예수님의 옷자락을 만지는 혈루증 앓는 여인의 그 믿음입니다. 물론 그 믿음은 나같이 추한 여인이 어찌 감히 예수님 앞에 나아가 말로 부탁을 드릴 수가 있겠는가 하는 겸손한 마음이기도 합니다마는 반면에 기어이 예수님께로부터 은혜를 입어야겠다는 간절한 마음이 있습니다. 이것이 바로 지혜로운 마음이요, 지혜로운 믿음입니다.

다음 또 하나는 감당할 수 있는 큰 믿음, 곧 인내하는 믿음입니다. 오늘 본문에 나타나고 있는 이 여인은 큰 믿음을 가지고 있습니다. 그것이 어떤 것이었느냐 하면, 이 여인이 예수님께로 나아가 바른 관계를 맺는 데에는 많은 장애가 있었으나 그 장애들을 다 넘어설 수 있는 그러한 믿음, 한마디로 말하여 시험을 이기는 믿음입니다. 우리가 예수님께로 나아가는 데에는 이 모양 저 모양의 많은 시련을 당하게 되지만 이 시련을 극복하면서 끝까지 쓰러지지 않고 이겨냄으로 마침내 예수님으로부터의 허락을 받아내는 이러한 믿음이 인내하는 믿음이요, 위대한 믿음이라 하겠습니다.

그러면 여기에서 우리가 드리는 기도의 응답을 두고 생각해 볼 때 여기에 대한 매우 재미있는 표현을 빌릴 수가 있습니다. 그것은 기도의 응답을 세 가지로 본다는 것으로 첫째는 기도드리는 사람의 믿음의 정도가 수준급에 올라 있으면 "주님 주십시오" 하면 곧장 "그래라, 그래라"로 하시는 응답이 있고 다음 두번째 응답은 "기다리라"는 것으로 이는 아직 그 정도나 여러 가지 여건에 있어서 모자람이 있으니 그것이 채워질 때까지 조금 더 기다리라는 응답입니다. 그리고 세번째 응답은 "버리라"는 것으로 이는 네가 원하는 바의 소원이 잘못되었으니 그것은 "안된다"고 하는 응답입니다. 잘못된 소원을 버리라! 이것도 응답입니다. 그런데 이것은 응답이 아닌 것으로 생각하는 데에 문제가 있습니다. 우리가 언제나 하나님 앞에서 열심히 구하는 바가 있어야 하겠습니다만 어느 시간에는 내 기도의 제목을 버릴 수도 있어야 합니다. 마치 예수님께서 겟세마네 동산에서 "내 아버지여 만일 할만하시거든 이 잔을 내게서 지나가게 하옵소서"라고 분명히 자신의 뜻을 밝히고도 "그러나 내 원대로 마옵시고 아버지의 원대로 하옵소서"라며 자신의 소원을 버리는 것과 같이 우리에게도 그러한 믿음이 필요합니다.

이제 오늘 본문에 나타난 이 여인의 믿음이 어떤 믿음이었는가를 살펴보면 이 여인의 믿음은 겸손합니다. 그리고 예수님을 선택하고 끝까지 그 예수님으로부터의 응답을 받아내겠다고 하는 지혜가 있습니다. 뿐만 아니라 무엇보다도 중요한 인내가 대단히 큰 믿음을 가지고 있음을 볼 수 있습니다. 이와 같은 믿음은 이스라엘 사람들의 전통적인 믿음은 아닙니다. 일반적으로 이스라엘 사람들의 믿음이란 "내가 무엇을 하여야 영생을 얻으리이까?"라는 질문을 해 놓고는 "네가 계명을 아나니" 하시는 예수님 앞에서 그것은 "내가 어려서부터 다 지키었나이다"(눅 18 : 18~21)라고 하는 것과 같은 그런 상태의 믿음입니다. 그저 어렸을 때부터 아무 생각도 없이 습관적으로 지켜오며 형성되어버린 믿음! 이것이 문제입니다. 거기에는 아무런 의식도 없어요. 단순히 어렸을 때부터 교회에 다녔으니 몸에 배인 대로 오늘도 나와 앉아 있는 것이란 말입니다. 이와 같이 문화화되고 습관화되어 있는 믿음은 또 하나의 고질적인 큰 병입니다.

그런데 여기 이 여인의 믿음은 성경적 지식을 많이 안다는 의미에서의 믿음도 아니며, 저들 이스라엘 사람들의 규례를 따라서 그 의식을 다 준행한다는 그런 의미에서의 믿음도 아닙니다. 따라서 바리새인적 믿음도 아니요, 제사장적인 믿음도 아닙니다. 이 여인의 믿음은 그저 이방 사람들이 가질 수 있는 단순한 믿음 그것입니다. 그런 가운데 이 믿음의 특징을 좀더 세분하여 살펴보자면 첫째는 더는 다른 것을 생각지 않는 단순함이요, 두번째는 적극성입니다. 누가 뭐라고 하여도, 어떠한 시험이 있어도 끄떡하지 않고 끝까지 밀고 나아가는 긍정적이고 적극적인 믿음입니다. 그리고 나머지 세번째는 겸손하여 자기를 낮추는 믿음입니다. 그리하여 자기 존재를 아주 형편없이 평가하고 있는 이러한 특징들을 볼 수 있습니다. 그러니까 오늘 본문의 이 여인은 다른 사람들이 자기를 무엇이라고 하든 상관없이 예수님 앞에 나와 자기의 소원을 기어이 이루고자 하는 단순한 마음으로 주님 앞에 부르짖고 있는 것입니다.

이제 오늘 본문을 자세히 살펴보면 이 여인이 예수님께 나아오는 데에는 몇 가지의 시험이 있었음을 볼 수 있습니다. 그것은 먼저 예수님께서 아무런 대답을 하시지 않았다고 하는 점입니다. 이 여인이 예수님을 향하여 간절한 마음으로 맨 먼저 하는 말이 "나를 불쌍히 여기고서, 내 딸이 흉악히 귀신이 들렸나이다"라고 하지만 이에 대하여 예수님께서는 23절에 기록된 대로 단 한 말씀도 대답지 않으시는 것입니다. 여러분! 이렇게 대답이 없다는 것은 참으로 힘든 일이지요. 그래서 어떤 이들은 "나는 10년 동안이나 기도를 하였는데도 아직 응답을 못 받았다"는 이야기를 하며 답답해하는 모습을 볼 수가 있습니다. 아무런 대답이 없어요. 가슴에 화끈하게 뜨겁게 와 닿는 것도 없고 그렇다고 어떤 사람들처럼 신비스러운 꿈을 꾸거나 환상을 보며 예수님을 대하는 등 무엇인가 이렇다 할 것이 없단 말입니다. 게다가 늘 건강하고 보니 어려운 질병에서 죽을 뻔하다가 살아난 경험도 없고 하여 도대체가 무미건조한 가운데 믿음의 증거를 얻을 수가 없다는 것입니다.

마찬가지로 오늘 여기 이 여인이 예수님께 나와 내 딸이 흉악한 귀신이 들렸사오니 불쌍히 여겨 달라며 큰 소리로 애원을 하지만 그러나 예수님께서는 아무런 대답이 없어요. 여러분! 이렇게 대답이 없으시다는 것이 무엇을 의미하는 것이겠습니까? 이것은 하나의 타이밍(timing)의 문제입니다. 따라서 이것은 믿음의 그릇의 문제가 되기도 하고 다른 말로 표현하자면 "조금 더 생각하라" "조금 더 기다리라!"고 하는 그런 의미가 있는 것으로도 봅니다. 그런데 이 사람은 대답이 없는 것으로 보아지고 느껴지는 그러한 상태를 극복할 수가 있었으니 이것이 실로 위대한 믿음인 것입니다.

그리고 두번째 시험은 제자들의 방해입니다. "제자들이 와서 청하여 말하되 그 여자가 우리 뒤에서 소리를 지르오니 보내소서"라는 것입니다. 이 장면을 두고 성경에는 없는 말씀이지만 짐작이 가는 이야기를 해본다면 이제 제자들은 아무리 말려도 말릴 수가 없게 되자 예수님께서 좀 말려 주십시오 하는 그런 이야기가 아니겠는가 하는 것입니다. 생각해 보면 그 상황에서 제자들이 먼저 말리지 않았을 리가 없어요. 무엇이라고 자꾸만 시끄럽게 소리를 지르며 다가오자 예수님이 어떤 분인데 많은 사람들 앞에서 이러느냐고, 제발 좀 조용히 해 달라며 이 사람 저 사람이 한 마디 씩 하며 말렸을 것입니다. 어쩌면 붙들기도 하면서 말렸겠지요. 그러나 이 여인이 막무가내로 뿌리치며 발악을 하고 나오자 할 수 없이 예수님께 말씀을 드리는 것입니다. "아무렴 예수님의 말씀이야 듣지 않겠습니까? 무엇이라고 한 마디하면서 이 여자를 좀 돌려보내십시오" 하는 이야기입니다. 제자들로 말하자면 사람들을 예수님께로 인도해야 할 책임이 있는 사람들임에도 불구하고 이렇게 예수님께로 가까이 나아가는 사람을 오히려 못 가게 만들고 있단 말입니다. 이것이 시험입니다. 그 때문에 먼저 믿은 사람이 나중 믿는 사람의 시험거리가 될 때가 많은 것입니다. 처음 교회에 나올 때에는 직선적으로 하나님과 성경 말씀만을 생각하며 그 앞에 자신을 내어놓고 겸손히 나오다가 이제 1년, 2년, 3년 하는 세월과 더불어 제법 믿음의 생활을 한답시고 교회생활에 익숙해지다 보면 그때엔 다른 사람을 향해 "10년 믿어도 저 모양이구먼!" 혹은 "20년을 믿고도 저럴 바에야 뭐" 하는 식으로 생각하기가 쉬워지는 것입니다.

그러기에 먼저 믿은 사람 중에서도 잘 믿는 사람들을 보아야지 그렇지 못한 사람들을 보며, 그들과 계속 사귀게 되면 어느 사이에 점점 믿음이 떨어지게 됨은 물론 크게 잘못된 믿음의 자리에 서게 되는 것입니다. 그래서 누가 전도를 제일 잘하느냐 하는 것을 분석해 보면 오래 믿은 사람보다는 처음 예수 믿고 신앙생활한 지 일 년 반이 못 되는 사람들이 가장 열심히 잘한다는 것이 통계적으로 나온 결론입니다. 이와 같이 예수 믿은 지 오래된 사람들의 신앙이란 이럭저럭 식어지고 타성화되기가 쉬운 것입니다. 왜냐하면, 이제는 하나님과 그 말씀이 아닌 사람을 보고 있기 때문입니다. 사람을 보기 시작했어요! 이것은 참으로 불행한 일이 아닐 수 없습니다. 그런데 오늘 이 제자들의 모습이 어떠합니까? 먼 곳에 있는 사람까지라도 예수님께로 인도해 와야겠는데 오히려 가까이 오는 사람을 못 오게 막았으니 이것이 이 사람에게는 어려운 시험입니다. 그러나 이 시험은 반드시 넘어서야 합니다. 여러분! 만약 이 여인이 제자들이 완강하게 말린다고 하여 "정말 괄세가 심하구만. 안 가면 그만 아닌가" 하고서는 돌아가 버렸다면 그 결과가 어떻게 되었겠습니까? 그러나 그는 이 어려운 시험을 극복하였습니다. 내가 만나러 온 것은 예수이지 당신들이 아니란 말이오! 그리고 뿌리치고 기어이 예수님께로 나아갔더란 말입니다.

이제 세번째 시험은 선택받은 자가 아닌 이방 여자라는 사실입니다. 그 때문에 예수님께서 모처럼 한 마디 하시는 말씀이 "나는 이스라엘 집의 잃어버린 양 외에는 다른 데로 보내심을 받지 아니하였노라"고 하시는 것을 볼 수 있는데 이 여인의 입장에서 보면 매우 낙심적인 말씀을 하신 것입니다. 이는 바꾸어 말하면 나는 이스라엘 집에 보냄을 받은 것이지 너 같은 이방 여자를 위하여 보냄을 받은 것이 아니라고 하는 참으로 냉정한 말씀입니다. 다른 이야기라면 몰라도 이 말씀 앞에서는 아마도 누구나 다 쉽게 낙심하고 말 것입니다. 그러나 이 가나안 여인은 이 어려움까지도 넘어선 것입니다. 그는 분명 선택받은 백성이 아닌, 선민권 외에 있는 이방 여자입니다. 따라서 축복을 받을 수 있는 선택된 무리 중의 한 사람이 아니란 말입니다. 그렇기 때문에 나는 아무래도 복을 받을 수 없는 자라며 스스로 자기를 제외시키는 마음이 있을 수가 있는 이것이 바로 오늘 본문에서 하나의 시험으로 대두되고 있음을 볼 수 있습니다. 오늘도 보면 누구든 잘 믿어서 복도 받고, 은혜도 받고 하것만 나는 항상 이 모양인 것을 보면 아무래도 나는 구제불능인가 보다며 자기를 은혜의 영역 밖으로 내어 놓고 스스로 실망하는 수가 있는데 이것이야말로 위험한 생각입니다. 나는 소외된 인간이다! 나는 버려진 인간이다! 그러므로 나는 구원받을 수 없는 자라고 하는 이러한 생각을 극복해야만 합니다.

마지막 네번째 시험은 개와 같은 취급을 당하는 참으로 견디기 힘든

모욕적인 시간입니다. 25~26절 말씀에 보면 "여자가 와서 예수께 절하며 가로되 주여 저를 도우소서. 대답하여 가라사대 자녀의 떡을 취하여 개들에게 던짐이 마땅치 아니하니라." 여기에서 말씀하신 자녀는 이스라엘사람이요, 개는 이방인을 뜻하는 말입니다. 이렇게 개 취급을 당했단 말입니다. 도대체 이것을 어떻게 극복할 수 있겠습니까? 참으로 어려운 시간이 아닐 수 없습니다. 사실은 유대 사람들이 이방 사람들을 가리켜 개 같다고 하는 것은 일반적인 개념으로 지금도 그렇게 말하고 있습니다. 이는 유대 사람들의 교만한 마음에서 나온 이방인에 대한 별명입니다. 저들의 이와 같은 교만은 오늘날에 있어서도 여전히 대단한 것만은 틀림이 없습니다. 그렇기 때문에 어느 나라에 가든지 유대 사람들이 많은 욕을 먹기도 하고 핍박을 받는 것입니다. 그러니까 그 핍박을 받는 데에는 당연한 이유가 있는 것이지요. 자기가 교만하다보니 핍박을 받는 것이 아니겠습니까? 그래서 이스라엘 사람들이 쓴 글 중에 보면 온 세상 사람들이 우리에게 대해서는 다 원수라는 표현을 하고 있는 것을 발견할 수 있습니다. 이는 저들이 어디를 가나 핍박을 받게 됨으로 하는 말인데 그것은 사실 저들이 유별나기 때문이요, 한편으로는 그 교만함에 이유가 있을 수도 있습니다.

　　아무튼 당시의 유대 사람들이 이방 사람들을 향하여 개라고 부르는 것이 보통이었는데 이제 다른 사람도 아닌 예수님께서도 그렇게 부르셨다는 데에 문제가 있습니다. 예수님이 아닌 다른 사람이라면 그 누가 개라고 하든 상관치 않고 다 극복할 수가 있겠어요. 그러나 예수님이 입에서 그 말이 나왔으니 이것은 끝난 일이 아니냐는 말입니다. 여러분! 그렇지 않습니까? 가령 나에게 좋지 못한 일이 있었다고 할 때에 이를 아는 많은 사람들이 나를 나쁘다고 하겠지요. 어쩌면 그것은 당연한 것이기도 하고 그런 대로 좋습니다. 그러나 내가 존경하는 분, 믿고 사랑하는 사람까지 나를 나쁘게 취급하고 나오게 되면 그때엔 살수가 없어요. 내가 마지막으로 기대했던 그분마저 저들과 똑같이 평가하면서 나를 쓸모 없는 인간으로 몰아붙이는 처지가 되었으니 어떻게 더 살 수가 있겠느냔 말입니다.

이제 오늘 본문의 이 여인은 모름지기 개와 같은 여자라는 말을 수없이 들어 왔기에 자기 자신도 그렇게 생각하고 있을지 모릅니다. 그러나 예수님까지 이렇게 개라고 하시는 것은 참으로 극복하기 어려운 일입니다.

그러면 왜 유대 사람들이 이방 사람들을 가리켜 개라고 부르는가 할 때에 여기에는 몇 가지의 이유가 있습니다. 성격은 이스라엘 사람들이 생각하고 있는 개에 대한 개념을 몇 가지의 특징으로 설명해 주고 있습니다. 그 첫째가 만나거나 모일 때마다 싸운다는 것입니다. 우리 말에도 "개처럼 싸운다"는 말이 있습니다만 어쨌든 화목함이 없이 서로 헐뜯으며 싸우는 이방 사람들의 생활 모습을 보며 개라고 한 것입니다. 그리고 두번째 이유는 음란하기 때문입니다. 이 음란이라는 것은 비단 개만이 그런 것은 아닙니다마는 그 행위가 눈에 보이기 때문에 더욱 그러합니다. 유대 사람으로서 이방 사람들을 볼 때에 제일 추하고 더러운 것 둘이 있는데 그 하나는 우상을 섬기는 행위이고 다른 하나는 이성 관계입니다. 특별히 이방 사람들은 종교의식 자체로서 공공연히 간음이 행해졌기 때문에 그 추함이 말이 아니었으며 더욱이 이성 관계에 있어서도 근친상간이 예사로이 일어나고 있어서 가까운 친척은 물론 심지어는 아버지와 딸 사이에도 이러한 일들이 흔하게 일어나고 있으니 저것이 개이지 어디 사람이냐는 것이며 철저한 율법 속에 살아가고 있는 유대 사람의 눈으로 볼 때에는 그야말로 사람으로 보이지 않았던 것입니다. 이제 세번째 이유는 토했던 것을 다시 먹기 때문입니다. 그러니까 회개하고 다시 죄짓고, 또 회개하고 또 짓고 하는 것을 말하는 것입니다. 계속 후회하고 뉘우치면서 똑같은 죄를 계속 짓는 것이지요. 그럴 때에 개와 같다는 말을 하게 되는데 어쨌든 그러한 점에서 유대 사람들이 이방 사람들을 개로 여겼다는 것입니다.

이러한 배경 속에서 예수님마저도 "이스라엘 사람에게 가야 하는 축복을 빼앗아서 개 같은 너에게 주는 것은 마땅치 않다"고 하시는 참으로 냉정하고도 절망적인 말씀을 하셨습니다마는 그러나 이 여인은 이 시험을 아주 쉽게 넘어섭니다. 그리고 하는 말이 "개들도 제 주인의 상에서 떨어지는 부스러기를 먹나이다!" 이 여인은 자신이 개가 아니라고 하지를 않습니다. 옳습니다. 당연히 개지요! 개처럼 더럽습니다! 그렇지만 주인의 상에서 떨어지는 부스러기를 먹는 개라고 하는 것입니다. 이스라엘 사람들이 생각하는 개에는 세 종류의 개가 있었다고 합니다. 그 첫째가 주인없이 마구 돌아다니는 들개로서 사납고 그 숫자가 많아 길을 나설 때에는 반드시 이 들개를 쫓을 수 있는 몽둥이를 지니고 다녀야만 했다는 것입니다. 그리고 두번째는 잘 길들여 양떼를 지키는 개입니다. 우리가 "셰퍼드(shepherd)" "셰퍼드" 하는데 이 셰퍼드라는 말은 영어로 목자라는 말입니다. 그러니까 양을 지키는 개가 바로 셰퍼드입니다. 이제 마지막 세번째 애완용 개입니다. 이 애완용 개란 우리가 잘 알다시피 사람들과 같이 지내며 한 방에서 먹고 자고 하는 것입니다. 그런데 이스라엘 사람들은 절대로 이 애완용 개를 키우지 않습니다. 사실상 목장에서 키우는 것마저도 그렇게 좋은 일로 생각하지 않습니다. 그래서 이 애완용 개는 이방 사람들의 개입니다. 이렇게 애완용으로 방안에서 키우는 개는 주인의 상 옆에 앉아 있으면서 무엇이고 하나 먹을 것을 던져 주기를 바라며 기다리게 됩니다. 그래서 어느날 마틴 루터(Martin Luther)가 식사를 하면서 자기 옆에 있는 애완용 개가 침을 삼키면서 자기의 손끝을 따라 열심히 눈을 움직이며 손이 상에 닿으면 상으로 입으로 가면 입으로 향하는 것을 보고는 감동이 되어서 개에게 고기 조각을 하나 던져 준 다음 자기의 무릎을 탁 치면서 하는 말이 "이 개가 고기 조각을 쳐다보는 것처럼 내가 하나님을 쳐다볼 수 있으면 좋겠다"고 하였다는 것입니다. 역시 루터다운 이야기입니다.

그런데 오늘 본문에서 말하고 있는 이 개는 헬라 원어로는 '쿠나리아' 라는 것으로 이것은 큰 개가 아닌 작은 개이며 애완용을 말하고 있습니다. 그러니까 개는 개이지만은 주인의 사랑을 받는 개요, 주인이 먹여 주어야 먹는 개입니다. 결코 들개가 아니라 주인의 사랑을 꼭 받아야 하는 개라는 것입니다. 나는 개와 같은 사람이지마는 그래도 주인의 사랑을 받아서, 그 상에서 떨어지는 부스러기라도 먹겠다는 말입니다. 지금 이 여인은 자신을 개로 낮추었을 뿐만 아니라 자기가 받고자 하는 은혜를 부스러기로 생각한 것입니다. 주님! 부스러기 은혜라도 제발 좀 주십시오! 이 몸은 큰 것을 받을 자격도 없거니와 결코 큰 것을 원하지도 않습니다! 위대한 역사, 굉장한 사건은 다 다른 사람들에게 주시고 이 개 같은 저에게는 그저 작은 부스러기라도 좋사오니 그것을 주세요! 바로 이러한 겸손과 그 믿음을 예수님께서는 크게 보시어 "네 믿음이 크도다 네 소원대로 되리라!"고 말씀하십니다. 이 여인의 마음가짐은 아주 낮고 적은 것이었어요. 그러나 예수님께서는 위대한 믿음이라며 칭찬하고 계시는 것입니다.

여러분! 오늘 이 비유가 우리에게 무엇을 말하고 있는 것이겠습니까? 진실로 우리 한 사람 한 사람이 겸손하게 낮추어서, 스스로를 개와 같은 존재로 생각해 버리고 나면 그 이후에는 시험될 것이 하나도 없습니다. 이제는 제자들이 무엇이라고 하든, 이스라엘이 어떻든 간에 이렇게까지 자기를 낮출 수 있는 사람은 어떤 시험이 닥치더라도 다 이길 수가 있습니다. 뿐만 아니라 하나님 앞에 은혜를 구할 때에도 그렇게 허영된 소원보다는 아주 작은 소원, 나는 본래 부족하여 큰일을 바라지도 않습니다. 그저 다 먹고 남은 부스러기라도 좀 주십시오 하는 겸손한 소원을 아뢸 수가 있을 것입니다.

저는 참으로 개와 같은 인간입니다! 그러나 개도 주인이 던져주는 부스러기를 먹고 살지 않습니까? 이 개와 같은 저에게 부스러기 은혜를 주세요 하는 바로 거기에 "네 믿음이 위대하도다. 네 소원대로 되리라!"고 하시는 주님의 크신 축복이 임하신 것입니다.

일기 예보의 비유

바리새인과 사두개인들이 와서 예수를 시험하여 하늘로서 오는 표적 보이기를 청하니 예수께서 대답하여 가라사대 너희가 저녁에 하늘이 붉으면 날이 좋겠다 하고 아침에 하늘이 붉고 흐리면 오늘은 날이 궂겠다 하나니 너희가 천기는 분별할 줄 알면서 시대의 표적은 분별할 수 없느냐 악하고 음란한 세대가 표적을 구하나 요나의 표적 밖에는 보여 줄 표적이 없느니라 하시고 저희를 떠나 가시다.
(마태복음 16 : 1~4)

일기 예보의 비유

	2천여 년 전의 이야기인 오늘 본문임에도 예수님께서는 일기 예보에 대한 말씀을 하고 계십니다. 누구나 다 그날의 일기는 물론 앞으로의 날씨를 알고 싶어합니다. 그래서 아침에 집에 나서는 사람은 오늘은 날이 궂을까? 맑을까? 추울까? 더울까? 바람이 불까? 를 생각하게 되고 멀리 여행을 떠나는 사람은 여행 중의 일기를 생각하게 됩니다. 이와 같이 예나 오늘이나 이 일기에 대하여 미리 알고 싶은 마음은 똑같았던 것 같습니다.
	그런데 예수님께서는 오늘 본문을 통하여 당시에 있던 간단한 상식에 속하는 일기 예보를 비유로 우리에게 귀중한 말씀을 하고 계십니다. 이 말씀에도 우리 마음의 귀를 기울여야 할 것입니다.
	오늘도 우리가 일기 예보를 듣습니다마는 잘 맞는 것 같다가도 요즈음 같은 장마철에는 곧잘 틀려서 때때로 소나기가 내리겠다고 하였는데도 소나기는커녕 햇빛만 쨍쨍한 것을 보게도 됩니다. 그 때문에 나온 농담이 있지 않습니까? 기상대에 근무하는 한 청년이 장가를 가려고 하여도 그 길이 계속 열리지를 않는데 그 이유인즉 일기 예보를 한 것이 제대로 맞지 않다보니 거짓말쟁이가 되어서 "자네 매사에 그렇게 거짓말이 많아서야 어떻게 딸을 주겠나?" 하고 처녀의 아버지가 말한다는 것입니다. 이와 같이 일기 예보를 소재로 생겨난 농담은 우리 나라뿐만 아니라 외국에도 많이 있는 것을 볼 수가 있습니다.
	그러면 이 일기 예보란 무엇이냐 할 때에 이것은 하나님의 뜻을 헤아리는 것도 아니요, 하나님의 섭리를 알자는 것도 아닙니다. 이것은 다만 하나의 경험철학입니다. 그저 오랜 세월을 살아 오면서 보니 이렇게 되면 이렇게 되고, 저러한 것의 뒤에는 그렇게 되더라고 하는 그러한 지식들을 모아 이제 잠깐 예고해 보는 것입니다. 이것을 신학적인 용어를 빌어 표현하자면 미래학이라는 것입니다. 과거에 지내온 것들을 잘 종합, 정리하여 그것에 비추어 앞의 일을 잠깐 예고해 보겠다는 것이지요. 그렇기 때문에 이 미래학은 종말론과는 근본적으로 다른 것입니다.

그런데 이 일기 예보라고 하는 것이 무엇에 준하여 이루어지느냐 할 때에 여기에서 적어도 세 가지 기본 생각을 필요로 하게 됩니다.

그 첫째는 현상과 실제를 바로 파악하는 일입니다. 그러한 다음에 이후에는 어떠한 현상이 일어날 것인가를 생각해 내는 것이 일기 예보입니다. 그러므로 우선 과거의 경험을 잘 분석하는 일이 무엇보다도 중요합니다. 만약 지난 일을 쉽게 잊어버리는 건망증 환자라면 그는 일기를 예보할 수가 없습니다. 이제 예수님께서는 분명히 말씀하시기를 "저녁에 하늘이 붉으면 날이 좋겠다 하고, 아침에 하늘이 붉고 흐리면 오늘은 날이 궂겠다"고 한다는 것입니다. 여기에는 우리는 두 가지의 생각을 더 하여야 합니다. 그 하나는 이 현상을 예의 주시하는 사람이어야 한다는 점입니다. 아침이나 저녁, 어느 때이든지 하늘을 보고 그 붉고 푸르름의 현상을 자세히 파악한 사람이라야 무슨 예고라도 할 수 있는 것이지 아예 하늘을 쳐다보지도 않는 사람이 무슨 예고를 할 수 있겠느냔 말입니다. 그러므로 그때그때의 현상과 사실을 잘 파악하는 총명함이 있어야 한다는 것입니다.

그리고 또 다른 하나는 그렇게 되는 어떤 현상을 보면서 그것을 기억하여야 합니다. 이제 저녁에 날이 붉었으면, 이렇게 붉은 다음에는 어떻게 되더라고 하는 과거를 기억해내야 하는 것입니다. 그런데 어제된 일을 다 잊어버렸다면 그 사람은 예보를 할 수가 없습니다. 저것이 무엇을 말하고 있는 것인지를 알 수가 없어요. 그렇기에 지난날 우리 생에 있었던 모든 사건과 그 경험들을 기억해 두어야 합니다. 만약 그러지를 않고 다 잊어버리고 말았다면 그 사람은 앞으로의 새로운 일을 대비할 수가 없습니다. 따라서 또 다시 같은 실수를 하여야 합니다. 우리가 경험하고 잘 아는 대로 한번 실수를 하였으면 그 길로는 이제 안 가야 하는데도 왜 또 가느냐 하면 건망증 환자가 되어서이기 때문입니다. 이 기억력을 두고 재미있는 이야기들이 많습니다마는 특별히 노인들의 기억력이 어느 정도인가 하는 것을 보면 이 노인들은 자기가 말을 하면서도 자기가 한 말을 30분밖에 기억을 못한다고 합니다. 그러니까 지금 말을 하고도 30분 후에는 잊어버리게 되다보니 30분마다 똑같은 말을 하는 거예요. 그래서 소위 잔소리가 많아지고 듣는 사람이 복잡해집니다마는 기억력 없는 본인으로서는 항상 새로운 것입니다. 그런가 하면 더욱 재미있는 이야기가 있는데 쥐는 기억력이 3초밖에 되지 않는다는 이야기입니다. 그렇기 때문에 쥐는 고양이에게 쫓겨 구멍 속으로 들어가다가도 밖에 고양이가 있는 것을 잊어버리고 3초 후 곧장 나오다가 잡힌다는 것입니다. 그러므로 지나간 일들을 잘 기억하고 그 경험들을 종합, 분석하여 거기에서 얻어지는 지혜로 앞으로의 일에 대비할 수 있어야 하는 것입니다.

 뿐만 아니라 또 한 가지 중요한 것은 자신의 경험만이 아니라 다른 사람, 보다 멀리 조상적부터 내려오는 전승적 경험이나 지식을 잘 수렴할 수 있어야 합니다. 이에 어른들이 어떤 상황을 보면서 "그렇게 되었으니 이렇게 될 것이다"라고 한다면 "아! 그렇구나!" 하고 받아들여야지 그렇지 않으면 똑같은 일로 실수를 하게 되는 것입니다. 예를 들어 아버지가 아들에게 내가 경험한 바에 의하면 술 먹는 것은 매우 좋지 않은 일로 패가망신하게 된다며 술을 배우지 말라고 하였다며 이 아들은 "그러면 이제 저는 술을 먹지 않겠습니다" 하면 되겠는데 "아버지가 한 경험은 믿을 수가 없으니 내가 직접 먹어 보아야지" 하고 나온다면 그 집안은 다 된 집안이 아니겠습니까? 그저 매일 술독에 빠져서는 계속 같은 실수를 반복하다 말 것이란 말입니다. 적어도 아버지가 실수하고 후회하면서 제발 너는 나와 같이 되지 않기를 바란다고 하였다면 그 말씀만은 꼭 따르겠다며 그 길로는 안 가야 하는 것이에요. 이미 아버지께 있었던 일생의 경험이 내 경험이 되는 것입니다. 비록 나의 경험은 아니지만 이 아버지의 경험이 얼마나 중요한 경험입니까?

이 일기 예보도 그와 같습니다. 아시다시피 일기 예보라는 것은 가능한 긴 세월을 두고 관찰해 온 기록에서 나오는 것입니다. 단순히 금년에 되어진 현상이나 짧은 한동안의 기류를 보고 이야기하는 것이 아닙니다. 그래서 일기 예보를 할 때마다 빼놓지 않고 하는 "예년"이라는 말이 있지 않습니까? "오늘은 예년 기온보다 높다, 낮다"라고 하는 이 예년 온도가 무엇입니까? 수십 년에 걸쳐 내려오면서 해마다 그날그날의 온도가 오르고 내린 것을 관찰해 온 결과의 평균 온도인 것입니다. 그래서 오늘이 7월 23일이면 7월 23일의 예년 온도는 얼마라는 것이 이미 정해져 있는 것입니다. 이것은 하루아침에 결정지을 수 있는 일이 아닙니다. 적어도 수십 년을 두고 관찰한 기록에서 나와야 믿을 만한 예년 온도라 할 수 있을 것입니다. 그러기에 세계 기상대에서 권장하는 대로는 자그마치 30년을 단위로 하라는 것이며 이에 우리 나라 서울 지방의 예년 온도는 1951년~1980년까지 30년 간의 평균치라고 합니다. 그런데 기껏 작년의 온도와 금년의 온도를 비교한 것이라면 그것은 예년 온도가 아닌 것입니다. 그러므로 예년 온도라는 이 말 한 마디가 나오기 위해서는 적어도 몇십 년이 넘는 경험의 축적이 있었으며, 그 결과 7월 23일의 예년 온도에 얼마인데 1987년 7월 23일, 현재의 온도는 그보다 높다, 혹은 낮다고 비교해 말할 수 있는 것이 아니겠습니까?

여러분! 우리 인간의 지식도 그렇게 축적되어 나가는 것입니다. 그때마다의 현상을 알고 그 현상에 대한 지식을 경험으로 받아들이며 거기에 전승적 지식을 더하게 될 때에 이제는 미래를 볼 수 있는 지식이 축적되는 것입니다. 따라서 그 지식을 발판으로 앞으로의 일을 생각하게 되는 것이 바로 일기 예보이며, 나아가서는 이 일기 예보가 가르쳐 주는 진리입니다.

다음 두번째로 생각할 것은 일기 예보란 하나의 표적을 읽는 지혜라는 것입니다. 그리하여 저녁 하늘이 붉다는 것은 무엇을 의미하며 아침 하늘이 붉고 흐린 것을 무엇을 의미하느냐 할 때에 과학적으로 설명할 말도 많겠지만 적어도 그 사인(sign), 표적을 읽을 줄 알아야 하는 것입니다. 이에 우리의 가정에서 일어나고 있는 일 중에도 이와 비슷한 일이 있는데 그것은 집에 돌아오는 남편의 표정, 곧 기분의 기상도를 읽는 일입니다. 어떤 고집 센 장로님의 사모님이 제게 들려주신 바에 의하면 그 장로님은 밖에서 무슨 좋지 않은 일이 있는가 보다 싶은 날에는 이 사모님이 두 가지의 말만 하게 되면 화를 벌컥 내신다는 겁니다. 그것이 무슨 말이냐 하면 "피곤하지요?" 하는 것과 "무슨 어려운 일이 있어요?" 하는 말인데 "피곤하지요?" 하면은 "뭘 피곤해" 하면서 피곤하다는 말을 그렇게 싫어하고, "무슨 어려운 일이 있어요?" 하면 무슨 쓸데없는 참견이냐며 한 마디 밖에 안한 말을 가지고도 크게 역정을 낸다는 것입니다. 그게 왜냐하면 지금은 밖에서 일어난 일을 잊어버리고 싶은데 왜 다시 생각나게 만드느냐는 것이지요. 그렇게 되면 다시 그 시간으로 돌아가게 하는 것이란 말입니다. 그러므로 들어서는 표정이 벌써 무슨 문제가 있었겠구나 하고 느껴지거든 빨리 분위기를 바꾸어 그것을 잊어버리게 해주어야 잘하는 것이지 오히려 하루 종일 있었던 힘들고 불쾌했던 일들을 다시 기억하게 만든다면 그처럼 괴로운 여자가 어디 있겠습니까? 그래서 남편이 들어서는 것을 척 보자마자 오늘은 이렇구나 하고 표정을 읽을 줄 알아야 하는 겁니다.

마찬가지로 하늘의 일기, 하늘의 기상을 볼 수 있어서 이렇게 되면 비가 오고, 저렇게 되면 눈이 온다는 것을 척척 알 수 있어야 하는 것이지

기어이 비가 올 때 가서야 비로소 비가 오는가 보다 하거나, 아니면 벼락이 떨어진 다음에야 떨어지는가 보다 한다면 그 결국이 어떻게 되겠습니까? 이에 표적을, 징조를 읽을 줄 아는 지혜가 필요한 것입니다. 우리는 이 지혜를 다하기 위하여 소위 말하는 천문학을 연구하고 기상학을 연구하면서 여기에 대한 징조들을 읽기 위해 많은 노력을 하고 있는 것입니다. 이제 우리에게는 하나님이 주시는 징조를 읽는 지혜와 그 노력이 있어야 합니다.

　마지막 세번째로 생각할 것은 징조를 보고 미래를 준비하려는 마음이 있어야 합니다. 일기 예보에 대한 연구와 관심은 앞으로의 대책을 강구하고자 함에 그 의의와 목적이 있는 것이 아니겠습니까? 따라서 미래를 염려하는 사람은 반드시 일기 예보를 참고하는 것입니다. 오늘 집을 떠나 여행을 하거나 비행기를 탈 사람은 부득불 일기 예보를 자세히 듣게 되어 있게 마련입니다. 그러나 항상 집안에서 맴도는 사람은 비가 오면 어떻고 또 안 오면 무슨 상관입니까? 흔히 말하는 대로 그저 한 시간 놀고, 한 시간 자고, 한 시간 쉬는 그런 사람 말입니다. 그러기에 일기 예보는 밖에서 일하는 사람에게 필요한 것이요, 미래를 걱정하는 사람에게 필요한 정보입니다. 아예 미래를 걱정하지 않는 사람은 일기 예보를 들을 필요가 없는 것이지요. 그러므로 여기에서 우리가 알아야 할 것은 미래지향적인 마음이 일기 예보에 귀를 기울이게 된다는 점입니다.

　인간은 미래에 사는 존재입니다. 따라서 우리의 마음은 항상 저 미래에 있어야 하고 이를 위해 예고를 귀담아들어야 합니다. 그저 갈대로 가고, 될대로 되어라는 그러한 사람하고는 이야기가 되지 않는 문제입니다. 적어도 미래를 생각하여 10년 20년, 아니면 100년 후에, 보다는 내가 하나님 앞에 서게 될 그때까지를 미루어 생각할 수 있어야 합니다. 그러므로 여기에서 내릴 수 있는 결론은 지난 경험을 불신하는 사람은 예보를 할 수가 없을 뿐만 아니라 나타난 예보를 알 수도 없다는 것입니다. 이제 표적을 읽을 수 있는 지혜가 없는 사람은 예고할 지혜도 없는 것입니다. 미래를 향한 염려와 진실한 걱정이 없는 사람은 예고에 귀를 기울이지 않습니다.

　오늘 예수님께서는 2천여년 전에 살고 있던 사람들의 생활 풍속 속에 있는 일기 예보를 비유로 말씀하고 계십니다. 그런데 당시에 있어서 일기의 변화에 제일 관심이 많고 민감했던 사람들은 어부였습니다. 그 이유에 대해서는 다른 설명이 필요치 않겠습니다마는 특별히 갈릴리 바다를 끼고 사는 어부들에게 있어서는 가장 중요한 관심사가 아니었겠습니까? 이러한 현상은 예나 오늘이나 다를 바 없으리라 생각합니다. 그리고 또한 이 일기에 대하여 매우 민감했던 사람들이 다름아닌 목자들입니다. 목자는 집에서 양을 먹이는 것이 아니라, 넓은 들에 나가 방목을 하게 되므로 그만큼 목자의 책임이 큰 것입니다. 만약 갑자기 벼락을 치거나 하여 놀라게 되면 죽기도 하고, 병이 나거나 미칠 수 있을 뿐만 아니라 뱃속에 든 새끼가 유산이 되는 등 많은 손해를 가져오게 됩니다. 그러므로 하늘이 험상궂어 오는 것을 보게 되면 빨리 양들을 안전한 우리 속으로 몰아들여야 하는 것입니다. 그러다가 하늘이 맑고 날씨가 좋아지면 다시 몰고 나가 풀을 뜯기게 되는 것이지요. 이처럼 목자는 일기의 변화에 민감했던 것인데 그것은 목자 자신을 위해서가 아니라 어디까지나 양을 위해서였던 것입니다. 이는 마치 우리가 어린아이들을 보살피는 이치와도 같은 것입니다. 아이들은 모르고 있지만 이 아이들을 키우는 부모님들로서는 하찮은 작은 것에서부터 모든 문제에 있어 민감할 수밖에 없습니다. 매일매일, 순간순간을 놓치지 않고 살피며 대비하는 것이 부모요, 특별히 어머니입니다.

　이제 이 목자들이 오랜 경험과 전승을 수렴하여 가능한한 정확하게 하루 앞, 혹은 이틀 앞의 일기를 알고자 했다는 이야기입니다. 그리하여 저들에게는 일기에 대한 이러한 노래가 있다고 합니다. "저녁 붉은 하늘은 목자의 즐거움이요! 아침 붉은 하늘은 목자의 경고이다!" 참으로 옳은 이야기이지요. 저녁 붉은 하늘은 목자의 즐거움이다! 이제 저녁 노을이 벌겋게 지면 내일 아침에는 틀림없이 날이 맑겠으니 즐거움이요, 반면에 아침 하늘이 붉어서 해가 흐릿흐릿하면 오늘은 날이 흐리고 비가 오겠으니 이것은 경고요, 따라서 거기에 맞추어 준비해야 한다는 말입니다.

오늘 본문 말씀도 특별히 바리새인과 사두개인들이 예수님을 시험하기 위하여 하늘로부터 오는 표적을 구하고 있는 것에 대한 그 대답으로 주어지는 말씀입니다. 여기 사두개인과 바리새인이라는 이 두 부류의 신분들은 정치적으로나 종교적으로, 그리고 그들의 성격상으로 보아 전혀 서로 화합할 수 없는 두 단체입니다. 바리새인들은 성경은 물론 구전과 전승으로 기록된 말씀을 다 믿습니다. 그러나 사두개인들은 모세 오경을 비롯한 성경의 기록만을 믿습니다. 또한 바리새인들은 천사를 믿고 부활을 믿는 반면에 사두개인들은 이 두 가지 다를 믿지 않습니다. 그리고 바리새인들은 메시아를 기다렸으나 사두개인은 메시아에 대한 관심이 그렇게 없었습니다. 뿐만 아니라 바리새인들은 비정치적이었으나 사두개인들은 정치적이어서 로마 사람들에게 쉽게 협력을 하고 타협을 하는 그러한 부류의 사람들이어서 서로 만나기만 하면 싸우게 되는 정반대의 사람들이었습니다. 그러한 사이였음에도 불구하고 예수님을 핍박하여 십자가에 못박는 일에는 완전히 야합을 하게 됩니다. 이 점 또한 우리가 깊이 생각하여야 할 문제입니다. 바로 이러한 사람들이었기 때문에 표적을 알아볼 수가 없었던 것입니다. 자기의 이익만을 추구하는 자기중심적 생각 때문에 완전히 영적인 장님이요, 영적인 귀머거리였습니다. 그렇게 되고 보니 일기 예보를 알 리가 없는 것이지요.

이제는 보고도 모르고 듣고도 모르며 심지어는 이적과 기사를 보고 하나님의 말씀을 깨우쳐 들려주어도 모릅니다. 예수님께서 직접 들려주시는 그 말씀을 듣고, 그 이적과 기사를 보며 깜짝 놀라고서도 그 뜻은 몰랐기에 또 다른 표적을 구하게 됩니다. 그리하여 하늘로부터 오는 표적을 구합니다마는 이는 표적이 없었던 것이 아니라 보지 못했던 것이요, 모르는 것이 아니라 모르게 된 것입니다. 이제는 자기 자신이 이미 자기들의 죄로 말미암아 심판을 받은 상태란 말입니다. 그리고서 이 시간 예수님 앞에 나와 또 표적을 구하노라는 것인데 이에 대해 예수님께서는 요나의 표적 밖에는 보여 줄 표적이 없다고 말씀하십니다. 이 요나의 표적 밖에 보일 것이 없다고 하신 뜻은 앞서 요나의 비유에서 설명을 드렸기 때문에 여기에서 다시 말씀드리지 않으려고 합니다. 지금 예수님께서는 십자가와 부활의 시간을 통하지 않고는 이 표적에 대한 지혜의 문이 열리지 않으리라는 것을 말씀하고 계시는 것입니다.

오늘 본문 3절 말씀에 보면 "너희가 천기(天氣)는 분별할 줄 알면서 시대의 표적은 분별할 수 없느냐?"고 하시는 예수님의 강하신 어조가 있습니다. 그렇습니다. 아침에 하늘이 붉고 흐리면 날이 궂을 것이라며 거기에 대한 대비를 하고, 저녁에 하늘이 붉으면 내일은 날이 맑을 것이라며 안심하고 좋아할 줄 아는 정도로 천기는 분별할 줄 알면서 왜 이 시대의 표적은 분별할 줄 모르느냐 말입니다. 우리는 무엇보다도 이 시대의 일기 예보를 똑똑히 들을 줄 알아야 하겠습니다. 이를 위해 우리는 바른 역사의식을 가지고 내 과거의 경험은 물론 조상들의 경험과 성경적인 그 모든 사건들을 통하여 분명한 지식을 가질 수 있어야 할 것입니다.

게으르면 배고프고 놀면 후회합니다. 속였으면 속아야 하고 불신하면 무지해집니다. 무지해지면 교만해지고 교만해지면 이제는 망하는 것입니다. 왜냐하면 교만은 멸망의 선봉이기 때문입니다. 우리는 교만이 있는 곳에 다툼이 있음을 잘 알고 있습니다. 회개가 없으면 끝난 인생이요, 의인이 고난을 당하는 사회는 저주는 받으며 무죄한 자의 피가 땅에 흐르면 그 땅은 황폐해지고 맙니다. 이것은 곧 역사가 증명하는 바요, 성경에 말해 주는 것이 아니겠습니까? 그렇다면 이 시대, 이 땅에 억울하게 고난

당하는 의인의 피가 흐르고 있다면 이것은 하나의 분명한 예고요, 멸망의 징조라는 사실을 알아야 할 것입니다. 이는 참으로 위험한 순간에 이르고 있음이며 이제 이 마지막 기회의 회개가 없다면 이것으로 끝이라는 사실입니다.

그러므로 미래에 대하여 염려할 수 있어야 하고 당연히 그리하여야 합니다. 이제 하늘을 한번 보세요! 저녁 하늘이 붉은 것입니까? 아침 하늘이 붉은 것입니까? 아무리 보고 또 보아도 우리 눈앞에는 아침 하늘이 붉게 물들고 있습니다. 그렇다면 이 예보를 읽을 줄 알아야 하고 그것을 통하여 분명히 우리에게 들려 오는 음성을 들을 수 있어야 할 것입니다. 이 표적을 보면서 이 후에 있을 무서운 심판도 볼 수 있어야 할 것이 아니겠습니까?

여러분도 읽으셨겠지만 언젠가 한번 중국에서 큰 지진이 날 것을 예고한 일이 있는데 그 예고의 근거가 어디에서 나왔느냐 하면 개미가 이동하는 것을 보고 알아내었다는 것입니다. 물론 요즈음에는 지진계를 사용하는 등의 과학기술이 동원되어지겠지마는 중국의 오랜 역사 속에서 저들은 개미의 이동을 통하여 읽어 온 바가 있었기 때문이 아니겠습니까? 저는 지진까지는 잘 모르겠습니다마는 어렸을 때에 어른들이 하시는 말씀을 많이 듣기도 하고 직접 보기도 한 것으로 여름철에 들에 나갔다가 개미가 떼를 지어 새까맣게 이동을 하는 것을 보게 되면 반드시 홍수가 납니다. 또 어떤 때에는 보통은 사람을 피해 숨어 다니는 것이 뱀인데도 이것들이 마구 나돌아다니거나 특별히 구렁이 같은 것이 밖으로 나오는 것을 보면 어른들이 하시는 말씀이 "오, 장마지겠구만!" 하고 한 마디 하시는 것을 볼 수 있습니다.

이와 같이 미물인 동물들도 장마와 홍수가 가까운 것을 피부로 느끼며 이에 대처하여 자신이 피할 수 있는 안전한 곳을 찾아 옮겨가는 것입니다. 그러고 보면 사실은 이 인간들만 멍청하게 모르고 있는 것이란 말입니다.

그러나 우리 인간도 반드시 느껴야 할 것이 있습니다. 이제 우리 앞에 전개되고 있는 이 시대가 어떠합니까? 아마 여기 있는 그 누구도 이 시대가 마지막임을 느끼지 않는 사람은 없을 것입니다. 그래서 "이대로는 안 되지!" "이러고서도 안 망할 수가 있나!" 하고 빤히 보면서도 그저 머리 속에서 지워버리려고 하는 것입니다. 하지만 지울 것이 못돼요. 이미 아침 하늘이 붉었어요. 그렇다면 이제 우리가 해야 할 일이 무엇입니까? 무엇인가 대비책이 있고 준비가 있어야 할 것이란 말입니다. 예고에 대한 민감한 의식이 있어야 하겠어요. 그리고 신령한 감각이 있어야 하겠습니다. 그리하여 미래를 내다보면서 염려하고 걱정하며, 회개하고 기도하며 준비함으로써 곧 가까이 다가오는 심판과 멸망을 피할 수 있는 하나님의 자녀들이 되어야 할 것입니다.

주님은 오늘도 말씀하시기를 "너희가 천기를 분별할 줄 알면서도 이 시대의 표적은 어찌하여 분별하지 못하느냐"고 하십니다. 이 순간도 내 앞에 계속 전개되고 있는 이 징조들을 바로보면서 그 이후에 있을 사건을 걱정할 줄 아는 믿음의 지혜가 있어야 하겠습니다.

누룩 비유

    제자들이 건너편으로 갈새 떡 가져가기를 잊었더니 예수께서 이르시되 삼가 바리새인과 사두개인들의 누룩을 주의하라 하신대 제자들이 서로 의논하여 가로되 우리가 떡을 가져오지 아니하였도다 하거늘 예수께서 아시고 가라사대 믿음이 적은 자들아 어찌 떡이 없음으로 서로 의논하느냐 너희가 아직도 깨닫지 못하느냐 떡 다섯 개로 오천 명을 먹이고 주운 것이 몇 바구니며 떡 일곱 개로 사천 명을 먹이고 주운 것이 몇 광주리이던 것을 기억지 못하느냐 어찌 내 말한 것이 떡에 관함이 아닌 줄을 깨닫지 못하느냐 오직 바리새인과 사두개인들의 누룩을 주의하라 하시니 그제야 제자들이 떡의 누룩이 아니요 바리새인과 사두개인들의 교훈을 삼가라고 말씀하신 줄을 깨달으니라.

                  (마태복음 16 : 5~12)

누룩 비유

우리는 이미 마태복음 13장 33절에서 누룩에 대한 비유를 공부한 바가 있습니다. 거기에서 말씀하신 누룩은 복음을 뜻하는 것으로 적은 양의 누룩이 많은 양의 밀가루 속에 들어가 그 전부를 부풀게 하는 것과 같이 복음이 전파된다는 의미의 비유였습니다.

그러나 오늘 본문에서 말씀하시는 이 누룩은 똑같은 누룩이기는 하지마는 그 내용이나 의도는 정반대의 것입니다. 그렇기 때문에 여기 이 누룩이란 다름아닌 바리새인들과 사두개인들의 교훈을 지칭하고 있는 것입니다. 그리하여 그들의 교훈을 주의하라는 뜻으로 "누룩을 주의하라"는 말씀을 하신 것입니다. 그러므로 이 누룩이라는 용어 자체는 같은 것이지마는 그 내용은 정반대의 것이며 그 개념은 완전히 다르다는 것을 먼저 생각하고 오늘 본문을 대해야 할 것입니다.

예수님께서는 오늘 본문의 장면이 있기 전 갈릴리 호숫가에서 가르치셨습니다. 그리고 그 말씀을 듣는 무리들이 배고파할 때에 떡 일곱 개와 작은 생선 두어 마리를 가지고 여자와 아이 외에 4천 명을 먹이고도 일곱 광주리에 차도록 남았던 기사를 성경은 말씀하고 있습니다. 바로 이런 일이 있은 다음에 예수님께서는 배를 타시고 건너편으로 가시게 됩니다. 그러니까 갈릴리 호수 이편 마가단 지경에서 맞은편으로 건너가면 거기는 이방인의 땅이 되는데 그리로 향하시는 배 안에서 된 이야기입니다. 이제 본문을 보면 어쩐지 시장기가 있지 않았나 하는 분위기를 느끼게 합니다. 아무튼 그런 시간에 예수님께서는 느닷없이 바리새인과 사두개인들의 누룩을 주의하라는 말씀을 하시는 것입니다. 그러자 제자들로서는 이 말씀을 어떻게 소화하여야 할지를 알 수가 없었습니다. 그 때문에 오늘 본문에 나타난 대로 완전히 동문서답의 어처구니없는 반응을 하고 있는 것을 보게 됩니다. 예수님께서는 누룩을 주의하라 하실 때에 분명히 바리새인과 사두개인들의 누룩을 주의하시라시며 저들의 교훈을 삼가 주의하라고 하는 뜻의 말씀을 하신 것이었습니다. 그런데 이 제자들은 앞뒤를 생각할 것도 없이 "누룩" 하니까 그저 "떡" 하고 생각했습니다. 이렇게 떡을 상기하게 되자 떡이 없으므로 인해 서로 시비가 벌어지고 걱정을 하게 됩니다. 그러다가 예수님께서 하시는 말씀의 내용을 다 듣고 난 다음에 비로소 깨닫고 이제 말씀하신 누룩은 우리가 먹는 빵에 넣는 그런 누룩이 아니라 하나의 비유였음을 뒤늦게 알게 됩니다.

여기에서 먼저 한 가지 알고 넘어갈 것은 이 제자들이 누룩이라는 말을 들으면서 왜 곧장 빵을 생각해 내었느냐는 것으로 그 이유는 저들이 끼니때마다 먹는 빵이 바로 이 누룩으로 만든 것이기 때문입니다. 그저 1년 중 유월절에 한 번 누룩 없는 빵을 먹는 것 외에는 언제나 누룩을 넣어 발효시킨 빵을 구워 먹는 것입니다. 그래서 지금 "누룩" 할 때에 "빵" 하고 생각을 한 것이란 말입니다. 그러고 보면 이러한 반응은 조금도 무리한 것이 아니라는 생각을 하게 됩니다. 그런데 이 제자들이 예수님께서 "누룩" 하실 때에 빵을 생각하면서 또 한 가지 걱정을 하게 된 것은 이스라엘 사람들은 자기들의 규례에 엄격하게 매여 있기 때문에 자기들이 만든 빵 외에는 먹지 않으려고 듭니다. 물론 이스라엘 사람들끼리는 나누어 먹기도 하고 사서 먹기도 하지마는 특별히 이방 사람들이 만든 빵은 먹지 않는단 말입니다. 일반적인 생활 필수품은 서로 사고 파는 경우가 있습니다마는 먹는 음식에 관한한 이스라엘 사람들은 이방 사람들의 음식은 안 먹으려 합니다. 그러니까 지금 배를 타고 가서 도착할 곳이 이방 사람의 땅이고 보면 응당 빵을 준비했어야 하는 거란 말입니다. 그런데 그만 깜빡하고 준비를 못했어요. 그래서 지금 예수님께서 누룩을 주의하라고 말씀하시는 이 시간에 와서 "아이구 빵을 준비하지 못했구나!" 하며 사실은 이것 때문에 서로 시비가 벌어진 셈입니다. 아마도 베드로는 모름지기 가룟 유다를 향해 "네가 회계가 되어 가지고 왜 제때에 준비를 안 했느냐?" 며 책망을 했을지도 모르겠고, 이 말에 기분이 상한 가룟 유다 또한 "당신이 수제자로서 왜 제때에 챙기지 않았느냐?"며 한 마디 할 수도 있었겠습니다. 어쨌든 오늘 본문을 가만히 보면 빵이 없는 것으로 인해 제자들 간에 서로 시비가 벌어졌음을 알 수 있습니다. 이는 그만큼 자기들의 빵이어야 한다는 생각에 매여 있었다는 증거이기도 합니다.

　사실은 요즈음에 와서도 이스라엘 사람들은 엄격히 자기네의 빵을 먹는 것을 볼 수 있습니다. 지금 세계적으로 유행하고 있는 베이겔(Bagel)이라는 빵이 있는데 그것이 바로 이스라엘 사람들 특유의 빵입니다. 이 빵의 특징으로는 크게 자랑하는 두 가지가 있습니다. 그 하나는 밀가루의 어느 한 부분, 즉 말하자면 강력분, 중력분 하는 식의 어느 한 부분의 가루를 골라서 만든 것이 아니라 마구 갈아진 밀가루로 만들었기 때문에 영양을 고루 가지고 있다는 것입니다. 그리고 또 하나 이 베이겔 빵의 특징으로는 방부제를 전혀 섞지 않는다는 겁니다. 그들의 말에 의하면 밤중에 만들어서 아침에 배달을 하는데 오전 11시만 되면 굳어져서 제 맛을 잃게 되고 오후에는 아주 딱딱하게 굳어져 억지로나 먹지 맛은 없다는 것입니다. 그러니까 몇 시간 후에는 아예 먹을 수 없는 그때그때의 신선한 빵을 만든다는 이야기입니다. 따라서 그만큼 이 빵에 대한 신뢰도도 높아 많은 외국인들까지도 즐겨 애용하는 것을 볼 수 있습니다. 그 때문에 이스라엘 사람이 경영하는 빵집을 보면 무슨 빵집이라는 간판은 보이지 않아도 베이겔이라는 글자는 크게 써 붙인 것을 보게 됩니다. 저들의 이 빵에 대한 자부심이 얼마나 대단하던지 한번은 비행기 안에서 이런 일이 있었다고 합니다. 이제 이스라엘 사람이 1등석에 앉아서는 빵을 청하면서 베이겔을 달라고 하자 스튜어디스가 베이겔이 무엇이냐며 물었다고 합니다. 그랬더니 이 이스라엘 사람이 "그래 그 유명한 베이겔도 모르느냐?"며 어떻게 나무라든지 결국은 매니저까지 나와서 사과를 하며 빌었다는 것입니다. 이 얼마나 고집스러운 이야기입니까? 어쨌든 이 사람들은 이렇게 자기네가 먹는 음식에 대하여 긍지를 가지며 어디를 가나 이것을 내어놓으라고 합니다.

마찬가지로 2천여년 전부터도 자기네가 먹는 음식은 가지고 다녔으며 가능한한 이방 사람들의 상점에서는 그들이 먹는 음식을 사먹지 않는 것으로 고집스러운 자기네 규례를 지켜가고 있었던 것입니다. 그런데 지금 이 배 안에는 빵이 없으니 저 건너편에 갔다가 돌아올 때까지는 그러면 무엇을 먹느냐는 것입니다. 이렇게 되면 충분히 문제가 될만한 이야기입니다. 그래서 지금 예수님께서는 무슨 뜻으로 이 말씀을 하시는지 생각할 여지도 없이 그저 "누룩" 하니까 "옳지! 빵이 없지 않느냐?"며 이 빵에만 연연하여 그것만 생각하느라고 예수님이 하신 말씀의 뜻같은 것은 이해할 겨를이 없었던 것입니다. 자기들이 준비하지 못한 것, 소위 말하는 콤플렉스에 매여 예수님의 말씀이 비유의 성격으로 주어지고 있음을 이해할 여유가 없었다는 말입니다. 이를 보시는 예수님께서 너무도 답답하여 하시는 말씀이 9절 이하에 기록된 대로 "너희가 아직도 깨닫지 못하느냐? 떡 다섯 개로 오천 명을 먹이고 주운 것이 몇 바구니며 떡 일곱 개로 사천 명을 먹이고 주운 것이 몇 광주리이던 것을 기억지 못하느냐?" 그리고 더욱 깊이 생각해야 할 말씀은 "어찌 내가 말한 것이 떡에 관함이 아닌 줄을 깨닫지 못하느냐?"는 말씀입니다. 내가 누룩을 말하든, 떡을 말하든, 포도를 말하든, 그 무엇을 말하든지 간에 내가 하는 이야기의 주제가 먹고 마시는 것이 아니라는 것쯤은 이제는 알아야 될 것이 아니냐 하는 말씀입니다.

이 얼마나 중요한 말씀입니까? 진정 우리가 하나님의 말씀을 듣고 읽으면서 교회를 다니고 신앙생활을 한다면 적어도 이 성경 말씀에 나타나고 있는 내용들의 그 주제가 어디에 있다는 것쯤은 알아야 될 것이 아니겠습니까? 그런데 아직도 그 동기가 먹고 마시는 데에 있고 내 소원 성취, 그것도 물질적인 것에 있다고 한다면 그게 언제 철이 나겠느냐는 말씀입니다. 그래서 하시는 예수님의 말씀이 어찌 내가 한 말이 떡에 관함이 아닌 줄을 아직도 깨닫지 못하느냐고 하시는 것입니다. 우리는 이 말씀의 깊은 뜻을 아주 직선적으로 이해하여야 할 것입니다. 그러니까 한 마디로 말해 물질 중심으로 사는 사람은 마치 개가 코를 땅에다 대고 냄새를 맡으며 어디까지나 먹을 것을 찾아다니는 것과 마찬가지라는 이야기입니다. 또한 독수리가 아무리 높이 날으는 것 같아도 그 눈은 언제나 아래를 보면서 썩어진 몸뚱이만 찾고 있는 것과 다를 바가 없다는 것입니다. 날으는 독수리가 위를 보고 나는 게 아니에요. 아무리 높이 올라가도 보는 것은 땅이요, 그것도 썩은 것을 찾아 살피고 있는 것이란 말입니다. 그렇게 생각하고 보면 이 얼마나 기막힌 이야기입니까? 만약 우리의 신앙생활이, 우리가 하나님 앞에서 매일매일 성장한다고 생각하는 모습이 결국은 이렇게 되어 있다면 어떻게 되겠습니까?

그러므로 이제 분명히 기억할 것은 예수님의 말씀은 언제, 어디서, 무슨 말씀을 하시든지 간에 그 말씀의 주제는 하나님의 나라요, 신령한 것이며 결코 물질적인 것이 아니라는 사실을 알아야 합니다. 그래야만 비로소 예수님과의 대화가 되고 성경을 이해하며 기도의 응답을 받게 될 것입니다. 이와 같이 물질 중심, 육체 중심으로 사는 사람과 신령한 생활을 중심으로 사는 사람과의 사이에는 참으로 먼 거리가 있음을 알 수 있습니다. 이에 다시 한번 사람의 생각을 두고 정리를 해본다면 모든 것을 물질에서 물질로 가는 것으로만 생각하는 사람이 있습니다. 철저하게 물질적이어서 시작도 물질이요, 마지막도 물질, 그저 전부를 물질로만 생각하는 그러한 세계관이 있습니다. 그런가 하면 또 하나는 신령한 이야기를 들으면서도 물질 생각만을 하는 사람입니다. 그것이 바로 오늘 여기의 문제입니다. 신령한 말씀을 들으면서도 다른 생각만 하고 있는 것이에요. 그래서 이런 경우에 항상 자주 하는 이야기이지만 목사님의 설교를 들으면서 며칠 전에 죽은 염소 새끼가 생각나서 울었다는 할머니! 목사님의 설교 말씀에 은혜를 받아 우는 것이 아니라 그 소리지르는 것을 보니 염소가 죽을 때에 내던 소리와 같구나 하는 생각이 들어 울었다고 하니 도대체 이것을 어떻게 하면 좋겠습니까?

여러분! 지금 우리가 하나님의 말씀을 듣고 있습니다. 그러나 여러분의 생각이 진정 어디에 가 있으며 무엇을 생각하고 있는 것입니까? 신령한 말씀을 듣는 순간에도 생각은 물질적인 것, 육체적인 것, 세상적인 것에 가 있어 심지어 처음 교회에 나오시는 어떤 분은 저에게 "목사님 하시는 말씀 가운데 좋은 이야기들이 많은데 그것 그대로 하면 돈 벌겠던데요" 하는 그런 이야기까지도 하는 것을 볼 수가 있습니다. 신령한 말씀을 들으면서도 물질적인 것으로 돌려버리는 생각! 이 얼마나 비참한 모습입니까? 그리고 이제 또 하나는 물질을 보면서 신령한 것을 생각하는 사람입니다. 꽃을 보면서 하나님을 생각하고 새를 보면서도 하나님이 먹이신다는 생각을 합니다. 소금을 볼 때마다 정말 소금이 되었는가를 생각하며 옷을 입으면서도 그리스도로 옷 입으라고 하신 말씀을 생각합니다. 이와 같이 물질계를 보면서도 항상 신령한 것을 생각해 내는 그러한 사람이 그리스도인인 것입니다. 조금 더 나아가서는 물질을 항상 비유로, 상징으로 보는 영적인 안목을 지닌 그러한 사람이 날마다 향상되는 신령한 생활을 하게 될 것입니다. 우리가 보고 만나지는 그 모든 것, 우리의 사는 모습의 전부가 다 신령한 세계를 말해 주는 훌륭한 교훈들이에요. 언젠가 한번 버스를 타고 가는데 잠시 후 자리가 하나 비게 되었습니다. 그러자 그 곁에 서 있던 두 사람이 서로 앉으라고 권유를 합니다. 이제 한 사람이 "앉으세요" 하면 다른 한 사람은 "나는 곧 내릴 텐데요 뭐" 하면서 앉으시라고 권합니다. 그러니까 이 사람은 또 "나는 좀 멀리 갈 터이니 댁에서 앉앉다가 내린 다음에 앉지요" 하는 것입니다. 여러분, 어떻게 하면 좋겠습니까? 곧 내릴 터이니 앉아서 가야 하겠습니까? 아니면 곧 내릴 터이니 서서 가야 합니까? 생각해 보면 인생 사는 게 다 그런 것이에요.

이와 같이 우리에게 있어지는 크고 작은 사건 하나하나가 모두 상징적인 것입니다. 따라서 그 모든 것에서 신령한 진리를 듣고 볼 줄 아는 영적인 감각과 영적인 생활이 요구됩니다. 요한복음 4장에 보면 예수님께서 우물가에 나온 사마리아 여인에게 "내가 주는 물을 먹는 자는 영원히 목마르지 아니하리니"라고 말씀하실 때에 이 여인은 "이런 물을 내게 주사 목마르지 않고 또 여기 물 길러 오지도 않게 하옵소서"라며 전혀 다른 차원의 반응을 보이는 것을 볼 수가 있습니다. 이렇게 답답한 여자와 이야기를 하시거나 예수님께서 얼마나 힘이 드셨겠습니까? 예수님의 마음은 결코 그런 것이 아니었어요. 먹고 마시는 문제가 절대로 내 말의 주제는 아니라는 말씀이십니다. 우리는 이것을 알아야 합니다. 그러므로 적어도 예수님 앞에서는 떡 문제에 관한한 이야기하지 말 것입니다. 이에 가능한 한 우리의 기도 제목에서도 이 먹고 마시는 것에 대한 이야기는 하지 마십시다. 더 잘살게, 더 오래, 더 건강하기를 원합니다마는 글쎄 건강해야 좋을지 병이 들어야 좋을지도 잘 알 수가 없으니 적어도 예수님 앞에서 물질적인 문제를 가지고 그렇게 애써 기도하는 것이 아니란 말입니다. 참으로 깊이 생각해 봐야 될 문제입니다.

그래서 하시는 예수님의 말씀이 "어찌 내가 한 말이 떡에 관함이 아닌 줄을 깨닫지 못하느냐?"고 하시는 것입니다. 예수님께서는 계속 하여 하나님의 말씀, 하나님의 나라, 신령한 세계에 관하여, 영원한 가치의 것을 말씀해 오셨고 이 시간도 그 내용의 말씀은 계속되고 있는 것입니다. 그런데 그것을 아직도 미처 깨닫지 못하고 답답한 제자들의 모습이 오늘 본문에 나타나고 있습니다. 예수님께서 말씀하신 누룩은 곧 교훈을 일컬어 하신 말씀입니다. 이 누룩은 발효되는 것이요, 섞이게 하는 것이며, 마지막에는 썩어 부패하게 하는 것입니다. 그런데 이 누룩은 몇 가지의 특징을 가지고 있습니다. 그 하나는 적은 것으로부터 전체에 퍼지게 된다는 것입니다. 아주 많은 양의 밀가루 속에 조그마한 누룩 한 조각을 집어넣어도 어느 사이에 쫙 퍼져서는 전체가 다 부풀어오르는 것을 볼 수가 있습니다. 그리고 또 하나 두 번째는 조용히 퍼진다는 것이며 마지막 세 번째 특징은 결국은 전체를 이물질화(異物質化)해 버린다는 것입니다. 그러니까 이 누룩이 밀가루를 누룩으로 다 변화시켜 버리고 마는 것입니다. 이러한 현상을 생각하시며 예수님께서는 악한 교훈을 누룩으로 지칭하여 말씀하고 계시는 점입니다. 바리새인과 사두개인들의 나쁜 교훈이 누룩과 같은 것이어서 적은 것이 하나 어느 기회에 퍼지기 시작하면 눈에 보이지도 않고 소리도 없이 어느 사이에 전체에 퍼져서는 모두가 다 바리새인이나 사두개인의 사상으로 화해 버리고 만다는 말씀입니다. 이 악한 영향력이 그렇게 쉽고도 빨리 번져 나가는 것이니 그러므로 주의하라! 깨어 살피라! 이렇게 말씀하고 계십니다.

사실이 그렇습니다. 나쁜 일, 나쁜 습관은 배우려 하지 않아도 쉽게 배우게 되지만 좋은 뜻, 좋은 습관은 의지적으로 애를 써도 잘 배워지거나 익혀지지를 않습니다. 이는 마치 알곡은 열심히 가꾸어도 잘 자라지 않는데 비해 잡초는 심지도 않고 가꾸지도 않지만 무성하게 잘 자라는 것과 같은 것입니다. 그러므로 주의하라고 예수님은 말씀하십니다. 저들 바리새인과 사두개인의 교훈은 악한 동기로부터 출발합니다. 그러면서도 겉은 아름답고 근사합니다. 그러나 누룩처럼 전체를 부풀게 하고 마지막에는 모두를 썩게 만든다는 것입니다. 이 바리새인과 사두개인들에 대하여서는 바로 앞장에서 그 특성과 차이를 잠깐 말씀드린 바 있기 때문에 다시 설명하지 않겠습니다.

이제 여기에서는 그들이 끼치는 악한 영향력에 대하여 생각해 보아야 하겠습니다. 저들이 끼치는 영향은 첫째 율법주의입니다. 율법과 계명을 엄격히 준수하고 그 규례를 철저히, 참으로 특별하게 지킵니다. 이렇게 특별하게 구별되어 지킨다하여 그 명칭도 바리새인, 곧 구별한다, 분리한다는 뜻의 이름을 갖게 된 것입니다. 그러니까 자기들은 다른 세상 사람들과 아주 구별되어서 특별하게 하나님의 말씀을 깨끗하게 잘 지킨다고 하여 바리새인인 것입니다. 그런데 이것이 시간이 흐르면서 외식적으로 지키게 되고 외적 성결에 치중하게 되고 만 것입니다. 이에 마태복음 24장을 보면 예수님께서 이를 비난하시어 "화 있을진저 외식하는 서기관들과 바리새인들이여"라는 말을 반복하시면서 여러 모양의 내용들을 말씀하시는 것을 볼 수 있습니다. 거기에 보면 "잔과 대접의 겉은 깨끗이 하되 그 안에는 탐욕과 방탕으로 가득하게 하는도다"라고 하시는가 하면 회칠한 무덤과 같다고 하셨습니다. 겉으로는 하얗게 잘 장식해 놓았는데 그 안의 죽은 것, 썩은 것, 온갖 더러운 것이 있더라는 말씀입니다. 여러분! 안의 것부터 먼저 정결하게 하여야 합니다. 그런데 겉만 깨끗이 하다 보면 어느 사이에 바리새교인, 사두개교인이 되어버리는 것입니다. 저들은 주로 하지 말라고 하는 것에 대해 관심을 가지고 있어서 무엇도 하지 마라, 무엇도 하지 마라 하여 하지 않는다고 하는 소극적인 입장에서 율법을 지키고 또한 이런 면에서 저들은 매우 능숙합니다. 그러면서 스스로를 지켰다고 자부하고 있는 것이지요.

다음 두 번째 영향은 공로주의입니다. 이것은 참으로 무서운 것으로 스스로 자기 의에 빠지고 있습니다. 스스로 규례를 만들어 지켜 놓고는 그것을 지켰다며 교만해하면서 못 지킨 사람을 정죄하고 업수이 여기고 있으니 이것처럼 잘못된 게 없단 말입니다. 우리의 신앙생활에 있어서도 어떤 외적인 규례를 만들어 놓고 그것을 지킨 것을 대단한 것으로 생각하여 교만해하면서 못 지키는 사람을 멸시하는 경향이 있는데 이것은 바리새주의입니다. 그러기에 어떤 목사님께서 주일에 갑작스레 어느 교인 가정을 심방을 하게 되었는데 아주 좋은 수박을 대접하는 것입니다. 그런데 이 목사님의 생각에는 갑작스레 간 심방이고 하여 미리 준비했을 리는 없고 아무래도 안식일을 범하고 수박을 사온 것 같단 말입니다. 그래서 이 목사님께서 "주일날 이런 걸 어디서 마련하셨습니까?" 하고 물었더니 그 심방받는 교인의 대답이 "옆집에서 외상으로 가져왔습니다. 내일 돈 갖다 주기로 하고요" 하더라는 것입니다. 이런 것이 바로 외식주의입니다. 그러면서 스스로 나는 주일을 깨끗이 지켰다고 생각하는 것이지요. 이 얼마나 어리석은 생각이며 또한 잘못된 생각입니까? 우리에게 이런 경우가 많음을 자각해야 할 것입니다. 나는 주일을 지켜야겠으니 수고는 당신이 좀 해 달라는 식의 사고방식이 진정한 예수 믿는 사람의 마음가짐이냐 말입니다. 제가 늘 말씀드리는 이야기이지만, 자가용에 운전기사 두신 분은 웬만하면 주일에는 그분들께 운전하게 하지 마십시오. 그분들이 말 많이 합니다. 속으로 욕하고 있어요. 자기들은 거룩하게 주일 지키겠다고 교회에 나가면서 우리는 일요일까지 하루 종일 일시킨다고 말입니다. 기사분들 중에 신앙생활을 하는 분들은 그나마 괜찮겠습니다마는 그렇지 않고 밖에서 서성거리는 기사 분들은 욕 많이 합니다. 그 욕 다 잡수시고 어떻게 기도의 응답을 받으실 수 있을 것 같습니까? 아무튼 주일 하루만은 차가 없거니 생각하시고 택시를 타시든 걸으시든 그것은 알아서 하시되 기사분들께 일시키실 생각은 하지 마십시오. 지금 나는 교회에 가서 거룩하게 찬송하겠다면서 도대체 누구를 일시키겠다는 것입니까? 그래 가지고서는 앞뒤가 맞지 않는 것이란 말입니다.

그러므로 하나님께서 원하시는 것은 중심에서부터 흘러나오는 내적인 경건, 적극적인 경건을 원하시는 것입니다. 따라서 형식적으로 외적인 것에 마음을 쏟는 그런 것은 언제나 주의해야 할 악의 요소임을 기억하고 삼가할 것입니다.

그리고 세번째 영향은 저들의 세속주의입니다. 저들은 부자요, 귀족, 특별히 종교적인 귀족입니다. 그리고 정치에 가담하여 문제를 현세적으로 처리하려 듭니다. 부와 번영을 하나님의 축복으로 여겨 부하면 의인이요, 가난하면 죄인으로 보는 것이 저들의 생각입니다. 이를 다른 말로 바꾸어 표현하면 소위 말하는 기복사상입니다. 오늘 우리도 은연중에 기도하며 애쓴 가운데 돈을 많이 벌게 되면 하나님의 축복을 받은 것으로 생각하는가 하면 반면에 사업이 잘 안 되고 병이 들고 하면 이것은 저주받은 것으로 생각을 하는 그것이 바로 사두개인들이 준 누룩입니다. 그뿐만 아니라 이들은 종교를 통한 물질적인 부를 생각하면서 한 계단 더 나아가서는 환경, 즉 구조나 제도를 먼저 바꾸겠다는 것입니다. 그리하여 하나님의 나라가 임하게 하겠다는 것인데 그것은 어디까지나 정치적이요, 세속적인 이야기입니다. 물질적 번영이 먼저요, 구조나 제도가 우선적이라는 생각! 그것을 통하여 하나님의 나라를 건설해 보겠다는 생각은 오늘도 있습니다마는 그게 바로 사두개주의인 것입니다.

이에 대한 예수님의 말씀은 중생이 먼저요, 복음이 먼저며, 한 사람, 한 사람을 구원하는 것이 먼저라는 것으로 그 깊은 뜻의 말씀을 "누룩을 조심하라"는 짧은 한마디로 전하신 것입니다. 참으로 간단하게 "바리새인과 사두개인들의 누룩을 주의하라!"고 말씀하셨어요. 우리는 이 말씀이 무엇을 의미하는가를 깊이 깨달아야 합니다. 여기에는 외식주의, 세속주의, 그리고 기복사상이 통하고 있습니다. 그 교훈, 그 사상이 조용히 영향을 끼치며 복음을 변질시키고 그리스도인으로 하여금 타락하게 만드는 것입니다. 그러기에 지금 예수님께서는 거기에 현혹되지 말라고 하십니다. 대신 이제 우리는 신령한 것에 대한 관심을 넓혀 가십니다. 더는 외식주의에 빠지거나 기복사상에 도취되지 말고, 또한 사회의 구조나 환경을 개혁함으로써 문제를 해결하겠다고 하는 그런 세속적 방법에 귀를 기울이지 마십시다. 더디고 답답하게 보여도 역시 방법은 한 사람, 한 사람에게 복음을 전함으로 그 속 사람이 중생함으로써만이 문제가 해결이 됩니다. 한 사람이 먼저 구원받음으로 그 가정, 그 직장이 구원을 받게 되고,

그 가정, 그 직장이 구원을 받음으로 그 사회, 그 국가가 구원을 받게 되는 것입니다.

그러므로 먼저 구조적으로, 세속적으로 문제의 해결을 보고 그 다음에야 진리를 가르치며 하나님의 말씀을 선포하겠다고 하는 생각은 크게 잘못된 생각이란 말입니다. 정치적인 제도를 먼저 생각하지 마십시다. 특별히 요즈음에 와서는 개헌문제를 놓고 헌법에 대한 관심들이 많아서는 이렇게 하는 것이 좋을까? 저렇게 하는 것이 좋을까? 하고 생각들을 많이 합니다. 그것 다 좋아요. 그러나 한 가지 잊지 말아야 할 것은 제도로 문제가 해결이 되는 것은 아니라는 사실입니다. 무엇보다도 사람이 바로 되어야지요. 어떤 인간이 하든 그 제도가 문제란 말입니까? 그 인간됨이 먼저 바르게 변화되기 전에 제도 몇 번 바꾼다고 이게 되었더냔 말입니다. 우리에겐 더딘 것 같아도 먼저 한 사람, 한 사람을 구원하는 이 길밖에는 다른 방법이 없어요. 그래서 예수님께서도 한 사람, 한 사람을 찾아 복음을 전하시며 구원하시려 했던 것입니다. 이렇게 먼저 한 심령 한 심령에게 복음을 권하며 구원의 역사를 이루어 가는 중에 먼 훗날에 완성되어지는 하나님의 나라를 우리가 바라보아야 할 것입니다.

다시 한번 오늘 우리에게 주시는 예수님의 말씀을 깊이 생각해 보십시다. 너희는 삼가 바리새인과 사두개인들의 누룩을 주의하라!

천국 열쇠

가라사대 너희는 나를 누구라 하느냐 시몬 베드로가 대답하여 가로되 주는 그리스도시요 살아계신 하나님의 아들이시니이다 예수께서 대답하여 가라사대 바요나 시몬아 네가 복이 있도다 이를 네게 알게 한 이는 혈육이 아니요 하늘에 계신 내 아버지시니라 또 내가 네게 이르노니 너는 베드로라 내가 이 반석 위에 내 교회를 세우리니 음부의 권세가 이기지 못하리라 내가 천국 열쇠를 네게 주리니 네가 땅에서 무엇이든지 매면 하늘에서도 매일 것이요 네가 땅에서 무엇이든지 풀면 하늘에서도 풀리리라 하시고.

(마태복음 16 : 15~19)

천국 열쇠

이 본문 말씀은 매우 뜻 깊은 귀한 말씀임과 동시에 문제도 많고 그 해석도 다양한 비유의 말씀입니다. 특별히 오늘 본문에는 천국 열쇠라고 하는 말씀이 나오고 있습니다. 이 천국 열쇠란 정말 신기한 것이면서도 반드시 그 뜻을 알아야겠다고 생각이 드는 그러한 말씀입니다. 이는 왜냐하면 우리의 궁극적 목적이 천국에 있기 때문입니다. 한마디로 말하여 잘 살고 못살고가 그렇게 중요한 것이 아닙니다. 또한 오래 살고 일찍 가고도 그렇게 중요한 게 아닙니다. 극단적으로 말하면 건강하고 병들고도 중요한 게 아니요, 문제는 천국 열쇠입니다. 천국 열쇠를 손에 쥐고 있느냐? 또한 내가 천국 열쇠로 천국문을 열고 들어가느냐가 결정적인 문제입니다. 이 열쇠라는 말을 요즈음 쓰는 티켓(ticket)이라는 말로 바꾸어 생각하여도 좋을 것 같습니다. 요즈음 같이 철저히 잠그고 사는 세상에 이 열쇠도 중요하지만, 그러나 천국 가는 티켓이라고 한번 생각해 보십시오. 그 얼마나 중요한 것입니까? 나는 지금 천국으로 가는 티켓을 가지고 있다! 천국 가는 기차표를, 혹은 비행기표를 가지고 있다! 이와 같이 표를 가지고 있는 것과 같은 그런 이야기입니다.

이제 오늘 본문 19절 말씀에 보면 예수님께서 베드로를 향하여 "내가 천국 열쇠를 네게 주리니"라는 말씀을 하고 계십니다. 그러니까 이미 주었다는 것도 아니요, 당장 준다는 것도 아닌 "주리라" 하는 말씀입니다. 내가 내게 천국 열쇠를 주리라! 이는 참으로 엄청난 축복이요, 특권입니다. 이 축복이 바로 베드로에게 주어진 특권입니다. 그러나 바라고 믿는 대로는 비단 베드로만의 것이 아니라 이제는 베드로의 후예들, 그 뒤에 이어지는 모든 사람들에게 주시는 말씀이라 믿고 있습니다. 어느 경지, 즉 베드로가 지금 예수님 앞에서 도달했던 경지와 같은 신앙적 상태, 그 경건의 수준에 도달하게 될 때 주님께서는 언제나, 그 누구에게나 "내가 네게 천국 열쇠를 주리라"고 말씀하실 것으로 믿습니다. 문제는 천국 열쇠요, 따라서 천국 열쇠의 의미와 누구에게, 그리고 어느 순간에 그 열쇠가 주어지고 있는가를 우리는 신경을 써서 알아야 하겠습니다. 이제 다른 것은 다 못 가지고 놓쳐도 천국 열쇠만은 가지고 있어야 합니다. 반드시 이 허락은 받은 처지에서 우리의 생을 살아가야 되리라 믿습니다.

여러분께서 잘 아시는 대로 예수님께서 말씀하신 메시지의 주제가 무엇입니까? 예수님의 메시지를 지나치게 자기 마음대로 해석하는 분들이 많습니다마는 적어도 성경적 신앙의 입장에서 보는 바의 그 주제는 하나님의 나라입니다. 그러기에 "심령이 가난한 자는 복이 있나니 천국이 저희 것임이요, 의를 위하여 핍박을 받는 자는 복이 있나니 천국이 저희 것임이라"고, 또한 비유로 말씀하시는 그 첫마디가 "하나님의 나라는 이와 같으니"로 시작되는 것을 볼 수 있습니다. 그저 전부가 천국입니다. 말씀의 주제도 천국이요, 그 모든 사역의 궁극적 목적도 천국에 있었습니다. 이것은 부인할 수 없는 사실입니다. 진실하고 깨끗한 마음으로 편견 없이 성경을 읽노라면 예수님은 분명 하나님의 나라를 말씀하고 계신다는 것을 누구나 쉽게 알 수 있습니다. 그러고 보면 하나님의 나라는 설명이 된 것입니다.

그러나 우리에게 있어서 급한 것은 하나님의 나라가 어떤 것인지 그 뜻을 알고 의미를 깨닫는 것도 중요하지마는 보다 더 급하고 중요한 것은 하나님의 나라에 들어가느냐? 못 들어가느냐의 문제입니다. 사실 하나님의 나라야 다 모르면 어떻습니까? 들어만 가면 그만이지요. 우리가 그것 다 알고 들어가는 것이 아닙니다. 그러므로 하나님의 나라에 대하여 거기에 가면 어떨까? 누구를 알아볼 수 있을까? 하면서 너무 그렇게 구체적으로 알겠다고 신경 많이 쓰지를 마십시다. 그러한 이야기는 저만큼 접어두고 관심을 집중적으로 돌려 문제는 내가 거기 들어가느냐, 못 가느냐?에 두는 것입니다. 그 이상의 다른 문제, 다른 관심이 어디에 있겠습니까? 이에 예수님께서는 이 문제에 대하여 매우 심각하게 말씀하신 것을 볼 수 있습니다. "그때에 두 사람이 밭에 있으매 하나는 데려감을 당하고 하나는 버려둠을 당할 것이요, 두 여자가 매를 갈고 있으매 하나는 데려감을 당하고 하나는 버려둠을 당할 것이니라"(마 24:40~41). 또한 마태복음 25장에 기록된 열 처녀의 비유에서도 다섯은 들어갔으나 나머지 다섯은 못 들어가는 것을 볼 수 있는데 성경 속에 나타난 이러한 이야기는 한두 가지가 아닙니다.

문제는 어디까지나 천국 열쇠입니다. 천국에 들어가느냐? 못 들어가느냐? 이것이 바로 천국 열쇠라고 하는 비유로 나타난 말씀입니다. 그러므로 이 비유는 가장 귀중하고 가장 실제적이며, 매우 시급한 이야기가 될 것입니다. 다른 일은 다 잊어버려도 이 문제만은 반드시 기억해야 될 뿐만 아니라 깊이 이해하고 깨달음으로 여기에 도달해야 할 것입니다.

그러면 여기에서 우리가 먼저 생각해야 하는 것은 천국문은 일단 닫혀 있다고 하는 것입니다. 그리고 열쇠를 가진 자에게만 열린다고 하는 것이 오늘 예수님께서 말씀하시는 비유의 내용입니다. 하나님의 나라는 열려 있는 것이 아니라 닫혀 있습니다. 그러면서 여기에 들어갈 수 있는 사람에게만 열려집니다. 이와 같이 천국문이 열려지는 그러한 조건을 예수님께서는 천국 열쇠라고 말씀하십니다. 이제 내가 천국 열쇠를 네게 주리라고 하시는 말씀은 간단하게 말하여 너는 천국에 들어간다고 하는 그런 말씀이 아니겠습니까?

이제 먼저 그 배경에 대하여 조금 생각해 보십시다. 본문에 앞서 13절 말씀에 보면 예수님께서 가이사랴 빌립보 지방을 지나가셨다고 하였습니다. 이 가이사랴 빌립보는 갈릴리 지방으로부터 25마일 동북쪽에 위치한 도시입니다. 여기는 유대 땅이 아닌 곳입니다. 이렇게 예수님께서는 유대 지경을 넘어 유대 사람이 없는 곳, 흔히 말한 대로 바리새인이나 서기관들처럼 예수님을 괴롭히는 사람들도 없고 수천 명이 따라다니는 것도 아니며 아마도 거기까지는 병을 고치기 위해 따라다니는 사람들도 없었을 것 같습니다. 그저 잠깐 평화롭게 국경을 넘어서 조용히 제자들만 데리고 가시면서 저들에게 교훈하려 하신 것입니다. 그러나 이런저런 모습으로 피곤케 하는 사람들이 따라다니는 것은 아니지만 일단 국경을 넘어 지경을 들어서고 보면 또 다른 문제가 있습니다. 역사가들의 말에 의하면 당시 가이사랴 빌립보에는 바알신을 섬기는 신전이 열네 개 이상 있었다고 합니다. 그리고 특별히 헤롯이 흔히 가이사라고도 하는 로마 황제에게 아첨하기 위하여 그 신전과 조상들을 여기저기에 우뚝우뚝 세워 놓고 있는 곳이요, 뿐만 아니라 당시에 팔레스타인 근방을 지배하던 로마의 군인들의 막사가 쭉 늘어서 있고 그들의 화려한 행렬이 사람들의 시선을 끌게 하는 그러한 곳입니다.

이제 예수님과 제자들이 그러한 곳이 내려다보이는 언덕길을 지나시면서 이야기를 나누고 있는 것입니다. 이것은 어디까지나 짐작입니다마는 그러나 충분히 가능한 것으로 이해할 수 있는 문제가 있습니다. 그것은 열두 제자들이 이곳을 지나면서 마음이 착잡했다고 하는 것입니다. 그 많은 우상의 신전들과 기세 당당한 로마 군인들의 진지 등을 내려다보면서 부러운 생각이 드는 것입니다. 우리는 언제쯤이나 정치적인 독립을 해서 살 수가 있을까? 또 나아가서는 남의 나라에까지 저렇게 점령을 하면서 왕권을 누리며 살아갈 수 있을까? 우리 이스라엘 나라! 다윗의 왕국은 언제 회복되려나! 하는 마음에서 부러운 눈으로 바라보고 있습니다.

바로 이런 순간에 예수님께서는 저들에게 물으십니다. 이 순간이 참으로 중요한 시간입니다. 사람들이 나를 누구라 하느냐? 저들은 대답하기를 "더러는 세례 요한, 더러는 엘리야, 어떤 이는 예레미야나 선지자 중의 하나라 한다"며 이야기합니다. 이 대답에 대한 구체적인 설명은 여기에서 드리지 않겠습니다. 아무튼 이 대답을 들으신 후 예수님께서는 매우 직설적으로 다시 물으십니다. 너희는 나를 누구라 하느냐고! 이것은 중요합니다. 그때에 시몬 베드로가 앞장을 서서 "주는 그리스도시요, 살아 계신 하나님의 아들이시니이다"라는 대답을 하게 됩니다. 이 대답에 앞서 예수님의 질문에 암시된 내용을 생각해 보면 로마인을 부러워하거나 두려워할 것도 없으며 세상 나라 권세에 대하여 그렇게 연연해할 것이 없다. 내가 메시야다! 너희는 나를 누구라 하느냐는 말씀인 것입니다.

주는 그리스도시요, 살아 계신 하나님의 아들이시니이다! 베드로의 이 같은 대답은 먼저는 신앙을 고백하는 것입니다. 나는 주님을 이런 분으로 믿습니다라고 하는 자기의 신앙을 고백한 것이요, 동시에 이것은 위대한 발견입니다. 다른 사람들은 예수님을 병을 고치시는 분으로, 혹은 마술사로, 랍비로, 훌륭한 선생님으로 알 뿐만 아니라 심지어 어떤 사람들은 갈릴리의 한 목수로 알고 있습니다. 아무튼 예수님에 대한 이해가 잡다하고도 여러 가지입니다. 그러나 베드로는 위대한 발견을 하였습니다. 당신은 그리스도이십니다. 당신은 살아 계신 하나님의 아들이십니다! 그가 깨달은 예수를 이렇게 고백하고 있습니다.

또한 이것은 계시에 대한 이해입니다. 사실 예수님께서는 바로 이러한 점을 알리시기 위하여 오늘까지 3년 동안에 제자들을 가르쳐 오신 것입니다. 말씀은 물론 병을 고치신 것도, 5천 명, 4천 명을 먹이시는 그 근본도 다 이 계시를 보여 주시기 위한 것입니다. 그러고 보면 예수님께서는 제자들의 마음속에 이 고백이 있어지기를 참으로 오랫동안 기다려 오신 것입니다. 그런데 이제 그 수준에 도달하여 고맙게도 베드로의 입에서 예수님께서 바라시고 기다리셨던 그 고백이 나왔습니다. 주는 그리스도이시요, 살아 계신 하나님의 아들이시나이다! 아마도 이 고백을 드리는 순간 예수님의 마음에 큰 기쁨을 드렸다고 생각을 합니다. 참으로 만족하게 생각하셨어요. 이제야 예수님께서 저들에게 가르치고 보여 주시고자 하셨던 바를 바로 이해하였기 때문입니다. 계시의 이해! 이것이 바로 이 순간에 되어진 것입니다. 말하자면 계시를 바로 이해하는 수준급에 도달하였다는 이야기이지요. 그럴 때에 예수님께서 천국 열쇠를 주겠노라고 말씀하십니다.

그러면 이 고백이 담고 있는 내용이 무엇인가 할 때에 먼저는 당신은 그리스도라고 말합니다. 이 그리스도라는 말은 기름을 붓는다는 뜻이요, 따라서 예수님에게 있어서 그러한 직능적인 의미가 있음을 말합니다. 즉 예수님께서는 우리를 위하여 제사장도 되시고 왕도 되시며 선지자도 되신다고 하는 그런 의미가 있다는 말입니다. 그러나 보다 중요한 문제는 이스라엘 사람들이 오랫동안 메시야를 기다렸다는 사실입니다. 물론 지금도 이스라엘 사람들 중에 상당수는 메시야를 기다리기만 하고 있습니다. 그러나 베드로는 말합니다. 우리는 오랫동안 메시야를 기다려 왔습니다. 그러나 이제 더 이상 기다릴 것이 아닙니다. 당신이 바로 그분입니다라고 하는 것입니다. 성경적으로 믿고 성경적으로 대망하던 메시야가 바로 당신입니다. 이 말 한 마디 속에 성서적 고백이 다 포함되어 있는 것입니다. 그토록 오랫동안 기다려 온 메시야가 바로 당신이십니다!

마찬가지로 사도 바울의 기독론이 그러합니다. 사도 바울은 본래 예수님과 동행했던 사람이 아닙니다. 그는 예수를 핍박했던 사람이요, 누구보다도 예수를 믿는 사람들을 괴롭히고자 했던 사람입니다. 그러던 그가 부활하신 예수님을 다메섹 도상에서 얼굴과 얼굴로 딱 만나지는 순간에 그가 빛을 보듯 환히 깨달은 것이 있습니다. 오랫동안 기다려 온 그분이 바로 이분이다 하고 말입니다. 그 경황 중에도 "주여 뉘시오니까?" 하고 묻는 그에게 "나는 네가 핍박하는 예수라" 하고 대답하실 때에 그의 마음 속에는 확증이 옵니다. 내가 오랜 세월을 공부하고 기다리며, 기도해 온 대망의 메시야가 바로 그분이었구나! 이제는 메시야를 기다릴 것이 아니다. 메시야는 이미 오셨다는 사실을 분명히 깨닫게 된 것입니다. 그 순간, 그의 성서적 지식의 전부가 거기에 집중되어 그리스도 중심적으로 되풀이되고 맙니다.

여러분께서 아시다시피 약속에 대해서는 그 성취가 중요한 것입니다. 저는 결혼 주례를 할 때면 가끔은 그런 생각을 해봅니다. 지금 이 신랑의 나이가 한 삼십 되었는데 이 나이가 될 때까지 어떤 처녀를 기다리고 있었을까 하는 것입니다. 얼굴은 이런 모습이었으면 좋겠고, 성품은, 취미는 어떻고 하면서 전부를 생각해 보았을 것입니다. 이는 신부도 마찬가지입니다. 그런 가운데 지금까지 기다려 왔었겠지요. 그런데 그것이 오늘 여기서 이루어질까? 혹은 몇 퍼센트나 이루어졌을까 하는 그런 걱정을 조금 하게 됩니다. 바라기야 '내가 기다리며 생각했던 사람이 바로 당신이오' 만 할 수 있다면 얼마나 좋겠습니까? 문제는 그렇지를 못하고 10분의 1도 해당 사항이 없는 가운데 시작을 하게 되니 그게 싹수가 노란 것이란 말입니다. 여러분! 한번 생각을 해보세요. 사실이 그렇지를 않습니까? 오랫동안 머리속에 이상적으로 그려왔던 그 분이 바로 이분이다하게 되면 그거야 더 말할 것이 없는 일이지 않겠습니까?

그런데 이스라엘 사람들의 메시야 대망은 그런 정도가 아니란 말입니다. 수천년 동안! 창세기에서부터 아브라함에게 예언되어지고 이삭으로 상징되어졌던 그 메시야! 시대를 따라 예언과, 상징과, 예표와 증거로 계속 메시야가 오리라, 오리라, 하다가 이제 딱 왔는데 바로 당신이 그 메시야란 말입니다. 이 이상의 다른 말이 어디에 있겠습니까? 이는 예언에 대한 성취요, 대망에 대한 완성이며, 그리고 예표에 대한 본체입니다. 그 동안에는 한 그림자로만 보아 왔는데 이제는 본체를 만난 것입니다. 이와 같이 당신은, 주는 그리스도시라고 하는 데에는 아주 유쾌하고도 만족한 뜻이 있는 것입니다.

다음으로 생각할 것은 살아 계신 하나님의 아들입니다. 이 아들이라고 하는 말에는 매우 깊은 의미가 있습니다. 이 아들이라는 용어는 초대 교회 때부터 많이 혼란과 어려움을 야기시켜 온 낱말입니다. 오늘도 이 언어의 문제는 여러 가지 측면에서 매우 복잡한 것입니다마는 특별히 문화신학에 있어서 이 언어의 문제는 대단히 중요합니다. 우리가 잘 알다시피 똑같은 하나의 마음임에도 이것을 무슨 말로 어떻게 표현하느냐 하는 것은 매우 중요한 것입니다. 그래서 사랑한다는 마음을 표현하는 방법도 여러 가지인 것이 아니겠습니까? 이에 가만히 보면 "보기 싫어 죽겠다"고 하는가 하면 "몰라요" 하기도 하고 "아이고 시시해"라고도 하는데 아무튼 사랑한다는 것을 알아듣기가 참 힘든단 말입니다. 그 때문에 오히려 진짜 사랑한다는 말은 꼭 가짜같이 들려지기까지 하니 문제란 말입니다. 사실은 그렇게 다르게 표현하는 말들이 알고 보면 마음으로는 진짜인데 표현이 다르다 보니 그 해득이 힘이 듭니다. 이와 같이 언어란 언제나 혼잡한 것입니다. 그러기에 말하는 자는 듣는 자 편에서 말하고 듣는 자는 말하는 자 편에서 들어야 합니다. 그러나 그것이 결코 쉬운 일이 아니지요. 그 때문에 여기에서도 언어의 부족을 느끼게 됩니다.

이제 예수는 누구냐 할 때에 여기서는 "살아 계신 하나님의 아들이시니이다"라고 말합니다. 이를 위해 우선 성경에 나타난 몇 가지 중요한 것을 비교해 볼 수밖에 없습니다. 성경에서 예수님을 가장 중요하게 깊이 다룬 용어가 "말씀"이라고 하는 표현입니다. 예수는 곧 말씀입니다. 말씀이 육신이 되어 우리 가운데 거하신다(요 1 : 14)고 하는 이 "말씀"은 헬라적 표현입니다. 말씀, 다시 말하면 헬라의 철학적 용어인 '로고스'를 기독교적으로 수용하여 사용한 것입니다. 그런가 하면 히브리 사람은 주로 "아들"이라고 표현합니다. 이스라엘 사람들은 참으로 놀라우리만큼 철저하게 유일신 사상을 가지고 있습니다. 그렇기 때문에 하나님은 오직 한 분뿐이시며 만일에 한 분 아닌 두 분이라고 하였다가는 당장에 맞아 죽는 겁니다. 이와 같이 엄격하게 유일신 사상을 주장하며 오직 한 분 하나님을 믿고 있는데 그러면서도 저들은 또한 예수님을 하나님으로 고백합니다. 문제는 그러고도 맞아 죽지를 않았다고 하는 점입니다. 이는 왜냐하면 하나님의 아들이라고 하였기 때문입니다. 거기에 오묘한 뜻이 있습니다. 예수님을 하나님으로 고백하고 있으나 그 하나님은 아들 하나님이란 말입니다. 하기는 요한복음 8장에 보면 예수님께서 친히 하나님을 내 아버지라고 하시자 돌을 들어 치려고 한 적도 있고 보면 이것도 문제는 됩니다마는 어쨌든 유일신 하나님을 믿으면서도 초대교회가 끝까지 예수님을 하나님으로 고백하고도 무사함과 동시에 전달이 되고 소화가 될 수 있었던 것은 예수님을 하나님의 아들로 고백하기 때문입니다. 이 "아들"이라는 말은 언제 났다는 시간적 개념이 아니라 동질이라는 뜻입니다. 그러므로 사실은 하나님과 같은 한 분이라는 의미에서 "아들"이라는 표현을 쓰고 있습니다. 그러고 보면 이 "아들"이라는 말은 아주 신비스러운 말로서 어디까지나 예수님을 하나님으로 고백하는 하나의 상징적 표현으로 쓰여진 말입니다.

그 다음에는 "주"라고 하는 표현입니다. 우리가 사도행전을 읽어내려가노라면 예수님을 전부 "주"로 부르고 있음을 발견할 수 있습니다. "주"라고 하는 이 표현은 이방 사람에게서 고백되어진 예수님에 대한 칭호입니다. 왜냐하면 이방 사람, 특별히 헬라 사람들에게 있어서는 하나님의 아들이 수없이 많아요. 저들은 보통 웬만큼 잘난 사람은 다 하나님의 아들이에요. 그렇기 때문에 철학자도 하나님의 아들이요, 제사장도 하나님의 아들이며, 심지어 시인도 하나님의 아들이라고 할 정도이니 그야말로 하나님의 아들이 홍수가 난 것입니다. 따라서 이방 사람에게 있어서는 하나님의 아들이란 그렇게 좋은 이름이 아닙니다. 그래서 저들에게 있어서 가장 높여 쓰는 말은 "주"라는 말입니다. 그것은 당시에 노예제도가 있었기 때문이며 또한 이것은 특별히 히브리적인 입장에서 보면 하나님을 대칭하는 말입니다. 이런 배경하에 오묘하게 쓰인 말이 "주"라는 표현이며,

사도행전에서는 바로 그러한 이유에서 예수님을 주라고 표현한 것입니다.

그러고 보면 "말씀", "하나님의 아들", 그리고 "주", 이 세 가지의 다른 표현은 사실상은 같은 내용의 말인 것입니다. 그러므로 이 고백은 하나님의 계시자요, 하나님의 자신이 육신을 입고 이 땅에 오셨다는 의미로서 고백되어지고 있는 것입니다. 이제 진정으로 예수님을 만난 자들에게는 이런 의미의 고백이 있어야 합니다. 이 고백이 바로 천국문을 여는 것입니다. 예수님은 나의 주요, 나의 메시야이며 하나님의 아들이십니다! 그래서 요즈음 우리 주위에도 보면 자동차 뒤에 물고기를 붙이고 다니는 것을 볼 수가 있는데 그 안에는 물고기라는 뜻의 헬라어 '익서스'가 쓰여져 있습니다. 잘 아시다시피 이 물고기가 초대교회에 있어서 기독교인의 상징이었던 것은 공교롭게도 이 물고기라고 하는 익서스의 다섯 알파벳이 각각 예수, 그리스도, 하나님의 아들, 구세주라고 하는 말의 첫글자가 되기 때문입니다. 다시 한번 바꾸어 말하면 예수, 그리스도, 하나님의 아들, 구세주의 머리 글자 다섯만 빼내어 읽으면 익서스(물고기)가 된다는 이야기입니다. 그 때문에 물고기를 기독교인의 상징으로 사용한 것이며 이는 곧 신앙고백의 상징이 되는 것입니다.

그러면 이제 기독교인이란 어떤 사람이냐를 말한다면 예수를 주요, 그리스도요, 하나님의 아들로 믿고, 그렇게 고백하는 사람입니다. 그러면 또한 전도란 무엇입니까? 그것은 예수를 그리스도로, 하나님의 아들로, 구주로 고백하게 하는 것이 전도요, 이것이 신앙의 골자입니다. 그런데 예수님께서는 이것을 알게 하는 것이 성령이라고 말씀하십니다. 이제 본문 말씀 17절에 의하면 "이를 네게 알게 한 이는 혈육이 아니요, 하늘에 계신 내 아버지시니라"고 하는 참으로 오묘한 말씀을 하십니다. 또한 고린도전서 12장 3절에 보면 "성령으로 아니하고는 누구든지 예수를 주시라 할 수 없느니라"고 기록하고 있습니다. 성령으로 아니하고는 누구를 막론하고 이 지식을 가질 사람도 없고 해독할 사람도 없어요. 예수를 그리스도라고 고백하는 것은 가르치거나 노력한다고 되는 것이 아니라 오직 성령을 받은 자에게만 있어지는 일입니다. 그래서 오늘 예수님께서는 베드로를 향하여 "네게 알게 한 이는 혈육이 아니요, 하늘에 계신 내 아버지시니라"는 해석을 붙여 주시는 것입니다. 그러니까 계시로 오신 자를 아는 것은 성령의 계시적 역사에 의해서만 알아볼 수가 있다는 말씀입니다.

그런데 이때에 예수님께서는 베드로에게 새 이름으로 주시면서 베드로라고 부르십니다. 이 베드로는 헬라 원어로는 '페트로스'입니다. 그리고 이어 말씀하시기를 이 반석 위에 내 교회를 세우리라고 하시는데 이 반석이란 헬라 원어는 '페트라'라고 합니다. 이 말들을 문법적으로 설명하자면 페트로스는 남성 명사이고 페트라는 여성 명사입니다. 그리고 굳이 의미상으로 구분을 하자면 페트로스는 하나의 바위, 그러니까 바위 중의 하나가 되겠고 페트라는 바위로 되어 있는, 즉 말하자면 본질적 의미에서의 큰 바위를 말하는 것이 되겠습니다. 아무튼 여기에서의 이 바위, 곧 반석이라는 말은 하나의 비유입니다. 이것은 기초적이요, 근본적이며, 거기에 의지하고 있다는 것을 의미합니다. 구약성경에 보면 이 반석이라는 말이 하나님을 지칭하는 말로 사용되고 있어서 "하나님은 우리의 반석이시다"라는 말씀을 곳곳에서 발견할 수 있습니다(신 32:4, 31; 삼상 2:2; 삼하 22:2; 시편 18:2; 시편 18:31 등).

그런데 지금 예수님께서는 베드로를 향하여 "너는 반석이다"라고 말씀하십니다. 그 말씀에 이어 "이 반석 위에"라는 말이 뒤따르게 되는데 그러면 이 두 반석이 각각 따로인 것이냐? 아니면 하나이냐? 그렇지 않으면 서로 연관이 있는 것이냐? 하는 문제가 생기게 됩니다. 이제 예수님께서 베드로를 향하여 "너는 반석이다"라고 하셨다면 이 반석 위에 교회를 세우리라는 것은 바로 너 위에다가 교회를 세운다는 말이냐 하는 문제를 낳게 됩니다. 그래서 어떤 이들은 농담삼아 말하기를 그렇다면 베드로의 잔등에다 교회를 세우겠다는 것이냐며 한 마디하기도 합니다. 어쨌든 로마 카톨릭 교회에서는 사도 베드로를 제 1대 교황으로 고집을 합니다마는 그것은 아무래도 좀 지나친 해석이라 생각합니다. 그런가 하면 교부 어거스틴은 "이 반석 위에"라고 할 때의 이 반석은 예수 그리스도를 가리킨 것으로 해석하고 있습니다. 이에 고린도전서 3장 11절 말씀을 보면 이 터는 곧 예수 그리스도라고 말하고 있습니다. 아무튼 베드로인 반석과 "이 반석 위"에 라고 할 때의 반석이 같은 것이냐? 다른 것이냐? 아니면 서로 연관이 있는 것이냐 하는 이 세 가지의 복잡한 문제가 있습니다마는 여기에서 그 신학적인 문제를 말씀드리지는 않겠습니다.

이제 분명한 것은 베드로를 향해서 베드로라고 하신 반석은 페트로스이고 "이 반석 위에"라고 하실 때의 반석은 페트라라고 하는 점입니다. 그러므로 관련이 있다 하더라도 서로는 별개의 것이라는 사실을 잊지 말아야 합니다. 그리하여 많은 사람들이 넓게 생각한다는 입장에서 이것은 진리를 뜻하는 것으로 해석하기도 합니다마는 오늘 현재에 이르기까지 가장 권위있는 해석으로 받아들여지고 있는 것은 "이것은 베드로의 신앙고백이다"라고 하는 해석입니다. 예수님께서는 분명히 베드로가 "주는 그리스도시요, 살아 계신 하나님의 아들이시니이다" 하는 고백을 하게 될 때에 그 고백을 들으심으로 "너는 베드로라"고 하셨으며 그리고 이 반석, 이 신앙고백 위에 내가 내 교회를 세우겠다고 말씀하십니다. 따라서 베드로가 세우겠다는 말씀이 아니라 어디까지나 내가 내 교회를, 즉 예수 그리스도 자신이 이 신앙고백 위에 교회를 세우리라는 해석입니다.

그런가 하면 여기에서 조금 더 추가된 해석이 있습니다. 그것은 베드로 자신의 초대교회적인 역할과 그 인격적 관계도 포함되어 있다고 하는 여유있는 해석입니다. 이 말의 뜻은 예수님께서 베드로를 반석이라고 부르신 것과 이 신앙고백 위에다 교회를 세우시겠다는 말을 완전히 별개로 보지는 않는다. 적어도 이러한 고백을 한 이상 베드로가 베드로요, 반석이며, 그리고 그 신앙고백 위에 교회가 세워지되 베드로의 귀중한 초대교회에서의 역할을 암시하고 있는 것이라는 이야기입니다. 그러니까 이는 교회의 기초인 동시에 참 신앙고백의 시작이 베드로로부터 온 것이라는 의미요, 교회 설립에 큰 공헌이 있고 기초와 시작이 된다는 말입니다. 그래서 여기에서 특별히 조심할 것은 "세운다"는 말입니다. 예수님께서는 분명히 내가 내 교회를 세우리라고 말씀하십니다. 다만 이 반석 위에! 이 '반석'은 베드로의 신앙고백과 그의 수고를 함께 의미합니다. 그리고 "음부의 권세가 이기지 못하리라!"는 말씀은 곧 이 고백으로 세워진 교회는 내가 지키겠다! 나를 그리스도라고 고백한 그 교회의 장래는 내가 친히 지켜 주겠다고 하시는 의미입니다.

그리고 이어 말씀하시기를 천국 열쇠를 네게 주겠다고 하십니다. 누구나 잘 아는 대로 열쇠란 문을 여는 도구입니다. 이것은 상징이요, 특별한 권세를 말하는 것입니다. 그렇게 때문에 주인이 청지기에게 열쇠를 맡긴다는 것이나 지난날 우리 가정에서 시어머니가 며느리에게 광 열쇠를 넘겨 준다는 일은 사실을 알고 보면 굉장한 권위의 이양인 것입니다. 그래서 시어머니가 며느리에게 광 열쇠를 넘겨 주는 그날은 며느리에게 있어서는 큰 벼슬을 하는 날입니다. 그와 같이 이 열쇠란 아무에게나 맡기는 것이 아닙니다. 내가 믿을 수 있고, 내가 문을 여는 것과 같은 의미를 가질 만한 자격이 있다고 믿어질 때, 그때에 가서 비로소 이 열쇠를 맡기는 것입니다. 그러니까 어느 수준에 도달했을 때에 주어진다는 이야기입니다.

그러므로 천국 열쇠라는 말은 천국에 들어가는 자격을 말하는 것입니다. 요한계시록 3장 7절에 보면 "다윗의 열쇠를 가지신 이"라는 말씀이 있는데 이것 역시 다윗의 권세를 말하는 것입니다.

그러면 이제 베드로가 천국 열쇠를 받았다고 하는 것은 어떤 의미를 가지느냐 할 때에 이를 교회사적인 측면에서 생각해 보면 먼저 오순절 초대교회에 있었던 베드로의 역할입니다. 이를 위해 사도행전 2장 41절의 말씀을 보면 이날에 베드로의 설교를 듣고 회개하며 세례를 받은 사람이 무려 3천 명이나 되는 것을 볼 수 있으며 그리고 교회가 세워지는 것입니다. 이것은 정말 천국 열쇠를 가진 것이요, 바로 이것이 교회에 있어서의 베드로의 역할입니다. 그 다음에는 사도행전 10장에 기록된 대로 고넬료의 집, 즉 이방 사람에게 복음을 선포함으로써 그들에게 천국문을 열어 준 것입니다. 이와 같이 그에게는 이방인을 위한 열쇠도 주어져 있던 것입니다. 그리하여 사도행전 15장에 보면 우리도 능히 메지 못하는 멍에를 왜 이방 사람들에게 메게 하려느냐며 이방 사람들을 위해 자유로운 복음의 문을 여는 것을 볼 수 있는데, 이것 또한 베드로의 큰 역할이었습니다.

　　이제 더욱 중요한 것은 성경을 구약적 맥락에 의해서 해석하였다는 점입니다. 그 때문에 베드로의 설교는 전부가 구약을 인용하고 있음을 발견할 수가 있습니다. 이러한 신학적 과정에 있어서도 그는 천국문을 여는 귀중한 역할을 해주었습니다. 오늘 여기 본문을 보면 "땅에서 무엇이든지 매면 하늘에서도 매일 것이요"라고 하는 말씀이 있습니다. 여기 이 "맨다"고 하는 말은 규범이나 계명에 의한 구속력을 의미합니다. 그래서 이미 말씀드린 대로 사도행전 15장 10절에서 "우리도 능히 메지 못하던 멍에를 제자들의 목에 두려느냐?"며 이방인들도 할례받지 않고 예수를 믿음으로만 구원에 이를 수 있음을 역설하고 있습니다. 이는 당시에 있어서 굉장한 일이었습니다. 그럼에도 이것을 베드로가 풀었습니다. 그리고 보면 기독교인의 생활규범을 베드로가 매기도 하고 풀기도 한 것입니다. 이것은 초대교회에서부터 시작하여 오늘에 있어서도 교회가 가진 참으로 큰 권위입니다. 물론 성경적 권위에 의해서 되어집니다마는 교회가 이 권위를 행사하고 있습니다. 이제 예수님께서 베드로를 향하여 "네가 땅에서 무엇이든지 매면 하늘에서 매일 것이요, 네가 땅에서 무엇이든지 풀면 하늘에서도 풀리리라"고 하신 것은 베드로에게 엄청난 사도권적 권위를 주신 것입니다. 따라서 이제는 베드로가 옳다고 하면 그것은 옳은 것이 됩니다. 주님께서도 베드로가 풀고 매는 것을 인정하시고 그것과 함께 하시겠다는 말씀하십니다. 분명 베드로에게 주신 천국 열쇠입니다. 그러나 이것은 베드로에게만 있는 것이 아닙니다. 바른 신앙고백과 함께 이루어지는 하나님의 큰 역사를 의미하는 것입니다.

그러면 다시 한번 천국 열쇠를 여기에 놓고 생각해 보십시다. 이것은 신앙고백이 바로 이루어질 때 그에게 주어지는 하나님의 나라에 들어가게 되는 특권을 의미하는 것이요, 성령이 그 마음을 감동시켜 신앙을 고백케 하는 일에 나타나는 역사입니다. 그리고 이 천국 열쇠는 베드로에게 처음 주셨고, 이후에 그와 같은 고백을 하는 모든 사람들에게 주어지며, 베드로에게 처음 권한이 주어진 것처럼 교회와 함께 계계승승 구원의 역사와 더불어 이어져 가는 것입니다.

주님은 말씀하십니다. 내가 천국 열쇠를 네게 주리라고!

한 겨자씨만한 믿음

저희가 무리에게 이르매 한 사람이 예수께 와서 꿇어 엎드리어 가로되 주여 내 아들을 불쌍히 여기소서 저가 간질로 심히 고생하여 자주 불에도 넘어지며 물에도 넘어지는지라 내가 주의 제자들에게 데리고 왔으나 능히 고치지 못하더이다 예수께서 대답하여 가라사대 믿음이 없고 패역한 세대여 내가 얼마나 너희와 함께 있으며 얼마나 너희를 참으리요 그를 이리로 데려오라 하시다 이에 예수께서 꾸짖으시니 귀신이 나가고 아이가 그때부터 나으니라 이 때에 제자들이 조용히 예수께 나아와 가로되 우리는 어찌하여 쫓아내지 못하였나이까 가라사대 너희 믿음이 적은 연고니라 진실로 너희에게 이르노니 너희가 만일 믿음이 한 겨자씨만큼만 있으면 이 산을 명하여 여기서 저기로 옮기라 하여도 옮길 것이요 또 너희가 못할 것이 없으리라.

(마태복음 17 : 14~21)

한 겨자씨만한 믿음

우리는 앞서 예수님의 비유 상권에서 겨자씨의 비유(마 13:31~32)를 이야기한 바 있습니다. 거기에서의 겨자씨는 하나님 나라의 생명적인 능력과 그 확장을 비유한 것이었습니다. 이제 오늘 여기에서는 겨자씨는 같은 겨자씨이지만 그 비유하고자 하시는 내용은 다른 것으로서 우리의 가진 바 믿음이 겨자씨만큼만 있어도 좋겠다는 말씀을 하시고 계십니다.

그러면 이제 이 겨자씨만한 믿음이라는 것이 무엇을 의미하느냐 하는 것입니다. 여러분 중에 보신 분도 계시겠지만 겨자씨란 매우 작은 것이어서 마치 먼지같이 보입니다. 그래서 정말 얼마나 작은 것인지는 직접 보지 않고는 상상이 안 갈 정도입니다. 그런데 거기에도 생명이 있어서 이것 하나가 땅에 떨어졌을 때에 그것이 싹이 나고 꽃을 피우며 열매를 맺게 된단 말입니다. 지금 예수님께서는 작은 것으로부터 나온 이 생명이 얼마나 위대한가를 이렇게 말씀하고 계시는 것입니다. 예수님께서는 믿음에 대하여 여러 가지로 말씀하십니다. 이에 베드로가 물 위로 걸어오다가 빠져들어가며 주여 나를 구원하소서 할 때에 예수님께서 저를 붙잡아 주시며 하시는 말씀이 "믿음이 적은 자여 왜 의심하였느냐?"고 하십니다(마 14:28~31). 또한 많은 장애를 넘어서서 딸의 병을 고쳐 달라며 끝까지 애원하는 가나안 여인을 향하여서는 "네 믿음이 크도다!"며 아주 메가톤급이라고 칭찬하시는 것을 볼 수 있습니다. 이렇게 믿음이 "적다" 혹은 "크다"고 하는 것은 예수님의 말씀입니다. 그런데 예수님의 동생 야고보의 기록인 야고보서에 의하면 거기에는 "산 믿음", "죽은 믿음"으로 말하고 있습니다. 그리하여 행함이 있는 믿음은 산 믿음이요, 행함이 없는 믿음을 죽은 믿음이라고 말합니다. 또한 사도행전 14장 9절에 "구원받을 만한 믿음"이라는 말이 있습니다. 이것은 나면서 앉은뱅이된 사람이 바울의 설교를 열심히 들으면서 마음에 한 말씀 한 말씀을 전적으로 아멘, 아멘으로 받아들이는 그의 의지와 지식과 감정이 합쳐서 전인격적으로 위탁하는 모습을 보고 하는 말입니다. 이에 사도 바울은 그 구원 얻을 만한 믿음을 보면서 "네 발로 바로 일어서라" 할 때에 그 앉은뱅이가 일어서게 되는 장면을 볼 수 있습니다. 그리고 야고보서 2장 14절에 보면 "그 믿음이 능히 자기를 구원하겠느냐?"고 한 것을 볼 수 있는데 이것 역시 구원에 대한 이야기로 그 믿음의 정도를 가르쳐주는 말씀들입니다.

이렇게 볼 때 오늘 본문에서 예수님께서 믿음이 적다고 하시는 그 말씀의 뜻이 무엇인가를 깊이 생각해 보아야 하겠습니다.

그러면 먼저 오늘 본문 말씀의 배경을 한번 살펴보십시다. 이를 위해 마태복음 17장 1절부터를 보면 예수님께서는 베드로와 요한, 야고보를 데리시고 변화산이라 불리워지는 높은 산에 오르시어 밤새껏 기도를 하셨으며, 어느 순간이었는지 알 수는 없지만 신령한 몸으로 변화되시어 모세와 엘리야로 더불어 이야기하시는 놀랍고도 영광스러운 장면을 보여 주심으로 거기에 있던 세 제자는 참으로 황홀한 체험을 하게 됩니다. 그리하여 베드로는 "여기 있는 것이 좋사오니"라며 아예 천막 셋을 짓겠다고 하는 청원까지 하게 됩니다마는 아무튼 이렇게 영광스럽고 신비스러운 체험을 하고 있는 바로 그 시간에 산 아래에서는 어이없는 일이 벌어지고 있었던 것입니다. 여기 이 나머지 아홉 제자들은 졸았을 뿐만 아니라 아마도 푹 잤을 것이라는 생각이 듭니다. 그러다가 아침이 되어 이제는 예수님께서 산에서 내려오실 때가 된 바로 그 시간에 이 나머지 제자들이 어려운 문제를 만나게 되었습니다. 성경에 의하면 귀신이 들렸다고도 했고(눅 9: 39), 간질병이라고도 하였는데 아무튼 물에도 불에도 뛰어들어가 넘어짐으로 자기 몸을 몹시 상하게 하는, 어지간히 발광이 심한 아이였던 것 같습니다. 이런 아이를 그의 아버지가 데리고 예수님께로 온다고 왔으나 마침 예수님께서는 산에 올라가시고 안 계셨던 것입니다.

여기에서 저는 이렇게 생각을 해봅니다. 이때에 거기에 남아 있던 제자들이 "지금 예수님께서 계시지 않는데 조금 있으면 오실 것입니다. 그러니 조금만 기다리십시오"라고 하였으면 좋았을 것 같습니다. 그런데 자기들이 무엇을 한다고 그 아이를 붙들고는 고쳐 보겠다며 이 아홉 제자들이 나름대로 시도를 해본 것입니다. 누가 먼저 했는지 모르지만 "나사렛 예수의 이름으로 명하노니 나가라"고 하는가 하면 "예수 그리스도의 이름으로 명하노니 나가라!"는 등, 별별 소리를 다 해보았지만 영 되지를 않습니다. 그러자니 점점 더 실망은 커져서 제자들 자신도 실망했고 이 아이의 아버지도 실망을 했습니다. 이제 이 아버지는 모처럼의 기회에 자기의 아들이 고쳐질 줄 알았는데 결국은 이렇게 되고 마는구나 하는 안타까운 마음으로 있습니다. 그러다가 예수님이 오시자 그 앞에 나아가서는 완전히 실망적인 이야기를 하게 됩니다. 마가복음에 기록된 같은 내용의 말씀에 보면 이때에 이 아버지가 예수님께 하는 말 중에 "무엇을 하실 수 있거든 우리를 불쌍히 여기사 도와주옵소서"(막 9:22)라는 말을 하는 것을 볼 수 있습니다. 그 말을 들으시는 예수님께서는 너무도 어처구니가 없으셔서 "할 수 있거든이 무슨 말이냐? 믿는 자에게는 능치 못할 일이 없느니라"고 하시면서 그 아들을 깨끗게 해주셨습니다.

그러면 이제 문제는 어디에 있느냐 하면 바로 여기에 있습니다. 상황이 이렇게 되었을 때에 어쩔 수 없이 제자들은 조소를 당하게 되고 아무 능력없는 떠벌이 사람들로 망신을 당하게 된 것입니다. 이것은 보통 부끄러움을 당한 것이 아닙니다. 그래서 스스로들 절망해하면서 오늘 본문에 의하면 "조용히 예수께 나아와 가로되 우리는 어찌하여 쫓아내지 못하였나이까?"라며 자기들의 무능을 진단해 보고자 합니다. 우리는 왜 못하였습니까? 이 질문에 대한 예수님의 대답은 "믿음이 없는 연고니라!"는 참으로 간단한 한 마디입니다. 이 말씀에 앞서 17절 말씀에 보면 "믿음이 없고 패역한 세대여 내가 얼마나 너희와 함께 있으며 얼마나 너희를 참으리요!"라는 말씀을 하십니다. 믿음이 없고 패역한 세대여 내가 얼마나 너희와 함께 있으리요! 아주 개탄하시는 이 말씀 속에는 믿음에 대한 몇 가지의 암시를 주고 계십니다. 이 말씀을 음미해 보면 믿음이란 예수님과 더불어서만이 생길 수 있다는 것입니다. 믿음이란 나 혼자서 "믿습니다" 하고 확신한다고 하여 생겨지는 것이 아니에요. 어디까지나 예수님과 함께 있으므로 믿음이 생기는 것입니다. 그러므로 내가 얼마나 예수님과 함께 있어야 하느냐 하는 것은 매우 중요한 것이며, 좌우간 단 한 번만이라도 예수님과 함께 하는 거기에서 믿음을 얻을 수가 있습니다. 그리고 얼마동안 함께 해야 하는 것인가를 보면 여기에는 상당한 기간이 필요합니다.

또한 예수님께서는 이 믿음을 교육적으로 말씀하시는 것 같습니다. 이제 내가 얼마나 너희와 함께 있어야 하겠느냐는 이 말씀은 곧 얼마나 가르쳐야 믿음이 제대로 되겠느냐는 말씀이 아니겠습니까? 그리고 또한 "얼마나 너희를 참으리요" 하신 것은 교육에 있어서의 인내를 뜻하신 말씀인 것입니다. 처음 한번 이야기하며 못 알아듣는다고 하여 퇴학을 시키겠습니까? 마구 쥐어박겠습니까? 교육은 가르치고, 가르치며 오래오래 참아야 합니다. 마찬가지로 이 믿음 역시 만나자마자 마술적으로 번쩍하고 믿음이 생긴다는 그러한 이야기가 아닙니다. 이에 예수님께서 말씀하신 바 "너희와 함께"란 신비적인 연합을 의미하는 것이며 "얼마나 너희와 함께 있어야 하느냐?"는 것은 상당한 기간을 그리고 "얼마나 너희를 참으리요" 한 것은 얼마 기다려야 제 수준에 도달하겠느냐는 이야기입니다. 그러므로 이 믿음이 쉽게 이루어지리라 생각하는 것은 잘못인 것 같습니다. 죄송한 말씀이지만 만약 이 시간에 우리 모두의 믿음의 상태를 엑스레이(X-ray)로 찍어 보듯이 그 속을 들여다본다면 참으로 갖가지 형상의 믿음일 것입니다. 그래서 어떤 사람은 병이 나을 줄로 믿습니다 하는 그런 믿음을 가지고 있을 것이란 말입니다.

어느 때에 제가 경험한 일인데 암환자이신 분을 찾아가 만났더니 그분이 저를 보며 하는 말이 "목사님 저는 이 병이 꼭 나을 줄로 믿습니다."라는 것입니다. 그러길래 제가 있다가 "만일에 안 나으면요?" 하고 한 마디 하였더니 "아! 목사님이 그렇게 말씀하시면 됩니까?"라며 오히려 저를 보고 나무라듯이 이야기를 하는 겁니다. 그래서 제가 "나는 믿음이 없는 것인지는 몰라도 당신이 꼭 낫는다고 그러는데 만약 안 나으면 어떻게 하겠으며, 또 안 나으면 하나님이 계시지 않는 것인가? 그리고 낫지 않고 죽게 되면 하나님을 부인할 것이냐?"고 하였더니 "그럴 수가 없지요" 하는 것입니다. 이어서 제가 "그렇다면 당신이 믿으면 꼭 낫는다고 생각하는 그것만 믿음이라고 생각해서는 아니되는 것이오" 하였더니 "하기야 그렇네요" 하면서 필요한 이야기를 좀 길게 나눈 적이 있습니다.

여러분! 어떤 것이 믿음입니까? 별로 좋은 이야기는 아닙니다마는 어떤 때에 보면 큰 소리로 "믿습니다, 주여" 하는데 아무리 그래 보아도 그 소리가 별나게 클 때에는 의심이 많을 때인 것 같아요. 우리가 잘 알다시피 자신이 있는 말은 언제나 음성이 낮고, 그리고 자신있는 말은 좋은 말입니다. 좋으니까 하고 싶지요. 그렇기 때문이 굳이 음성을 돋우어 말할 필요가 없는 것이 아니겠습니까? 그리고 강조하지도 않습니다. 이제 "좋아요"를 세 번만 반복한다면 그것은 사실 좋은 것이 아니에요. 무엇에나 강조를 지나치게 하는 것은 좀 수상한 겁니다. 그래서 거짓말은 언제나 말이 길지요. 그러나 진실된 말은 간단합니다.

이와 같이 믿음이란 여러 가지로 나타납니다. 그러기에 그저 믿는다고 하여 다 믿음인 것은 아닙니다. 오늘 주신 말씀에 의하면 예수님과 사귀면서 그 말씀과 사귀면서, 이 믿음이 교정되는 것입니다. 예수님과의 사귐을 통하여 근본적인 믿음을 향해 다듬어지고 바로잡아지며, 정화되는 가운데 어느 정도 수준의 믿음에 도달하게 된다고 하는 말씀입니다.

바로 그런 점에서 "얼마나 너희를 참으리요"라고 하시게 됩니다. 이 말씀을 듣고난 제자들에게는 궁금한 것이 있습니다. 우리가 이렇게 능력을 행하지 못하였는데 그렇다면 우리의 믿음은 어느 정도입니까? 또한 어떻게 평가하여야 됩니까? 하는 것입니다. 이때에 예수님께서는 한마디로 "믿음이 적은 연고니라!" 즉 믿음이 적다고 말씀하셨습니다.

여기에서 우리가 한 가지 알아야 할 것은 예수님의 논법대로 말하면 믿음은 곧 능력이라는 것입니다. 능력과 믿음은 별개의 것이 아니라는 이야기입니다. 믿음은 지식이 아니에요. 그렇기 때문에 성경의 내용을 많이 알고 많은 절수를 외운다고 하여 그것을 믿음이라고 하지 않습니다. 또한 믿음은 주관적인 어떤 확신이 아닙니다. 그저 내가 그렇게 될 줄을 확신한다고 하는 자기 마음대로의 결정, 그것이 믿음이 아니라는 말입니다.

그렇다면 믿음이란 무엇입니까? 우리는 여기에서 이것을 꼭 알아야 합니다. 예수님의 말씀대로 하면 믿음은 곧 능력이다! 믿음은 곧 권능이다! 권능없는 믿음, 그것은 적은 믿음이다! 라고 말하게 될 것입니다. 여기에서 조금 어려운 말씀을 드리자면 이 능력없는 믿음의 원인은 바로 믿음이 병든 데에 기인한다는 말씀입니다. 이제 주신 말씀에 따르면 믿음이 적다, 크다는 것은 믿음의 양을 말하는 것입니다. 반면에 겨자씨만한 믿음이라는 것은 양을 무시하는 말입니다. 이 "겨자씨만큼만 있으면" 하는 말은 아무리 작아도 하는 말입니다. 그러니까 모든 씨앗 중에 가장 작은 것일지라도 살아만 있으면 된다고 하는 의미를 가지고 있는 것입니다. 그러므로 여기에서 겨자씨만한 믿음이라고 하시는 말씀의 의도는 모름지기 질적인 것을 의미합니다. 따라서 이것은 차원적으로 다르다는 이야기가 됩니다.

이제 그러면 양적인 면에서 한번 생각해 볼 때 여기에는 먼저 일반적인 믿음이 있습니다. 그것은 구원을 얻기 위해 기본적으로 필요한 믿음, 즉 말하자면 하나님의 아들 예수 그리스도가 나를 위하여 십자가 위에서 돌아가신 줄로 믿고 그를 내 생명의 구주로 영접하며 부활과 하늘나라의 약속을 믿는 믿음, 이것은 구원을 얻기 위하여 누구나 가져야 하는 기본적인 믿음입니다. 거기에 더하여 특별한 믿음이 있습니다. 이 특별한 믿음은 사역을 위해 필요한 믿음이요, 은사적인 믿음입니다. 그러므로 이 믿음은 하늘나라에 들어가기 위해 필요한 믿음이 아니라 하나님의 역사를 이루기 위하여, 한마디로 말하면 전도하기 위하여, 봉사하기 위하여, 순교하기 위하여, 또한 나아가서는 이적을 행하기 위하여 주시는 바의 은사인 것입니다. 그렇기 때문에 아무나 환자를 보고 예수의 이름으로 일어나라 할 수 있는 것이 아니지 않습니까? 그래서 누군가가 그랬다는 것이지요. 앉은뱅이를 보고는 생각하기를 베드로와 요한도 예수의 이름으로 걸으라고 하였다는데 나도 해야지 하고서는 먼저 가까이 가서 사람들이 있나 없나를 보았다고 합니다. 왜냐하면 일어나라고 하였을 때에 일어나지 않으면 얼마나 망신스러울까 해서인데 아무튼 미리 그런 생각까지 하고 한 마디 했다는 이야기입니다. 그런데 그것은 그런 게 아니에요. 이것은 믿음의 은사입니다. 다른 사람은 그런 것이 믿어지지 않아요. 그런데 이 사람은 믿어져요. 다른 사람은 그 지경이 되면 그저 죽을 사람이 죽겠지 하고 마는데 이 사람은 그런 것이 아니라 저 사람을 살려 주실 것이라며 마음에 믿음이 생긴단 말입니다. 이것은 어디까지나 은사올시다. 그 때문에 그를 위해 기도하며, 그를 위해 실지로 능력을 행할 수가 있는 것입니다. 이것은 아무에게나 있는 것이 아닙니다. 고린도전서 12장을 보면 믿음은 은사인데 이것은 일반적인 믿음이 아니라 능력을 행하는 특수한 믿음을 말하는 것입니다.

우리가 일반적인 믿음을 복음서적인 것이라고 한다면 이것은 사도행전적인 믿음이라고 불 수 있겠습니다. 사도행전적인 믿음이란 믿음을 가지면서부터 내 것을 내 것이라고 하지를 않습니다. 이기주의가 다 없어지고 유무상통하며, 이방인의 집에 들어가 저들과 함께 지내기도 하고, 율법도 초월한, 그리고 그리스도를 위하여 매를 맞으면서도 기뻐하고, 순교하는 이러한 믿음! 이것은 결코 간단한 보통 믿음이 아닙니다. 특별한 은사적 신앙임을 의미하는 것입니다. 앞서 말했듯이 이것은 믿음의 양을 두고 말하는 것이었습니다.

그러면 이제 믿음의 질로 볼 때에는 자기중심적인 신앙, 그것은 죽은 믿음입니다. 그러므로 언제나 그 믿음의 뿌리가 하나님께 있어야 하고 은혜에 있어야 합니다. 이것은 다른 차원에서의 문제입니다. 그러기에 믿음이 있느냐, 없느냐?가 문제요, 살았느냐, 죽었느냐?가 문제입니다. 여기에서 겨자씨라고 하는 것은 가장 작은 것을 말하면서, 동시에 작은 것이라도 두라고 하는 뜻입니다. 그러니까 아무리 작더라도 살아 있는 믿음! 곧 생명의 원리를 말하는 것입니다. 생명의 원리! 이것은 살아 있기 때문에 아무리 작은 것일지라도 큰 역사를 이루는 것입니다. 그것이 아무리 큰 것일지라도 죽은 것이라면 소용이 없어요. 이것은 생명적인 차원, 즉 질적인 다른 면에서 믿음을 말하고 있는 것입니다. 마태복음 10장 1절 이하에 보면 예수님께서 제자들을 파송하시기 전에 귀신을 쫓아내며 모든 병과 약한 것을 고칠 수 있는 필요한 권능을 주셨다고 합니다. 그런데 문제는 예수님께서 내가 네게 권능을 주노라 할 때에 이쪽에서는 받은 줄로 믿습니다라고 할 수 있어야 되는데 이것이 믿어지지가 않는단 말입니다. 그렇게 되면 그 권능은 그에게 아무 상관이 없습니다. 이 믿음은 주님의 말씀에 근거한 믿음입니다. 그렇게 때문에 주님께서 말하라 할 때 말하고, 가라 할 때 가며, 병을 고치라 할 때에 고쳐야 합니다. 진정 주님의 마음으로 돌아가서, 바꾸어 말하면 주님의 능력을 내가 받아서 옮길 따름이지 내가 하는 것은 아니더라는 것입니다. 그러나 모세가 고민한 것이 바로 이것이었습니다. 하나님께서 모세를 향하여 이스라엘 백성을 애굽으로부터 인도해 내라고 하실 때에 모세는 아무것도 가진 것이 없는 자신을 보며 참으로 답답한 나머지 구구한 설명으로 그 일을 감당할 수 없겠다고 말씀드립니다. 이에 출애굽기 4장 10절을 보며 "모세가 여호와께 고하되 나는 본래 말에 능치 못한 자라 주께서 주의 종에게 명하신 후에도 그러하니 나는 입이 뻣뻣하고 혀가 둔한 자니이다" 주께서 주의 종에게 명하신 후에도, 그러니까 주께서 아무리 말씀을 하셔도 나는 나입니다라는 것이지요. 이렇게 나약한 존재이기 때문에 하나님의 일을 할 수가 없는 것입니다. 왜냐하면 이는 내게 능력을 주셨다는데도 능력을 받았다는 믿음이 생기지 않기 때문입니다. 그리하여 "가라"고 명하시는 데에도 이 사람에게는 받았다고 하는 믿음이 없어서 발을 옮기지 못하고 계속 표적을 보여 달라며 하나님 앞에 조르고 있습니다.

그러면 여기에서 말하는 믿음이란 어떤 것입니까? 이 믿음은 하나님의 말씀에 근거하고 그 말씀을 받아들이는 믿음입니다. 그러므로 이것은 차원이 다른 믿음입니다. 이제 누가복음 10장을 보면 70문도를 파송하는 장면이 있는데 그 파송되었던 70문도들이 돌아와서 예수님께 보고하기를 "주의 이름으로 귀신들도 우리에게 항복하더이다"(눅 10 : 17)라고 말하는 것을 볼 수 있습니다. 이렇게 미루어 볼 때 이 아홉 제자들이 귀신을 내어쫓겠다고 시도해 본 것은 결코 무리가 아니라는 생각입니다. 왜냐하면 바로 얼마 전에 한 일이 있기 때문입니다. 저들은 분명 마태복음 10장에 이어 예수님의 명령을 좇아 복음을 전하고 귀신을 내어쫓은 경험을 가지고 있습니다. 그래서 오늘 본문에 보면 "제자들이 조용히 예수께 나아와 가로되 우리는 어찌하여 쫓아내지 못하였나이까?"라고 말하는 것을 볼 수 있습니다. 이 질문에 약간의 주를 단다면 어찌하여 오늘은 쫓아내지 못하였나이까? 바로 며칠 전에는 했었는데 오늘은 왜 안됩니까?라는 것이 됩니다. 바로 여기에 질문의 의도가 있는 것입니다. 이처럼 제자들이 착각을 하고 있어요. 내가 능력을 행사하고 있는 것이 아니라는 사실을 잊고 있는 것입니다. 한번 능력을 나타내었다고 하여 이제는 내가 그 수준에 왔다는 이야기가 아닙니다. 오로지 하나님의 능력을 받아서 순종하는 일이니만큼 하나님의 명령에 따라서, 하나님의 뜻에 따라서 되어지는 것이지 하나님이 원치 않는 일도 할 수 있는 것은 아니란 말입니다. 내 경건이, 나의 도덕적 수준이, 나의 인격이, 나의 신앙적 수준이 이 일을 행하고 있는 것이 아니에요. 그래서 사도행전 3장에 보면 베드로가 나면서 앉은뱅이된 사람을 일으켜 세워 걷게 함으로 모두를 기이히 여기며 놀라 베드로를 주목할 때에 베드로가 말하기를 "이스라엘 사람들아 이 일을 왜 기이히 여기느냐? 우리 개인의 권능과 경건으로 이 사람을 걷게 한 것처럼 왜 우리를 주목하느냐?"(행 3 : 12)고 합니다. 이 얼마나 중요한 말입니까? 이것은 하나님이 하신 것이요, 그리스도의 이름이 한 것이거늘, 나는 그리스도의 이름을 부른 것뿐인데 어찌하여 나를 쳐다보느냐? 마치 우리의 경건이 기적을 낸 것처럼 왜 우리를 주목하느냐? 이 얼마나 깨끗한 말입니까? 베드로를 쳐다볼 것 없어요. 오직 하나님께 감사하면 그만이에요. 이는 베드로 자신으로서도 마찬가지입니다. 하나님이 이 일을 이루셨기에 베드로가 칭찬받을 것도 없고 존경받을 것도 없는 것입니다.

　오늘 여기 제자들이 예수님께 나와 우리는 왜 고치지 못했습니까 하고 묻게 되는 그 문제가 바로 여기에 있습니다. 따라서 한 겨자씨만한 믿음 그것이라도 있었으면 좋겠다고 하는 것은 바로 베드로 같은 그러한 믿음을 말하는 것입니다. 이것은 결코 자기중심적인 믿음이 아닙니다. 그러므로 자기의 경건과 자기의 능력이 과거에도 이같은 일을 하였고, 오늘도 할 수 있으리라고 생각하는 것은 착각입니다. 어디까지나 하나님께서 나를 쓰실 때에 내가 할 수 있고, 하나님이 주실 때에 할 수 있는 것입니다. 결코 자기 경건의 어느 수준과 그 도가 나로 하여금 이 역사를 이루게 하는 것이 아니란 말입니다. 그 때문에 마가복음 9장 28절에 보면 같은 내용에 추가된 말씀으로 "기도 외에 다른 것으로는 이런 유가 나갈 수 없느니라"고 하십니다. 만약 제자들이 예수님께서 믿음이 적은 연고니라고 하실 때 다시 묻기를 "그러면 왜 우리는 믿음이 적습니까?"라고 한다면 기도를 안했기 때문이라는 이야기가 됩니다. 바로 어제까지 능력을 행했다 하더라도 오늘 기도하지 않았으면 아니되는 것입니다. 오늘 기도하고야 오늘 능력을 나타낼 수 있는 겁니다. 기도없는 믿음은 믿음이 아닙니다. 따라서 그 믿음은 겨자씨 믿음이 아닙니다. 그것은 자기 확신, 자기 마음일 뿐이지 하나님과 줄이 닿은, 말씀과 연합된 믿음이 아니란 말입니다. 성령으로 말씀과 연합된 믿음이라야만이 그 믿음이 능력을 생산할 수 있는 것입니다. 바른 기도! 바른 믿음! 이제 그 믿음은 반드시 능력을 나타내게 됩니다.

이제 예수님께서는 이 능력에 대하여 말씀하시기를 "이 산을 명하여 여기서 저기로 옮기라 하여도 옮길 것이요, 또 너희가 못할 것이 없으니라"고 하십니다. 이 얼마나 굉장한 말씀입니까? 저는 이 말씀에서 왜 하필이면 산을 들어 말씀하셨는가를 두고 이렇게 해석을 해보고 싶습니다. 이제 사람이나 다른 생물 같은 것을 움직이는 것은 물론 전혀 움직일 수 없고, 움직여지지도 않는 산이라도 움직일 수 있다고 한다면 움직이는 생물은 왜 못 옮기며, 변화할 수 있는 사람을 왜 변화시킬 수 없더냐는 말입니다. 당연히 있어야 할 변화가 있어지지 않는다면 그것은 믿음이 없는 까닭이에요. 그렇다면 믿음의 양을 물어야 하고 믿음의 질을 물어야 합니다.

여러분은 무슨 믿음, 어떤 종류의 믿음을 가졌습니까? 예수님께서 말씀하신 산이라도 옮길 수 있다고 하신 말씀은 매우 깊은 뜻이 있고 또 어떤 의미에서는 아주 무서운 책망이기도 합니다. 산이라도 마음대로 옮길 수 있겠거늘 그까짓 귀신 하나 들어오고 나가는 것이 문제이냔 말입니다. 영원히 흔들리지 않는다고 하는 산도 움직인단 말이에요. 그렇다면 본래 사람의 인심이란 조석변이라는데 매일 변하는 사람 마음 하나쯤 변화시키는 것이 뭐가 그렇게 어려운 것이냐는 이야기입니다. 여러분, 사실이 그렇지 않습니까? 그래서 전도학에서는 한 곳에서 삼대 이상을 내려

가면서 살아온 그런 집안에는 전도해서 예수 믿게 할 가능성이 10%도 없다고 합니다. 그러면 어떤 사람들이 전도를 잘 받아들이느냐 하면 1년에 한 번씩, 즉 자주 이사를 하는 사람들입니다. 이것은 왜냐하면 이사를 한 번 하면 마음이 일단 움직이게 됩니다. 그리하여 새로운 집으로 이사를 해 놓고 생각하기를 그 동안은 티격태격했었는데 이제는 집이라도 이렇게 옮겼으니 오늘부터는 좋은 꿈꾸고 어디 한번 바로 살아 봐야지 하는 마음이 있는 거란 말입니다. 이럴 때에 "주 예수를 믿으라 그리하면 너와 네 집이 구원을 얻으리라!"고 하면 그대로 쏙 들어가는 것입니다. 그런데 이것이 오래 굳어서는 요지부동인 사람은 힘든 거란 말입니다. 하지만 사람의 마음은 본래가 움직이는 것 아니겠습니까? 그렇게 쉽게 움직이는 방향을 교회로만 돌리면 되겠으니 생각하면 이것은 오히려 쉬운 일이 아니겠느냐는 말입니다. 산이라도 옮기겠는데 그 마음에 들어왔던 귀신 하나 나가게 하는 것이 무엇이 그렇게 어려우냐? 얼마나 믿음이 시원치 않았으면 그것 하나도 못하느냐? 이것이 오늘 여기에서 하시는 예수님의 말씀입니다.

한 겨자씨만한 믿음! 이것은 매우 질적인 것이요, 생명적인 것입니다. 그렇기 때문에 그리스도께로 말미암은 바른 신앙만 있다면 그 믿음이 비록 작아서 겨자씨 하나만한 것이더라도 산이라도 움직일 수가 있다는 말씀입니다. 그렇다면 귀신이 나가고 들어오는 것쯤은 문제될 것도 없고, 어떤 굳은 사람의 마음도 복음으로 변화시킬 수 있을 것이라고 하는 그러한 의미의 말씀인 줄 압니다.

이제 내게 있어야 할 변화가 없습니까? 그것은 믿음 때문입니다. 변화시켜야 할 다른 사람을 변화시키지 못하고 있습니까? 그것도 믿음이 잘못되었기 때문이에요. 진정 우리의 가진 바 믿음이 어떤 믿음인지 우리의 믿음을 한번 진단해 보아야 하겠습니다. 따라서 우리가 기도할 제목도 이것입니다. 하나님이여! 내 믿음을 바로 세워 주시옵소서! 믿음을 더하여 주시옵소서! 믿음을 키워 주시옵소서! 그리고 모든 것을 믿음으로 보고, 믿음으로 극복하며, 믿음으로 사랑하게 해주시옵소서라고!

  믿음은 곧 능력입니다. 나를 이기는 능력이요, 죄를 이기는 능력이며, 세상을 이기고 사망을 이기는 능력입니다.

연자맷돌 비유

그때에 제자들이 예수께 나아와 가로되 천국에서는 누가 크니이까 예수께서 한 어린아이를 불러 저희 가운데 세우시고 가라사대 진실로 너희에게 이르노니 너희가 돌이켜 어린아이들과 같이 되지 아니하면 결단코 천국에 들어가지 못하리라 그러므로 누구든지 이 어린아이와 같이 자기를 낮추는 그이가 천국에서 큰 자니라 또 누구든지 내 이름으로 이런 어린아이 하나를 영접하면 곧 나를 영접함이니 누구든지 나를 믿는 이 소자 중 하나를 실족케 하면 차라리 연자맷돌을 그 목에 달리우고 깊은 바다에 빠뜨리우는 것이 나으니라 실족케 하는 일들이 있음을 인하여 세상에 화가 있도다 실족케 하는 일이 없을 수는 없으나 실족케 하는 그 사람에게는 화가 있도다 만일 네 손이나 네 발이 너를 범죄케 하거든 찍어 내버리라 불구자나 절뚝발이로 영생에 들어가는 것이 두 손과 두 발을 가지고 영원한 불에 던지우는 것보다 나으니라 만일 네 눈이 너를 범죄케 하거든 빼어 내버리라 한 눈으로 영생에 들어가는 것이 두 눈을 가지고 지옥 불에 던지우는 것보다 나으니라 삼가 이 소자 중에 하나도 업신여기지 말라 너희에게 말하노니 저희 천사들이 하늘에서 하늘에 계신 내 아버지의 얼굴을 항상 뵈옵느니라 너희 생각에는 어떻겠느뇨 만일 어떤 사람이 양 일백 마리가 있는데 그 중에 하나가 길을 잃었으면 그 아흔아홉 마리를 산에 두고 가서 길 잃은 양을 찾지 않겠느냐 진실로 너희에게 이르나니 만일 찾으면 길을 잃지 아니한 아흔아홉 마리보다 이것을 더 기뻐하리라 이와 같이 이 소자 중에 하나라도 잃어지는 것은 하늘에 계신 너희 아버지의 뜻이 아니니라.

(마태복음 18 : 1~14)

연자맷돌 비유

　오늘 본문에 나타난 비유는 언뜻 보기에는 하나같이 보입니다마는 사실은 두 비유가 있는 것으로 생각합니다. 그 하나는 어린아이와 같아야 된다고 하는 어린아이의 비유요, 두번째는 연자 맷돌에 관계한 비유입니다. 즉 연자 맷돌을 목에 달리우고 깊은 바다에 빠뜨리우는 것이 나으니라고 하신 이 말씀이 무엇을 의미하느냐고 하는 것인데 이 두 비유의 말씀이 하나로 연결되고 있습니다. 이와 같이 두 비유가 한 뜻으로 모아지고 있는 것을 볼 때에 이는 매우 귀중한 말씀이라 생각합니다. 뿐만 아니라 그 내용과 의미로 보아 매우 두려운 말씀으로 여겨집니다.

　이제 주시는 말씀이 귀중한 것은 천국에 관계된 것이요, 천국에 들어가는 절대조건이며 따라서 어느 누구도 피할 수 없는 필요불가결한 문제가 여기에 걸려 있기 때문입니다. 본문에 나타난 대로 보면 예수님의 제자들이 "천국에서는 누가 크니이까?"라는 질문을 하고 있습니다. 이 질문에는 매우 신중한 의미가 있는 것으로 생각합니다. 이제 예수님의 제자들이 3년 동안 예수님을 따라다니면서 보니 예수님이 하시는 말씀의 주제가 이땅의 것이 아닌 천국에 있다는 것을 알았습니다. 그 결과 이렇게 "천국에서"라는 분명한 범위의 말을 하게 된 것입니다. 그리고 다음으로 생각하는 것은 이제 예수님께서 말씀하시는 그 주제가 천국이라는 것은 충분히 파악을 하였는데 그것과 자기와의 관계를 해결하지 못했다고 하는 것입니다. 천국이라는 이야기는 들었지만 문제는 내가 들어가야 그렇지 않고서는 아무 소용없는 것이란 말입니다. 그래서 모름지기 나 자신의 문제로 돌아가서 이 제자들이 걱정을 하게 되며 그 과정에서도 아직 자기를 버리지 못합니다. 그리하여 누가 큽니까?라며 누가 크고 누가 높은가의 문제를 생각하고 있는 겁니다. 이것은 한마디로 말하여 눌린 자의 콤플렉스(complex)입니다.

항상 정치적으로 눌려 있고 종교적으로, 경제적으로 눌려 있다보니 이 세상에서는 이렇게 짓눌려 살았으니 천국에서는 좀 높아져야겠다고 하는 생각이 있는 것입니다. 지금 이 세상에서는 우리가 이렇게 억울하게 살고 있지만 천국에서는 한번 크게 윗자리에서 행세하며 살고 싶은 그런 마음이 있는 거예요. 그래서 "천국에서는 누가 큽니까" 하고 나오는 것입니다. 이 세상에서는 로마의 황제도 크고, 헤롯왕도 크며, 제사장, 바리새인, 서기관 등이 큰 것이지만 예수님이 말씀하시는 그 하나님의 나라에서는 도대체 누가 큽니까라는 이야기입니다. 저들은 이렇게 크다는 문제에 대하여 아직도 관심을 가지고 있었어요. 그 때문에 예수님께서 십자가를 지시기 위하여 예루살렘으로 올라가시는 그 길을 가고 있음에도 예수님의 제자 야고보와 요한의 어머니가 나아와서는 예수님께 부탁하기를 예수님께서 왕이 되실 때에 나의 아들 하나는 주의 우편에 그리고 하나는 좌편에 앉게 해 주세요 하는 부탁을 하게 됩니다(마 20:20~21). 그러니까 한마디로 제일 좋은 자리에 앉게 해 달라는 것이지요. 그만큼 그들은 웃자리, 높음에 대하여 관심이 많았던 것입니다.

그리고 이렇게 질문을 할 때에는 무엇인가 큰 기대가 있었던 것이라고 생각이 됩니다. 그 기대가 어떤 것이냐 하면 이 질문에 대한 예수님의 대답이 어떻게 나올 것인가 하는 문제인데 아마도 저들의 기대는 "이 세상에서는 제사장이 크지마는 천국에서는 열두 제자가 크다"고 하시는 그 말씀을 간절히 바란 것이라 생각됩니다. 바로 이러한 기대감을 가지고 자기들을 크게 인정해 주시기를 바라는 그런 심정으로 예수님께 물었던 것입니다. 그러나 이에 대한 예수님의 대답은 의외인 것으로 이제 예수님께서는 한 어린아이를 불러다 앞에다 세우십니다. 이것은 하나의 비유요,

상징이며, 하나의 교과서입니다. 전설에 의하면 이 어린아이는 베드로의 아들이었다고도 합니다만 그야 성경에 기록된 것이 아니니 누가 알겠습니까마는 아무튼 누구의 아들이었든지 간에 어린이 하나를 딱 세워 놓으시고는 말씀을 하시는 겁니다. 그리고 저들을 향하여서 "돌이켜"라고 말씀하십니다.

이 "돌이켜"라는 말이 매우 중요합니다. 너희들이 자꾸만 위를 보느라고 높이높이 생각하고 있는데 돌이켜 굽히라는 말씀입니다. 위를 쳐다보았느냐? 내려다보아라! 큰 것을 생각하고 있느냐? 작은 것으로 낮추어라! 돌이켜! 즉 반대 방향으로 생각을 돌려라! 돌이켜서 이 어린아이와 같아야 한다. 만약 이 어린아이와 같이 되지 아니하면 천국에 들어가지 못한다! 이것이 참으로 큰 복음입니다. 요한복음에서는 중생하지 아니하면, 즉 거듭나지 아니하면 하나님의 나라를 볼 수도 없다고 합니다. 그런데 공관복음, 즉 마태, 마가, 누가복음에서는 중생이라는 말을 쓰지 않는 대신에 비유로 말씀하십니다. 여기 "어린아이와 같이 되지 아니하면 결단코 천국에 들어가지 못하리라"고 하신 그 말씀은 무엇을 뜻하는 것입니까? 이것은 절대조건을 말합니다. 우리가 반드시 예수를 믿어야 구원을 얻는 것처럼 어린아이와 같아야 된다는 이 비유의 말씀 속에 구원의 절대조건이 있습니다.

반드시 어린아이와 같아야 합니다. 천국에서 진정 내가 커야 하겠습니까? 이 크고자 하는 마음, 이 높고자 하는 마음 그대로는 천국을 보지도 못하고 천국에 들어가지도 못합니다. 돌이켜 낮추어서 어린아이의 마음으로 돌아가야만 천국을 볼 수 있고 천국에 들어갈 수 있다는 말입니다. 그러므로 이것은 절대조건입니다.

그러면 이제 그 뜻이 무엇인가 할 때에 그것은 참으로 간단하게 생각할 수 있는 것으로 예수님께서 친히 해석해 주신 낮추는 마음입니다. 이 어린아이와 같이 자기를 낮추는 자가 천국에서 큰 자니라! 천국을 영접하고 싶어서 배우기도 하고 듣기도 하며 열심히 이런저런 것을 해봅니다마는 천국에 들어가지 못하는 사람이 있습니다. 어쩌면 예수를 20년, 30년을 믿으면서도 천국을 경험하지 못하는 분이 있습니다. 그 영이 천국에 들어가지를 못했어요. 아직도 천국을 맛보지 못했기 때문에 그 마음에 벅찬 감격과 천국의 그 크나큰 행복을 경험하지 못하고 사는 겁니다. 이는 왜 그렇습니까? 그것은 어린아이가 되지 못해서입니다.

제가 늘 불행하다고 생각하는 사람은 아직 예수를 몰라서 교회에 안 나오는 사람은 안 믿으니 그렇다 하더라도 교회에 나오면서도 은혜받지 못하는 사람입니다. 이제 설교를 하는 사람으로서 예배를 드리고 나가는 분들의 모습을 보면 들어올 때의 모습과 나갈 때의 모습이 조금은 다른 것 같습니다. 그리하여 어떤 분들은 그저 즐거워서 어쩔줄을 모르며 "목사님 은혜 많이 받았습니다" 하는가 하면 어떤 분은 멀리 섰다가 눈물을 글썽거리며 "감사합니다" 하는 한 마디를 조심스레 표현하는 분들도 있습니다. 그럴 때면 오늘 예배는 이 사람만 드렸구나 하는 생각을 하게도 됩니다. 이는 굳이 인사를 하고 가시라는 이야기가 아니라 우리가 한 시간 예배를 드리면 말씀을 듣고 돌아갈 때에는 이러한 감격이 있어야 할 것이라는 말씀입니다. 그런데 이런 감격이 없이 예배드리고 가는 사람의 얼굴이 여전히 울상이라면 그것은 참으로 불행한 일입니다. 천국을 그리워하고 그렇게 은혜를 사모하면서도 왜 은혜 속에 들어가지 못하는가 말입니다. 그 이유는 어린아이와 같은 마음이 없기 때문에, 어린아이와 같지 아니하면 결단코 천국에 들어가지 못하니까 말입니다. 그만큼 자기를 낮추어야 한다는 이것은 기본 자세입니다.

그러면 예수님께서 말씀하실 때에 이 어린아이라고 하신 말의 개념은 어떤 것이었느냐 하는 것인데 그것은 우리가 쉽게 생각할 수 있는 것으로 어린아이들이 가지고 있는 세 가지의 특징입니다. 이는 특별히 천국적인 안목으로 본 특징으로 첫째는 자기를 낮추는, 자기를 작게 보는 겸손입니다. 어린아이들은 자기를 크게 생각하지 못합니다. 따라서 언제든지 자기를 낮추고 작게 생각합니다. 그래서 욕심도 없어요. 조금 크면 달라집니다마는 아주 어렸을 때에 보면 하나를 가지고 있는데 다른 하나를 주면 가지고 있던 것은 놓고 이제 주는 것을 받습니다. 내일 먹겠다고 감추는 것도 없이 그저 그때그때에 족하며 좋아합니다. 그러다가 조금 크면 어른들에게 배워서 다 갖겠다고 나오는 것이지요. 그래서 저는 백일 잔치에 갈 때마다 도대체 누구를 위하여 종은 울리나 하는 생각을 늘 하게 됩니다. 아무것도 모르는 어린애에게 금반지를 끼우는가 하면 부자유한 이상한 옷을 입히고 머리에까지 무엇을 씌워 놓고는 결국은 아이를 울게 만들어요. 이 아이는 지금 싫다고 자꾸만 잡아 벗기는데 어른들은 이게 좋다며 기어이 입혀 놓겠다고 아이를 울리니 누구를 위한 백일 잔치인데 누구를 울리고 있느냔 말입니다. 이 아이에게 금반지가 무슨 소용이 있으며 다이아몬드 반지인들 무슨 상관이 있습니까? 어른들이 다 버리고 있는 거예요. 이 아이는 아무것도 필요로 하지 않습니다. 그저 제발 나 좀 편안하게 해 달라는 깨끗한 마음뿐입니다. 그런데 왜 이 마음을 못 가지느냐는 말입니다. 정말 한끼 먹었으면 그만이에요. 그러고 나면 아무것도 생각하지 않아요. 이처럼 깨끗하고 겸손한 마음, 낮은 마음, 소박한 마음이 어린아이의 마음입니다.

 다음 두번째는 이 아이들에게는 의지하는 마음이 있습니다. 자기 혼자 산다는 생각을 하지 않습니다. 언제든지 어머니가 옆에 있어야 하고 아버지가 있어야지 그렇지 않으면 큰일이 나는 겁니다. 그저 마음대로 노는 것 같아도 지금 내 옆에 어머니가 있고 아버지가 있다는 생각으로 안심하며 놀고 있는 것이지 만일에 여기에 어머니가 없는 것으로 생각이 되면 그 자리에서 으악하고 울고 맙니다. 이와 같이 어린아이에게는 언제나 의지하는 그 마음이 있습니다. 마찬가지로 우리 하나님의 자녀도 하나님을 의지하는 마음을 가지고 사는 것입니다. 그런데 그 의지하는 마음이 없으면 자기 혼자서 무엇을 하겠다고 그러다가 다치게 되는 것입니다. 바로 그것이 교만이지요. 그러나 어린아이들은 그렇지가 않습니다. 어쨌든 간에 반드시 어머니가 있고 아버지가 있으며 내가 있다고 하는, 이와 같이 전적으로 의지하는 마음이 어린아이들에게는 있습니다.

그리고 세번째의 특징은 신뢰하는 마음입니다. 점차 자라가면서 이야기가 달라집니다마는 아주 어렸을 때에는 어머니의 말도, 아버지의 말도, 그 누구의 말이라도 그대로 믿습니다. 적은 의심도 할 줄 모르는 전적인 신뢰! 그것이 또한 어린아이들의 마음입니다.

그런데 지금 예수님께서는 이와 같은 마음으로라야만이 천국에 들어갈 수 있다고 말씀하고 계십니다. 따라서 그 누구이든 복음에 대하여, 하나님에 대하여, 사랑에 대하여, 이웃에 대하여, 교회에 대하여 이 세 가지 요소를 가지고 있어야 합니다. 겸손한 마음! 의지하는 마음! 전적으로 믿는 마음! 이러한 마음이 있고야 천국을 영접할 수 있습니다.

그런데 여기에 문제가 있습니다. 그 문제란 어린아이는 이렇게 깨끗하고 겸손하며 누구에게 대해서나 신뢰하는 마음이 있는 반면 매우 약하다고 하는 점입니다. 또한 때로는 어리석기도 하여 바른 판단을 하지 못합니다. 그렇기 때문에 의지하고 신뢰하는 것은 좋으나 위험합니다. 이에 아무나 와서 잘 해주면 그에게도 따라가버리고 마는 것이 바로 어린아이입니다. 이들은 귀한 대신에 약하고, 깨끗한 대신에 위험합니다. 이와 같이 어린아이들의 약함과 순진함! 우리는 이 점을 깊이 고려하여야 합니다. 이제 예수님께서는 이런 어린아이 하나를 내 이름으로 영접하는 것이 곧 나를 영접하는 것이라고 말씀하셨습니다. 주의 이름으로! 오직 예수님 때문에 영접하는 것이지 그 아이가 내 자식이기 때문도 아니요, 그를 도와줌으로 앞으로 나에게 어떤 보상이 돌아오리라는 자기중심적인 생각에서도 아닙니다. 오직 예수님 때문에, 예수님의 이름으로 저를 영접하게 되면 그것이 곧 예수님을 영접하는 것이 된다는 것입니다.

또한 예수님의 이름으로 영접한다는 것은 신앙적 차원에서 영접한다는 말이며 이를 또 미래지향적 차원에서 볼 때에는 오늘을 보고 사랑하는 것이 아니라 앞으로 자라나 크게 역사할 그 미래를 바라보면서 오늘 이 아이를 영접하는 것입니다. 이는 한마디로 말해 우리의 모든 이웃 관계가 예수의 이름으로, 하나님의 자녀로 영접하는 그런 관계여야 한다는 말씀입니다. 그리스도 때문에 모두를 사랑하고, 예수 때문에 용서하며, 예수 때문에 참아요. 그리고 앞으로 하늘나라에서 영원히 같이 지내야 할 사람이기에 내가 저를 돕습니다. 이와 같이 전부를 다 신앙적 차원에서 미래지향적인 의식을 가지고 저를 대하게 될 때 그것이 곧 예수님을 영접하는 것이 된다고 하셨습니다.

그러나 이와는 반대로 닳고 닳은 심령, 굳어진 인격이 사람이라면 가르치는 자와 가르침을 받는 자 사이의 책임이 반반이 됩니다. 이는 내가 아무리 잘 가르치고자 노력을 하여도 워낙 닳고 닳은 사람이라 순진하지도 않고 믿고 따르려고도 하지 않기 때문에 수고는 수고대로 더 많이 하였지만 그 결과는 나쁠 수가 있습니다. 그러나 어린아이와 같은 마음은 다릅니다. 이것은 깨끗하고 순진하여 잘 따릅니다. 그러니 이것은 전적으로 내 책임인 것입니다. 이제 내가 잘 가르치면 잘되고 잘못 가르치면 잘못되는 것입니다. 검다고 말하면 검게 이해가 되고 희다고 말하면 흰 것으로 생각을 합니다. 그러므로 어린아이들을 가르친다는 그 책임이 얼마나 막중한 것인지 모릅니다. 어른이야 잘 가르치든 잘못 가르치든 간에 그 책임이 교육자에게만 있는 것이 아닙니다. 그러나 어린아이의 경우만은 다릅니다. 그 책임이 전적으로 어른에게 있고 교육자에게 있는 것이란 말입니다.

따라서 저들에게 어떤 인상, 어떤 감화를 주느냐 하는 것은 매우 중요한 것입니다. 이제 어떤 아버지가 하루는 자기 아들이 예쁘고 대견하기도 하여 어깨를 쓰다듬어 주려고 손을 가까이 대었더니 이 아이가 몸을 움츠리며 깜짝 놀라더라는 것입니다. 그런데 이 아이가 하는 말이 무슨 말이냐 하면 평소에 아버지가 너무 많이 때려서 아버님의 손이 자기 가까이 오면 이것이 때리려는 것인지 쓰다듬으려는 것인지 그것을 알 수가 없다는 것입니다. 정말 이 정도의 아버지가 되었다면 문제는 큰 것이 아니겠습니까? 적어도 아버지가 가까이 올 때이면 나를 사랑하시는 아버지가 나를 사랑하셔서 이렇게 가까이 오신다고 생각할 수가 있어야 되겠는데 이제 옆에만 오면 아이고 또 무슨 일이 생겼구나 하는 아버지의 상이 되어버렸으니 이렇게 되면 칭찬을 하여도 바로 들려지지를 않습니다. 그러기에 어렸을 때에 저들에게 보여 준 인상이 얼마나 중요한지 모릅니다. 그 인상이 일생을 좌우하는 것이 됩니다. 그 때문에 심지어는 아버지의 인상에 따라서 하나님에 대한 신관이 좌우된다는 말까지도 신학에서는 하고 있습니다. 그러니까 무서운 아버지를 보고 자란 사람은 하나님도 무섭게 생각한다는 것이지요. 그래서 예수 믿는 것도 보면 그저 기도할 때마다 눈물을 줄줄 흘리면서 그저 "잘못했습니다" "잘못했습니다" 하면서 벌벌 떨듯이 어쩔줄을 모르며 기도를 하는 것을 볼 수 있는데 그게 다 왜냐하면 아버지한테 얻어맞던 생각이 나서 그러는 것이란 말입니다. 그저 아버지라고만 하면 그 생각이 나고 그런 처지이고 보니 하나님 아버지라고 하여도 그 생각이 나는 겁니다. 그런 이미지(image)가 있어요.

그러나 아버지의 사랑을 많이 받고 자란 사람은 가만히 보면 하나님 앞에서도 애교가 있어요. 그래서는 "하나님 잘못했습니다" 하면 그 어떻게 하겠어요. 하나님께서도 용서하실 수밖에요. 여러분, 그렇지 않습니까? 이렇게 신관이 다르고 예수 믿는 방법도 다릅니다. 그렇기 때문에 이 처음 받은 인상이라는 것이 얼마나 중요한 것인지 모릅니다.

이제 문제는 여기에서부터 시작이 됩니다. 그러면 예수님께서 "이 어린아이"라고 하는 것이 누구냐 하는 것입니다. 여기 이 어린아이는 단순한 어린아이가 아닙니다. 이는 처음 믿는 사람을 말하는 것입니다. 그야말로 초신자, 심령적으로 어린아이와 같은 상태의 사람을 의미합니다. 처음 예수 믿고, 처음 교회 나올 때의 마음은 꼭 어린아이와 같아서 겸손하지요, 순수하지요, 의지하지요, 전적으로 신뢰하지요, 어느 모로 보아도 어린아이와 다를 바가 없습니다. 문제는 이런 아이들을 어떻게 하여야 되겠느냐는 것입니다. 만약 이들을 실족케 한다면 차라리 연자 맷돌을 목에 달리우고 깊은 바다에 빠뜨리우는 것이 나으니라! 이것이 얼마나 무서운 말씀인지 모릅니다. "차라리 연자맷돌을!" 이 연자맷돌이란 잘 아시다시피 보통 앉아서 손으로 돌리는 작은 맷돌과는 달리 둥글고 큰 것으로 한 두 사람의 힘으로 움직여질 수 있는 그런 것이 아닙니다. 그런데 이스라엘 나라에서는 이것을 대개 당나귀가 돌렸다고 합니다. 그런가 하면 우리나라에서는 보통 소나 말이 돌렸던 것으로 압니다만 아무튼 이 연자 맷돌이란 매우 크고 무거운 것이지 않습니까? 이제 그 돌을 목에다 달고 바다에 빠뜨리우면 그 길로 영영 못 나오고 마는 것이 아니겠습니까? 이러한 실상은 이스라엘 사람들의 풍속에는 없었던 것 같으나 로마나 헬라 사람들의 풍속에는 실지로 있었던 것으로 아주 극악무도한 몹쓸 죄인을 형벌할 때에는 그 시체를 찾아다가 장례씩도 못하게 하기 위해서 이 연자 맷돌을 목에 달아서는 깊은 바닥 빠뜨려버리고 마는 것입니다. 그렇게 되면 아주 깊이 가라앉아 물고기 밥이 되고 마는 겁니다.

　　여기에서 하시는 예수님의 말씀은 차라리 연자 맷돌을 목에 달아서는 깊은 바다에 던지우는 것과 마찬가지인 그렇게 큰 죄인을 만든다는 의미입니다. 다시 말하자면 이 어린아이를 실망케 하고 실족케 하는 것은 마치 이 어린아이 목에다가 연자 맷돌을 달아서 바다에 던지는 것과 같다는 말씀입니다. 실로 이 얼마나 무서운 말씀입니까? 이는 결국 그러한 무서운 큰 죄가 된다는 이야기입니다. 이제 오늘 본문 말씀을 보면 예수님께서 매우 실제적인 이야기를 하고 계신 것으로 그것은 "실족케 하는 일이 없을 수 없으냐" 하는 말씀입니다. 이 말씀은 매우 중요한 의미가 있습니다. 왜냐하면 이 세상을 살다보면 다른 사람에게 덕을 끼치는 일만 하게 되는 것은 아닙니다. 어쩌다 보면 본의 아니게 직접, 간접으로 다른 사람에게 부덕한 일을 하기도 하고 실망을 줄 때가 없지 않습니다. 그러고 보면 정말 실족케 하는 일이 없을 수가 없어요. 그러나 문제는 실족케 한 죄는 참으로 크다는 것입니다. 그렇기 때문에 그것은 용서할 수가 없다는 겁니다. 이에 예수님께서는 얼마나 강하게 말씀하셨는지 모릅니다. 네 손이 범죄케 하느냐? 찍어 내어버리라! 네 발이 범죄케 하느냐? 찍어 내어버리라! 네 눈이 범죄케 하느냐? 빼어 내어버리라! 차라리 그렇게 불구가 되어서라도, 하늘나라에 가는 것이 성한 몸으로 지옥불에 던지우는 것보다 낫지 않느냐는 것입니다. 버릇없는 교만한 손, 그래서 다른 사람을 실족케 하였다면 찍어버릴 것이고요, 탐심과 질투로 찬 눈, 그래서 남을 실족케 하였다면 그 눈을 빼어 버리랍니다. 거친 행동으로 말미암아 남을 실족케 하는 좋지 못한 버릇을 가진 교만한 발길이라면 발이라도 찍어 내어 버리라! 차라리 세상에서 불구인 절름발이로, 장님으로 살더라도 사람을 실족치 않게 하는 것이 옳은 것이 아니냐는 말씀입니다.

    우리는 내가 어렵게 살아서 실족케 하는 경우도 있지마는 그보다는 내가 유족하게 사는 것으로 인해 실족케 하는 경우가 더 많습니다. 이제 내가 선생이 되었기 때문에 잘못 가르쳐서 실족케 하는 것이 아닙니까? 또한 내가 돈이 있기 때문에 그 돈을 잘못 사용함으로써 많은 사람을 실족케 하는 것 아닙니까? 내가 지식이 있기 때문에 그것으로 인해 실족케 하는 것 아닙니까? 죄송한 말씀입니다마는 아예 추녀, 추남으로 생겼더라면 더는 실족케 할 것도 없었겠습니다마는 그 제법 잘생긴 그 얼굴 때문에 많은 사람을 실족케 합니다. 그렇다면 차라리 불구자가 되고, 무식하며 가난한 몰골이 되어 남을 실족치 않게 살아가는 것이 나으며 그리하여 하늘나라에 가는 것이 더 나은 것이 아니겠느냐는 말씀입니다. 이 얼마나 구체적이고 실제적인 말씀입니까?

누구보다도 처음 믿는 사람을 실족케 하는 일은 대단히 위험한 일이라고 생각합니다. 이제 어느 장로님 가정에서 있었던 일인데 대학을 다니는 아들이 고등학교 다닐 때부터 말썽을 부리더니 그렇게 어머니 아버지가 애원을 하다시피 하여도 교회를 나오지를 않습니다. 그러자니 너무도 답답하여 하루는 장로님 내외분이 그 아들을 데리고 저에게로 왔습니다. 그래서 몇번 만나 이런 저런 이야기를 해보았는데 그 아들이 맨 마지막에 하는 이야기가 "우리 어머니, 아버지 믿어라, 믿어라 해도 다 멀쩡한 허튼소리입니다"라고 하는 겁니다. 그러기에 저가 왜 허튼소리냐고 물어보았더니 그 장로님이 나가는 교회에 분쟁이 있어서는 다른 장로님 집사님들이 이 장로님 집으로 찾아와 나누는 이야기들이 어느 장로가 어떻고 어느 집사, 어느 교인이 어떻다며 그저 남의 흉만 보고 있었던 것입니다. 그런데 당시에 어렸던 이 아들이 그런 이야기들을 다 들은 것입니다. 어른들이 예배드리고 나와서는 곧장 욕만 하고 앉았으니 예수 믿는 것이 저런 것이냐 하는 이야기입니다. "괜히 사랑, 용서이지 다 허튼소리입니다!" 하면서 안 믿겠다는 거예요. 여러분! 이제 이러고도 할 말이 있는 것입니까? 그러므로 예배드리고 집에 돌아갔을 때에 혹시라도 어느 순간 어린 아이들 앞에서 쓸데없는 이야기하지 마십시오. 그러고 나면 이제 예수 믿으라는 이야기는 통하지 않습니다. 우리 어머니 아버지 하는 소리는 다 허튼소리랍니다. 교회에 대한 인상을 이렇게 더럽혀 놓고는 교회에 나가라고 하니 그 아이가 교회에 나가겠느냐는 말입니다.

그러므로 누구나 위대한 그리스도인을 먼저 만나고야 기독교인이 되는 것입니다. 하나님을 보고 예수를 믿는다고 하지만 시작은 사람을 보고 예수님을 믿는 것입니다. 누구라도 사람을 보고 들어가서 하나님을 만나는 것이지 하나님 먼저 만나서 예수 믿었더냐 말입니까? 누군가가 나를 인도했고 누군가가 나에게 전도해 주었습니다. 그리고 그분만큼의 기독교인이 되는 것입니다. 예컨대 그분이 한 달에 한 번 교회에 나가는 사람이면 그런 것인가 보다 할 것이고 낮예배에만 참석하는 교인이면 예수는 낮에만 믿어도 되는가 보다 할 것이란 말입니다. 그러나 낮에도, 밤에도 새벽에도 나오며 열심히 봉사하는 것을 보았으면 예수 믿는 것은 저런 것인가 보다 하여 자기도 처음부터 열심을 다하게 될 것입니다. 이와 같이 처음 만나는 사람의 이미지가 매우 중요합니다. 요즈음 말로 이 오리엔테이션(Orientation)이 바로 되어야지 이것이 처음부터 빗나가게 되면 그 신앙생활은 일생 동안 그 모양이 되고 맙니다.

그러므로 우리는 이 어린아이와 같이 처음 믿는 사람들이 얼마나 소중한가를 깊이 생각하여야 합니다. 그에게 무슨 말을 들려주며, 무슨 본을 보여 주어야 하겠습니까? 참으로 깨끗한, 그리고 아름다운 본을 보이고 들려주어야 되겠는데 그러지를 못하고 오히려 좋지 못한 인상을 줌으로써 그 어린아이와 같은 심령이 잘못 방향을 잡아 일생 동안 잘못된 신앙생활을 하게 된다면 그 책임은 누가 질 것이냔 말입니다. 그래서 예수님께서는 "저희 천사들이 하늘에서 하늘에 계신 내 아버지의 얼굴을 항상 뵈옵느니라"고 하셨습니다. 아직 성장하지 못한 어린아이들을 위해 저희 천사가 하늘에서 지켜보며 이들의 일을 하나하나 하나님께 고하고 있다는 것입니다. 그리고 이어서 읽은 양 한 마리의 비유를 말씀하시게 됩니다. 이를 여기에 연결해 보면 잃은 양 한 마리를 목자가 애써 찾아와서는 매우 기뻐하고 있습니다. 생각해 보면 참으로 귀한 한 마리입니다. 그런데 이제 그 다음 목자가 실수를 함으로써 이 양을 죽여버렸다면 그 죄가 얼마나 큰 것이 되겠습니까? 차라리 연자 맷돌을 그 목에 달리우고 깊은 바다에 빠뜨리우는 것이 나으니라!

우리는 사람을 실족케 한다는 것, 어린아이와 같이 깨끗한 심령 하나를 실족케 하는 일이 이토록 큰 죄가 된다는 사실을 알아야 하겠습니다. 정말 깜짝 놀랄 일이 아닐 수 없습니다. 이제 혹시라도 나의 행동이나 언어생활이 연약한 심령들에게 잘못된 인상을 주지나 않았는지를 깊이 생각하면서 이후에는 많은 사람에게 덕을 끼치는 사람으로 약한 사람에게는 힘을 주며, 넘어진 사람은 일으켜주어 어린아이와 같은 사람들을 잘 인도하는 그런 심령, 그러한 신앙생활이 되어야 할 것입니다.

곽선희 목사 설교 · 강해집

설교집

물가에 심기운 나무
최종 승리의 비결
종말론적 윤리
참회의 은총
행복한 가정
궁극적 관심
한 나그네의 윤리
모세의 고민
두 예배자의 관심
이 산지를 내게
자유의 종
하나님의 얼굴
환상에 끌려간 사람
생명의 길
복받은 사람의 여정
좁은문의 신비
내게 말씀을 주소서
약속의 땅을 바라보며
결단이 있는 자의 행로
이세대에 부한 자
행복한 사람의 정체의식

강해집

희락의 복음 — 빌립보서 강해
은혜의 복음 — 갈라디아서 강해
진정한 사랑의 의미 — 고전 사랑 장 강해
이적으로 계시된 말씀 — 예수님의 이적 강해
사도들의 신앙고백 — 사도신경 강해
참믿음 참경건 — 야고보서 강해
예수의 잠언 — 예수님의 잠언 강해
교회의 권세(상·하) — 사도행전 강해
믿음에서 믿음으로 — 로마서 강해
복음의 능력 — 고린도전서 강해
생명에로의 길 — 고린도후서 강해
하나님의 나라 — 예수님의 비유 강해(상)
이 세대를 보라 — 예수님의 비유 강해(중)
생명에로의 초대 — 예수님의 비유 강해(하)

기타

생명의 말씀 • 곽선희 편성 성경요절집
참회의 기도 • 곽선희 목사의 참회기도
영성신학 • 쉽고 재미있는 영성 이야기
종말론의 신학적 이해